CONGO, ZAÏRE, CONGO...

Ce qui ne change pas depuis cinq siècles

Jean-Baptiste NSAMBI e MBULA BOKULAKA

CONGO, ZAÏRE, CONGO...

Ce qui ne change pas depuis cinq siècles

Préface de Léon MATANGILA Musadila

L'Harmattan
RDCongo

5-7, rue de l'École-Polytechnique ; 75005 Paris

http://www.librairieharmattan.com

ISBN : 978-2-343-21141-1
EAN : 9782343211411

Sigles et abréviations

ADP	Alliance Démocratique des Peuples
AFDL	Alliance des Forces Démocratiques du Congo
BM	Banque Mondiale
CADULAC	Centres Agronomiques de l'Université de Louvain au Congo
CCIZ	Cen tre de Commerce International du Zaïre
CEB	Communauté(s) Ecclésiale(s) de Base
CEZ	Conférence Episcopale du Zaïre
CNS	Conférence Nationale Souveraine
ECC	Eglise du Christ au Congo
EIC	Etat Indépendant du Congo
EISA	Electoral Institute of Southern Africa
EUFOR	European Union Force
FAO	Organisation des Nations Unies pour l'alimentation et l'agriculture
FMI	Frond Monétaire International
FOMULAC	Fondation Médicale de l'Université de Louvain au Congo
Forminière	Société forestière et minière du Congo
HCR-PT	Haut Conseil de la République – Parlement de transition
MAGRIVI	Mutuelle Agricole du Virunga
MLC	Mouvement de Libération du Congo
MONUC	Mission de l'Organisation des Nations Unies en RDC
MONUSCO	Mission des Nations Unies pour la stabilisation de la RDC
MOPAP	Mobilisation, Propagande et Animation Politique
MPR	Mouvement Populaire de la Révolution
ODD	Objectifs du Développement durable
OMD	Objectifs du millénaire pour le développement
ONG	Organisation non gouvernementale
ONU	Organisation des Nations Unies
ONUC	l'Opération des Nations Unies au Congo
OUA	Organisation de l'Unité Africaine
PAM	Programme Alimentaire Mondial
PNMLS	ProgrammeNational Multisectoriel de lutte contre le VIH/Sida
PNUD	Organisation des NationsUnies pour le développement
PPTE	Pays Pauvres Très Endetés
RASM	RevueAfricaine des Sciences de la Mission

RCD	Rassemblement des Congolais pour la Démocratie
RTNC	Radiotélévision Nationale du Congo
SGA	Général de la Société Générale d'Alimentation
SOSIDER	Société de Sidérurgie de Maluku
UA	Union Africaine
UDPS	Union pour la Démocratie et le Progrès Social
UGEC	Union Générale des Etudiants Congolais
UMHK	Union Minière du Haut Katanga
UNAZA	Université Nationale du Zaïre
USA	United States of America

Dédicace

A la mémoire de la très regrettée
Maman Célestine Ikuma Bongeye Yela
notre tendre et toujours aimée mère,
qui nous a appris le secret de la vie heureuse :
chercher le bien et se dévouer pour les autres.

Préface

Plaidoyer pour un nouvel âge de la rationalité africaine

Et, si la crise de l'Afrique contemporaine était aussi une crise de la pensée ?

La crise de l'Afrique a trouvé une de ses expressions saisissantes et son paradigme négativement déroutant mais positivement provocateur dans la situation de la République Démocratique du Congo. On s'accorde à reconnaître que la République Démocratique du Congo porte l'espérance de toute l'Afrique. Paradoxalement, c'est elle qui se serait réduite ou aurait été réduite, c'est selon, au sinistre visage du modèle à ne pas imiter !

S'agissant de la pensée en Afrique, les pères de la négritude ont contribué, à leur manière et sans prétention, à l'éclosion d'un agir africain signé par les indépendances politiques des pays issus du « partage de l'Afrique » à la Conférence de Berlin en 1885. Mais, les générations pensantes qui ont suivi se sont butées, non sans faute de leur part, à une fin de non-recevoir de la part des anciens colonisateurs devenus les « donneurs des indépendances » et, à ce titre, les développeurs patentés de l'Afrique. La pensée africaine la plus percutante a plutôt évolué non pas en vase clos dans son culturalisme, mais comme en déconnexion avec les idéologies politiques africaines qui, elles, ont mis le continent en déphasage avec son destin. Malgré les savants travaux des égyptologues africains pour faire reconnaître l'antériorité pharaonique de la civilisation nègre, malgré les efforts réflexifs appréciables pour donner droit de cité à la philosophie africaine, malgré un consensus laborieusement arraché sur la valeur des religions et des cultures africaines, malgré les imposantes études et applications de la théologie africaine, malgré l'idéologie politique de l'authenticité (même dans sa version la moins folklorique), mais peut-être et surtout à cause de la non émergence d'une politique économique africaine, l'Afrique reste, pour beaucoup, mal partie. Le mieux qu'elle pourrait faire serait de se contenter de subir des effets positifs d'entrainement de la marche du monde développé qui, lui, continue à marquer des points significatifs. Ne dit-on pas dans cette Afrique des proverbes qu'on peut assouvir sa faim même grâce à la gibecière d'un hôte occasionnel ?

Pour peu que l'on ait suivi l'éclosion et l'évolution de la pensée africaine au lendemain des indépendances, on reconnaîtra sans trop de difficulté que l'ancien Zaïre y a joué un rôle non négligeablc parmi les pionniers, avant d'être rejoint et peut-être dépassé par de nouveaux pôles de la discursivité africaine agissante. Aussi est-il tout à fait compréhensible que cette torpeur et cette crise de la pensée s'y ressentent avec acuité et se vivent avec une dose substantielle de déperdition d'un pays qui, de l'observation de tous les signes vitaux, semble courir à sa propre perte, quand bien même il tente de s'en cacher en faisant l'autruche.

En réalité, l'idée que l'Afrique puisse être quelque chose de meilleur que ce qu'on connaît d'elle et ce qu'on en a fait semble hanter tant ses développeurs que les Africains eux-mêmes. Hors de toute considération piétiste, morale ou de bon sens, on peut comprendre que le profit (économique) a fait une percée acrobatique fulgurante au point d'embrigader tout le processus de la mondialisation, devenant désormais la seule culture qui compte. Même alors, rien, mais vraiment rien ne justifie, tant dans les repères de son ancestralité que dans les normes de la modernisation qu'elle poursuit éperdument, rien ne justifie que l'Afrique ait peur de sa propre promotion, de son propre développement. Pourtant, quand elle ne se laisse pas emporter par le pessimisme comme pour conjurer un mauvais sort, l'Afrique se fatigue à ouvrir grands ses yeux pour envier un modèle de développement ou de modernisation qui ne lui a jamais réussi ni souri depuis voici bien cinq siècles, et cela même quand la « civilisation occidentale avec sa modernité » affiche des signes évidents d'essoufflement ou peut-être de plafonnement. Parfois, dans sa résignation qui a tout l'air d'une reddition, l'Afrique se contente de ce qu'elle a déjà obtenu pendant la période très suspecte de la colonisation et qui semble lui échapper comme ce fut le cas, ironie de l'histoire, de ceux qui eurent à regretter les marmites bien pleines de l'Egypte des pharaons négroïdes, alors que leur destin ou plutôt leur Yahvé les appelait à la libération à travers le processus transitionnel de l'Exode. Mais, ceux-ci au moins ne firent pas demi-tour et Dieu le leur compta pour justification, parvenant ainsi à arracher la très célèbre mais non moins controversée « terre promise ».

Quant à l'Afrique, le coup de massue porté contre les vieilles générations des théoriciens des idées, a suscité au mieux une autocritique dont la sévérité peut être mise à l'actif d'une volonté de ne pas priver les « sciences africaines » d'un outil incontournable d'élévation, les plaçant par le fait même au rang de la science tout court. Mais, au pire, cela a engendré une autodérision marquant plutôt la subordination aux canons reçus, comme si, même en sciences, tout était accompli ! En réalité, cette autodérision éconduisant par exemple la philosophie et la théologie vers l'ethnologie, les religions africaines vers le charlatanisme ou encore les idéologies politiques africaines vers le folklore le plus abject (auxquelles elles se prêtaient, il faut bien le reconnaître), n'a donné à ceux des Africains qui s'en enorgueillissaient ou s'en félicitaient que le triste statut de suppôt des détracteurs occidentaux de l'Afrique, requalifiant la thèse hégélienne d'une Afrique sans histoire, reprise par certains acteurs des politiques occidentales. En tous les cas, ce n'est pas pour cette dérision que ceux que nous attendions comme des repreneurs du flambeau de la rationalité africaine ont reçu leurs gallons dans le monde scientifique. Entretemps, l'Afrique devait continuer à mendier la charité et à importer ce qu'elle appelle sa « modernisation » en dépit de ses diverses potentialités !

Par où se cacherait donc l'impensé discursif qui bloque mortellement l'Afrique dans une impasse évolutive qui, à terme, pourrait être ressentie par l'humanité toute entière quand la mondialisation dépassera, il faut le souhaiter, son stade actuel de processus à forte résonnance économique, pour devenir la véritable culture du village planétaire ? Telle semble être l'énigme que tente de percer ce livre qui tombe, à point nommé, quelques années après le grand festival continental du cinquantenaire des indépendances africaines et alors que le continent est entré dans une nouvelle turbulence qui n'est démentie que par des estimations de la finance internationale prospectant une croissance en Afrique au moment même où ce qu'on appelle « l'économie mondiale » souffre sans issue certaine. Comme si cela ne suffisait pas, la pandémie actuelle avec la Covid 19 vient y ajouter sa marque qui plonge le système capitaliste dans un désarroi sans précédent et ramène l'humanité entière à sa limitation, à sa fragilité et à sa finitude. Ceci, comme pour rappeler à l'homme : tu es poussière et tu retourneras à la poussière en dépit de tes illusions et de tes vanités.

Pour le faire, l'auteur veut partir, sans prétention d'exhaustivité mais aussi sans fausse modestie, du cas de la République Démocratique du Congo où serait située la gâchette de l'Afrique de Frantz Fanon. L'auteur a été mis sur cette piste à la suite d'un travail d'élucidation de l'ethos négro-africain en vue de fonder l'irréductible et non confiscable dignité de l'Africain. La clé de cette élucidation a été le dévoilement d'une occlusion qui a fait considérer à tous, Africains et Occidentaux, que la valeur africaine reposait dans sa culture pratico-pratique. Pour les premiers, cela était suffisant pour construire la nouvelle Afrique. Ce qui se fait toujours attendre. Pour les seconds, cela ne pouvait évidemment pas être suffisant. Et, à voir l'Afrique marquer les pas, cela ne pouvait que leur donner raison. Apparemment ! N'a-t-on pas entendu dire par exemple que la démocratie était un luxe pour l'Afrique ? Quand cela sort d'une bouche autorisée de l'Occident qui compte, on ne saurait le réduire à une simple méprise. Ce qu'il faut bien voir, l'Afrique n'a pas besoin d'un mimétisme aveugle, mais critique. Dès lors, il ne s'agit pas de transplanter à l'identique les institutions et le vécu de l'Occident sans prendre en compte nos réalités singulières. Il ne s'agit pas non plus de rejeter les valeurs universelles qui ont fait leur preuve pour la paix et le développement sous d'autres cieux, dont l'Afrique ancienne comme l'actuel Occident.

Il y a donc là une occlusion. La reconduction de l'essentiel du monde des Africains aux seules manifestations d'une culture pratico-pratique, c'est-à-dire sans vision ni visée, semble avoir bloqué le regard des uns et des autres en retardant par le fait même l'avènement d'une ère qui en reconnaîtrait l'essence et la perfectibilité. Le déroutage dont l'Afrique a été l'objet depuis le quinzième siècle pour rattraper une locomotive inconnue censée ne pas l'attendre a sans doute servi cette cause. Sans être la seule cause ayant conduit au mal développement de l'Afrique, cette voie ouverte vers des convenances externes ne peut être considérée comme un simple épiphénomène. Partant de cette hypothèse, le livre s'emploie alors à démontrer l'unité constitutive de la période de cinq siècles qui courent depuis que, dans le cas de la République Démocratique du Congo, Diego Cão découvrit l'embouchure du fleuve Congo. Si, depuis lors, tout ce qui s'est fait n'a pas porté bonheur aux Congolais ou ne leur a porté qu'un bonheur illusoire, on ne peut pas penser, au moins par simple hypothèse, que la continuation sur la même lancée opérera un miracle. Mais cinq siècles, cela marque bien l'histoire d'un peuple ! Par conséquent, on ne saurait prétendre que, en faisant table rase de ce passé peu glorieux, le Congo et l'Afrique se remettraient comme par enchantement sur la bonne voie. Car, bien des choses ont changé... sans nécessairement changer en bien le Congo et l'Afrique.

L'Afrique était mal partie ! C'est évident, à part qu'on a voulu la faire partir d'un quai où le train était déjà passé. Aussi continue-t-elle à fulminer inexorablement contre son tombeur qui n'est autre que son idole patentée. L'effort laborieux de cet ouvrage est de montrer à l'Afrique elle-même, par le biais de ce qui est permis désormais de savoir à partir de l'histoire ancienne et immédiate de la République Démocratique du Congo, que toutes les voies qui lui ont été proposées ou qu'elle-même a entrepris de se donner pour son développement ou pour sa modernisation sont finalement des « chemins qui ne mènent nulle part » dans la mesure où elles ont consacré les convenances externes : les diverses potentialités et les richesses de l'Afrique comme de la R.D.Congo ainsi que les décisions politiques déterminantes de nos pays sont avant tout organisées par et pour les « Autres » que par et pour les Africains. Cela, depuis la Conférence de Berlin à nos jours : ce qui fait des indépendances africaines des simples « maquillages », des simples figurations. Certes, il n'a pas manqué de voix pour appeler l'Afrique à la raison. Mais la course vers un développement dont elle voyait l'anticipation sublime chez les Occidentaux s'est faite si vertigineuse que les trottinements de ses solutions ne pouvaient faire le poids et ont été considérés comme des distractions mortelles sinon irresponsables. Et, nous sommes toujours là, mal partis. C'est bien le cas en République Démocratique du Congo !

Pourtant, l'Afrique doit partir. Mais, où va-t-elle si ses maîtres et devanciers semblent aujourd'hui s'enliser dans une impasse que toute la pédanterie d'un monde de progrès illimité et globalisant ne parvient plus à cacher ? Même s'il est inhumain de vouloir se réjouir des problèmes des autres, on peut au moins tirer une leçon qui n'est pas si nouvelle dans l'expérience africaine. Un proverbe africain dit, en effet : « Si le devancier s'est enlisé dans un bourbier inextricable, celui qui le suit devrait prendre garde ». Le problème, c'est que l'Afrique assiste à l'impasse de son modèle patenté sans que cela lui ouvre nécessairement le chemin qui le mènerait quelque part. Cela c'est parce que obnubilé par la réussite de l'homme blanc (concept qui a fini par désigné en Afrique une composante socio-économique bien plus étendue que la seule race arienne) et convaincu de son infériorité qu'on lui a claironnée jusqu'à l'assumer, le négro-africain en est arrivé à considérer que même l'échec du maitre patenté était l'annonce de son incapacité à lui, l'être inférieur, de faire mieux. Désormais, il faut passer le Rubicon ! Les impasses actuelles de l'Occident sont une occasion pour l'Afrique de se libérer d'une lecture trop pathologique qu'elle faisait d'elle-même, et cela même de la part des esprits les plus entreprenants et constructifs pour son futur. On aurait souhaité qu'il en fût autrement et qu'on n'ait pas attendue la déroute de l'autre pour faire son propre chemin. Mais au moins ainsi se confirme un adage consolateur : « A quelque chose malheur est bon ».

L'effort constructif de cet ouvrage est de proposer des repères pour y parvenir dans un contexte où l'Afrique ne peut plus penser se construire seule, non seulement parce qu'elle a depuis longtemps perdu sa présumée innocence antédiluvienne, mais aussi parce que le monde a changé, la mondialisation étant désormais un fait. C'est alors que se dessine la nécessité pour l'Afrique de convertir les acquis de cinq siècles d'extraversion en un socle transitionnel. Cette base vient s'ajouter à ce que l'Afrique connaît désormais d'elle-même notamment grâce à une histoire africaine réécrite par les Africains mais aussi grâce au dépassement de la crise du regard. Ce qui élève l'Afrique, non pas au niveau sarcastique des « Pays Pauvres Très Endettés » (PPTE), mais à celui existentiel des « hommes vraiment hommes ». Ce qu'une vision mercantiliste du monde semble oublier, même sous le couvert d'une politique de développement durable plus timorée que responsable. Habituée à côtoyer les autres et même à vivre par eux, l'Afrique sera plus à même de s'approprier l'avenir grâce aux attributs d'une personnalité intégrale tout à construire.

Il faut des penseurs pour y croire, même contre tous, à la manière des Galilée, Cheik Anta Diop et autres visionnaires non conformistes qui, sans aucune intention de faire l'histoire, annonçaient des choses irrecevables selon les canons admis alors en religion ou en science, mais qui se sont avéré une « bonne nouvelle » pour le monde et l'humanité. Ce livre passionnant qui préconise de fermer la parenthèse d'une transition africaine multiséculaire n'a pas pour objectif de démolir l'histoire ni de la réécrire. Il est, en réalité, un appel raisonné et rationnel à passer d'une Afrique des problèmes à une Afrique des responsabilités. Le mérite de son auteur c'est d'y croire. Je veux croire que le monde scientifique, non seulement africain mais de ceux qui sont portés par les valeurs d'humanité et de progrès s'en réjouira ! Je ne peux qu'inviter les lecteurs à en tirer un grand profit pour l'avènement d'une Afrique véritablement authentique et prospère.

Léon MATANGILA Musadila
Professeur des Universités
Doyen de la Faculté des Lettres et Sciences Humaines/ Université de Kinshasa/ R.D. Congo
Directeur de l'Harmattan R.D. Congo

Avant-propos

Il m'aura fallu plus de dix ans, non pas tellement de recherche mais d'hésitation, pour me décider de mettre cette réflexion à la disposition d'un public plus large. J'ai commencé à réunir les éléments pertinents de la présente réflexion quand, au Congo alors Zaïre, tous les signaux étaient au rouge et annonçaient de façon de plus en plus certaine la fin du régime du Maréchal Mobutu. A cette époque, je me consacrais à une étude sur le fondement de la dignité humaine dans la société congolaise[1]. La présente livraison était alors conçue comme un répondant plus pratique à l'étude systématique et académique que je finalisais.

Les hésitations qui ont retardé la publication de ce livre ne sont nullement dues à une quelconque peur du climat politique souvent délétère chez nous, sacrifiant l'élévation de la pensée constructive sur l'autel des intérêts aussi mesquins que loufoques. Au-delà de l'évidence qu'il y avait moyen de mieux présenter les idées et d'agencer les faits, j'ai plutôt péché par excès de confiance et de concession. En effet, j'ai été freiné par une volonté un peu trop compréhensive, on dirait naïve, quand il s'agit de donner de la chance à l'autre de réussir même là où plusieurs ont échoué. Qui aurait pu croire, qui aurait pu souhaiter que, après la confusion des années 1990-1997, il fallait encore autant d'années (1997-2006) pour en finir avec la fameuse transition démocratique en République Démocratique du Congo et mettre le pays sur de bons rails, et encore ? Qui aurait pu imaginer que le cinquantenaire de l'indépendance allait nous trouver dans une situation où il faillait vanter comme trouvailles inespérées ce qui allait de soi ?

Mais, avec le temps, j'ai été mentalement contraint d'accepter que ce que j'avais entrevu tout au début de l'année 1997, sans trop forcer mes méninges, restait vrai : nous étions et nous sommes toujours incorrigiblement assis sur des convenances externes depuis le 15e siècle. Et, à force de m'inscrire dans ce schéma comme un paradigme possible de la compréhension de ce qui nous arrive, j'avais parfois l'impression que la situation tendait plutôt à s'aggraver même là où l'on croyait à une

[1] J.-B. NSAMBI e Mbula Bokulaka, *La conscience morale comme fondement de la dignité humaine dans la société congolaise, Approche contextuelle et élucidative de l'ethos négro-africain*, Thèse de doctorat en Théologie morale, Rome, Académie Alphonsienne, 2000. La présente réflexion s'en servira.

amélioration, surtout quand on y intègre les paramètres de la mondialisation. J'avais désormais, en conscience, la conviction de me trouver, chaque jour et de plus en plus, en pleine infraction de non-assistance à personne en danger, le Congo mon beau pays demeurant toujours « in articulo mortis » !

En pensant que, déjà en ces années-là, j'avais déploré la faiblesse des médiations « in articulo mortis », notamment celles de l'Eglise en Afrique[2], en ayant en tête l'adage « mieux vaut prévenir que guérir » et en prenant en compte « l'agenda pour la paix » selon lequel la création des vraies conditions de paix en Afrique et dans le monde nécessite la prévention des conflits au lieu d'attendre qu'ils éclatent et tenter de les résoudre, j'ai été comme secoué dans ma longue attente pour me décider de franchir le pas. Même si cette sortie devait s'avérer méprisable et inutile, si elle devait manquer de compétence ou d'appoint, cela permettrait au moins à d'autres, sans doute plus aguerris et compétents, de faire mieux que le présent essai, l'important étant moins ma prestation ou celle d'un autre que l'urgence de sauver le Congo, notre héritage.

Ce livre va finalement paraître alors que la République Démocratique du Congo a entamé une autre petite période dite de changement après des élections toujours controversées (avec la problématique de la vérité des urnes) mais sanctionnée par ce qu'on a appelé la « première passation civilisée du pouvoir ». S'agit-il d'un changement substantiel ? Ce livre n'en rendra pas compte. Mais, l'événement me fournit un précieux prétexte de reprendre un questionnement jubilaire : d'où venons-nous ? Où sommes-nous ? Qu'avons-nous fait ? Où allons-nous ? Et, qu'avons-nous à faire ? J'ai opté délibérément pour ne pas intégrer les questions et situations d'après 2011 dans cette livraison car la matrice élucidative que je crois avoir mise en place éclaire parfaitement bien même les enjeux de l'heure et probablement aussi ceux encore à venir. Selon mon entendement, après la présente production, il ne s'agira plus de m'attarder à élucider notre situation, mais à construire en projetant notre avenir, conscient du fait que dans le panorama contemporain, il reste difficile d'être la République Démocratique du Congo.

Si, auparavant, dans une recherche universitaire, j'avais entrepris de systématiser des questions que l'on relègue au niveau pratico-pratique de la culture africaine, je n'entendais pas en rester à ce niveau de compréhension plutôt réservée à une certaine élite intellectuelle. Dans le cadre de la démocratisation du savoir, j'ai toujours nourri l'envie de rendre accessible aux masses instruites nos élucubrations d'intellectuels et/ou d'universitaires. Car, tant que nos propos, si savants et magnifiques soient-ils, ne seront pas compris par l'homme de la rue et le paysan de nos villages, surtout lorsqu'il est question de l'homme et de la société dans laquelle il vit, nous n'aurons pas, à

---

[2] Cf. J.-B. NSAMBI e Mbula Bokulaka, « Pour une présence effective de l'Eglise dans les structures d'orientation et de décision du continent africain », in *RASM* V, 8 (1998), pp. 177-195.

mon avis, joué notre rôle d'éveilleurs des consciences pour permettre à tous de s'engager, en connaissance des causes, dans la recherche des solutions adéquates, chacun selon son niveau et son travail.

Dans ce livre, j'ai tenu à ce que chacun puisse se retrouver et s'assumer, l'intellectuel comme l'homme de la rue ou le villageois, au risque même, je le reconnais, de décevoir l'intellectuel à la recherche d'un langage littéraire châtié, quand ce n'est pas de décourager l'homme pratique qui aime aller droit au but, sans circonlocutions qui fassent le jeu des politiciens et sans les interminables justifications qu'exige le travail scientifique. Il faudra s'en faire, car nous ne pouvons tout avoir en même temps, compte tenu aussi de nos moyens limités pour à la fois penser dans les normes scientifiques et vulgariser la pensée. Que les uns et les autres ne nous en tiennent pas excessivement rigueur. Pour essayer de contourner cette difficulté méthodologique, j'ai opté pour une méthode narrative quand il est question de donner plus d'accès de compréhension aux simples gens, en utilisant même un langage apparemment « terre à terre », parfois truffé d'expressions dialectales et idiomatiques[3].

Mais, face à une pléthore d'études descriptives de la culture congolaise (et africaine), je me devais de faire, à mon propre dépens, une analyse systématique, la seule possibilité de les rendre utilisables et de les actualiser, pour ne pas continuer à en faire des monuments bons pour les nostalgiques et les musées. Car je crois que ces études renferment, elles aussi, un esprit susceptible de décanter certaines de nos impasses culturelles pour le déblocage desquelles le recours simpliste à la culture occidentale ne s'est pas toujours avéré concluant. La permanence de ces impasses alors que la très prisée et adulée culture occidentale montre des signes d'essoufflement, risquerait de nous être, une fois de plus, fatale. Même sur cette question, mon audace analytique reste plus une suggestion d'orientation que le couronnement d'une démarche. En outre, je reste convaincu que cette approche mériterait d'être élargie aux dimensions du grand Congo et de l'Afrique, mieux que ce modeste travail n'ait réussi à le faire. Aussi ne devrions-nous pas trop vite nous dédouaner d'un pareil effort réflexif et tomber dans le piège tendu aux ventres creux et aux amoureux du prêt-à-porter « made in Europe » que nous sommes, sous prétexte de parer au plus pressé.

Mon plus grand souhait est que les systématiciens (sociologues, politologues, philosophes, théologiens et autres théoriciens des idées) s'en emparent afin de fournir aux praticiens (politiciens, économistes, moralistes, pasteurs, etc.) une nouvelle base pour la reconstruction avec bonheur du Congo et de l'Afrique.

---

[3] Nous avons eu surtout recours aux dialectes ekonda et ntomba du groupe linguistique Mongo, selon la classification de M. Gutrie (1948) et au lingala kinois.

Je tiens à remercier tous ceux qui ont encouragé la rédaction de ce livre. Je pense tout particulièrement à Monsieur Désiré NKOY ELELA qui, outre à en connaître la genèse et à me conseiller, a aimablement mais rigoureusement coordonné la correction des épreuves, et au Père Faustin MBULA MALENGO qui a poursuivi le même élan.

Mais, je pense encore plus à tous ceux qui, à la lecture de ces lignes, trouveront l'occasion de faire davantage, non seulement en partageant leurs propres ou communes réflexions, mais surtout en s'investissant pour un Congo des responsabilités. Puisse chacun trouver ici notre volonté commune de bâtir un Congo plus beau qu'avant et, au-delà, une Afrique des responsabilités et un monde humain.

Jean-Baptiste Nsambi e Mbula Bokulaka

Introduction

Pour fermer une parenthèse vieille de cinq siècles.

Du point de vue intérieur, de ses ambitions légitimes et de ce qu'elle pourrait vraiment être, la République démocratique du Congo demeure un pays en transition. Mais, la « Transition politique » congolaise ne commence pas en 1990 avec le discours historique de Mobutu sur la démocratisation du Congo alors Zaïre, ni en 1965 avec la naissance de la deuxième République, ni même en 1960 avec l'indépendance du Congo. Elle dure depuis que nos ancêtres, sans faute de leur part peut-être, ont mal négocié l'entrée dans la modernité. Et, des grands-pères aux pères, des pères aux fils, du Kongo au Congo, du Congo au Zaïre et enfin du Zaïre au Congo, le pays s'illustre par une piètre figure dans la négociation de son aujourd'hui, hypothéquant toujours davantage son avenir. La Transition politique congolaise prendra donc fin le jour où les Congolais sauront prendre vraiment au sérieux leur destinée, alors que le phénomène de la mondialisation poursuit inexorablement son chemin. Cela n'est pas impossible, cela peut même aller bien vite. Mais, aujourd'hui, cela n'est pas un acquis.

Lorsque, dans les toutes premières années de ce qu'on appelle communément la transition démocratique congolaise, un frère africain a stigmatisé le manque de culture politique des Zaïrois, cela a résonné comme une insulte et a suscité une forte réprobation dans l'opinion publique congolaise. C'était sans doute seulement parce que nous nous sentions vexés de recevoir des leçons de politique même de la part d'un Africain. En réalité, cette constatation était bien celle de beaucoup de Congolais eux-mêmes, en ces temps où les discussions dans les places publiques et les bars et même les prêches dans les églises avaient directement ou indirectement une saveur politique.

Beaucoup de personnes soutiennent que les problèmes de la République Démocratique du Congo sont politiques ou économiques ou encore les deux à la fois. Il ne manque pas de voix pour prétendre que notre problème est un problème de mentalité. Au regard des faits, il y a lieu de donner raison à tous. Mais est-il possible de parler de politique et d'économie sans une base culturelle ? Et quelle pourrait être la référence culturelle d'un pays comme la République Démocratique du Congo si nous considérons que, entre la « culture sauvage » de nos ancêtres et les tâtonnements des intellectuels congolais de ce début du 21e siècle, il y a l'interposition de bien cinq siècles d'un rythme de vie essentiellement extravertie ? Cette interposition ne nous a pas permis, par la volonté des autres ou par notre propre faute, de produire un système culturel cohérent, qui aurait pu intégrer les acquis indéniables d'une rencontre qui est devenue une sorte de péché originel. Mais, aurait-il pu vraiment en être autrement ?

1483 : Diego Cão découvre l'embouchure du Fleuve Congo. En tant qu'événement particulier, cela peut être considéré comme un fait fortuit : une pêche à la ligne au cours de laquelle est pris un gros poisson ! Mais considéré dans l'ensemble des faits de l'époque, l'événement émerge d'une planification à grande échelle. En effet, presque au même moment, d'autres côtes africaines sont découvertes. Non seulement l'Afrique, puisque dix ans plus tard, Christophe Colomb découvrait les Amériques… C'était le départ de la colonisation moderne.

Pour celui qui fait la lecture de l'histoire du point de vue des gagnants, ces *découvertes* font partie du grand mouvement expansionniste de l'Europe du 15e au 20e siècle. Cette expansion est considérée comme l'un des événements les plus importants de l'histoire de l'humanité[4]. Mais, du point de vue de ceux qui subissent l'histoire et surtout eu égard aux déboires actuels de l'Afrique malade d'elle-même, le processus qui s'affirme en Occident comme le déversement d'une croissance interne apparaît chez nous comme une régression qui nous rend moins utiles que les inutiles du beau monde. Mais cela ne l'a pas toujours été par la faute des autres !

C'est que du 15e au 20e siècle, il se profilerait une unité que notre recherche des solutions basées sur la réparation de l'échec de l'Afrique des indépendances a tendance à perdre de vue. Cet aveuglement viendrait du fait que dans notre empressement tout à fait compréhensible à donner des solutions au « Cas Afrique », nous nous plaçons souvent sur la surface des faits qui changent. La volonté de courir à la misère comme l'on court au feu ne laisserait pas le temps de pénétrer la profondeur d'un esprit qui ne change pas alors que changent les contextes et les acteurs et même le nom du pays. C'est ce point de vue de lecture que nous voudrions soutenir dans cette réflexion sur la situation actuelle de la République Démocratique du Congo, que nous considérons comme un cas en Afrique.

Le malaise africain est une réalité anthropologique, c'est-à-dire qui touche toute la personne dans ce qu'elle est et non seulement dans ce qu'elle a ou n'a pas. La démocratie comme fondement de l'ordre social moderne est une notion politique, c'est-à-dire, aussi une idéologie. Les plans de sauvetage proposés ou élaborés pour l'Afrique sont souvent d'ordre économico-structurel. La combinaison de ces trois pôles d'observation (anthropologique, politique et économique) rend inextricable le problème africain, plus

---

[4] J. BRUHAT, "Colonisation", in *Encyclopaedia Universalis*, Mérignac, CD-Rom Universalis, 1997, 6-120c.

complexe que le proverbe ne le dit de l'enchevêtrement des intestins de l'éléphant[5]. Aussi faut-il absolument envisager une autre approche de *la question africaine*.

Et, si l'Afrique dite moderne n'était qu'une longue transition ? Au cours de cette transition, qui dure depuis au moins cinq siècles pour le cas de la République Démocratique du Congo, l'Africain n'a jamais été pris en considération par ceux qui ont découvert l'Afrique, et cela en dépit des closes civilisatrices renouvelées à chaque étape de l'irruption dominatrice. Car, les vrais intérêts de la domination étaient ailleurs et tout à l'avantage des occupants. Pire, l'Africain ne se serait pas pris lui-même au sérieux, malgré ses propres gesticulations qui ont émaillé cette captivité pluriséculaire parce qu'il lui était interdit de se vouloir le bien ou ce qui était désigné comme tel par les occupants. Ce en quoi l'Africain crut. ! Le Congolais certainement ! C'est pourquoi chaque fois que nous parlons de nous-mêmes, nous le faisons comme si nous n'étions pas concernés, comme si nous parlions d'autres personnes que de nous-mêmes, peut-être parce que nous n'aimerions pas nous assumer : *« Moto moindo akobonga te »* (l'homme noir ne s'améliorera jamais), le Congolais est un éternel enfant, etc.

Pour étayer la thèse selon laquelle l'âge actuel de la vie de l'Afrique n'est que la continuation de la longue transition inaugurée au 15e siècle, nous formulons l'hypothèse suivante : selon plusieurs lectures historiques convergentes des rapports entre l'Afrique et l'Occident, les étapes qui ont signé la fin, l'abandon ou le changement des objectifs d'approche de l'Afrique, l'ont toujours été, jusqu'à présent, selon les convenances et les déconvenues internes à la marche de la société occidentale et moins (ou pas du tout) selon un ordre de croissance orienté en premier lieu vers la prospérité de la société africaine.

Loin d'être purement idéologiques et culturelles, ces convenances et déconvenues sont aussi structurelles, c'est-à-dire, en rapport direct avec les intérêts concrets des puissances dominatrices. C'est ainsi que sur le plan historique, les religions, les données de civilisation et les idéologies semblent avoir justifié un état de fait (en le prolongeant, en le modelant ou en en limitant les dégâts) alors qu'on les donne comme ayant conduit à la prise de conscience des changements. De ce point de vue, l'ordre économique semble avoir été le plus déterminant à toutes les étapes de l'époque de la *modernisation* du Congo.

---

[5] Du proverbe ekonda : « Les intestins de l'éléphant sont difficiles à dérouler ». Utilisé généralement pour parler des affinités réelles mais difficiles à expliquer, ce proverbe peut aussi se dire d'un problème qui présente des ramifications si vastes que sa résolution paraît toujours lointaine, pour ne pas dire impossible.

La pertinence de toutes ces questions et démarches – qu'on ne doit pas non plus éluder – ne change rien à la vérité des faits : depuis le 15e siècle, notre histoire est une histoire d'extraversion. Ouverts à et tournés vers l'Occident, nous vivons « par lui, en lui et pour lui ». En soi, ce fait précède toute appréciation morale bien qu'en réalité il la suppose. Cependant, tant qu'il en sera ainsi, difficilement nous nous connecterons au processus envahissant de la mondialisation autrement que nous les sommes depuis cinq siècles.

Pour que le troisième millénaire soit le début d'une nouvelle ère au cours de laquelle l'Afrique définit ses orientations en fonction du bien de la personne africaine, sans contrainte ni procuration, il faut qu'elle convertisse les déboires historiques et successifs de la *modernité* en une longue transition au cours de laquelle elle a subi un assaut déstabilisant, certes, mais surtout une période au cours de laquelle elle aura appris, à ses propres dépens, qu'on est mieux servi que par soi-même. Bien entendu, l'Afrique doit rester consciente de l'interdépendance des peuples, plus que jamais incontournable en ce temps de mondialisation. Cependant, sans trop se distraire par la logique du développement comme processus de *modernisation*, en vertu de laquelle elle se considère en retard et se définit toujours par rapport aux autres, l'Afrique doit apprendre à répondre à sa propre réalité anthropologique. C'est à partir de cette réalité anthropologique que toutes les solutions (politique, économique ou technologique) prennent vraiment sens. On y a peut-être pensé en parlant de développement autocentré s'appuyant sur le système interne pour briser le cercle vicieux de la dépendance structurelle totale des États-Nations du tiers-monde et plus directement de l'Afrique vis-à-vis des métropoles occidentales et des grands maîtres de l'économie mondiale[6]. Seulement, cette conception du développement tient beaucoup compte de la modernisation et des injustices de l'impérialisme international. Aussi met-on l'accent à dévoiler les mécanismes de concentration de la richesse entre les mains de quelques-uns[7]. Dans ce sens, le développement autocentré, dans ses refus comme dans ses ratifications de l'ordre international, reste tributaire d'une conception extravertie du développement[8]. Or, une telle conception ne

---

[6] Cf. S. AMIN, *Le Développement inégal. Essai sur les formations sociales du capitalisme périphérique*, Paris, Les Éditions de Minuit, 1973.

[7] Cf. W. RODNEY, *How Europe underdeveloped Africa?*, Washington D.C., Howard University Press, 1970.

[8] Voir à ce propos les explications du processus du changement politique données par des penseurs « africains » tels que Frantz Fanon, Amilcar Cabral, Samir Amin dans le contexte de la décolonisation de l'Afrique. Zala L. N'kanza les résume dans son étude sur la transformation d'un système politique au sein d'une même société globale, en l'occurrence l'ex-Congo Belge au lendemain de son indépendance. Cf. ZALA L. N'kanza, *Les origines sociales du sous-développement politique au Congo-Belge. De Padroado à la Loi Fondamentale*, Kinshasa, Presses Universitaires du Zaïre, 1985, pp. 32-46. Les vues des jeunes générations dans le contexte de l'échec des cinquante

favorise que celui qui s'est déjà approprié les cartes du jeu sur la table de l'économie globale et de la politique mondiale. Ce que ne saurait prétendre le tiers-monde en général, l'Afrique en particulier et spécifiquement la République Démocratique du Congo. Même aujourd'hui dans le cadre du développement durable, nouveau modèle de développement économique et social visant à assurer la pérennité du patrimoine naturel de la Terre, la République Démocratique du Congo risque de s'y retrouver en simple fournisseur de l'équilibre écosystémique d'abord pour le bien du monde dit développé. Car dans son refus de reconnaître non plus l'échec du développement du tiers-monde mais celui de son propre développement, échec dont la genèse et la gestion chaotique de la pandémie du Covid-19 est une illustration patente, le monde dit développé tente de limiter les dégâts dont l'ampleur dépasse désormais son propre espace d'aisance, objet de nos envies, en s'appuyant sur nous qui, malheureusement, continuons à penser que pour notre modernisation, la meilleure voie reste celle de ceux qui ont suffisamment détruit la nature pour être ce qu'ils sont aujourd'hui et ce en vertu des explications dites logiques et rationnelles qui se moquent encore de nos justifications dites mythiques et mystifiantes.

L'objectif poursuivi dans cette réflexion n'est pas de *décrire* ce qui nous est arrivé et ce qui nous arrive, ni de prévoir ce qui pourrait nous arriver. A un tel travail, les historiens, sociologues et autres projectionnistes s'essaieraient avec plus de bonheur. Notre intention est de *comprendre* ce qui nous arrive. Car ce n'est qu'en comprenant que nous pouvons marquer ou changer l'histoire. Or, marquer ou changer le cours des choses, cela n'est pas, selon notre entendement, l'affaire des seuls spécialistes. C'est la tâche de l'homme, tout court, si nous croyons encore que c'est l'homme qui fait l'histoire et qui est responsable de son destin. Appliqué au contexte africain, cela signifie que l'Afrique ne doit pas se contenter de faire le compte de ses succès, si elle en avait, et de ses déboires comme cette jeune mère qui regarde, impuissante, son enfant s'en aller… à la dérive[9].

En Afrique en général et au Congo-Kinshasa en particulier, l'analyse des faits sociaux est vite considérée comme une prise de position politique. Ce qui remet facilement en cause l'objectivité de l'analyste quand bien même celui-ci se veut simple observateur et chercheur[10]. Cette confusion ne profite

---

années d'indépendance africaine ne dérogent pas à ce paysage essentiellement référentiel d'un développement « made in », comme on peut le lire chez les A. Kabou, D. Etounga-Mangouelle, E. Matoko, E. Nyambal, etc.

[9] De la devinette ekonda : « Le voilà qui s'en va… (qui est-ce ?) C'est la jeune mère qui regarde s'en aller son enfant » (sans mot dire et sans rien faire).

[10] Le fait qu'un ouvrage de haute facture scientifique comme l'*Histoire générale Congo* du professeur Isidore Ndaywel ait connu une nouvelle édition en 1998 après la prise du pouvoir par Laurent-Désiré Kabila, alors qu'il venait de paraître en 1997 avant la fin du régime Mobutu, est révélateur de cet état de chose. Tout laisse croire que

souvent à personne, et encore moins à la construction de nos pays. Car pour réussir cette construction, la collaboration de tous est nécessaire. La mise en commun des compétences n'est pas nécessairement synonyme de concurrence et encore moins d'unanimisme ou de contestation. L'analyste fait un travail désintéressé dont les décideurs avertis (et de tous bords) pourraient tirer beaucoup profit dans l'actuation du bien général. En effet, face à une crise multiforme, notre réflexion refuse d'être une description négative des symptômes et causes de la crise. Elle refuse aussi d'être un plaidoyer ou une défense de l'ancien. Elle se veut une résistance à l'abdication à faire le bien et à croire en un monde meilleur, même s'il ne s'agissait que d'un « mode embryonnaire de préfiguration d'un avenir différent»[11].

Mais, malgré la liberté d'esprit et cette détermination à voir que les choses marchent bien et mieux, l'analyste ne saurait interdire aux acteurs d'opinions qui liront cette réflexion de se regarder comme dans un miroir. Il leur appartiendra alors à eux-mêmes de faire la critique de leurs opinions. Ils la feront eux-mêmes tout comme d'autres pourront la leur faire. Car, qui se dit acteur ne peut interdire qu'on le voit en acte, sinon il n'est simplement pas un acteur. Un proverbe ekonda ne dit-il pas que seul le nourrisson ne mérite pas d'être critiqué ? Et, on peut ajouter : celui qui ne fait rien (de bon ou de mauvais) ne mérite pas de considération, sauf à être invité à faire quelque chose. Cette réflexion n'est pas en elle-même une critique des positions ni une discussion des opinions, aussi utiles soient-elles pour leur solidité. Cette lecture de l'histoire s'en remet à des faits, qu'il s'agisse des faits de l'histoire écrite, des faits de l'histoire transmise (oralement ou à travers des vestiges) ou encore des faits de l'histoire en cours. Bien qu'il soit pratiquement impossible d'éviter tout subjectivisme dans une analyse qui, au-delà des faits réunis, photographie et scanne les opinions, il semble pourtant possible d'en rester à une lecture objective par rapport à un objectif bien défini que l'analyse documente.

L'objectif final, c'est la construction du Congo et de l'Afrique. Il s'agit là d'une préoccupation commune. Pour aider à y parvenir, cette réflexion se donne comme objectif immédiat de *comprendre ce qui nous arrive* et qui se traduit par un malaise profond et général d'un pays et même d'un continent. Nous croyons personnellement que ce malaise est aussi le malaise d'un monde, d'une certaine manière de voir le monde. Ce malaise proviendrait du fait que nous ne nous sommes pas suffisamment occupés de nos problèmes à nous et quand nous l'avons fait, c'est par rapport aux

---

l'auteur, malgré son indépendance d'esprit, aurait voulu, dans la deuxième édition, balayer quelques points « autocensurés » et rendre compte de ce qui venait d'arriver, en prenant soin de ne pas tomber dans une nouvelle censure.

[11] Cf. T. ANDREANY & M. VAKALOULIS (dir.), *Refaire la Politique*, Paris, Syllepse, 2002, p. 7.

convenances externes. Nous allons le faire ici dans un langage narratif qui nous dégage des contraintes terminologiques mais surtout permet aux habitués de la palabre africaine et à ceux qui auraient encore l'oralité comme mode d'expression courante, de s'approprier ces intentions que nous croyons d'ailleurs être aussi les leurs. Cependant, nous ne dérogerons pas au devoir de l'analyse critique et de la rigueur scientifique, sans aucune prétention intellectualiste ou élitiste.

C'est cela que nous allons essayer de documenter et d'expliquer. Pour cela, aucune complaisance n'est permise quand il est question de faire défiler les acteurs de *« l'Affaire Afrique. Cas de la République Démocratique du Congo »*. Parce que nous ne parlons pas en maître ni en donneur de leçons, mais simplement en personne concernée qui ne s'en prend qu'à elle-même. Si l'on n'est pas capable de se dire à soi-même la vérité, on ne devrait prétendre à rien de noble. Le pari de la nouvelle Afrique, du nouveau Congo, est à ce prix : avoir le courage de la vérité de soi et sur soi, sans attendre que d'autres nous la disent, mais alors à leur façon et de leur point de vue pas si neutre.

La petite enquête purement illustrative que nous entreprendrons dans ce travail ne se réduit pas à un jugement de valeur. A la limite, nous dirions qu'il ne nous est pas tellement nécessaire de savoir si la colonisation et par la suite les indépendances ont été bonnes ou mauvaises pour l'Afrique en général et le Congo en particulier. Car, même si on ne peut s'empêcher tout jugement de valeur, une des constantes de la situation du Congo depuis le 15e siècle jusqu'à aujourd'hui est le fait que le bien et le mal ont toujours été d'abord au profit de l'extérieur. Il ne s'agira pas non plus de se donner à rêver. Cela aide parfois à créer une conscience de responsabilité dans l'avenir quand on ne s'en sort pas avec la perte de toute confiance en soi-même. Mais, le cours de l'histoire depuis cinq siècles a quelque chose d'irréversible pour qu'on s'imagine tout reconstruire en faisant abstraction de ce qui est advenu. Enfin, il n'est pas non plus question de réagir contre la vision euro-américaine de la marche de l'histoire. Pour la simple raison que si cette vision pouvait changer par le simple fait des dénonciations et des condamnations de la part de ceux qui la subissent, il y a bien longtemps qu'elle l'aurait été.

Ainsi, la présente réflexion s'efforce d'abord de montrer comment l'histoire de la République Démocratique du Congo depuis sa « découverte » jusqu'à nos jours, lue sous la clé de la modernisation, peut être considérée comme une longue transition. Elle démontrera ensuite l'unité substantielle de cette transition et dégagera les leçons qui s'imposent à la suite de cette lecture, en établissant un rapport entre ce qui change dans ce panorama et ce qui ne change pas. D'où la formulation, en troisième lieu, du postulat de fermer la parenthèse de la transition en indiquant les possibilités concrètes dont le Congo dispose pour le faire, tant à partir de son contexte propre qu'au regard du contexte de la mondialisation. Et, s'il faut en croire à l'image balistique de

Frantz Fanon sur la forme de l'Afrique, nous osons espérer qu'un Congo nouveau peut être le prélude d'une Afrique nouvelle et, pourquoi pas, d'un monde nouveau, aux lendemains meilleurs, selon une expression que nous aimerions tous voir réalisée un jour…

Chapitre 1
La « modernisation » du Congo ou la longue transition

De la « découverte » de l'embouchure du Fleuve Congo au premier décor de la Troisième République (1483-2011)

Ce chapitre porte sur la période que nous considérons comme ayant ouvert à la modernisation de Congo. D'un point de vue historique, elle est même la plus connue dans la configuration qui est finalement celle du Congo moderne. Nous la faisons commencer avec la fameuse découverte du Congo. La visitation de cette période qui a vu défiler pas mal de choses sous le prisme même nominal de la modernisation montre qu'en réalité elle dure jusqu'à nos jours. C'est donc une bien longue période que nous désignons comme « une longue transition ». Mais, pour des besoins de repères, nous avons délibérément choisi d'arrêter nos évocations historiques à l'aube de la troisième République, au lendemain du cinquantenaire de l'indépendance du Congo.

Avant de démontrer que depuis Diego Cão, c'est-à-dire, avant l'indépendance, jusque pratiquement aujourd'hui, c'est-à-dire, après l'indépendance, le Congo vogue dans une période de recherche de modernisation mais toujours comme en transition, nous commençons par donner l'entendement que nous avons dans cette étude de ces deux termes courants mais pas toujours clairs.

1.1. Notions de modernisation et de transition dans le contexte congolais

1.1.1. De la modernisation

Le terme *modernisation* pourrait se définir comme le passage d'une étape traditionnelle où l'homme représente la force motrice de transformation de la nature à l'étape où la machine, après l'animal de trait, devient la force motrice principale tandis que l'homme demeure la force inspiratrice des changements[12]. Mais, ce terme a pris dans le contexte africain la connotation

[12] Dans ce sens, la modernisation est un processus qui court depuis l'antiquité et qui se vérifie chaque fois que l'homme met en place des instruments de travail pour l'aider dans son mandat originel de transformation de la nature. Au sens strict, cependant, on

de *passage du mode de vie traditionnelle des Africains à celui imposé par l'arrivée des Européens en terre africaine.* Comprise de la sorte, la modernisation n'est pas en Afrique noire le simple passage d'un niveau technique rudimentaire et moins efficient à un autre plus perfectionné et performant. Elle est le passage de la propre culture négro-africaine considérée alors comme barbare et inférieure à la culture occidentale considérée, elle, comme civilisée et supérieure. En d'autres termes, la modernisation voudrait dire simplement *l'occidentalisation*[13].

Selon cette explication, on peut parler de la modernisation de l'Afrique à partir du moment où elle est entrée en contact avec l'Occident ou, plus précisément, à partir du moment où elle a été envahie par l'Occident. Pour ce qui est de l'espace géographique appelée aujourd'hui République Démocratique du Congo, on situe cette modernisation à partir de la découverte de l'embouchure du fleuve Congo par Diego Cão en 1483. Depuis cette date, le Congo est entré dans ce processus de modernisation, non pas en assumant les changements qu'entraîne toute rencontre de ce genre mais plutôt en subissant les effets d'un « choc culturel » dont il n'a pas toujours mesuré la portée et qu'il va chercher à rejeter souvent en vain[14]. Curieusement –on devrait dire logiquement–, cette entrée dans la modernisation correspond avec les débuts de la période que l'histoire générale connaît sous le nom de *« époque moderne ».* En réalité, le temps moderne correspond à l'évolution de l'Occident où se réalisent de grandes transformations consacrant une ère de grandes inventions et découvertes. C'est alors que l'Europe va s'étendre, conquérir et coloniser les nouveaux mondes[15].

L'évolution de l'histoire du Congo nous montre que, à chaque étape, c'est toujours cette modernisation qui sera visée, soit par les Européens au moment de la colonisation, soit par les Congolais au moment de l'accession du pays à l'indépendance politique ou pour sortir des crises successives que

---

parle de modernisation à partir de l'industrialisation qui a d'abord été le fait de l'activité agricole. Dans la chronologie multimillénaire de l'humanité, ceci est un phénomène plutôt récent.

[13] Cf. ZALA L. N'kanza, *Op. cit.*, p. 34.

[14] C'est pour cela que dans le parler ordinaire des Congolais, du moins ceux des régions longtemps restées soustraites à la pénétration occidentale, les Bakongo sont considérés comme des *mindele* (européens) et quand on dit de quelqu'un qu'il est *mukongo*, c'est comme si l'on disait qu'il est un *mundele*, c'est-à-dire organisé, strict et rigoureux (dans les affaires). Cela signifie que pour les gens de la forêt, le mukongo aurait « assimilé » (malgré lui ?) certaines qualités qu'on croit, à tort ou à raison, réservées aux Européens, comme le sens de l'organisation, de l'épargne, de la rigueur, la propreté, la prévoyance, etc. La fascination encore actuelle de l'Occident (Mputu) trouve là son origine.

[15] Les manuels d'histoire délimitent le temps moderne comme la période comprise entre la prise de Constantinople (1453) ou la découverte de l'Amérique (1492) et la Révolution française (1879).

connaît le pays depuis l'indépendance jusqu'à nos jours. On entrevoit déjà l'unité constitutive de cette période pour laquelle plusieurs subdivisions ont été proposées par les historiens de métier[16].

La proposition faite ici de parler de cette époque qui va de la lointaine découverte de l'embouchure du fleuve Congo à nos jours comme d'une même période de modernisation n'est pas une nouvelle tentative de délimitation de l'histoire africaine ou congolaise. C'est une sensibilité qui permet une autre lecture de l'histoire. Il ne s'agit pas nécessairement d'une nouvelle lecture en tant que description des faits qui ont eu lieu. Aussi ce travail ne remplace-t-il pas les études historiques si fouillées dont nous disposons aujourd'hui sur l'Afrique et sur le Congo. Mais, à défaut d'être complète, la lecture ici proposée se veut plus pertinente par rapport à la signification à donner à notre quête anthropologique. En effet, par rapport à cette quête anthropologique, quelque chose d'important semble s'être passée à partir du 15e siècle et s'est renforcée au 19e siècle, au point de constituer une véritable rupture avec l'ordre ancien. Du point de vue de l'évolution de la société congolaise, ce qui est arrivé en ce moment n'est ni une suite logique dans l'ordre du prévisible congolais, ni une anticipation trop précipitée de ce qui était potentiellement prévisible. C'est pourquoi, on l'a à tort identifié au merveilleux ou miracle alors qu'il s'agissait simplement de ce que l'on n'a pas encore vu[17] !

On nous a fait croire qu'on venait nous moderniser (développer, civiliser, même sous l'enseigne de l'Etat Indépendant du Congo, puis de la colonisation… Maintenant, on ne nous dit plus (ou pas tellement) mais c'est nous qui cherchons notre modernisation...

Cherchons à présent à percevoir une autre notion équivoque dans le contexte africain (et même mondial), à savoir la *transition*.

1.1.2. De la transition

Si la transition est la période relativement courte qui sépare deux époques nettement distinctes en liquidant l'époque antérieure et en préparant

---

[16] Cf. I. NDAYWEL è Nziem, *Histoire générale du Congo. De l'héritage ancien à la République démocratique*, Paris-Bruxelles, Duculot/Afrique Editions-Agence de la francophonie, 1998, pp. 28-30.

[17] Ainsi, dans l'épopée d'Iyeli i Mpaha, lorsque, avant sa mort, le prodige Mongu e Mpembe annonce aux habitants du village de Mpaha et du lac Ntomba (Tumba) l'arrivée des Blancs avec leurs effets (notamment les bateaux et les voitures), cela ne relève pas, pour la population concernée, d'une anticipation (c'est-à-dire, de ce qu'ils pourraient faire, eux aussi) mais plutôt du *« bienywa » = ce que l'on ne peut pas voir*, c'est-à-dire l'impossible. Cela est ensuite souvent et à tort identifié au merveilleux (miracle) alors qu'il s'agit simplement de *« ce qu'on n'a pas encore vu »*. Cf. MOLINGA Nganda mo Lotanda, *L'épopée d'Iyeli i Mpaha. Histoire des Ntomba de Bikoro au Zaïre*, Kinshasa, Centre de Vulgarisation agricole, 1988, pp. 36-37.

la suivante, on doit reconnaître qu'il y a autant de périodes de transition qu'il existe des périodes marquantes de la vie d'un peuple, d'une nation, d'un continent ou du monde. Ainsi, en considérant la période envisagée ici pour le cas du Congo, certains voient une période de transition entre 1706 et 1885, c'est-à-dire de la désintégration des sociétés traditionnelles après le contact avec l'envahisseur occidental au partage de l'Afrique à la Conférence de Berlin[18]. D'autres la cernent plutôt comme un temps de la proto-modernité ou le temps du réajustement entre les 17e et 18e siècles[19]. Par rapport à la longueur de la colonisation (75 ans)[20] et de la Deuxième République (les 32 ans du règne de Mobutu), les cinq années de la Première République auraient dû constituer une période de transition qui a cruellement manqué entre la colonisation et l'indépendance[21]. Mais, la Première République n'ayant pas été une véritable préparation de la Deuxième République, elle demeure une étape distincte du développement politique du Congo, compte tenu aussi de la valeur des acteurs sur la scène politique nationale en ces années. Dans la vie de l'État congolais, la seule période qui aura officiellement été reconnue comme période de transition est celle du passage de la Deuxième à la Troisième République. L'histoire devra un jour déterminer si cette période commence effectivement avec le discours de démocratisation du 24 avril 1990 ou avec le début de la Conférence Nationale Souveraine (CNS) le 7 août 1991 et si elle a pris fin avec la fuite du Maréchal Mobutu Sese Seko et l'ascension au pouvoir de Mzee Laurent-Désiré Kabila (1997) ou avec l'organisation du référendum constitutionnel de 2005 et les élections générales de 2006.

Mais, si la transition représente une période au cours de laquelle un peuple, quittant ses certitudes, s'approprie ou se voit imposer de nouvelles références pour un nouveau cheminement, on peut sans se tromper soutenir

[18] Cf. ZALA L. N'kanza, *Op. cit.*, pp. 133-164. Au sens strict, le « partage de l'Afrique » entre les nations occidentales qui comptaient à l'époque a eu lieu bien avant la conférence de Berlin de 1885. Mais pour l'espace « Congo Belge », 1885 est une année importante et représentative compte tenu de ce que Léopold II, roi des Belges engrangea comme dividende, lui qui est arrivé tard dans l'aventure coloniale.

[19] Cf. I. NDAYWEL è Nziem, *Op. cit.*, p. 29. L'auteur se réfère ici à l'étude de J. KI-ZERBO, « La tradition orale en tant que source pour l'histoire africaine », *in La tradition orale. Problématique et méthodes des sources de l'histoire africaine*, Paris, UNESCO, 1972, pp. 96-112.

[20] Pour le commun des Congolais, la période de la colonisation va du partage de l'Afrique à la Conférence de Berlin en 1885 à l'accession du pays à l'indépendance en 1960. Les subtilités de divisions entre la période de l'État Indépendant du Congo (1885-1908) et le Congo Belge (1908-1960) n'ont d'impact que pour la Belgique (qui héritera des possessions royales) et pour les spécialistes de l'histoire. La somme de ces années ne représente pour le peuple qu'un temps de domination étrangère.

[21] Mobutu ne croyait pas bien dire lorsqu'il déclara du haut de la tribune des Nations Unies en 1974 pour parler de l'indépendance du Congo : « Un fruit ne tombe que quand il est mûr. Mais, devant l'ouragan, mûr ou pas mûr, il tombe ». Seulement que quand il n'est pas mûr, il n'est pas prêt pour la consommation !

que l'Afrique, ayant perdu ses repères par la *modernisation* et n'ayant pas encore trouvé sa liberté pour conduire elle-même sa destinée, vit encore une longue transition. En République Démocratique du Congo, cette *transition* peut-elle être dite complètement consommée à la fin de la période communément et même historiquement appelée période de transition ? Sans pessimisme mais avec réalisme, il faut reconnaître que cela serait trop beau pour être vrai ! Mais, essayons plutôt d'en savoir plus en parcourant notre histoire de plus en plus mieux connue, en commençant par le Congo avant l'indépendance.

1.2. Le Congo avant l'indépendance

Nous parcourons en fait ici trois périodes historiques bien délimitées, à savoir, la découverte de l'embouchure du Fleuve Congo sous l'aventure portugaise de Diego Cão (la modernisation du Padroado portugais), la période de l'Etat Indépendant du Congo et la période proprement coloniale du Congo Belge. Si la distinction et la distanciation historique entre la première période et la deuxième est nette, il n'en est pas de même entre les deux dernières qui apparaissent à bien des égards comme une même modernisation belge.

1.2.1. La modernisation du Padroado portugais

Dans une tentative de définir la Renaissance, cet « océan de contradictions » où l'on découvre « une difficile cohabitation de la volonté de puissance et d'une science encore balbutiante, du désir de beauté et d'un appétit malsain d'horrible, un mélange de simplicité et de compilation, de charité et de haine », l'historien Jean Delumeau en arrive à la spécifier comme étant « la promotion de l'Occident à l'époque où la civilisation de l'Europe a de façon décisive distancié les civilisations parallèles ». Delumeau considère ainsi la Renaissance comme l'époque de la mainmise et de la supériorité de l'Europe sur le reste du monde[22].

Cette mise en place européenne n'est pas fortuite. Outre à être le fruit d'une mentalité multiséculaire, elle est plus directement amorcée par le *takeoff* des 11e et 12e siècles (phase globale à partir de laquelle est dépassé le stade du sous-développement). La multiplication des micro-améliorations a fait franchir à l'Europe le seuil. Bien avant elle, d'autres civilisations ont possédé de moyens semblables, parfois même supérieurs, sans pouvoir les exploiter à fond. C'est, notamment, le cas de la Chine et de l'Inde. L'expansion de l'Europe aux 15e et 16e siècles se justifie par les besoins purement internes du continent. Alors que les autres civilisations et cultures reposaient encore sur le moteur humain, en Europe, la percée médiévale se traduit par la

[22] Cf. J. DELUMEAU, *La civilisation de la renaissance*, Paris, Arthaud, 1984.

domestication de l'énergie éolienne, hydraulique et surtout par l'amélioration du moteur animal. Ces « esclaves mécaniques » permettent à l'Europe de disposer d'une force économique de 600 millions d'unités, alors que la population mondiale est estimée pour cette période à 380 ou 450 millions d'habitants, dont seulement le 1/5 pour l'Europe[23]. Il y avait là un trop plein et l'Europe en pleine disposition des moyens pouvait s'étendre et conquérir.

Par manque de spécification comme en avaient la Chine et l'Inde (qui commerçaient déjà avec l'Afrique au premier millénaire chrétien) avec leur maîtrise des techniques d'irrigation, rendant possible le développement et la rentabilité de la riziculture inondée, l'Europe utilise le trop plein de sa force économique dans une diversité de possibilités allant dans tous les sens. Le développement de l'élevage et de la pêche, dû à l'augmentation de la consommation des protéines d'origine animale sera déterminant pour l'expansion de l'Europe. Dans le même temps, l'Europe avait besoin des métaux précieux pour frapper la monnaie, les mines de l'Allemagne étant en train de s'épuiser et les Turcs ayant fermé la Méditerranée. Le sucre, les épices (dont la consommation va de pair avec celle de la viande), les produits de pêche et la course vers l'or comptent parmi les moteurs des grandes découvertes. Même si l'on doit y ajouter les motivations religieuses (la lutte contre l'Islam), c'est toujours à l'avantage de l'Europe qui était alors inconcevable sans « son » christianisme[24]. Le Congo entra dans ce mouvement par l'exploration portugaise.

La priorité de l'ordre économique est une vérité historique attestée depuis le 15e siècle, c'est-à-dire, à partir de la première rencontre marquante qui mit en confrontation l'ordre traditionnel africain et l'ordre moderne occidental. La rencontre entre le Portugal et le Kongo au 15e siècle par l'entremise de l'explorateur Diego Cão, se réalise en vertu d'une mission : établir concrètement le droit de possession de la terre découverte au profit du Roi du Portugal. Ce droit de possession (en fait, cette domination) est symboliquement signifié par l'érection du Padroado. Comme l'explique François Bontinck, « Don João II, roi du Portugal, ordonna à ses capitaines, envoyés à la Côte de Guinée, qu'ils importent un padrao de pierre d'une hauteur de deux fois la stature de l'homme, avec l'écu des armes royales du royaume et sur les côtés du padrao une inscription en latin et une autre en portugais ; celles-ci déclaraient que le roi avait donné l'ordre de découvrir

---

[23] Cf. art. « Renaissance » in *Encyclopaedia Universalis*, 19-782c.

[24] Par la bulle *Inter cætera* du 3 mai 1493, le pape Alexandre VI (1492-1503), dans le siècle Rodrigo Borgia (1431-1503), a partagé les mondes découverts entre l'Espagne et le Portugal afin que « la foi catholique et la religion soient exaltées et partout amplifiées et répandues (...) et que les nations barbares soient subjuguées et réduites à la foi ».

cette terre et à quelle date, et par quel capitaine ce padrao fut érigé là et au sommet du padrao une croix de pierre fixée avec du plomb »[25].

Si cette possession se fit sous le couvert de l'établissement d'un empire chrétien et si la religion catholique fut à la base de l'alliance juridico-politique entre les deux royaumes (le Portugal et le Kongo), c'est simplement en vertu de l'autorité du pape sur la « grande république chrétienne universelle ». Ce fut cette autorité qui incorpora le Kongo dans la *Pax christiana*[26]. Zala L. N'kanza commente à ce propos : « On peut se demander si le christianisme était la motivation principale qui a poussé le pape à créer la 'Militia Christi' (l'Armée du Christ) pour convertir les païens. En quoi des païens habitant si loin de l'Europe pouvaient-ils gêner Rome, l'Espagne et le Portugal ? Ne faut-il pas trouver dans la soif du pouvoir, de la domination du monde ainsi que dans la soif des richesses et du profit matériel que constituait la mise en exploitation de l'Amérique l'explication et les raisons cachées derrière la création d'une organisation militaire de conquête ? Dans ce contexte, la religion chrétienne n'a servi que comme idéologie destinée à la réalité du pouvoir militaire, économique et politique que poursuivait l'Europe. »[27]

---

[25] F. BONTINCK, « Le padrão de l'embouchure du Zaïre. Histoire et signification », cité par ZALA L. N'kanza, *Op.cit.*, p. 88.

[26] Les historiens semblent d'accord sur l'importance accordée à cette « incorporation » à la *christianitas*, soit de manière purement volontaire de la part des autorités du Royaume Kongo (ce qui semble peu probable compte tenu du contexte historique et de la connaissance de la religion chrétienne que pouvaient avoir les autorités Kongo), soit plutôt de manière négociée, c'est-à-dire, en se laissant convaincre par les avances de l'explorateur, soit encore par imposition. Pour la thèse volontariste, cf. J. CUVELIER, *L'ancien Royaume du Congo*, Bruges, Desclée de Brower, 1946; J. DUFFY, *Portugal in Africa*, Cambridge, Havard University Press, 1962; J. VANSINA, *The Kingdoms of Savana*, University of Wiscosin Press, 1965. Pour la thèse d'un conditionnement, cf. R. DA SILVA, *Portuguese Colonization in Sixteen Century. A study of the Royal Ordinances*, Johannesburg, 1959 et la plupart des chercheurs africains.

[27] ZALA L. N'kanza, *Op. cit.*, pp. 127-128. Ce qu'il y a peut-être à nuancer, c'est la tendance, assez générale dans la lecture de l'histoire de l'alliance entre l'Eglise et le pouvoir politique pour la conquête de l'Afrique, de croire que cette « sainte alliance » a été voulue exclusivement et en tout temps pour le besoin de la domination de l'Afrique. En réalité, il n'y a pas une sainte alliance *contre* les Africains, du moins dans le contexte du 15ᵉ siècle, mais l'aventure expansionniste de l'Europe a profité de l'esprit du temps, qui voyait l'Eglise très proche des grands de ce monde, protagoniste de la conquête non seulement des âmes, mais aussi des terres et cela déjà en Europe, comme l'illustrent la question des États pontificaux ou les grands bénéfices liés à l'exploitation des domaines appartenant à l'Eglise. De ce point de vue, la situation de la colonisation belge au 20ᵉ siècle reste particulière dans la mesure où l'alliance de l'Eglise avec le pouvoir colonial ne traduit pas du tout l'esprit du temps observable dans les relations Eglise-État en Belgique. Nous y reviendrons.

Le témoignage le plus évident est la mise en place et la promotion du commerce des esclaves, avec la bénédiction de l'Eglise[28]. Comme phénomène d'annihilation de la qualité même d'homme, la traite des Noirs est l'humiliation la plus grave de toute l'histoire humaine. Moins par le nombre des victimes que par la signification même du phénomène, elle représente un fléau de loin majeur que le non moins injustifiable holocauste des Juifs. La traite des Noirs représente ce que l'humanité a fait d'affreux au cours du second millénaire chrétien. Car, l'holocauste des Juifs, les purifications ethniques et les divers génocides dont l'histoire est jalonnée sont des haines raciales contre quelques peuples. Dans certains cas, des peuples persécutés ont même pu se croire supérieurs à ceux qui les persécutaient, tandis que dans d'autres les persécuteurs se croyaient supérieurs aux persécutés. Mais, il ne s'agissait pas de nier à l'autre sa qualité d'homme. Or c'est cela justement qui justifie la traite des Noirs : dans le but d'épargner aux Indiens les atrocités du travail d'exploitation des Amériques, on s'imagina qu'on pouvait faire travailler ceux qui ressemblaient plus à des bêtes qu'à des hommes[29]. Ce que

---

[28] On sait que la généralisation de la traite des Noirs est due à l'imprudence (du point de vue des Africains, il s'agit d'une gaffe !) de l'évêque Bartolomeo de las Casas (1474-1566) dont l'amour pour les Indiens et la volonté de les protéger amenèrent à recommander l'utilisation des Noirs. Mais, si l'homme de Dieu s'en repentit – quand il était désormais tard -, d'autres ecclésiastiques la justifièrent. Ainsi, un siècle après Las Casas, le célèbre évêque et orateur Jacques-Bénigne Bossuet (1627-1704) apportait son appui à l'esclavage pratiqué en France. Au Pasteur protestant Pierre Jurieu (1637-1714) qui soutenait que l'esclave était libre faute d'un accord librement consenti entre le maître et lui, l'auteur du *Sermon sur l'éminente dignité des pauvres* répondit en niant l'existence d'un tel pacte qui lui semblait incompatible avec l'état de servitude : « De condamner cet état, dit Bossuet, ce serait entrer dans les sentiments que M. Jurieu, lui-même, appelle outré, c'est-à-dire, dans les sentiments de ceux qui trouvent toute guerre injuste : ce serait non seulement condamner le droit des gens, où la servitude est admise, comme il paraît par toutes les lois, mais ce serait condamner le Saint-Esprit qui ordonne aux esclaves, par la bouche de saint Paul, de demeurer en leur état et n'oblige point les maîtres à les affranchir ». BOSSUET, cité par M. LENGELLE, « Esclave », in *Encyclopaedia Universalis*, 8-679a.

[29] La position la plus positive vis-à-vis des Noirs n'est pas celle de ceux qui, moins nombreux d'ailleurs, les considéraient comme des hommes à part entière (c'est-à-dire comme les Blancs), mais celle de ceux qui doutaient qu'il puisse y avoir une âme humaine chez les Noirs et surtout celle de ceux qui les considéraient comme les descendants de Cham, le maudit fils de Noé. Bien que scientifiquement et théologiquement inadmissibles, ces deux positions, et surtout la dernière, reconnaissent en quelque sorte aux noirs la qualité d'homme, même s'il ne s'agit que d'un homme né dans le péché et maudit pour l'éternité. On sait que cette interprétation de la bible a longtemps justifié l'apartheid en Afrique du Sud. Même l'Eglise catholique eut difficile à prendre une position à propos de la nature de l'homme noir, jusqu'au jour où une délégation des évêques œuvrant en Afrique a présenté au Pape Pie IX, en 1870, au Concile Vatican I, une supplique lui demandant d'enlever la malédiction noachique qui planait sur les Noirs, descendants de Cham. Cf. « Postulatum pro nigris Africae centralis », in *Acta et Decreta Sacrorum Conciliorum*

de montrer, c'est que, en plus de l'aspect éthique de cette avoir vidé l'Afrique d'une bonne partie de sa substance , d'un point de vue économique, un manque à gagner et es de son déclin dont elle ne s'est pas encore relevée : ait remarquer John Iliffe, un continent sous-peuplé exportait des hommes en échange des marchandises qui permettaient à l'élite d'accroître leur influence personnelle. L'esclavage ralentit sans doute la croissance de la population pendant deux siècles décisifs… »[31]

Le fruit le plus net de la modernisation du Padroado, du point de vue congolais, c'est la désintégration du Royaume Kongo[32]. C'est donc le cas de dire que l'expansion portugaise a bloqué le développement d'un ensemble qui paraissait pourtant homogène ou pour le moins structuré. C'est la preuve que c'est une convenance externe à la société africaine mais interne à la société occidentale qui, non seulement, contresignera la première rencontre entre les deux sociétés, mais aussi marquera l'idée que le Noir africain se fera de lui-même.

Notons aussi que même le Noir, de son côté, n'avait pas toujours une idée si haute des Blancs, puisqu'il refusait de les désigner par le terme qu'on utilise pour parler de l'homme, à savoir, *Muntu*[33]. Le Blanc était considéré tantôt comme un envoyé du diable – puisqu'il semait la mort et la division là

recentiorum, Collectio Lacensis, T. VII, Herder, Fribourg-en-Brisgeau, 1890, p. 905. En foi de quoi l'Eglise prenait alors acte pour l'infériorité congénitale des Noirs.

[30] La discussion ci-haut rapportée entre l'évêque Bossuet et le pasteur Jurieu montre que, dès le départ, l'esclavage et la colonisation des temps modernes ont posé un problème éthique et juridique, comme on peut le voir aussi chez les auteurs de la Renaissance (Rabelais, Ronsard, Montaigne…) et des humanistes (Diderot, More…). Il serait donc simpliste d'évoquer l'argument de l'esprit du temps pour justifier ces forfaits de l'histoire. Nous y reviendrons.

[31] J. ILIFFE, *Les Africains. Histoire d'un continent*, Paris, Aubier-Flammarion, 1997, p. 13.

[32] Les historiens reconnaissent que c'est la bataille d'Ambuila du 29 octobre 1665 qui sonna le déclin du Royaume Kongo, avec la défaite des troupes de Mani Mbamba, l'exécution du roi Ndo Ntoni 1er et d'une grande partie de la noblesse. Cette chute consacra la balkanisation de fait du royaume. Si officiellement cette bataille oppose les troupes du Roi à une faction rebelle de son royaume contre laquelle il lança une expédition punitive, le vrai tireur de ficelle était le Gouverneur portugais de l'Angola à qui le Roi avait refusé la prospection de ses terres pour y chercher des mines. Cf. I. NDAYWEL è Nziem, *Op.cit*, pp. 92-93

[33] Avant d'être un substantif qui désigne un peuple, le terme *Ntu* est simplement la manière de désigner l'homme, n'importe quel homme de n'importe quel groupe humain, chez ceux que l'ethnologie et la linguistique désigneront justement comme les Bantu. Ils sont Bantu parce que dans la plupart des langues de ce groupe humain, on désigne l'homme par l'expression (racine) *–Ntu*.

où il passait[34]-, tantôt comme un animal[35]. C'est seulement après cohabi avec les Blancs et aux vues des prouesses[36] que ces derniers accomplissa que va se vérifier une certaine considération ou de l'estime[37]. Ce qui sembl clair, c'est que, en général, les Congolais n'ont jamais désigné les Européens en référence à la couleur de la peau, ni par d'autres expressions racistes. Le terme kikongo *mundele* (*mondele* en lingala; au pluriel : *mindele*), que nous traduisons abusivement en français par *l'homme blanc*, se réfèrerait en fait aux habits (*nlele – minlele*) soit parce que les Européens portaient beaucoup d'habits sur leurs corps[38], soit parce qu'ils vénéraient un morceau d'étoffe qu'ils plantaient partout où ils arrivaient. Il s'agit, dans ce cas, du drapeau (*bendele*)[39]. Ce n'est donc que lorsque les Congolais ont appris (à travers la manière de les voir des Européens) qu'ils étaient des *Noirs* (*moindu* en lingala, *ndombe* en kikongo) que le terme *mundele* en vint à désigner le contraire de noir, c'est-à-dire, le blanc que le kikongo et le lingala rendent normalement par le terme *mpembe*. Il en serait de même du terme *Mputu*, devenu l'équivalent congolais de « Europe ». Il n'a au départ rien de fascinant ni de merveilleux dans son évocation. Il s'agirait simplement d'une transcription ou mieux d'une corruption phonétique de « Portugal » : *Mputungale*, devenue

[34] Nous venons de le voir avec le cas du déclin du Royaume Kongo. Chez les Ekonda, le folklore Bobongo évoque aussi cette expérience de division : « Le Blanc qui est venu avec son pouvoir est un diviseur des contrées ». Ce qui traduit l'expérience vécue des divisions advenues entre des villages que les intérêts du colonisateur mettaient en conflit. Dans la même contrée des Ekonda, l'imaginaire populaire voyait dans sa couleur les traits d'un revenant. Or, on croit dans ces régions là que celui qui voit un revenant doit mourir. Voilà pourquoi la couleur de la mort ne pouvait pas du tout être la couleur noire, quand bien même celui qu'on finira par appeler « Noir » ne se concevait pas lui-même (ni n'importe quel homme) comme un noir.

[35] C'est ce que laisse entendre l'anecdote attribuée à Stanley selon laquelle les populations côtières du Fleuve Congo ont jeté des filets de chasse pour attraper les blancs.

[36] Par prouesses il faut entendre non seulement des qualités positives comme les moyens techniques dont disposaient les Blancs mais aussi le fait que ces derniers étaient capables de provoquer la mort d'une multitude avec les armes à feu plus que ne pouvaient le faire les lances et flèches des Noirs.

[37] C'est alors que les Blancs pouvaient être qualifiés comme des *« Bilima »*, c'est-à-dire, des esprits avec un pouvoir (magique) bon ou maléfique, de loin supérieur au sortilège du sorcier noir.

[38] C'est l'explication rapportée par S. AXELSON, *Culture Confrontation in the Lower Congo*, Gummesons, 1970 et reprise par ZALA L. N'kanza.

[39] L'explication qui prétend que *mondele* viendrait de « modèle », qualité que l'homme noir reconnaît volontiers à l'homme blanc, est tendancieuse et vraisemblablement postérieure à l'intériorisation par l'homme noir de son infériorité vis-à-vis de l'homme blanc. D'abord, parce que les premiers Européens arrivés au Congo ne parlaient pas français pour que les Congolais reprennent presque exactement le mot français, ensuite parce que quand bien même les portugais aient utilisé le mot dans leur langue (modèle), on ne voit pas bien pourquoi ils auraient pu l'utiliser abondamment pour que les congolais le retiennent comme pouvant permettre de désigner ces étranges personnes qui l'utilisaient.

par raccourci[40] *Mputu*[41]. Les connotations ségrégationnistes naîtront probablement lorsque les Bantu auront assimilé par voie de fait l'idéologie de l'infériorité de la race noire. Cette idéologie n'a d'autre finalité que de justifier la domination des uns sur les autres.

C'est ici que s'installe cette espèce de cercle vicieux dans l'appréhension des rapports de domination du Noir par le Blanc. La traite utilise les Noirs qui fourniront un plus permettant à l'Europe, depuis la Renaissance, les siècles des Lumières et la révolution scientifique et industrielle, de devenir une puissance matérielle écrasante. Le résultat ainsi obtenu grâce notamment aux Noirs, devient à son tour un motif pour asseoir le complexe de supériorité des Européens à l'égard des Noirs et de peaufiner l'idéologie raciste de l'infériorité des Noirs, en même temps qu'on avait réussi, par cette exploitation, à dégrader les sociétés noires ! Voici à titre d'illustration quelques exemples de description du complexe de supériorité des Blancs tel que professé par des figures connues dans le monde scientifique pour leur haut niveau de rationalité.

« Le penseur Hegel (1770-1831) n'hésite pas à écrire dans sa philosophie de l'histoire : 'L'Afrique n'est pas un continent historique ; elle ne montre ni changement, ni développement' ; 'les peuples noirs sont incapables de se développer et de recevoir une éducation. Tels nous les voyons, aujourd'hui, tels ils ont toujours été'. Cette conception saugrenue a persisté jusqu'au 20e siècle où nous entendons un professeur d'Oxford déclarer : 'Peut-être qu'à l'avenir il y aura une histoire de l'Afrique à enseigner. Mais, à présent il n'y en a pas ; il y a seulement l'Histoire des Européens en Afrique. Le reste est ténèbres… et les ténèbres ne sont pas un sujet d'histoire… Nous ne pouvons pas nous permettre de nous amuser avec les mouvements sans intérêt des tribus barbares dans les coins du monde pittoresque, mais qui n'ont exercé aucune influence ailleurs'.

L'un des plus grands voyageurs de l'époque fut le britannique Richard Burton (1821-1890), orientaliste éminent à l'esprit vif et avide d'informations. Or, dans sa *Mission to Glélé, King of Dahomey* (1864), il écrit : 'le nègre pur se place dans la famille humaine au-dessous des deux grandes races arabe et

[40] Le procédé qui consiste à raccourcir le nom plus ou moins long est fréquent dans les langues congolaises. A défaut de raccourcir le nom propre, on utilise les pseudonymes ou des sobriquets qui sont généralement des expressions ou des noms très courts.

[41] Explication rapportée, notamment, par J. CUVELIER, *Op. cit.*, p. 44.

aryenne[42]. Le nègre pris en masse ne s'améliorera pas au-delà d'un certain point qui ne méritera pas le respect ; il reste mentalement un enfant…' »[43]

Ceci montre bien que nous sommes dans le registre des convenances internes à la marche de la société européenne. C'est cela le contexte historique de l'entrée de l'Afrique noire dans la *modernisation*. C'est aussi le contexte idéologique du développement des rapports entre les Noirs et les explorateurs de la *terra incognita* qui sera directement décrétée terre n'appartenant à personne (*terra nullius*) et où les explorateurs s'arrogeront tous les biens et droits, sans faire donc cas des tribus « barbares ». On ne s'étonnera donc pas que la fin ou le dépassement de cette première étape de la modernisation du Congo sera marquée, elle aussi, par les convenances et déconvenues propres à l'Europe : la situation religieuse et le changement politique. Certes, les Noirs tenteront de s'opposer, pratiquement jusqu'au 19e siècle, à la domination étrangère sur leurs propres terres[44]. Mais, compte tenu des moyens à leur disposition et du contexte historique de désintégration de certains royaumes et empires noirs juste au moment de cette invasion, leur résistance ne pouvait faire le poids face à la force (armée) des Blancs.

Qu'en sera-t-il à la période léopoldienne et à la colonisation belge ?

1.2.2. L'Etat Indépendant du Congo et le Congo Belge : une seule modernisation

On connaît la célèbre phrase de Sir H.M. Stanley : « Le Congo ne vaut pas un seul penny sans la construction du chemin de fer ». Elle résume à elle seule la vision léopoldienne de sa possession de l'Etat indépendant du Congo (EIC), mais aussi, celle de tous les acteurs occidentaux du partage de l'Afrique : tout ce que l'on fera en Afrique, c'est essentiellement pour en tirer

---

[42] NDR : Dans les théories racistes, la « race aryenne » désigne le type d'homme de race pure, censé descendre directement et sans métissage des Aryens ou Indo-européens. Ici il s'agit de la race blanche.

[43] J. KI-ZERBO (dir.), *Histoire générale de l'Afrique. I. Méthodologie et préhistoire africaine*, Édition abrégée, Paris, Présence Africaine / Edicef / Unesco, 1986, pp. 35-36. Il ne faut donc pas chercher très loin pour trouver les sources qui ont permis à l'ancien président français Nicolas Sarkozy de déclamer devant les Africains et chez eux en Afrique que l'homme noir n'est pas entré dans l'histoire !

[44] En dehors de l'opposition et de la résistance de quelques chefs indigènes, souvent réprimées dans le sang ou par des intrigues montées de toutes pièces pour diviser les Africains, il y avait aussi, aux 16e et 17e siècles, des mouvements messianiques de libération nationale. Le plus connu est certainement le mouvement de Kimpa Vita (Dona Béatrice), documentée dans l'histoire religieuse du Congo sous l'appellation de « la secte des Antonins ». Mais, pour tous les mouvements de libération, surtout ceux d'origine Kongo, Dona Béatrice est considérée comme une véritable Jeanne d'Arc africaine. Cf. M. SINDA, *Le messianisme congolais et ses incidences politiques*, Paris, Payot, 1972.

des avantages économiques. Ceci éclaire aussi la compréhension de ce que l'on a appelé « la grande philanthropie de Léopold II » : elle ne concerne pas tellement les égards envers les populations autochtones de l'immense EIC, mais surtout les largesses faites aux grandes puissances signataires de l'Acte de Berlin de pouvoir entreprendre librement le commerce dans le bassin conventionnel du Congo.

L'ère qui s'ouvre ainsi avec la Conférence de Berlin se caractérise, comme la période portugaise du Congo, par les convenances et les déconvenues internes à l'Europe. Voici comment S. Axelson fait la comparaison des deux périodes :

« La Conférence de Berlin, 1884-1885, avait la même signification pour l'histoire moderne du Congo que le Padroado a eu pour la politique du Congo durant le 15e siècle et quelques siècles postérieurs. En 1884, ce n'était ni le Pape ni le Portugal qui dictaient les termes pour l'Afrique, mais les nouvelles grandes puissances de l'Allemagne, l'Angleterre, la France et les États-Unis. C'est Bismarck qui prit l'initiative de convoquer la Conférence de Berlin pour résoudre les issues controversées entre la France, Léopold II et le Portugal. Naturellement, les Africains n'étaient pas invités à participer à cette Conférence africaine décisive pour le futur, et les solutions trouvées pour résoudre les problèmes se prenaient sans tenir compte des souhaits africains. Ainsi, après quatre siècles, la situation n'avait pas changé ; les problèmes de l'Afrique étaient résolus exclusivement par les Blancs en Europe. Ceci était vrai du Padroado et de la Conférence de Berlin. »[45]

Et de fait, le changement qui inaugure le partage de l'Afrique couronné par la Conférence de Berlin se caractérise par au moins trois éléments internes à l'Europe : la fin de l'hégémonie papiste au profit des nouvelles puissances et surtout de ce qu'on peut déjà appeler la « sécularisation de la vie politique » ; la naissance de l'industrie et le développement du capitalisme euro-américain ; la renaissance européenne et un nouvel élan positiviste qui prétendra remplacer les rapports subjectifs des missionnaires par des écrits objectifs des savants.

On comprend que dans ce contexte, l'abolition de l'esclavage, qui est un des faits que ne pouvait ignorer l'Acte de Berlin[46], ait été promu d'abord

---

[45] S. AXELSON, *Op. cit.*, p. 209.

[46] Le Danemark fut le premier pays européen à abolir la traite des Noirs en 1792, suivi par la France (décret de la Convention en 1794, mais jamais appliqué), par la Grande-Bretagne en 1807 et par les États-Unis en 1808. Au congrès de Vienne en 1814, la Grande-Bretagne usa de son influence pour inciter d'autres puissances étrangères à imiter cette politique et presque tous les pays européens votèrent des lois ou signèrent des traités abolissant la traite des Noirs, qui devint en partie clandestine. Dans les colonies britanniques, l'esclavage fut aboli en 1833. Le traité d'Ashburton de 1842, passé entre la Grande-Bretagne et les États-Unis, prévoyait le déploiement par chacun

par les nouvelles puissances industrielles – au premier rang desquelles se trouvait alors l'Angleterre – et non par l'Eglise, qui se proclamera pourtant plus tard « experte en humanité ». C'est qu'ici aussi, les raisons d'une telle volte-face sont plus structurelles et morphologiques qu'idéologiques et culturelles : la mécanisation de l'agriculture rendait caduque et inutile l'entreprise esclavagiste et l'intégration des esclaves noirs (qui ne seraient plus de simples travailleurs-outils dans les plantations des colons blancs) devenait embarrassante pour les Blancs de l'Amérique qui n'entendaient guère intégrer les hommes de couleur dans leur société[47].

Paradoxalement, la suppression de l'esclavage ne marqua pas la fin de l'établissement des possessions. Ce qu'elle aurait fait si le contenu de cette disposition avait été essentiellement d'ordre culturel ou même idéologique. La Conférence de Berlin se chargea donc d'une nouvelle redistribution des terres inoccupées, c'est-à-dire, des terres effectivement occupées par les Africains mais considérées par les Européens comme inoccupées parce que n'ayant pas été réparties entre les grandes puissances occidentales. Plus étonnant encore, cette suppression de l'esclavage ne mit pas fin à la collaboration entre l'Eglise et les nations conquérantes dans l'exploitation des colonies alors que dans les métropoles, les querelles idéologiques et les clivages politiques avaient pratiquement consommé le divorce entre l'Eglise et l'État. Non seulement, parce que parmi les explorateurs on compte de grands missionnaires idéologues de la civilisation européenne (Livingstone, Lavigerie, Augouard…), mais aussi, parce que, quand cela était possible, des accords furent signés entre les deux parties. Ainsi, en 1906, un concordat fut signé entre le Vatican et l'EIC. En cette même année, un décret royal institua les

---

des deux pays d'escadrilles sur la côte africaine pour faire respecter l'interdiction de la traite et, en 1845, une coopération entre les forces navales de France et d'Angleterre fut remplacée par un droit de visite réciproque. Ainsi, tous les grands pays signataires de l'Acte de Berlin en 1885 étaient bel et bien au courant de l'abolition de la traite des Noirs.

[47] Selon certains, les projets de rapatriement des anciens esclaves noirs (la création des États du Libéria et de Sierra Leone) datent de cette époque. Pour le cas du Congo, on rapporte que Georges Washington Williams, historien noir américain et observateur de l'EIC, gagné à l'idée du retour des anciens esclaves libérés, avait suggéré au Roi Léopold II l'organisation des concours aux États-Unis pour sélectionner les Noirs les plus brillants qu'on enverrait au Congo pour s'occuper des postes clés dans l'administration de l'EIC. Cf. F. BONTINCK, *Aux origines de l'État Indépendant du Congo*, Louvain, Éditions Nauwelaerts, 1966. Il est évident qu'obtempérer à une telle demande aurait constitué une prise en compte des convenances internes à la condition des Noirs et aurait éloigné l'œuvre léopoldienne de ses convenances qui étaient l'exploitation systématique de « sa » possession. Les Noirs américains étaient considérés par Léopold II et ses lieutenants – Stanley et les autres – comme trop civilisés et auraient au moins demandé des salaires élevés, à défaut de se rebeller contre la situation de leurs congénères dans leur propre milieu de vie.

missionnaires catholiques comme l'équivalent des officiers de l'État du droit civil.

On sait que le régime léopoldien est vite devenu le point de mire de la communauté internationale. L'historiographie rapporte que, du côté des églises, ce sont les missionnaires protestants qui se sont montré les plus critiques envers l'œuvre de Léopold II au Congo, après avoir salué la démarche philanthropique que le souverain avait utilisé pour s'adjuger l'EIC à la Conférence de Berlin[48]. Cependant, il serait très simpliste de ne voir dans ces accusations des missionnaires protestants que le fait d'un élan humanitaire en faveur des droits indigènes. Dans ce sens, c'est toute la philosophie de la Conférence de Berlin qu'il fallait remettre en cause et non seulement sa soit disant mauvaise application par Léopold II. Car, pour les natifs congolais, le résultat réel auquel parvint cette conférence, c'est de leur imposer, sans consultation de leur part, un souverain-maître absolu et cela par la force du droit international qui ne fit qu'entériner une situation de fait. Ce fut le triomphe de la politique léopoldienne de l'occupation effective du terrain. Il est alors difficile de parler de la protection des droits indigènes reconnus par la Conférence de Berlin qui fut plutôt une couverture pour donner bonne conscience aux puissances impériales[49]. Dans tout ce contexte, les accusations

---

[48] Cf. I. NDAYWEL è Nziem, *Op. cit.*, pp. 358-359. Les nombreuses publications de la campagne américano-britannique contre la politique léopoldienne à l'EIC contiennent beaucoup de témoignages des missionnaires protestants. Même lorsque, acculé par l'opinion internationale, Léopold II consentira enfin d'instituer une commission internationale chargée de vérifier le bien-fondé des critiques portées à l'endroit des agents léopoldiens, des personnalités protestantes, comme le Révérend Joseph Clark, de l'American Baptist Mission, accepteront de témoigner. Cf. *The Congo – A Report of the Commission of Inquiry Appointed by the Congo Free State Government*, G.P. Putnam's Sons, 1906. Les attaques les plus acerbes à la politique léopoldienne proviennent, notamment, des personnalités suivantes : R. CASEMENT, Consul britannique dans l'EIC (c'est même son rapport de février 1904 qui alerta l'opinion britannique), E.D. MOREL, Secrétaire honoraire du « Congo Reform Association », qui s'inspira beaucoup dans ses écrits, du rapport Casement ainsi que du rapport de la Commission d'enquête 1904-1905 (*King Leopold's rule in Africa*, New York, Funk and Wagnalls Company, 1905 ; *The red rubber*, New York, Nassau Print, 1906 ; *The Congo Crown Domain*, London, The Congo Reform Association, 1907) et G.W. WILLIAMS, noir américain observateur de l'EIC, qui écrivit une lettre ouverte au roi Léopold II après avoir effectué une visite au Congo.

[49] Ceci permet d'ailleurs à Zala de conclure : « Le partage de l'Afrique n'a pas eu lieu autour d'une table diplomatique à Berlin en 1884-1885, mais sur le terrain africain par la 'loi de la jungle', qui a donné raison au plus fort : les troupes mercenaires de l'A.I.C. [NDR : Association Internationale du Congo] de Léopold II, dirigées en Afrique par Stanley '*Bula Matari*'. Quelle confiance peut-on d'ailleurs avoir dans la diplomatie de cette fin du 19e siècle, lorsque le chancelier Otto von Bismarck, lui-même, déclarait, à propos de la Conférence de Berlin : 'Personne, même le démocrate le plus malveillant, n'a aucune idée de combien de nullité et de charlatanisme il y a dans cette diplomatie'. » ZALA L. N'KANZA, *Op. cit.*, p. 219.

tout à fait fondées des missionnaires protestants ont aussi quelque chose d'une réaction contre l'attitude peu favorable aux protestants qu'affichait Léopold II[50], d'autant plus que la majorité des missionnaires protestants œuvrant dans l'EIC appartenaient aux nations protestantes signataires de l'Acte de Berlin. Or, contrairement aux accords de Berlin qui stipulaient la liberté du commerce dans le bassin du Congo, Léopold II avait réussi à exclure ces nations de l'exploitation de son Congo. Aussi, est-ce avec raison que Zala peut dire : « Il ne semble pas que la préoccupation majeure des critiques lancées contre le régime léopoldien ait été la libéralisation politique du Congo et des Congolais, mais plutôt le scandale de l'accumulation capitaliste au profit d'un seul monarque d'un petit pays européen. Même les bonnes paroles des gens tels que Morel et autres militants au sein de 'l'Association pour la Réforme du Congo', étaient, en définitive, destinées à transférer le Congo des mains des intérêts personnels aux mains des intérêts d'une puissance occidentale… »[51]

Ces petits écarts n'ont pas modifié la vraie nature des relations entre les missions et la puissance coloniale belge. A la rigueur, ils ont permis de fignoler les stratégies d'occupation, de domination et d'exploitation de la colonie. Ainsi, « l'abolition de l'esclavage fut en fait utilisée comme idéologie masquant les tentatives et les efforts de l'exploitation économique de l'Afrique par l'Europe. Pendant que les savants, géographes, ethnologues étaient à la recherche des nouveaux marchés, les missionnaires introduisaient la civilisation chrétienne en Afrique, c'est-à-dire, ils instruisaient les peuples africains à accepter passivement leur exploitation économique »[52]. Ainsi fut

---

[50] En réalité, toute l'administration coloniale affichera cette attitude peu favorable aux protestants, du moins jusqu'à l'avènement des socialistes au gouvernement, à l'époque où M. Buisseret devint Ministre des Colonies. Mais, ce changement d'attitude du gouvernement socialiste belge ne fut pas le fait d'un intérêt particulier envers les protestants, c'est plutôt une réaction contre le favoritisme qui a longtemps caractérisé la politique coloniale belge à l'égard de l'Eglise catholique.

[51] ZALA L. N'kanza, *Op. cit.*, pp. 231-232. Sous cet aspect, on peut dire que l'unique « péché » de Léopold II était d'être arrivé en retard dans l'entreprise coloniale. En effet, ce qu'il voulut faire dans sa possession de l'EIC après (et malgré) les accords de Berlin, c'est ce que la France et l'Angleterre avaient mis en place dès le 17e siècle. C'est le régime de l'« exclusif » ou le protectionnisme, sanctionné en Angleterre par l'Acte de navigation (1651) et qui domine encore au 18e siècle : écarter toute intervention d'un tiers entre la colonie et sa métropole et empêcher la production des colonies de concurrencer avec celle de la métropole. La flotte marchande anglaise connut un essor rapide à l'abri de ces barrières protectionnistes. L'Acte de navigation fut abrogé en 1849, lorsque le Royaume-Uni adopta le libre-échange.

[52] *Idem*, p. 135. Ce jugement peut sembler un peu exagéré, si l'on considère que la finalité propre à l'évangélisation (faire des chrétiens et annoncer l'évangile) n'a jamais fait défaut à l'action missionnaire. On ne saurait donc, sous peine de partialité de regard, réduire cette action à un simple fait de la religion « opium du peuple ». Ce qui est sûr, c'est que les intérêts des deux forces (Eglise et pouvoir colonial) se sont rencontrés dans la mission civilisatrice et chacune aura profité des prérogatives de l'autre. La

mise en place la fameuse trilogie ou trinité coloniale : Administration – Colons – Eglise. Mais, ce qui nous intéresse, c'est que cela est le produit des convenances et déconvenues internes à la marche de l'Europe. En d'autres termes, l'évolution des attitudes est dictée par la nécessité du réajustement pour mieux réaliser, dans les différents contextes, les objectifs propres à la société occidentale. L'œuvre colonisatrice n'a donc jamais été philanthropique, ni de la part de ceux qui la menaient, ni de la part de ceux qui, de l'Occident (ou comme occidentaux), la décriaient[53]. Mais, si les raisons philanthropiques, humanitaires ou civilisatrices pouvaient aider à la perpétuer, on s'en accommodait bien volontiers. Et, c'est cette accommodation qui a ouvert les Africains à une conscience plus structurée de réappropriation de leur destinée, bien qu'en réalité, malgré un élan défaitiste et fataliste, la conviction que l'on ne pouvait vraiment être heureux qu'en assumant soi-même sa propre destinée, n'ait jamais été perdue dans la conscience africaine. Même alors, les forces dominatrices avaient la souplesse de récupérer toutes ces velléités indépendantistes, non pas seulement, pour les étouffer, mais aussi, pour que l'indépendance apparaisse comme un cadeau de la bienveillance civilisatrice.

L'exemple le plus symptomatique est la question de l'enseignement pendant la colonisation. Vu par rapport à l'idéologie de la mission civilisatrice

---

vision dont rend compte le travail de Zala reflète surtout ce que le pouvoir colonial attendait du travail des missions chrétiennes. Pour une opinion plus équilibrée à propos des rapports entre l'Eglise et l'Etat en RDC, on lira avec intérêt le condensé très objectif qu'en font Léon de Saint Moulin et Roger Gaise dans leur introduction générale aux textes de la CENCO sur la Doctrine sociale de l'Eglise. Cf. *Eglise et Société. Le discours socio-politique de l'Eglise catholique du Congo (1956-1998).* Tome 1 : *Textes de la Conférence Episcopale*, Textes rassemblés et présentés par Léon de Saint Moulin s.j. et Roger Gaise N'Ganzi o.p., Kinshasa, Facultés Catholiques de Kinshasa, 1998, pp. 31-43.

[53] Il est évident que, ici comme pour d'autres affirmations qui pourraient paraître unilatérales ou excessives, il faut faire la distinction entre le niveau macro-dimensionnel de la société globale (c'est-à-dire les institutions, l'opinion publique, les mouvements d'action, les entreprises, etc.) qui est celui dont il est fait référence ici, et le niveau micro-dimensionnel des individus particuliers et même des petits groupes. Car même au plus fort de la colonisation, les rapports entre les Blancs et les Noirs pouvaient changer selon que les premiers se considéraient comme représentants d'un système ou comme personnes responsables (devant leur conscience) et émotives (avec des passions). Ainsi, il n'y aurait jamais eu des mulâtres pendant la colonisation (ils ont fait la préoccupation de l'institution coloniale au point de s'en intéresser pour constituer une des composantes des colonies scolaires de l'EIC) si tous les Blancs, même au niveau affectif et passionnel, réagissaient selon l'idéologie de l'infériorité de la race noire. Par ailleurs, on sait aussi que les rapports entre les administrateurs, les colons ou les missionnaires et leurs auxiliaires noirs pouvaient être très cordiaux. Même un colon impénitent comme Van Cauter, alias Longange, inflexible contre le Congolais Isidore Bakanja, chrétien très pratiquant, pouvait avoir des concubines congolaises !

de l'Occident en Afrique[54], l'enseignement est considéré, avec l'évangélisation, comme le moyen le plus efficace pour atteindre cette finalité[55]. De fait, on ne peut pas nier que cela se soit réalisé. N'est-ce pas que ce sont les anciens séminaristes, les commis, les infirmiers et assistants médicaux, bref ce que le Congo comptait comme « intellectuels » des années 1950, qui prirent l'étendard de la revendication indépendantiste et qui occupèrent des hautes responsabilités à l'accession du pays à l'indépendance ? Puis, à la toute première crise qui secoua le gouvernement à peine au pouvoir, on fit recours aux simples étudiants de la jeune Université Lovanium (le Collège des Commissaires Généraux). Reste à se demander si tous ceux qui assumèrent ces grandes et historiques responsabilités y étaient de loin ou de près intellectuellement préparés par l'enseignement. En d'autres termes, quel fut le profil concret de l'enseignement pendant la colonisation ?[56] Contentons-nous ici du raccourci que présente I. Ndaywel dans son *Histoire Générale du Congo* :

« La première initiative de scolarisation fut une faible tentative d'éducation d'enfants autochtones en Europe, plus particulièrement en Belgique. (...) L'Etat (...) manifesta peu d'empressement à y répondre positivement. Son but était d'encourager la formation des indigènes sur place, une formation essentiellement professionnelle pour disposer des auxiliaires de métier dont il avait besoin : menuisiers, forgerons, serruriers, cordonniers, jardiniers, etc. Déjà à cette époque, il préconisait l'instruction de ceux qui n'avaient presque plus d'attache avec la société, jeunes esclaves, orphelins et autres, afin d'en faire des 'enfants de l'Etat', dont il pourrait disposer à sa guise pour les tâches diverses que nécessitait l'installation coloniale. La tendance visant à la formation en Belgique fut donc limitée (...)

---

[54] Jean Roussel, missionnaire de Scheut, synthétisa ainsi cette mission dans sa « Déontologie coloniale » : « Au Congo, coloniser c'est civiliser ». J. ROUSSEL, *Déontologie coloniale. Consignes de vie et d'action pour l'élite des Blancs et l'élite des Noirs*, Louvain, Éditions Universitas, 1949, p. 48.

[55] Guy Monsman, qui deviendra plus tard Secrétaire de la Conférence épiscopale du Congo avant la zaïrianisation avait écrit, comme le disaient ou le croyaient bien d'autres : « le moyen le plus efficace d'éducation [totale et civilisatrice], encore qu'il ne soit pas le seul, c'est l'école. » G. MONSMAN, « Conception chrétienne de la colonisation », in *Grands Lacs*, 3/147, 1951, p. 35. En disant que l'école n'était pas le seul moyen d'éduquer, il est évident que le missionnaire pensait à l'évangélisation. Cf. aussi ID., « L'enseignement aux indigènes tel que la conçoivent les missionnaires catholiques », in *Cahier de l'Institut de Sociologie Solvay*, 1, 1951, pp. 49-59.

[56] Pour avoir une idée plus complète sur la question, on peut lire notamment KITA Kyakenge, *Colonisation et enseignement. Cas du Congo avant 1960*, Bukavu, CERUKI, 1982. Voir aussi BUSUGUTSALA Gandayi Gabudisa, *Politiques éducatives au Congo-Zaïre. De Léopold II à Mobutu*, Paris-Montréal, L'Harmattan, 1997, pp. 35-128.

Quand l'EIC prit officiellement l'initiative de l'instruction des enfants, ce fut surtout pour des raisons militaires, pour constituer une pépinière des jeunes recrues, destinées à devenir, selon la vocation de l'époque, des soldats-ouvriers, des combattants et constructeurs des postes. (...) L'idée du regroupement en 'colonie' provenait de la nature du recrutement visé, qui cherchait avant tout des enfants peu concernés par les traditions claniques : esclaves, orphelins, enfants délaissés ou prétendus tels (...).

Les 'colonies scolaires', créées par l'État pour des besoins de recrutement militaire, furent dirigées dans un premier temps par des officiers. Suite à l'installation des nombreuses congrégations missionnaires, l'État pensa à nommer à leur tête des responsables religieux. (...) Les missionnaires chargés de la direction étaient loin de trouver leur compte dans la finalisation essentiellement militaire assignée à leur action. Ils commencèrent à se préoccuper également de la formation religieuse de leurs protégés en vue d'y recruter des catéchistes. (...)

Vers la fin du siècle [19e siècle], les besoins militaires se mirent à décroître par rapport aux nécessités de former des ouvriers pour la construction des différents postes. Ceci influença le nouveau système d'instruction, en même temps que le besoin pour l'État de recruter des auxiliaires locaux pour son administration. (...)

On se rendit compte que le rendement de ces auxiliaires formés pouvait être meilleur, qu'il serait utile qu'ils disposent préalablement d'une formation générale en calcul, en dessin et en d'autres disciplines de base. On aboutit ainsi à la nécessité des écoles primaires. (...) L'école primaire prenait deux ans et préparait l'accès à l'école professionnelle.

(...) Les écoles ne furent donc pas l'aboutissement du souci de 'civilisation', mais plutôt le résultat d'une certaine quête d'efficience dans l'effort de domination et d'évangélisation. »[57]

---

[57] I. NDAYWEL è Nziem, *Op. Cit.*, pp. 353-356, cit. par pro toto. Intéressante à ce sujet aussi l'étude de Busugutsala sur les politiques éducatives au Congo-Zaïre. On y trouve notamment évoquées la thèse de ceux qui voulaient « instruire et Belgiser les Congolais » pour les intérêts belges. Cf. BUSUGUTSALA Gandayi Gabudisa, *Politiques éducatives au Congo-Zaïre*, pp. 35-128. A la fin du chapitre qui traite de l'idéologie sous-jacente et du cadre juridique de la politique de l'éducation sous les régimes de l'EIC et de la colonie, l'auteur semble accréditer la thèse selon laquelle c'est grâce à l'introduction en 1954 de l'enseignement officiel laïque (qui mit fin au monopole de l'Eglise catholique dans l'enseignement au Congo) que s'est amorcé quelque peu l'éveil du nationalisme congolais. Mais, cette interprétation oublie le fait que déjà dans les années de la création par les milieux catholiques, de la Fondation Médicale de l'Université de Louvain au Congo (FOMULAC, 1925) et des Centres Agronomiques de l'Université de Louvain au Congo (CADULAC, 1932), les appréhensions des milieux coloniaux étaient justement que cela n'amorce

Cette évocation montre à suffisance que l'œuvre de l'enseignement obéissait, elle aussi, aux convenances de la mission dominatrice. L'amélioration du niveau d'instruction était dictée par les besoins et nécessités du monde occidental en colonie, au point même de préconiser en priorité l'instruction des enfants sans attache avec la société pour en faire des « enfants de l'Etat ». Même la création de l'université au Congo ne fit pas en premier lieu le fruit de la volonté du pouvoir colonial ; cela se réalisa plutôt malgré lui. Il semble que ce ne fut pas non plus, à strictement parler, une œuvre de toute l'Eglise catholique belge mais plutôt des milieux de l'Université Catholique de Louvain, qui se chargèrent de « convaincre » les évêques de la Belgique[58]. Mais, ce qui demeure constant, c'est que l'évolution – positive dans ce cas – de la situation se fait toujours en fonction des intérêts avoués ou inavoués de l'étranger, tandis que les Congolais en cueillent au passage quelque dividende. Cette réalité s'observera aussi à l'avènement de l'indépendance.

Avant de parler de la période de l'indépendance, il n'est pas inutile de faire déjà remarquer une caractéristique qui marquera durablement la modernisation du Congo en ce qui concerne la qualité des relations qui se tisseront entre les dominateurs et les dominés. Sur cette qualité vont se construire toutes sortes d'excuses ou de refus des dominateurs d'assumer leur forfait. En effet, ce qu'il y a de cynique et en cela d'inique dans la domination de l'Afrique, ce n'est pas le fait de la domination. Toute l'histoire de l'humanité depuis l'antiquité pourrait même être considérée sous l'angle des dominations successives des uns et des autres. Au Congo et en Afrique aussi, les peuples se sont fait la guerre et se sont dominés bien avant l'arrivée des Blancs. Mais, ce qui est caractéristique, c'est le fait que la domination que l'Occident a fait subir à l'Afrique depuis le 15e siècle n'a pas été entreprise dans le seul but de dominer l'Afrique. L'objectif semble avoir été la recherche du bien-être de l'Occident. Dans ce sens, la conquête des terres inconnues ne fut qu'un moyen utilisé par les peuples pour accroître leurs richesses. D'ailleurs, les guerres livrées contre des peuples voisins ou lointains avaient des intentions hégémoniques. Dans le cas de l'Afrique noire, on ne peut pas à

---

dangereusement le phénomène de la décolonisation et ne contribue à former une élite intellectuelle qui hâterait prématurément la fin de la tutelle belge sur le Congo, comme l'expliquera plus tard G. Malengreau, un des promoteurs de ces institutions qui vont être en fait à l'origine de l'Université Lovanium. Ce qui paraît plus vraisemblable, c'est que la « guerre scolaire » transposait, sans doute pour la première fois en colonie, le clivage politique présent en métropole entre les libéraux (anticléricaux) et les partis d'obédience catholique. Les Congolais en tirèrent sans doute avantage pour réveiller leurs esprits et défendre leur droit. Maisk il ne s'agit pas comme tel d'une orientation politique en faveur de l'émancipation de la colonie.

[58] Sur la genèse de l'université au Congo, on peut lire *Problèmes de l'enseignement supérieur et de développement en Afrique centrale. Mélanges offerts à G. Malengreau*, Paris, 1975 et L. GILLON, *Servir en vérité*, Louvain-la-Neuve, Duculot, 1988. (Voir Encadré 1)

proprement parler au départ d'une recherche de l'hégémonie puisque cela signifierait la reconnaissance de la valeur des peuples dominés, comme ce fut le cas, notamment, avec les guerres puniques[59].

Dans notre cas, des gens, disposant des moyens adéquats, sont allés à la recherche de leur bonheur et, sur leur route, ils ont rencontré d'autres types de gens. Malgré les résistances opposées et grâce à la supériorité des moyens de défense des envahisseurs (ainsi qu'aux faiblesses des gens rencontrés), ils se sont accaparés de ce qu'ils cherchaient et ont même essayé d'utiliser plus efficacement (notamment, par la traite négrière) ces inconnus pour rentabiliser leurs richesses. Ils leur ont même donné une plus-value en les éduquant, les christianisant et les civilisant. N'eut-été le passage salutaire de ces bienfaiteurs, ils seraient restés dans les ténèbres et dans l'ombre de la mort. Par conséquent, au lieu d'éprouver un ressentiment, les Africains devraient plutôt témoigner de la reconnaissance vis-à-vis de ceux qui ont fait qu'ils soient au niveau où ils sont aujourd'hui, même si ce n'est pas un niveau enviable ! Pour leur part, les dominateurs occasionnels n'ont pas à éprouver un quelconque remord concernant les péripéties malencontreuses de cette noble aventure car, on ne peut fabriquer une omelette appétissante sans casser les œufs et il n'y a pas de rose sans épines ! L'Occident n'a pratiquement de compte à rendre ni de dommages et intérêts à payer[60], tout s'étant déroulé selon le code connu en lingala sous l'expression *« molokoti moyibi te »* (le ramasseur n'est pas un voleur). Cela explique le quiproquo de l'indépendance : quand les dominateurs se la présentaient comme une

[59] Entre 264 et 146 av. J.-C., Rome a livré une guerre hégémonique contre Carthage. La victoire finale de Rome avec la destruction de Carthage par les légions de Scipion l'Emilien a ouvert la voie à la constitution d'un puissant Empire romain.

[60] Les propos tenus par le Nicolas Sarkozy à Libreville au Gabon lors de sa toute première visite en Afrique après son élection comme président de la France se résument, peu ou prou, à cette lecture. C'est avec la même attitude mais sans arrogance ni parole provocatrice que son successeur à l'Elysée, François Hollande fera sa première visite en Haïti, juste après l'inauguration à Pointe-à-Pître du célèbre *Mémorial ACTe* ou « Centre Caribéen d'expression et de mémoire de la Traite et de l'Esclavage » inauguré le 10 mai 2015. Alors qu'on l'attendait pour qu'il se prononce sur hold-up opéré par la France au lendemain de la victoire de Jean-Jacques Dessalines et les marrons sur les troupes françaises, en imposant à la première république noire indépendante (1804) une colossale redevance estimée à 17 milliards de dollars, qui a asphyxié cet Etat Haïtien dès sa naissance, toute la presse de l'Hexagone a pris le devant pour répéter en boucle que la France n'avait ni de dommages à payer ni d'excuses à présenter au peuple haïtien pour ce fait pourtant historique. L'annonce faite par le président français de continuer à appuyer le peuple haïtien, notamment, par l'aide dans le secteur de l'enseignement n'a pas suffi pour absorber la déception de tout un peuple pour ce rendez-vous manqué avec l'histoire pour le rétablissement de la vérité ! Haïti s'est contenté d'une petite « revanche des ancêtres » que la presse haïtienne a aussi tournée en boucle : la chute du président français au moment de monter les marches pour prendre place à la tribune spécialement installée pour son accueil.

émancipation à concéder aux Africains, ceux-ci l'appréhendaient comme un droit à l'autodétermination et, partant, une liberté à arracher. Découvrons un peu qu'est-ce qu'il en était dans le point suivant.

Encadré 1. Genèse de l'université au Congo

Selon des témoignages concordants, l'Eglise catholique du Congo Belge, à travers Mgr J. Dellepiane, Délégué apostolique, avait un projet de création d'une université catholique, et sa motivation strictement religieuse était proche des convenances internes aux Catholiques belges : poursuivre l'œuvre d'évangélisation dans l'enseignement par la formation d'une élite universitaire, de peur que ce rôle ne soit pris en main par les protestants et les agnostiques. Quant aux catholiques de l'Université de Louvain, ils désiraient simplement, par la création de l'université, poursuivre leur mission d'universitaires et de citoyens belges au Congo. Si ces témoignages sont dignes de foi, la volonté proprement émancipatrice à travers l'action de l'université viendrait des seuls congolais, soit parce qu'ils désiraient être davantage instruits comme leurs amis ressortissants des colonies françaises, soit comme suite logique de l'insistance des évolués auprès du pouvoir colonial en vue de créer des collèges, c'est-à-dire, des écoles secondaires qui donnaient accès à l'université. En effet, cette requête ayant été satisfaite, on devrait naturellement s'attendre à ce que les finalistes de ces collèges continuent à l'université. Mais, malgré ce fait accompli, le pouvoir colonial trouvera quand même l'occasion d'accommoder ses convenances par une réserve très significative : l'interdiction d'ouvrir au Congo les facultés de Droit et de Philosophie et Lettres ! Et, puisque de toutes les façons et malgré tout, l'Université Catholique qui allait être ouverte au Congo ferait l'honneur de la Belgique, il reviendra à Auguste Buisseret, un libéral anticlérical, en sa qualité de Ministre des Colonies, de procéder à la pose de la première pierre de la première université du Congo, la très catholique Université Lovanium. L'amalgame paraît incroyable si l'on sait que Buisseret, c'est celui-là même dont le nom est lié au Congo à la « question scolaire », notamment par la lutte qu'il mena contre le monopole de l'Eglise catholique et pour la promotion de l'enseignement officiel. Cf. I. NDAYWEL è Nziem, *Op. Cit.*, pp. 504-510.

1.3. Le Congo après l'indépendance

Trois premiers moments structurent la poursuite de la modernisation du Congo après l'indépendance : les contours de l'indépendance avec son avènement et le grand rêve d'un Congo moderne ; le désenchantement de la première République avec sa rébellion et enfin la deuxième République et l'authenticité mobutienne.

1.3.1. « Indépendance cha… » ou le rêve d'un Congo moderne

A la différence des deux premières tentatives de modernisation du Congo (le Padroado et la Conférence de Berlin), qui avaient vu le sort de l'Afrique se décider sans la participation même indirecte des Africains eux-mêmes, l'ère de l'indépendance semble se jouer selon la prise de conscience des Africains que le continent leur appartient et c'est à eux de construire leur avenir et, comme le dit l'hymne nationale congolaise, de « prendre pour de bon le plus bel élan dans la paix ». En réalité, les deux premières périodes ont planté le décor, et bien peu de choses devaient changer depuis lors.

L'émancipation des pays africains sous-tutelle coloniale n'est pas, elle non plus, étrangère aux convenances et déconvenues internes à l'Occident. Ce n'est pas que les Africains n'aient rien fait pour arracher leur indépendance ou qu'ils l'aient reçue comme un cadeau, fruit de l'évolution des mentalités en Europe ou encore comme une preuve de leur maturité dans l'assimilation de l'œuvre civilisatrice. Ainsi, pour le cas du Congo Belge, il est devenu commun de dire que la revendication de « l'indépendance totale et immédiate » a pratiquement précipité les choses, puisque même lorsque Jef Van Bilsen projeta son célèbre « plan de trente ans »[61], il paraissait en avance sur son temps ! Le « plan de trente ans » ne faisait pas peur aux Belges qui le trouvaient simplement utopique et donc irréalisable, d'autant qu'il émanait d'un homme encore peu connu. C'est seulement lorsqu'ils se rendirent compte que les propos de Van Bilsen avaient trouvé un accueil favorable auprès des Congolais que les Belges considérèrent le plan comme un affront et son auteur comme un traître et un défaitiste. Mais, au fait, le fameux « plan de trente ans » était-il si innovant et si avantageux pour les Congolais ? Écoutons plutôt Ndaywel dont la connaissance des dossiers de l'histoire congolaise rend judicieuses les analyses :

« … les idées émancipatrices ont toujours émaillées, ici, et là, la période coloniale. (…) Rappelons ici certaines réflexions d'universitaires belges qui, vers 1950-1952, mirent en évidence l'importance de préparer les coloniaux à la gestion politique, l'imminence de l'autonomie de la colonie étant pour eux un fait acquis. (…)

---

[61] La première version (flamande) de ce texte parut en décembre 1955. En fait d'originalité sur les « trente ans », il n'y a que la volonté de faire coïncider l'indépendance du Congo avec le centenaire du partage de l'Afrique à la Conférence de Berlin (1885-1985), reprenant d'ailleurs une idée de Georges Caprasse, journaliste au *Courrier d'Afrique*, émise en 1946. Déjà vingt ans auparavant, soit en 1926, le magistrat Paul Salkin avait fait ses prédictions ou plutôt une étude prospective « mûrement réfléchie » de « l'Afrique centrale dans cent ans ». Cf. I. NDAYWEL è Nziem, *Op. Cit.*, pp. 511-514.

Jef Van Bilsen se situait dans ce courant d'idées. Il eut le mérite de faire le point sur les problèmes de l'époque, mais aussi de se battre pour faire entendre, diffuser et surtout réaliser les solutions trouvées. Héritier d'un combat entamé avant lui, il passe pour avoir acquis, dans l'histoire, des mérites qui ne lui revenaient pas de droit. A se demander si ne s'est pas développé ultérieurement le mythe Van Bilsen. En fait, tout tient dans son fameux 'plan de trente ans' dont il est et demeure le créateur. Sa motivation ? Il voulait calmer les critiques de l'ONU contre son pays. La Belgique, bien que signataire de la Charte de San Francisco, ne manifestait aucun empressement à se conformer aux recommandations de l'ONU pour encourager la promotion des territoires sous sa domination. C'est donc pour préserver les intérêts de la Belgique qu'il entreprit sa croisade, donnant de nombreuses conférences et publiant des articles dans de nombreuses revues. »[62]

On l'aura donc compris, même le si audacieux – par rapport au contexte – *plan Van Bilsen*, maudit par les coloniaux et bien accueilli par les Congolais, jouait à l'avantage des convenances internes à la marche de la société belge. Ceci nous permet de dire que si l'indépendance avait été préparée selon les recommandations des visionnaires et projectionnistes belges, elle aurait certainement été bien préparée, non seulement, pour les Congolais, mais aussi, à l'avantage des Belges. Pourtant rien ne fut fait dans ce sens. Ce fut donc un désavantage, non pas tellement pour la Belgique, mais pour le Congo qui se contentera de prendre l'indépendance selon la logique de l'ouragan[63]. Et pour cause…

L'Afrique bourdonnait du désir légitime et inextinguible de liberté. Prises au piège de leurs propres idéologies et parce que tout système injuste contient en lui les germes et les armes de sa propre destruction, les puissances colonisatrices ont jugé, à tort ou à raison, à temps ou en retard, que les perspectives d'émancipation des colonies étaient la seule chance de sauver leur face devant l'opinion internationale. De la sorte, elle s'assurait aussi au-dedans la continuité des intérêts économiques grâce aux accords d'amitié et de coopération qui s'avèreront, on aurait pu s'en douter, tout à l'avantage des anciennes métropoles. Cette voie de fait est très visible pour le cas du Congo Belge. En effet, pris par l'euphorie de l'indépendance politique qu'ils venaient de négocier et de décrocher à la « Table ronde politique » de Bruxelles (du 20 janvier au 20 février 1960) et préoccupés par la préparation des élections politiques sur le terrain, les leaders politiques congolais se sont désintéressés de la « Table ronde économique, financière et sociale » (du 26 avril au 16 mai

---

[62] Cf. I. NDAYWEL è Nziem, *Op. Cit.*, pp. 512-513.

[63] Allusion à un passage déjà cité du discours de Mobutu à l'ONU en 1974, évoquant la manière dont le Congo a accédé à l'indépendance : « Un fruit ne tombe que quand il est mûr, mais devant l'ouragan, mûr ou pas mûr, il tombe. »

1960). Ils se firent représenter par leurs compagnons ou par des étudiants universitaires sans expérience politique, sans beaucoup de connaissance des dossiers en présence et surtout sans aucun poids politique face à leurs partenaires belges qui répliquèrent pratiquement la même délégation qu'à la Table ronde politique, conscients que c'est ici que tout allait se jouer. Pour les Belges, c'était « la conférence de la dernière chance ». Puisque les Congolais n'accordaient pas beaucoup de crédit à ce dernier round des négociations, c'est donc sans gros problèmes que les Belges récupérèrent fermement de la main droite ce qu'ils avaient concédé fébrilement de la main gauche à la Table ronde politique[64]. En effet, plus que tout autre aspect, le scandale de la colonisation belge était surtout économique et financier. En plus du travail des Congolais qui allait renflouer les caisses belges (de Léopold II ou de la Métropole), le Roi-Souverain avait doté l'EIC d'un système complexe de participation, s'assurant la collaboration des grandes entreprises du capitalisme international, le tout sous son contrôle à travers des holdings dans lesquels l'État du Congo Belge était le principal actionnaire. Et la situation était telle jusqu'à la veille de l'indépendance[65]. Le Congo Belge était un véritable labyrinthe d'intérêts financiers avec un portefeuille performant que l'État belge prendra soin de faire sauter sans que les négociateurs congolais de la Table ronde économique s'en rendent vraiment compte[66]. Il aurait fallu beaucoup de sérieux aux politiciens congolais ainsi qu'à leurs états-majors pour maîtriser tous ces dossiers et déjouer habilement les pièges tendus. Mais

---

[64] I. NDAYWEL è Nziem, *Op. Cit.*, pp. 549-553.

[65] Cf. P. JUYE et R. LEWIN, *Les trusts au Congo*, Bruxelles, Société Populaire d'Édition, 1961.

[66] Dès mai 1960, en effet, le portefeuille de l'État congolais connut de grandes érosions au profit de l'État belge ou des privés belges et internationaux, par l'abolition (suppression ou retrait) des compagnies à chartes dans lesquelles l'État congolais détenait la majeure partie des actions. En plus, non seulement qu'à cause de cela l'État congolais était obligé de payer les indemnisations, la plupart de ces compagnies passèrent sous le régime du droit commercial belge, le tout avec la bénédiction du Parlement belge. Si on ajoute à ces irrégularités officielles ou juridiquement appuyées les irrégularités fiscales (transfert des fonds et des biens sans contrôle des changes) et le marché noir qui s'établit (transfert des fortunes des colons de la colonie vers la métropole), on a la mesure de la spoliation du Congo au moment de son accession à l'indépendance. Cf. P. De VOS, *La décolonisation : les événements du Congo de 1959 à 1967*, Bruxelles, ABC, 1975, pp. 81-83 ; ZALA L. N'kanza, *Op. Cit.*, pp. 258-259. On estime à 35 ou 37 milliards de francs (anciens) l'ensemble du portefeuille de la colonie qui fut considéré comme patrimoine commun à gérer par ou à partager entre la Belgique et le Congo. Et l'historien de faire remarquer : « Belle astuce pour tromper les néophytes en gestion économique qu'étaient les Zaïrois [sic] de l'époque, quand on sait que les comptabilités des deux pays, depuis la période léopoldienne, étaient bien distinctes. Cette situation, rendue volontairement confuse, situait le début du contentieux qui allait s'ériger, dans l'avenir et sur un rythme saisonnier, en pierre d'achoppement dans les rapports entre les deux pays ». I. NDAYWEL è Nziem, *Op. Cit.*, pp. 552-553.

on s'est plu à danser et chanter : *« Indépendance cha tozwi e… O Table Ronde cha ba gagner o »*[67]. À cause de cette erreur politique monumentale, la République du Congo naîtra le 30 juin 1960 comme un canard boiteux du point de vue économique[68]. Les Congolais avaient peut-être pris trop au sérieux et à la lettre la métaphore du sénateur Henri Rolin : « La Belgique doit, le 30 juin, remettre toutes les clés et ce sont les Congolais qui décideront de l'usage qu'ils en feront. » Pourtant, s'ils avaient choisi de célébrer l'indépendance du pays le 30 juin, c'est, semble-t-il, en référence à l'indépendance de l'EIC proclamée le 1er juillet 1885. Or cette proclamation faisait suite à la victoire obtenue par le roi Léopold II à la Conférence, nous pouvons dire à la « Table Ronde » de Berlin. Cette victoire était due à l'astuce du négociateur très habile qu'était le roi des Belges. Comment les Congolais ne s'étaient-ils pas rendu compte qu'ils étaient en face des successeurs légitimes du roi astucieux qui, quand il semblait tout concéder en théorie, était sûr de ne rien donner en pratique ? Ainsi, malgré la facile concession de l'indépendance totale et immédiate, le grand gagnant fut la convenance interne à la marche de la société belge. Quelle sera la physionomie du pouvoir politique congolais à l'indépendance ? Zala la résume ainsi : « La structure du pouvoir politique établie au lendemain de l'indépendance du Congo Belge consistait en un bloc au pouvoir comprenant un groupe d'évolués à l'intérieur du pays qui formera plus tard la bourgeoisie nationale et, d'autre part, des forces sociales externes aux pays. Les décisions politiques qui s'imposaient à tous les Congolais ainsi que le contrôle de ces décisions dépendaient essentiellement de l'interaction (participation et contrôle) entre un groupe

[67] C'est la rumba que l'African Jazz de Joseph Kabasele, alias Kallé Jef ou Grand Kallé chanta pour immortaliser l'événement. Était-ce cette liesse populaire la meilleure expérience que Mobutu tirera de ces temps forts, mais cette fois-ci pour son compte personnel, en institutionnalisant « l'animation politique » ? Le slogan « Heureux le peuple qui chante et qui danse » fera en tout cas le bonheur du Chef et le malheur du peuple.

[68] Il peut être bon de faire remarquer que, alors que la domination occidentale sur l'Afrique, bien que raciale et soutenue par l'idéologie de l'implantation de la civilisation, avait une finalité économique assez prononcée, les mouvements panafricains d'émancipation du peuple noir se sont concentrés sur la lutte de libération culturelle (valorisation de la dignité de l'homme noir : *« Black is beautiful »*) et donnaient presque tous moins d'importance à déjouer l'exploitation économique promue par le développement du capitalisme mondial. Qu'il s'agisse du pionnier du panafricanisme Jules Dubois, des leaders africains de première heure comme Kwameh N'Kruma et Jomo Kenyatta, du mouvement de la Négritude avec les A. Césaire et L.S. Senghor ou encore des écrivains engagés comme Frantz Fanon, tous ces mouvements et courants de pensée considéraient-ils qu'il suffisait de résoudre le problème culturel pour que celui économique trouve aussi une réponse ? Cela aura certainement été une lacune grave, puisque pour le capitalisme mondial, le problème économique était, si pas plus, au moins aussi important que la discrimination raciale ou culturelle qui, par ailleurs, a plutôt servi de prétexte pour asseoir la domination économique.

d'évolués d'une part et d'autre part un groupe hégémonique des forces extérieures représenté, notamment, par le pouvoir militaire des pays 'amis' du Congo Belge parmi lesquels les signataires de l'Acte Général de Berlin collaborant avec le pouvoir économique des multinationales. »[69]

En vain donc le Président Joseph Kasa-Vubu déclamera avec civilité, le 30 juin 1960, que la Belgique a su faire passer le Congo de la domination à la pleine souveraineté nationale[70]. En vain aussi le Premier Ministre Patrice Emery Lumumba promettra, dans son discours improvisé, de montrer au monde de quoi est capable l'homme noir travaillant dans les conditions de liberté et d'engager avec les pays étrangers une collaboration loyale qui ne cherche d'imposer aucune politique au Congo[71]. Force nous est de reconnaître que le Congo acquit la souveraineté nationale et internationale selon des convenances et déconvenues externes à ses propres choix fondamentaux mais bien internes à la marche de la société globale qui la lui octroya comme une « carte d'immatriculation ».

Cela marquera de manière indélébile le déroulement de la première République.

1.3.2. Première République, première rébellion

Lorsque les choses pourrirent au lendemain de la proclamation de l'indépendance –comme il fallait s'y attendre, vu la nette confusion du niveau de compréhension de la réalité de cette indépendance–, le Congo s'en remit

---

[69] ZALA L. N'kanza, *Op.Cit*, p. 47.

[70] Le passage du discours de Kasavubu à la cérémonie de la déclaration de l'indépendance dont il est question ici est : « La Belgique a eu alors la sagesse de ne pas s'opposer au courant de l'histoire et, comprenant la grandeur de l'idéal de la liberté qui anime tous les cœurs des congolais, elle a su, fait sans précédent dans l'histoire d'une colonisation pacifique, faire passer directement et sans transition notre pays de la domination étrangère à l'indépendance, dans la pleine souveraineté nationale. » Il est à noter que ce passage fut applaudi, même si visiblement il alignait des distorsions de la vérité historique, notamment, par les affirmations suivantes : 1°- la Belgique ne s'est pas opposée au courant de l'histoire ; 2°- la Belgique a compris la grandeur de l'idéal de liberté chez les congolais ; 3°- la colonisation belge a été une colonisation pacifique.

[71] Nous nous référons aux passages suivants du discours de Lumumba le 30 juin 1960 : « Ensemble, mes frères, nous allons commencer une nouvelle lutte, une lutte sublime qui va mener notre pays à la paix, à la prospérité et à la grandeur. Nous allons établir ensemble la justice sociale et assurer que chacun reçoive la juste rémunération de son travail. [Applaudissements] Nous allons montrer au monde ce que peut faire l'homme noir quand il travaille dans la liberté, et nous allons faire du Congo le centre de rayonnement de l'Afrique tout entière.(…) Et, pour tout cela, chers compatriotes, soyez sûrs que nous pourrons compter, non seulement, sur nos forces énormes et nos richesses immenses, mais sur l'assistance de nombreux pays étrangers dont nous accepterons la collaboration chaque jour qu'elle sera loyale et ne cherchera pas à nous imposer une politique, quelle qu'elle soit ». [Applaudissements].

très clairement aux convenances internationales. Le premier ambassadeur de la Belgique au Congo, Jan Van den Bossche, essaya de jouer au sapeur-pompier dans le conflit qui embrasait les relations entre le Congo et l'ancienne métropole toujours présente, mais en vain ![72] Les sécessions éclataient de toute part avec la complicité explicite (pour le cas du Katanga) ou indirecte (pour le cas du Kasaï) de la Belgique. Face à ce qu'ils considéraient comme une agression extérieure, Kasa-Vubu et Lumumba firent appel à l'ONU. Dans sa frénésie de sauvegarder l'intégrité du territoire national hérité de la colonisation, l'unitariste Lumumba multiplia les appels en détresse, mais un peu de manière désordonnée. On le vit aux États-Unis pour requérir l'intervention directe des Américains. Face aux hésitations des Occidentaux, il menaça d'en appeler à l'Union soviétique. En pleine période de la guerre froide, cela ne pouvait passer inaperçu, surtout que le même Lumumba était accusé, à tort ou à raison, d'être communiste. Mais, se rendait-il compte que son sort était déjà réglé au plus haut niveau de la politique internationale ? On ne lui avait jamais pardonné ce que les anciens patrons du Congo ont considéré comme « l'affront » du 30 juin 1960, lorsque son franc-parler qui restituait à l'histoire la vérité, faillit gâcher le décor planté, tout empreint d'égards trop artificiels pour convaincre sérieusement.

Pour la petite histoire et à en croire J.C. Willame, le discours de Lumumba se voulait une réplique au Président Kasa-Vubu qui n'avait pas daigné consulter son Premier ministre pour l'élaboration de son adresse de circonstance, enfreignant ainsi les dispositions de la Loi Fondamentale. Mais, peut-être Lumumba réagissait aussi au refus du Roi Baudouin de signer une amnistie générale à l'occasion de l'indépendance. Bien plus, il semblerait que la suggestion de prononcer un contre-discours serait venu du belge Jean Van Lierde qui aurait dit explicitement à Lumumba qu'on ne pouvait laisser passer tout cela[73]. Si cette suggestion s'avère vraie, on ne devrait pas pourtant lui donner beaucoup de relief au niveau macro-dimensionnel où se joue la recherche des convenances externes ou internes sur la marche de la société globale. Cette suggestion –un conseil entre amis[74]–, bien qu'ayant des répercussions au niveau macro-dimensionnel, illustre bien l'existence des rapports cordiaux entre noirs et blancs au niveau micro-dimensionnel des sentiments et des affections. En ce sens, Lumumba doit être tenu pour seul responsable devant l'histoire, de son initiative audacieuse. Cependant, ce qui pourrait conférer à cet épisode un sens comme fait de la macro-société, c'est une certaine tournure psychologique repérable dans la lecture de l'histoire

---

[72] Voir son livre-témoignage J. VAN DEN BOSSCHE, *Pré-Zaïre*, Bruxelles, Éditions Le Cri, 1986.

[73] Cf. J.-C. WILLAME, *Patrice Lumumba. La crise congolaise revisitée*, Paris, Karthala, 1990, p. 104.

[74] Sur les liens entre P. Lumumba et J. Van Lierde, lire notamment l'article de ce dernier, « Patrice Lumumba, leader et ami », in *Présence Africaine*, 1961, pp. 112-119.

africaine, qui semble attribuer de manière constante les bonnes initiatives et les prises de position audacieuses des leaders africains à quelques éminences grises occidentales, à moins de voir dans leurs positions politiques quelques conditionnements tribalistes ou ethnicistes. Paradoxalement, lorsque ces mêmes leaders africains en arrivent à poser des actes qui sont, politiquement parlant, de faux pas, on leur laisse à eux seuls la responsabilité de ces erreurs politiques. Les conseillers et bons amis occidentaux n'apparaissent plus. Cette lecture de l'histoire africaine relève, consciemment ou inconsciemment, d'une tentative de discréditer ou pour le moins de relativiser l'originalité des prises de position des leaders africains[75]. Ainsi, sur la balance générale, on trouve encore moyen de prouver le manque de maturité politique de ces leaders africains.

Quoiqu'il en soit, « l'Affaire Lumumba » était réglée au plus haut sommet de la politique mondiale. Il y a trop d'indices qui permettent d'affirmer qu'il s'agissait bien d'une conspiration internationale : pour la Belgique, les États-Unis, les pays occidentaux et même l'ONU, le chaos qui embrasait le Congo au lendemain de l'indépendance n'était qu'un moindre mal. Le plus grand mal, c'était que le Congo, compte tenu de ses richesses et de sa position stratégique, devienne communiste. Avec Lumumba, croyaient-ils, ce n'était pas une vague menace, mais une réelle possibilité. Lumumba était donc l'homme à abattre. L'administration de Dwight D. Eisenhower, alors Président des États-Unis, et la CIA se seraient directement chargées du dossier[76]. Selon cette lecture d'une affaire qui reste encore à éclairer, les Congolais que l'on désigne comme mandants de l'assassinat de Lumumba

---

[75] Ce fut, notamment, le cas lors de la publication, le 30 juin 1956, du « Manifeste Conscience Africaine » par Joseph Iléo et ses amis (association constituée autour de l'Abbé Joseph-Albert Malula, futur Cardinal-Archevêque de Kinshasa). L'autorité coloniale, préférant se taire sur le contenu calibré du manifeste, se mit à la recherche des vrais « rédacteurs belges » du document, au-delà des « signataires congolais ». Et, l'historien de conclure : « Le fait de chercher les véritables rédacteurs en dehors des rangs congolais prouvait une fois de plus que l'autorité coloniale continuait à minimiser les élites autochtones et à sous-estimer leur prise de conscience. » I. NDAYWEL è Nziem, *Op. Cit.*, p. 516. Pour le cas de Lumumba, il y a cet épisode du « contre-discours » du 30 juin 1960, mais surtout cette version assez répandue (même chez des auteurs congolais) qui justifie son choix politique d'un régime unitariste, non comme fruit de son analyse de la situation réelle du pays, mais simplement par le fait qu'il appartenait, lui, Lumumba, à un groupe tribal fort fragmentaire et éparpillé au moins dans trois provinces du pays et de toutes les façons peu consistant pour constituer un fief électoral de taille comme pour les fédéralistes (les Bakongo pour Joseph Kasa-Vubu, les Katangais pour Moïse Tshombe et les Kasaïens pour Albert Kalonji).

[76] Cf. M. KALB, *The Congo cables. The cold war in Africa: from Eisenhower to Kennedy*, New York, 1982, pp. 129-135, 149-159; J.-C. WILLAME, *Patrice Lumumba. La crise congolaise revisitée*, pp. 311-312 ; G. HEINZ & H. DONNAY, *Lumumba Patrice, les cinquante derniers jours de sa vie*, Bruxelles, CRISP, 1966, pp. 187-188.

n'auraient donc été que des exécutants d'un complot de politique internationale, quand bien même cela aurait aussi assouvi leurs intérêts politicards sur le plan national[77].

A Lumumba devait succéder Mobutu, ainsi en avaient décidé les convenances de la politique internationale. L'ascension de cet ancien sergent de la Force publique devenu journaliste puis secrétaire particulier de Lumumba, avait quelque chose de si insolite que cela ne pouvait avoir que deux explications : ou bien l'homme était surdoué ou bien il était au service d'une puissante machine de politique internationale. La machine propagandiste de la Deuxième République essayera de construire une légende autour du « Grand Léopard » à partir de la première explication (un homme surdoué). Mais, les coïncidences des changements dans la politique internationale avec sa chute advenue en 1997 (après une résistance record de sept ans !) rendent plus plausible la seconde explication, comme une vérité de la Palisse : Mobutu aurait pu difficilement prendre le pouvoir et régner sans partage durant plus de trente ans sans une complicité internationale, compte tenu de la position stratégie du pays d'où il régnait, théâtre depuis 1885 de grandes opérations internationales.

Si l'on en est arrivé là, c'est parce que, bien qu'il ne manqua pas de leaders charismatiques pour épouser ou incarner les aspirations du peuple, l'indépendance a été une reprise du pouvoir colonial par la classe des « Évolués », collaborateurs privilégiés de l'ordre colonial. Aussi, ne fallait-il pas s'attendre à une prise de conscience particulière de l'avenir du pays[78]. Le pouvoir a pris de la couleur, mais il s'est logé dans le cœur de ceux qui avaient déjà troqué leur cœur noir de sang et de vie contre un cœur pâle et impassible face aux cris du peuple ! Au peuple ignorant de s'interroger : Pourquoi « *après l'indépendance = avant l'indépendance* » ?[79] A en croire B. Jewsiewicki,

---

[77] Cf. E. BOISSONNADE, *Le mal zaïrois*, Paris, Hermé, 1990, pp. 77-78, 89. Depuis plus d'une décennie, des « révélations » se multiplient tant en Belgique qu'au Royaume-Uni et aux Etats-Unis et les langues se délient qui montrent l'assassinat de Lumumba était un complot belgo-britannique inspiré pas les Etats-Unis. Et, les témoins occidentaux de l'époque (soldats belges ou diplomates) en parlent comme un fait divers et même avec un ton sarcastique pour ne pas dire héroïque. Le parlement belge qui a reconnu l'implication de la Belgique s'est contenté de présenter des excuses au peuple congolais. Pourtant il s'agit d'un vrai crime contre l'humanité qui a hypothéqué de manière durable le sort d'un pays et même d'un continent sur l'autel des convenances externes au temps de la guerre froide dont le Congo était un enjeu géopolitique majeur.

[78] Cf. J. VANDERLINDEN, *La République du Zaïre,* Paris, Berger-Levrault, 1975, p. 49.

[79] Boutade attribuée au Général belge E. Jansens, Commandant en chef de la Force publique (de 1954 à juillet 1960). Interrogé vingt-cinq ans plus tard par la télévision congolaise le 30 juillet 1985, le bouillant Général s'est rompu en justification martiale, faisant prévaloir que la vaillance de l'Armée devait rester la même avant comme après l'indépendance. S'agit-il d'un anachronisme réinterprétant plus positivement une

cette expression qui fit scandale ne serait que la simple application d'un dada fort connu dans les milieux coloniaux : plus ça change, plus c'est la même chose. La nouvelle bourgeoisie congolaise, mentalement casquée coloniale, enregistrera vite après l'indépendance des luttes d'influence et des querelles de positionnement. Ces luttes et querelles –sur le compte desquelles on aime réduire les assassinats de certains leaders politiques et la mise à l'écart d'autres– étaient dues moins à un véritable antagonisme politique en vue de l'intérêt national qu'au besoin d'un parrainage idéologique international mal compris d'ailleurs[80].

Comme on le sait, la Première République se solda avec la rébellion. Les chantres de la révolution mobutiste s'ingénieront à la décrire avec des images apocalyptiques pour vanter cette espèce de création de rien dont la Deuxième République aimera donner l'image, jusqu'à son propre crépuscule survenu comme la chronique d'une mort annoncée.

Au-delà et à cause de l'immaturité politique des leaders congolais, l'échec de la Première République congolaise signe en fait l'échec de la tentative de construire la nation congolaise sur la base des convenances internes à la réalité propre du peuple. Il consacre la perpétuation de la modernisation en marche depuis le 15e siècle et surtout depuis la Conférence de Berlin. Par inexpérience et par naïveté, les Congolais croyaient qu'ils suffisaient de vouloir l'indépendance pour la vivre, c'est-à-dire, être capables de gérer un pays du tiers-monde selon les intérêts propres de son peuple, en s'aidant évidemment de la « collaboration loyale » du reste du monde, sans se voir « imposer une politique, quelle qu'elle soit ». Ils auraient dû apprendre que l'ordre international signifie pour les petits peuples : essayer de tirer profit d'un monde programmé sans eux, en laissant aux grands peuples qui l'ont programmé un droit de jouir de toutes leurs prérogatives. En d'autres termes, pour les petits peuples de la misère, le statu quo, c'est-à-dire, le sous-développement, est la condition la plus sûre, même s'il ne s'agit pas d'une condition significativement normale.

La deuxième République contribuera à asseoir ce statu quo, avec une alchimie d'amour-propre et d'amour-profit, de déclamation de l'authenticité et d'extraversion comportementale et économique.

---

vérité historique dont le sens communément retenu est plutôt pessimiste ? Ce qui est en tout cas sûr, c'est que la bravoure de Grand Officier belge a refusé jusqu'au bout de signer sa reddition !

[80] Dans les pays de démocratie, le parrainage politique signifie la recherche des appuis internationaux en vue de consolider une idéologie et d'en tirer profit pour l'action politique au niveau national. Mais, ici, ce parrainage devient le prolongement de l'action des autres milieux (internationaux) dans son propre milieu et souvent au détriment des intérêts propres (nationaux).

1.3.3. La deuxième République : l'authenticité ou la modernisation « à la zaïroise »

Jusqu'ici, il a été plutôt facile de démontrer que la destinée du Congo n'a été que la conséquence logique des choix volontaires ou involontaires des maîtres occidentaux, tant par le fait de l'irruption dominatrice que par le fait d'avoir visiblement piégé l'indépendance. Mais, à partir de la Deuxième République, c'est-à-dire, avec l'avènement de Mobutu, il devient difficile de tenir le même raisonnement ou tout au moins de mettre les étrangers en première ligne pour justifier nos échecs. Cela pourrait apparaître comme une fuite en avant face à nos responsabilités. Cela ressemblerait aussi à cette manie typiquement africaine de chercher des boucs émissaires sur lesquels on fait reposer les mésaventures que l'on déplore et qu'on ne saurait autrement justifier, tant on reste convaincu des intentions droites et désintéressées de ceux qui ont assumé la responsabilité de la gestion du pays comme un sacrifice de leur propre vie par amour pour un pays en décomposition.

Notre propos ne sera pourtant pas de chercher des boucs expiatoires en dehors de la scène politique nationale. Il ne s'agira même pas d'en rester aux mécanismes du sous-développement politico-économique, mécanismes solidement établis pendant les périodes de domination étrangère. Il s'agira simplement de lire quelques faits de l'histoire immédiate et, sans céder au fatalisme, même quand la responsabilité des « étrangers » serait prouvée, nous aurons toujours en présence cette sentence de nos ancêtres : « Ce que d'autres décident pour toi, c'est finalement à toi-même d'en assumer la responsabilité » (proverbe ekonda). Mais, en définitive, le problème n'est pas tellement de fuir devant notre responsabilité face à l'échec de la *gestion congolaise du Congo*. Notre attention se porte à montrer que l'échec n'est pas dû au fait que nous aurions privilégié des choix purement congolais. Malgré la rhétorique de « l'animation politique » et les gesticulations de la politique de l'authenticité ayant abouti sur le plan économique aux mesures de zaïrianisation et de radicalisation avant de se dédire dans la rétrocession, nos choix ont toujours été dictés, consciemment ou inconsciemment par des convenances internes à la société occidentale toujours dominante. Les raisons en étaient soit que nous faisions des choses pour montrer aux autres de quoi nous sommes capables, soit que nous tenions à cacher l'extraversion de notre système sociopolitique derrière des idéologies dites authentiquement africaines.

Parler de la Deuxième République au Congo-Kinshasa, c'est essentiellement évoquer la *gestion zaïroise*, qui a fait suite à *la gestion belge* durant la colonisation, la Première République n'ayant pas eu le temps de mettre en place une *gestion congolaise*, sinon que de faire le compte avec la *congolisation*. Dans les années chaudes de l'indépendance du Congo, ce néologisme était devenu synonyme de l'anarchie et de la loi de la jungle. La gestion zaïroise se résume par l'expression : *le mal zaïrois*[81]. En d'autres mots, cette gestion a été si catastrophique que, non seulement, elle a fait oublier l'anarchie de la congolisation, mais la reprise du nom Congo ainsi que des insignes et armoiries dont le pays s'était doté à l'indépendance est devenue la preuve d'une volonté d'exorciser le mal zaïrois[82]. Malheureusement, il ne s'agit que d'une preuve très gratuite et superficielle ![83] La question qui nous intéresse est de savoir si le mal zaïrois est aussi attribuable aux convenances externes à la marche de la société congolaise mais internes à la politique internationale.

Que l'avènement de Mobutu ait été le résultat du dosage du moindre mal voulu par les grandes puissances occidentales, nous l'avons vu en parlant de la mort programmée de Lumumba. Cependant, si Mobutu fut l'homme sans scrupule (*mobali ya ntembe*), on ne dira pas qu'il ne fut pas intelligent. Cet homme avait un flair politique des initiés. Il savait qu'il était incontournable et il en profita pour se tailler une place sous le soleil du Nord et du Sud. Aussi, fut-il à même de monter des opérations qui l'accréditaient au-dedans comme au dehors du pays, sans qu'il y ait toujours une cohésion claire entre ces diverses opérations. Cet apparent flou artistique était à la faveur de ses intérêts et du monde des affaires. On sait pertinemment bien que le monde des affaires est une engeance multinationale qui n'a que très peu à faire avec les intérêts du petit peuple.

A l'intérieur du pays, Mobutu commença sous le signe de Lumumba. N'était-il pas son secrétaire particulier ? Qui donc mieux que lui pouvait hériter de son idéal alors que le parti politique de Lumumba était entré dans la clandestinité puis est devenu l'ombre de lui-même ? Unitarisme, centralisme (dans l'administration et l'économie), panafricanisme, fierté de l'identité

---

[81] E. Boissonnade a même cru que cette expression pouvait résumer l'histoire du Congo depuis l'époque léopoldienne. Aussi en a-t-il fait le titre de son « Histoire du Congo ». E. BOISSONNADE, *Le mal zaïrois*, Paris, Hermé, 1990.

[82] Autant la CNS avait pris l'initiative de ce « retour aux sources de l'indépendance » sans avoir la possibilité de le mettre en application à cause du refus de Mobutu, autant l'AFDL de Laurent-Désiré Kabila entreprendra à le faire d'autorité en guise de preuve de la « libération du Congo ».

[83] En effet, si on essaie de dépassionner le débat sur le nom du pays et de trouver une argumentation objective, le nom Zaïre serait plus significatif et plus représentatif que le nom Congo. Le premier désigne à l'origine le fleuve (*nzadi*) qui traverse la quasi-totalité du pays et est nourri par les cours d'eau de tout le pays (son bassin) tandis que le second désigne à peine le premier peuple rencontré par les explorateurs à l'embouchure du fleuve (le royaume Kongo). Mais, dans un contexte où même la religiosité s'est invitée pour dénoncer l'envoûtement des « 3 Z » (Zaïre comme notre pays, Zaïre comme fleuve, Zaïre comme notre monnaie), et où l'on semble avoir besoin d'une cure de désenvoûtement, les décisions acceptées par tous peuvent ne pas avoir de rapport avec la voix de la raison.

négro-africaine et zaïroise[84]… autant d'indications qui ne pouvaient que faire penser à Lumumba. Mobutu poussa cette outrecuidance jusqu'à l'extrême en proclamant « Héros national » le politicien le plus populaire du Congo [85]! Qui aurait pu alors, au niveau de la population, mettre en doute sa volonté de suivre les traces du premier Chef du gouvernement du Congo indépendant ? D'aucuns se mirent même à croire que la politique du recours à l'authenticité qu'il prôna et mis à exécution n'était en réalité que l'application du plan idéologique de Lumumba. Mais, si pour ce dernier cela pouvait signifier la recherche du bien-être d'un peuple ayant retrouvé sa dignité, pour Mobutu, cela devint le moyen le plus sûr de s'assurer que rien ne lui échapperait. Cette concentration de tous les moyens sur une seule personne et sans doute aussi l'instigation des milieux d'affaires ont dû lui donner beaucoup d'intuition, tant la modestie de l'homme de l'opération « Retroussons les manches » n'a rien de commun avec la somptuosité de *l'Aigle de Kawele*.

Au dehors du pays – comme à l'intérieur d'ailleurs –, la générosité de Mobutu était légendaire. L'homme dont le pays tout entier était devenu comme sa parcelle privée pouvait se donner le plaisir d'offrir quelques « petits kilogrammes » de diamant en signe d'amitié et de reconnaissance. Et, cela ne faisait pas du tout mal aux grands du monde entier et aux hommes d'affaires. Que pouvait-on refuser à un tel guide magnanime puisque ce qu'on lui prêtait de la main gauche au titre de la coopération bilatérale ou de l'aide au développement, il le rendait par une main droite très rassurante, sans que le prêt d'État à État ou d'un bailleur de fonds à un Etat ait à en souffrir ? Bien plus, tant que cet homme restait au pouvoir, on ne pouvait que fermer les yeux sur ses comptes bancaires et ses biens à l'étranger. En tous les cas, ses avoirs ne devaient pas déranger les économies des pays qui les hébergeaient !

Au-dedans comme au dehors, Mobutu était l'homme des défis. Il a appris à cultiver le goût du prestige, de la grandeur et du luxe. D'énormes capitaux seront engloutis pour la construction des ouvrages de prestige et dont

[84] On se rappelle encore les slogans tels : *« Zaïrois, ntolo vimbisa »* (le Zaïrois doit savoir bomber la poitrine, c'est-à-dire, être fier et marcher sans complexe) ; *« Tolingi kozala biso moko, toboyi kozala mindele ya loposo moindo »* (Nous voulons être nous-mêmes et non des blancs à la peau noire) ; *« Nous voulons être nous-mêmes et non ce que les autres voudraient que nous soyons »*, etc. On peut en rire aujourd'hui, mais objectivement parlant, ce n'est pas si bête comme fondement idéologique d'une société responsable.

[85] Même si, comme le soutient I. Ndaywel, il l'aurait fait selon le cahier des charges de l'Union Générale des Etudiants Congolais (UGEC), comme d'ailleurs pour bien d'autres « innovations » du « Nouveau Régime » (notamment, la création du parti Unique). Cf. I. NDAYWEL è Nziem, *Op. Cit*, pp. 648-650.

l'utilité est tout à démontrer : l'échangeur de Limete[86], le barrage d'Inga[87], la Cité de la Voix du Zaïre[88], le Centre de Commerce International du Zaïre (CCIZ), le Pont Maréchal[89], etc. Bref, les éléphants blancs, le Zaïre de Mobutu en aura beaucoup produit[90]. Ils n'ont peut-être pas fait le bien des Congolais, mais n'ont pas nui aux intérêts de ceux qui les ont financés. L'endettement international ne fait du mal qu'aux pays débiteurs, surtout si ceux-ci se trouvent à honorer le service d'une dette qui n'a jamais profité aux populations et si doit peser sur eux l'effet psychologique de ne pas être comptés même parmi les « PPTE ». Mais, cette dette ne fait pas trop mal aux créanciers qui, prenant de leur superflu, se trouve toujours avantagés à plusieurs titres dans l'opération. D'abord, parce que souvent ce sont les créanciers qui gagnent aussi les marchés et se paient déjà avec leur propre financement en attendant la contrepartie à rembourser par le pays aidé. Ensuite, le rééchelonnement de la dette et le principe de la continuité de l'Etat permettent toujours d'espérer un remboursement au-delà de la présence dans les affaires de ceux qui ont gaspillé les sommes empruntés. Enfin, il y a cette espèce de fierté des grandes puissances à être reconnues comme pays forts, même lorsqu'elles concèdent des annulations des dettes après avoir rendu les pays de misère éligibles à l'initiative PPTE.

Depuis que le Congo a été reconnu dans ses dimensions territoriales actuelles, c'est-à-dire, pratiquement depuis la Conférence de Berlin de 1885 jusqu'à la Deuxième République, le pays n'a connu que deux chefs tout-puissants, tous deux grands stratagèmes, tous deux ont déjoué l'opinion internationale, tous deux se sont grandement enrichis sur le dos des Congolais. Il s'agit du roi Léopold II et du Maréchal Mobutu. La différence entre les deux ? C'est que ce que le Souverain de l'EIC a trouvé dans « sa propriété », il l'a disposé au patrimoine de la couronne puis de l'État belge, tandis que ce que le Maréchal du Zaïre a amassé de « sa parcelle », il en a fait profiter les pays étrangers (banques et milieux politiques et d'affaires) et non son beau pays qui, comble de malheur, a été contraint de continuer à honorer le service de la dette en vertu du principe de la continuité de l'État. C'est à croire que tous les deux sont devenus des modèles honnis en apparence, mais en réalité

[86] L'échangeur de Limete avait été conçu comme un monument architectural dédié à Lumumba.

[87] On oublie que le barrage d'Inga reste un projet inachevé et sa production énergétique est de loin inférieure à ce qu'il aurait dû produire une fois achevé dans ses trois phases.

[88] L'Office Zaïrois de Radio et Télévision nourrissait l'ambition d'être le grand tam-tam d'Afrique.

[89] Le Pont Maréchal est un pont suspendu sur le Fleuve Congo à Matadi. Il aurait été conçu comme un pont route-rail, mais aujourd'hui, c'est seulement la partie route qui est fonctionnelle.

[90] Pour avoir une idée sur ces gaspillages au Zaïre de Mobutu, on peut lire J.-C. WILLAME, *Zaïre, l'épopée d'Inga. Chronique d'une prédation industrielle*, Paris, L'Harmattan, 1986.

déjà dépassés par des émules tant au Congo et en Afrique que dans le grand capitalisme mondial !

De fait, Mobutu, ce n'est pas simplement un homme, *l'homme seul,* comme quelqu'un l'a décrit en des temps moins suspects pourtant déjà troublés[91]. Mobutu, c'est aussi *le point de départ*, comme on se ravisera à le constater quand tout était déjà joué[92]. Pour tout dire, Mobutu, c'est un « système ». Il suffit, pour s'en convaincre, de reconstituer la liste des noms les plus significatifs de la cour du Maréchal-Président. Politiquement parlant, le *système Mobutu* semble n'avoir produit aucun vrai politicien ni de véritables hommes d'État. Avec ce système, le Congo s'était pratiquement arrêté politiquement[93]. Économiquement, le système Mobutu était une régression à l'âge de la cueillette et surtout de la prédation la plus sauvage. Socialement, le système Mobutu était une sélection naturelle où la loi du plus fort était la meilleure[94]. Cet homme, pur produit des convenances externes, se sachant incontournable, se dota d'un système inacceptable par ceux-là même qui l'ont fabriqué de toute pièce et qui paradoxalement continuaient à le protéger. À cause du système Mobutu, le Congo qui figurait parmi les pays modernes de l'Afrique noire en 1960[95] se retrouvait, trente ans plus tard, parmi les plus pauvres de la planète, et cela malgré sa légende de scandale géologique. Cette régression ne dérangeait pas la conscience de ceux qui avaient fabriqué l'homme d'État Mobutu, tant que leurs intérêts politiques et économiques étaient garantis. Quand ceux-ci étaient finalement en péril, ils ont continué à le maintenir tant qu'ils ne lui avaient pas trouvé un remplaçant qui leur soit fidèle et loyal. Au début de la période de transition, les Congolais

---

[91] Cf. F. MONHEIM, *Mobutu, l'homme seul*, Bruxelles, Éditions Actuelles, 1962.

[92] Cf. ID., *Mobutu, le point de départ*, Paris, Didier-Hatier, 1985.

[93] Et, l'on s'en trouve à regretter les vrais leaders de l'indépendance du Congo. A ce propos, il est frappant de constater comment le déroulement de la CNS s'est à plusieurs égards présenté comme le retour pur et simple au cadre et au schéma politiques des années 1954-1964. C'est que les années 1965-1990 semble n'avoir rien produit de consistant sur le plan strictement politique. Ce que durent d'ailleurs reconnaître les évêques catholiques de la RDC : « … il n'existe pas de vraie classe politique au Zaïre » (CEZ, *Mémorandum des Evêques du Zaïre au Président de la République*, du 6 septembre 1993, n° 2). De ce point de vue, on peut bien parler d'un « plafonnement » (sans que cela soit une « réussite ») du « système Mobutu ». Ce qui justifie aussi son incroyable longévité (32 ans), mais également, le suivi même par ses tombeurs.

[94] Comment ne pas évoquer ici ces paroles qu'on attribue à Litho Moboti : *« Bokoliana »* (Vous allez-vous manger). Monsieur Litho, oncle maternel de Mobutu, fut le puissant Directeur Général de la Société Générale d'Alimentation (la SGA, qui fit faillite pour mauvaise gestion) et membre du Comité Central du MPR, le parti-État.

[95] Le chanteur Antoine Mundanda n'avait-il pas décrit Kinshasa, la Capitale du Congo Belge, comme « l'Europe des Noirs » (*Mputu Bayindu*) dans la chanson « Nzila ya Ndolo » de 1952 ? Il chantait : *« Poto-Poto mboka monene, kasi Kinshasa Mputu Bayindu »* Traduction libre: Poto-Poto (Brazzaville) est une grande cité, mais Kinshasa, c'est vraiment l'Europe des Noirs.

qui étaient déjà acquis au départ de Mobutu, étaient abasourdis d'apprendre par « radio trottoir » et même lisant entre les lignes de certaines déclarations des milieux diplomatiques que le Maréchal Mobutu était incontournable car il n'y avait pas en dehors de lui une alternative pour maintenir l'unité du Zaïre ! On ne pouvait avoir preuve plus claire que la deuxième République était, elle aussi, érigée sur les convenances et déconvenues externes au Congo profond.

Est-il alors difficile de comprendre que l'ascension de Mzee Laurent-Désiré Kabila n'était qu'un nouvel épisode de la mise en acte des convenances et déconvenues de l'ordre international ? Un regard sur la période dite de transition permet de s'en convaincre.

1.4. Quinze années de négociations politiques (1991-2006) !

La période qui va de l'historique discours de démocratisation du 24 avril 1990 et la convocation de la Conférence Nationale Souveraine (1991) au référendum constitutionnel de 2005 ainsi qu'aux élections de 2006 peut être considérée comme une longue période de négociations politiques. Par rapport aux attentes de la population, on ne peut pas considérer que ces négociations ont réussi, sinon on ne serait pas revenu à d'autres négociations après l'organisation de deux scrutins présidentiels de 2006 et 2011. Mais, par rapport aux formes, on doit reconnaitre qu'elles ont abouti, au moins en partie, puisque le pays a été doté des institutions qui auraient dû le rendre gouvernable, malgré le fait que les élections au sortir des négociations, qui étaient attendues comme des élections générales n'ont jamais été finalisées à tous les niveaux. En l'année 2011 que nous avons délibérément choisi pour arrêter notre enquête, le pays avait encaissé un retard de deux scrutins pour les élections locales et communales (2005 et 2011), d'un scrutin pour les provinciales et sénatoriales (2011). Cela signifie que le paysage politique mis en place en République Démocratique du Congo après la longue période des négociations qui aura connu trois présidents de la république et qui marque aujourd'hui encore l'évolution politique du pays est un paysage extrêmement lacunaire qui aura privilégié une visibilité externe. Tout a été fait et est toujours fait pour montrer au monde extérieur que le pays fonctionne ou est mis en forme, avec des institutions de souveraineté (le Président, l'Assemblée Nationale, le Sénat et le gouvernement), mais c'est au détriment de la vraie stabilité d'un pays, c'est-à-dire, la situation sociale et le niveau économique admissible de la population. On entrevoit donc que même cette période charnière très sensible d'un point de vue de la négociation des solutions adéquates au « cas Congo » demeure sous la coupole des convenances externes.

Deux moments contrastants ponctuent cette période de négociations : le projet de société congolaise portée par la CNS et les guerres dites de libération du Congo.

1.4.1. La CNS : vers un projet de société congolaise ou nouvelle étape de la modernisation du Congo ?

La CNS comme nouvelle étape de la vie politique du Congo répondait-elle aux convenances de la nouvelle donne politique internationale ou aux exigences de la marche de la société congolaise ? Le changement d'attitude du Maréchal omnipotent, le fait que des langues habituées jusque-là à magnifier le « Guide clairvoyant » se soient déliées pour exprimer sans détour le ras-le-bol face à la dégradation générale de la situation, tout ce climat explosif en l'année 1990 était-il consécutif à une prise de conscience par les Congolais de leur destinée hypothéquée ou à l'écroulement du mur de Berlin et de l'empire communiste ? L'histoire répondra un jour avec précision à ces interrogations.

Quoiqu'il en soit, les images de la fin atroce de Nicolae Ceausescu, ami et modèle du Maréchal, exécuté avec son épouse au terme d'un procès sommaire, ne pouvaient rassurer les derniers despotes de l'époque. Depuis l'écroulement du mur de Berlin, la chute vertigineuse du communisme et le dégel de la guerre froide, un monde avait changé. Mais, il y a bien plus. Il semble évident que ce n'est pas seulement la peur de ce qui arrivait aux autres qui conditionna l'environnement politique congolais. Il y avait aussi, à n'en pas douter, des convenances de l'ordre international qui entraient en jeu. Le déroulement des choses en cette période cruciale permettra de vérifier que la vie du Congo était très liée aux intérêts de la communauté internationale. Le scénario de la période de transition présente des similitudes avec la situation sociopolitique du Congo à la veille de l'indépendance. Pour la période de la transition, il y a deux séries de signaux qui montrent l'inclusion de la communauté internationale dans le dossier. Les premiers sont marqués par les hésitations de cette communauté internationale tandis que les seconds concernent les sollicitations de l'opinion internationale par les acteurs politiques congolais.

Parmi les premiers signaux, nous citerons notamment :

- Les négociations menées en première ligne par la Troïka (Belgique, France et États-Unis) ;
- Les tentatives de la fragilisation de la Troïka : l'assassinat de Philippe Bernard, ambassadeur de France au Congo et les positions morbides de Paris sur Mobutu ; les positions nettes de la Belgique contre Mobutu ; les gesticulations de Melissa Wells, ambassadrice des États-Unis en République Démocratique du

Congo puis le langage sans détour de Bill Richardson, son successeur. Il était désormais clair que Mobutu était lâché[96] ;

- L'action des négociateurs internationaux : la déception du Sénégalais Abdoulaye Wade et sa leçon de culture politique aux Zaïrois, l'équilibrisme de l'Algérien Lakhdar Brahimi, envoyé spécial du Secrétaire général de l'ONU.

Quant à la sollicitation de la communauté internationale par les acteurs politiques congolais, il faut noter la tendance générale à rechercher la légitimité des gouvernements à l'extérieur du pays :

- l'offensive diplomatique de presque tous les gouvernements de la transition[97] avant le coup de force Laurent-Désiré Kabila et l'Alliance des Forces Démocratiques pour la Libération du Congo (AFDL) ;
- La contre-offensive des parties frustrées dans la formation de ces gouvernements ;
- Le retour en grâce de Mobutu au 18e Sommet franco-africain à Biarritz en novembre 1994 ;
- Le dernier coup médiatique de Mobutu moribond : retour triomphal à Kinshasa couvert par une quinzaine de chaînes de télévision internationales dont la célèbre CNN.

Cette brève et lacunaire énumération de quelques indicateurs suffit pour comprendre les implications de la politique internationale dans le feuilleton de la transition congolaise depuis le discours dit de démocratisation du 24 avril 1990 jusqu'à la « guerre de libération » menée et réussie par l'AFDL. Arrêtons-nous plutôt à la description du scénario de la transition vue de l'intérieur.

Alors que se décomposait la carte politique internationale consacrée par la guerre froide, le peuple congolais arrivait au bout de sa patience : trente années d'indépendance n'ont donné que misère et désillusion. L'atmosphère sociale était surchauffée. Le système Mobutu l'aura sans doute compris. Pur produit de la guerre froide, il devait s'imaginer que l'équation changeait de nature puisque des deux inconnus traditionnels il n'en restait plus qu'un.

---

[96] Sur la gestion de la crise congolaise par la Troïka, on peut lire avec intérêt G. de VILLERS, *Zaïre. La transition manquée 1990-1997*, Paris, L'Harmattan, 1997, pp. 260-265.

[97] Du 20 avril 1990 au 17 mai 1997, on en a compté huit dont ceux d'E. Tshisekedi (septembre-octobre 1991 et août-décembre 1992), de J. Ngunz a Karl i Bond (novembre 1991-août 1992), de F. Birindwa (mars 1993-juillet 1994) et de L. Kengo wa Dondo (juillet 1994–mars 1997).

Après 25 ans de règne, Mobutu n'était plus un premier venu en politique. Cependant, face à la nouvelle donne, l'alibi international qui le maintenait au pouvoir contre la volonté du peuple venait de s'écrouler sous le poids des faits : le péril de l'Est (européen) n'était plus que du passé. Puisqu'il pouvait désormais être facilement balancé par ses compères de l'Occident qui ont fait qu'il soit, il avait la possibilité de redorer son blason national en récupérant du crédit auprès de son peuple. Cela lui éviterait aussi de finir comme son ami Nicolae Ceausescu…[98] Mobutu décida de jouer la carte de la transparence. Il organisa des consultations populaires. La réponse des couches de la population consultées fut une véritable bombe dont on pouvait retarder mais pas empêcher l'explosion dévastatrice. Là où le stratagème Mobutu se trompa, c'est quand il crut ou quand on lui fit croire qu'il suffisait de laisser parler le peuple, de le laisser en quelque sorte se décharger pour le tranquilliser en lui offrant quelques accommodations[99]. Mais, le peuple était décidé, cette fois-ci, d'aller jusqu'au bout et il ne reculerait devant rien. Il fallait le *changement radical*.

Dans un pays où les règles démocratiques sont plus ou moins bien maîtrisées, la récupération des aspirations légitimes de la population par un parti politique peut donner lieu à un changement profond, si ce parti, souvent dans l'opposition et à défaut d'avoir lui-même une vision politique cohérente, se charge de faire au moins ce que le peuple désire. Au Congo de Mobutu, non seulement l'opposition avait du mal à défendre un projet de société qui traduise les aspirations de la population, mais encore s'était-elle illustrée par des divisions et des divergences internes[100]. Certes, on ne devait pas s'attendre

---

[98] Il est connu que le système Mobutu fonctionnait économiquement selon les règles du grand capitalisme libéral alors que politiquement il s'appuyait sur la coercition des régimes communistes. Il était normal que Mobutu ait des amis en Occident pour faire les affaires mais aussi des amis dans l'empire soviétique pour apprendre les méthodes de répression des populations. C'est à cause de cela que les évêques du Congo avaient appelé le système Mobutu un système hybride. Cf. CEZ, « Mémorandum des Évêques du Zaïre au Chef de l'État. 9 mars 1990 », in *Zaïre-Afrique* 266 (1992), pp. 327-336.

[99] A titre de rappel, à l'époque du Congo Belge, le pouvoir colonial avait envisagé une telle approche en instituant en juillet 1958 un groupe de travail pour l'étude du problème politique au Congo. Ce groupe entièrement composé de belges fit aussi de nombreuses consultations au Congo, qui l'ont amené à prendre acte de l'irréversibilité de la requête de l'indépendance et d'envisager les voies de l'émancipation politique du Congo. Cela devait se faire « sans atermoiements funestes mais aussi sans précipitation inconsidérée », comme le dira le roi Baudouin dans son message du 13 janvier 1959, message donné conjointement avec une déclaration gouvernementale. Mais avant cette date, les événements du 4 janvier 1959 (les martyrs de l'indépendance) avaient déjà changé le cours de ce qui devait être une décolonisation graduelle. Cf. I. NDAYWEL è Nziem, *Op. Cit*, pp. 533-534.

[100] Outre la pléthore des partis politiques agréés après l'instauration du multipartisme intégral (Ndaywel en dénombre 136 agréés uniquement en l'année 1991 : *Op. Cit*. pp.

à une unanimité qui friserait l'uniformité contraire à une opposition plurielle. L'opposition peut être plurielle, mais en cas de nécessité, elle doit pouvoir se donner des objectifs prioritaires communs. D'autant plus que dans le cas du Congo, l'enjeu n'était pas que politique. Il en allait de la vie et de la dignité de tout un peuple. On se retrouvait pratiquement à la situation d'avant l'indépendance qui avait abouti à la convocation de la Table Ronde de Bruxelles, au cours de laquelle le Front Commun de tous les Congolais arracha un résultat inattendu, malgré l'inexpérience qui le priva de refaire l'exploit lors des négociations économiques. À la CNS, il manqua cruellement un tel front commun, l'opposition ayant été visiblement travaillée par le régime agonisant qui jouait alors son va-tout. C'est bien là l'élément interne qui a tout retardé et surtout qui a tout gâché…

Nous connaissons bien le déroulement de la CNS pour y revenir ici en long et en large. Nous nous contentons d'observer, pour arriver à mon propos, que le pays se préparait tout de même à une solution interne, à laquelle théoriquement on arriva d'ailleurs, malgré que le régime encore en place s'employât à la torpiller, sans que cela fasse l'objet d'une condamnation unanime et énergique au plan international. A plusieurs reprises, en effet, Etienne Tshisekedi s'était illustré comme le « candidat du peuple » pour le changement. La liesse que provoquaient ses éphémères passages à la Primature en était une preuve. L'apothéose fut incontestablement son élection par la CNS comme Premier ministre de la transition, le 15 août 1992. Plus probant était aussi le comportement du marché national chaque fois qu'il était question de l'entrée ou du retour de Tshisekedi aux affaires (baisse et stabilisation des prix au marché, appréciation de la monnaie nationale par rapport aux principales devises étrangères). Le respect des décisions et consignes que Tshisekedi donnait en tant que leader de l'opposition ou comme Chef du Gouvernement légal issu de la CNS était une autre preuve de sa popularité[101]. Mais, était-il vraiment capable ? Malgré sa popularité légendaire et les preuves qu'il était un conducteur d'hommes, certains continuaient à douter de lui. Et, parmi ceux qui doutaient, certainement des puissances étrangères. La popularité dont il jouissait justifiait-elle sa capacité ? De toutes les façons, dans cette jungle qu'était devenue la politique congolaise, il lui aurait été difficile de faire le Moïse auquel son gabarit mythique (sans oublier son mutisme) le préfigurait. Mais, à la vérité, on ne lui laissa guère le temps de montrer qu'il pouvait réussir de manière durable. Ou plutôt on ne lui laissa pas le temps d'échouer lamentablement pour qu'on enterre sa légende. Ainsi,

---

766-770), on a connu aussi l'éclatement de la plate-forme de l'opposition (l'Union sacrée de l'opposition) et même de nombreuses dissidences.

[101] Il suffit de penser à la réussite des journées « ville-morte » et des manifestations de l'opposition, le suivi à la lettre de la mesure de démonétisation des billets de banque sortis sans l'accord explicite du Gouvernement issu de la CNS, etc.

peut-on dire que, au lieu d'être convaincu qu'il ne pouvait rien faire de mieux, on avait plutôt peur de le voir réussir.

La question que l'on est en droit se poser est : cette peur que faisait le vieux sphinx de Limete était-elle purement de l'ordre de la politique congolaise (une affaire zaïro-zaïroise) ? S'il en était ainsi, il y aurait alors un petit motif à se réjouir, non pas pour la valeur de la personne, mais parce qu'il s'agirait d'une première percée dans la direction des convenances internes à la marche de la société congolaise, même si l'on est encore loin de la recherche du bien de la nation dans son ensemble. A défaut d'une analyse objective des vraies motivations des protagonistes, nous nous permettons de douter que nous soyons ici dans l'ordre des convenances proprement congolaises. Car, s'il en était ainsi, la communauté internationale aurait pu peser de tout son poids, notamment, après le plébiscite de la CNS, pour protéger la légalité ou l'ordre précaire mis en place pour la période de la transition au Congo. C'est ce que l'on a vu, mutatis mutandis, dans d'autres contextes et pays[102]. Ainsi, pour une fois, au moins, la communauté internationale serait intervenue au Congo d'abord pour sauver une démarche et un vouloir propres aux Congolais. Certes, il ne manqua pas de déclarations officielles de soutien au gouvernement issu de la CNS. Il y a eu aussi des marques de désapprobation de la communauté internationale lors des différents épisodes de la vie politique de leader maximo de l'Union pour la Démocratie et le Progrès Social (UDPS), Etienne Tshisekedi. Pourtant, après avoir réussi l'éviction de l'élu de la CNS (un peu avec l'aide de l'éternel opposant lui-même !), Mobutu récupéra la situation à travers une série d'irrégularités : révision unilatérale de la Charte de la transition et du Gouvernement, remise en selle de l'ancien parlement. C'est alors qu'intervint l'ONU par les bons offices du diplomate algérien Lakdhar Brahimi. L'ONU avait sans doute senti que l'on était au bord de l'éclatement. Elle comprit sa mission comme une négociation, Mobutu ayant fait monter les enchères par les révisions unilatérales qu'il venait de réaliser dans le nouvel ordre encore tâtonnant de la transition. Et du coup, la légalité toute fragile de la Transition volait aux éclats[103] grâce à un nouveau

---

[102] Il suffit de penser à la situation qui a prévalu en Haïti avec l'avènement du Président Jean-Bertrand Aristide, le « premier Aristide », apôtre de la théologie de la libération élu en 1991. Dans ce cas, le soutien des États-Unis pour remettre au pouvoir, en 1994, le Président démocratiquement élu par les Haïtiens était sans faille, bien qu'on ne puisse vraiment dire que cet appui inconditionnel fut exempt de convenances externes.

[103] S'étant proclamée « Souveraine » et ayant mis en place toutes les institutions de la transition telles que stipulé dans l'Acte Constitutionnel de la Transition votée par elle, la CNS devenait ainsi la source de toute légalité et de toute légitimité. De ce fait, tout acte posé en violation des « décisions souveraines, exécutives et opposables à tous » de la CNS devait être considéré contraire à la légalité. En changeant les décisions issues de la CNS en dehors des règles de jeu édictées par elle pour la Transition et en ramenant les parties en présence à renégocier à partir d'un fait accompli, Mobutu a donc créé un problème juridique. En vertu de ce problème juridique, un fait accompli

compromis (le protocole du 11 janvier 1994) qui, en plus d'avoir refait le parlement (le Haut Conseil de la République – Parlement de transition, HCR-PT en sigle), interpréta la fameuse clause du choix d'un Premier Ministre issu de l'opposition non plus au sens restrictif de « l'élu de la CNS » mais au sens large de « n'importe quel membre de l'opposition élu par le HCR-PT »[104].

Tout ce rééquilibrage des forces ou ce déséquilibre, selon la position que l'on prend dans ce débat de légitimité et/ou de légalité, semble se faire sous la houlette de la communauté internationale, par l'intermédiaire de l'émissaire de l'ONU. Mais c'est seulement plus tard qu'on saura que le Premier Ministre issu de cette renégociation, Léon Kengo wa Dondo, était un des préférés de cette communauté internationale. Celui qu'on appelait à Kinshasa « l'homme de la rigueur », non sans une teinte d'ironie, était, disait-on, très apprécié des Institutions du système des Nations Unies, alors que localement sa gestion assommait les fonctionnaires déjà exsangues. Mais, ce n'est pas tellement sa gestion qui nous intéresse ici et il n'y a d'ailleurs pas de secret à ce propos. Ce qui nous intéresse, c'est de savoir que son choix, politiquement coopté par le nouveau HCR-PT, n'était pas en réalité hors des convenances externes. De même, l'éjection de Tshisekedi ne nous intéresse pas ici pour la qualité de sa personne, c'est-à-dire, nous ne nous intéressons pas directement à savoir s'il était la personne qu'il fallait ou non. Dans la mesure où son choix avait représenté une décision souveraine des Congolais réunis en CNS, son éviction en dehors de toute procédure établie par la CNS signifie le refus de poursuivre le processus démocratique selon les convenances internes à un peuple et le retour à un alignement à la volonté externe (que celle-ci s'appelle ONU ou bailleurs de fonds). Et, pour enjamber sur cette histoire qui, en ce moment déjà, se présentait comme la conclusion d'un long feuilleton, il paraîtrait que même le retour du Général Mahele à

---

se muait en légalité de fait pour prétendre enfin à la vraie légalité après les nouveaux accords signés par les parties en présence. C'est simplement la logique des « coups d'État ». En réalité, Mobutu n'a jamais digéré le fait que la CNS se soit proclamée souveraine.

[104] En fait, « la guerre de la légalité et de la légitimité » pendant la Transition, avant d'être un problème juridique, était un problème de mentalité. Il s'agissait d'une conception de l'autorité dont la référence n'est pas un projet de société mais une personne concrète. Pendant la Transition, la CNS n'a pas échappé à ce schéma typique de la Deuxième République en élaborant un Acte Constitutionnel de la Transition taillée sur mesure. A la seule différence que, contrairement au schéma de la Deuxième République qui faisait tout selon les goûts de Mobutu, l'Acte Constitutionnel de la Transition pensaient à deux figures (et non à un projet de société) : Mobutu comme Président de la République pendant la Transition et Tshisekedi comme Premier Ministre de la Transition. Lorsqu'une telle mentalité (conception de l'autorité) est transposée sur le terrain juridique, il est évident que les garde-fous sont très limités. Puisqu'on ne pouvait pas compter sur la bonne foi des politiciens, un tel schéma ne pouvait que se fissurer à la moindre crise.

l'état-major des armées –malheureusement pour ne plus en sortir vivant– était aussi une imposition de la communauté internationale. S'il en était vraiment ainsi, pour ce dernier cas au moins, la convenance externe rencontrait la volonté du peuple congolais, mais pas certainement pour les mêmes motifs. Et le peuple s'en félicita, croyant y voir le signal de la détente et du retour au bon sens. Or, le peuple attendait aussi un autre retour aux affaires, celui de Tshisekedi. Ce retour n'aura pas lieu, à la grande déception de la population. On peut supposer que ce n'était pas le choix de la communauté internationale[105]. En ce moment, la « guerre de l'Est du Zaïre » avait dévoilé sa vraie face ou avait retrouvé une autre motivation (c'est selon le cas) : la prise du pouvoir à Kinshasa. Était-ce là la réponse que la communauté internationale se résignait à accepter pour la solution de l'énigme congolaise ? La communauté internationale était-elle derrière cette offensive qui se dilatait avec une double finalité : la sécurisation du nouveau pouvoir en place au Rwanda[106] et la libération du Congo par l'AFDL de Laurent-Désiré Kabila ? Du coup, l'on sut que finalement le Congo avait une autre personne capable de sauver la nation. Et, cet outsider réussissait avec une facilité déconcertante ! Ainsi s'éclairaient d'une nouvelle lumière les gesticulations de Melissa Wells et surtout le langage franc de son successeur au poste d'Ambassadeur des États-Unis d'Amérique au pays de Mobutu. Pour eux, en effet, le Zaïre ne comptait plus. Il fallait comprendre : c'était fini avec Mobutu. Le Maréchal du Zaïre était donc lâché ! Nous sommes en pleines convenances externes.

Vu donc le contexte général, il est plausible de formuler l'hypothèse que le retour de Tshisekedi aux affaires à Kinshasa en ce moment précis aurait compromis le mobile plus justifiable de la guerre qui commençait à l'Est. En effet, ce retour aurait rendu sans objet l'avancée de Kabila et par le fait même se trouverait compromise l'autre finalité cachée (parce qu'injustifiable d'un point de vue national) de cette guerre. C'est cela que le stratagème de Mobutu

[105] La raison officielle donnée pour justifier cette énième déception, c'est le manque de cohésion dans les rangs de l'opposition politique. Ce qui est tout à fait soutenable car la chose la plus constante durant la période de la Transition c'est l'inconstance de l'opposition. Mais, cette inconstance ne se serait pas vérifiée si Mobutu avait d'entrée de jeu, posé la carte du crédit national de Tshisekedi en ce moment précis de la vie du pays. Mais puisqu'il n'y avait pas une insistance de la communauté internationale sur la personne de Tshisekedi -comme ce sera pour le cas du Général Mahele-, il était donc facile de laisser jouer la carte des divisions de l'opposition.

[106] Cette sécurisation devait se faire par la mise hors d'état de nuire de toutes les forces non seulement militaires mais aussi ethniques opposées au nouveau pouvoir non moins militaro-ethnique à Kigali. Or, il était mondialement connu que ces « forces », c'est-à-dire, les anciens soldats du RPR mais aussi de milliers de familles rwandaises, avaient trouvé refuge au Zaïre de Mobutu. Pour ce dernier, l'hospitalité donnée au peuple rwandais était un bon coup médiatique qui lui valut un petit retour sur la scène internationale qui l'avait banni. Cette fois, cependant, l'exploitation de la misère des pauvres réfugiés à des fins politiciennes lui fut fatale.

n'avait pas compris à temps. Il ne s'imaginait pas que ceux qui l'ont fait pouvaient le laisser tomber jusqu'à ce point[107]. Son obstination à ne pas laisser d'espace à Tshisekedi ne l'a pas permis de se rendre compte de ce qui se tramait contre lui. Quand il le comprit, il était déjà tard. L'éternel opposant ne sera renommé Premier Ministre que pour être limogé après quelques jours en avril 1997[108] et être arrêté par le gouvernement militaire qui avait été mis en place, compte tenu de l'état d'urgence instauré sur toute l'étendue du territoire national ou de ce qui en restait encore puisque l'Est était déjà « libéré ». Tout était déjà joué en défaveur de Mobutu. Cette ultime erreur lui coûta de ne pas mourir les armes en mains comme il l'a toujours désiré[109]. Mzee Laurent-Désiré Kabila pouvait alors s'autoproclamer Chef de l'État de la République Démocratique du Congo, au grand dam de ses amis et protecteurs du Rwanda. Incontestablement, une page de l'histoire venait ainsi d'être tournée. Le peuple s'en félicita et il y avait de quoi. Mais se rendait-il compte que cela se faisait en court-circuitant les ébauches de solutions tentées sur le plan intérieur par la CNS ?

Tout le monde s'accorde à dire que la clôture de la CNS a été un atterrissage en catastrophe. Mais, ce n'est pas une raison pour diminuer le caractère historique et déterminant de cette assemblée pour le pays. La CNS avait représenté la prise de conscience progressive mais effective de la souveraineté du peuple. Dans son discours de clôture des travaux de la CNS, Mgr Laurent Mosengwo qui en a été le président avait dit : « A notre sens, le plus grand acquis de la Conférence Nationale Souveraine, outre la problématique de tout un peuple en marche vers des valeurs de noblesse, est que désormais aucun dirigeant ni gestionnaire de l'État ne se permettra de gérer la chose publique à la manière de la Deuxième République. Il regardera par deux fois, car sait-on jamais, tout pourra un jour être connu et

---

[107] Dans son discours à la population à son retour des soins médicaux en Europe, c'est un Mobutu très affaibli physiquement et psychologiquement qui se lamentera : « On m'a poignardé dans le dos ». Et une larme s'échappa de l'œil du Grand Léopard (*Nkoy mobali*).

[108] Evidemment c'est toujours Tshisekedi qui se trompe dans ces cas, du moins ainsi présentait-on les choses. Car, cet homme semble fait pour tenir tête à la dictature et aux antivaleurs, mais quand il doit assumer les responsabilités, il lui suffit d'un jour pour se tromper. Le paradoxe dans cette transition qui a aiguisé chez les congolais le sens de l'observation de la vie politique, c'est que malgré ce qu'on qualifie comme « erreurs de Tshisekedi », sa popularité et son charisme n'en ont jamais souffert, au point d'inquiéter même les nouveaux maîtres du « Congo libéré » après le 17 mai 1997, qui le renverront avec un tracteur dans son village natal pour faire des champs ! C'est à se demander si les allégations sur les « erreurs » du leader maximo étaient toujours fondées.

[109] Comme on le sait, s'étant exilé au Maroc en mai 1997, Mobutu devait y mourir le dimanche 7 septembre 1997, sans cependant avoir officiellement abdiqué de son trône.

sanctionné »[110]. Voilà pourquoi, le projet de Constitution de la CNS se voulait non plus une loi fondamentale calquée sur les individus en présence, mais sur un projet de société que les travaux de la CNS ont voulu visiter sous tous les aspects possibles : éthique, politique, juridique, économique, sécuritaire, administratif, éducationnel, culturel, social, sanitaire, environnemental, scientifique, technologique, communicationnel... Au-delà de ses turpitudes inhérentes à l'apprentissage démocratique et à la volonté de jouir tout de suite des résultats concrets du changement, la CNS a offert globalement une vision du pays à partir des convenances internes, sans ignorer le contexte incontournable de la mondialisation envahissante. On peut donc dire avec Ndaywel : « Au vu de cet itinéraire, la Conférence Nationale Souveraine doit être considérée comme le temps fort qui a balisé le passage de l'ancien au nouvel ordre politique. Non seulement, elle a été l'instance d'élaboration et de planification du devenir mais les événements qui l'ont suivie n'ont été qu'une manière de poursuivre le débat et d'exercer des pressions pour retarder le démarrage de la transition proprement dite, en attendant la prise en compte des points de vue qui passaient jusque-là pour être négligés ou minimisés, à tort ou à raison »[111].

Il nous intéresse de savoir que cette ébauche de solution de l'intérieur a été systématiquement torpillée et n'a pas été appuyée de manière convaincante par la communauté internationale, notamment, les pays directement intéressés par l'énigme congolaise. A juger avec un peu de recul, il apparaît que cette communauté internationale avait clairement préparé ses cartes de rechange, bien qu'en ordre dispersé[112]. Les cartes de la France, par exemple, n'était pas nécessairement celle des États-Unis d'Amérique. Le

---

[110] L. MONSENGWO Pasinya, *Discours de clôture de la Conférence Nationale Souveraine*, Kinshasa, 6 mars 1992.

[111] I. NDAYWEL è Nziem, *Op. Cit.*, p. 774.

[112] Dans ce cadre des convenances externes sur l'ordre de la transition, il serait intéressant d'étudier la figure de Mgr Laurent Mosengwo Pasinya, alors Archevêque de Kisangani et Président de la Conférence épiscopale du Zaïre (il deviendra plus tard Archevêque de Kinshasa et sera créé Cardinal). Au début de la CNS dont il était élu président, le prélat était considéré comme le « choix du peuple ». Même le régime de Mobutu le comprit et s'acharnera contre sa personne de plusieurs manières. Le peuple avait même juré que, s'il devait s'avérer impératif de le « mettre » au poste de Président de la République, malgré sa position de prélat catholique (et donc difficilement éligible à pareille fonction, conformément aux règles du Vatican), il s'y emploierait de lui-même sans attendre la permission de qui que ce soit à l'extérieur du pays. Mais, l'unanimité dont la personne de Mgr Mosengwo faisait l'objet sur le plan international en tant que conducteur des travaux de la CNS n'allait pas jusqu'à voir en lui le remplaçant de Mobutu à la tête du pays. Le prélat, lui-même, s'en est toujours défendu dans ses déclarations officielles. Curieusement, lorsque l'AFDL allait mettre fin à cette recréation, le prélat apparaîtra, à tort ou à raison, pour une partie au moins de l'opinion internationale, comme « candidat à la succession provisoire de Mobutu ». Mais là aussi, il était désormais trop tard.

spectaculaire, sensationnel et inexplicable repli des Casques bleus présents à l'Est du pays en pleine période de troubles ne pouvait pas tromper. On ne risque pas de se tromper en disant que ce repli était consécutif au refus des États-Unis d'Amérique de collaborer à ce qui aurait été une interposition et sans doute aussi un blocage de l'avancée d'une force de libération qui avait tout son appui. Ainsi, comme l'époque du Padroado portugais, comme la colonisation belge, comme la conquête de l'indépendance, comme la première et la deuxième Républiques, la période dite de transition est, elle aussi, contresignée par les convenances et déconvenues externes. Ici aussi, la marche de l'ordre international avait le dessus sur la cause de la population congolaise. Ce qu'il y a peut-être de nouveau, c'est que les convenances de cet ordre international ne concernaient plus simplement la lointaine communauté internationale occidentale, elles commençaient déjà par le Rwanda, l'Ouganda, le Burundi et l'Angola. C'est ce que les guerres dites de libération vont démontrer.

1.4.2. Les « guerres de libération » : fin de recréation ou retour à la case de départ ?

Au temps de sa grandeur, Mobutu avait administré, du haut de la Tribune de l'ONU, une leçon d'histoire que tout jeune Zaïrois des années 1974 s'évertuait à retenir par cœur : « Un fruit ne tombe que quand il est mûr, mais devant l'ouragan, mûr ou pas mûr, il finit par tomber ». A l'époque, il voulait ainsi expliquer ce qui arriva quand les Congolais revendiquèrent et obtinrent l'indépendance immédiate et totale alors que l'Oncle belge ne croyait pas encore le temps venu pour l'émancipation des peuples sous sa tutelle. Se doutait-il que ce propos allait faire de lui-même le prophète de sa propre fin ? Kabila Père aurait pu lui aussi profiter de cette leçon. Pour l'avoir négligé aux fins de présenter sa venue sous les couleurs d'une libération messianique, le Mzee se laissera emporter par cette même logique de l'ouragan. Et que pitié soit faite à qui aurait voulu cacher ce débauchage occasionnel prolongeant la « conspiration internationale contre le Congo » sous le couvert adoucissant d'un retour des certitudes nationalistes et patriotiques. À cause de cela, non seulement que l'émergence de la Troisième République annoncée par Laurent-Désiré Kabila lors de sa prestation de serment le jeudi 29 mai 1997 ne se fit point, mais la transition se verra allongée de pas moins de huit autres années. Car, à la guerre de libération de Mzee Kabila avec l'AFDL succéderont d'autres guerres de libération ou d'agression. Mais le peuple, lui, n'était pas toujours libéré.

1.4.2.1. La « libération » du Congo par l'AFDL

Combien de Congolais, vrais opposants politiques ou occasionnels réfugiés économiques vivant à l'étranger, parlent à qui veut les entendre de leur volonté de remettre de l'ordre au pays en projetant d'ingénieux plans ou stratégies de sortie de crise ? Il est difficile d'apporter du crédit à tout ce qui se dit ainsi à gauche et à droite, sauf lorsque le concours des circonstances leur donne raison. L'ascension de Laurent-Désiré Kabila obéit, elle aussi, à cette lecture. Des observateurs en ont rendu compte, avec une tonalité un peu triomphaliste que provoquait le déboulonnement effectif de Mobutu[113]. Même si cela conduit souvent à sacrifier la vérité historique et l'objectivité des faits, on ne saurait trop leur en tenir rigueur. Voilà pourquoi, il est encore tôt d'évaluer l'impact de ce mouvement qui, dès le départ, est apparu avec une ambiguïté de significations et de mobiles.

La CNS était l'ultime combat du peuple congolais. Mais, le fait qu'elle ait connu un atterrissage forcé, malgré tous les sacrifices consentis par le peuple (dont le martyre de plusieurs chrétiens le 16 février 1992), jeta un refroidissement et provoqua même un découragement au sein du peuple. Et comme toujours en pareil cas, on ne pouvait que penser à un *deus ex machina* qui viendrait rétablir le peuple dans ses droits, presque par une baguette magique ! La marche de l'AFDL bénéficiera donc de cette lassitude générale. Alors que les politiciens de Kinshasa perdaient leur temps dans des discussions interminables et infructueuses dont ils sont devenus des champions, la recomposition de l'Afrique de l'après-guerre froide était déjà en acte à l'Est du pays. Certains de nos voisins ont su tirer profit de cette recomposition en emballant subrepticement leurs propres préoccupations dans la nouvelle carte des convenances des grands. Ces derniers ont mordu à leur tour à cet appât minutieusement préparé de longue date. Par rapport à la République Démocratique du Congo, les changements qui s'opéraient au Rwanda et au Burundi et qui avaient commencé en Ouganda –et ce n'est pas un hasard que les acteurs majeurs en Ouganda et au Rwanda soient les mêmes– n'étaient que des épiphénomènes, apparemment sans enjeux internes spécifiques. Et de fait, n'eut été le contexte général de la recomposition du monde après l'écroulement du mur de Berlin, les choses se seraient effectivement passées autrement. Mais, en plus de cette recomposition, il paraît assez clair que des agendas cachés de l'impérialisme économique croisaient de chemin avec les velléités expansionnistes de certains voisins de l'Est de la République Démocratique du Congo. Ceux-ci, non seulement, ambitionnaient de recréer la « République de Virunga »[114] par le détachement

---

[113] On lira à ce propos, à titre d'exemples, G. MUKENDI et KASONGA B., *Kabila. Le retour du Congo*, Bruxelles, Quorum, 1997 ; E. LEJEUNE, *L.D. Kabila, militant nationaliste congolais*, Bruxelles, Gamma Press, 1997 ; I. NDAYWEL è Nziem, *Op. Cit.*, pp. 786-800 ; C. BRAECKMAN et autres, *Kabila prend le pouvoir*, Bruxelles, Editions GRIP, 1998, L. MARTENS, *Kabila et la révolution congolaise,* Bruxelles, Editions Epo, 2002.

[114] Ou encore la « République des Volcans ». Selon un rapport de la Commission d'information du HCR-PT (avril 1995) sur la situation des réfugiés et des populations déplacées dans les régions du Nord et du Sud-Kivu, ce projet viserait même plus loin

du Kivu du Congo et la fusion avec l'Ouganda et le Rwanda-Burundi, sous la conduite de la « race hamite », supérieure à la race bantu. Les mêmes voisins se rendaient compte que les richesses du terrain convoité pouvaient aussi déclencher leur propre développement. Pour y arriver, il suffisait de réussir à faire porter le panier de la République Démocratique du Congo à un imbécile, du moins à quelqu'un qui, selon leur appréciation, était un imbécile[115]. Enfin, il semble aussi que pour s'assurer la tranquillité dans le nouvel espace politique ainsi recomposé, il fallait se débarrasser d'une force désormais gênante : Mobutu, qui était tout sauf un imbécile ! Déjà, les Américains avaient mis une croix sur cet ancien allié incontournable, nous l'avons vu. Kabila aurait-il compris cela et aurait-il alors voulu profiter de ces convenances externes pour ensuite défendre les convenances internes au Congo ?

En tous les cas, les bruits de bottes qui s'entendirent à l'Est du Congo après la mort tragique du Président rwandais Juvénal Habyarimana et surtout sous le prétexte de la poursuite des génocidaires rwandais réfugiés au Congo furent le prétexte immédiat pour matérialiser ces intérêts divergents. Le Zaïre du Maréchal Mobutu déclara dès le départ qu'il s'agissait d'une guerre d'occupation d'un État souverain dans une tentative de redéfinition des frontières Est du Congo. Certes, Mobutu avait tout intérêt à parler d'une guerre d'agression que d'une rébellion. En dénonçant la violation des frontières héritées de la colonisation, il entendait sans doute attirer l'attention de la communauté internationale. Mais, cette fois-ci le complot était consommé. Le fait que le drapeau du tout nouveau pouvoir à Kigali était aperçu dans les collines du Kivu et l'agitation des rwandophones du Zaïre, autrement appelés Banyamulenge, ne laissaient plus de doute sur des visées expansionnistes du Rwanda[116]. En d'autres termes, si la marche de l'AFDL fut dès le départ une guerre de libération, elle ne pouvait pas ignorer à cette époque les intentions

---

la création des États-Unis d'Afrique Centrale, entité qui irait de Dar-es-Salam à Matadi.

[115] Du proverbe ekonda : *« Quand un imbécile transporte sur son dos un panier bien garni, n'importe qui peut se servir à la mesure de sa roublardise »*. Cela aurait comme résultat pratique et nocif que n'importe qui peut y puiser n'importe quoi et cela n'importe quand et n'importe comment. Le panier se viderait en un rien de temps !

[116] Dans un discours fait à la population de Cyangungu le 10 octobre 1996, l'alors Président de la République Rwandaise, Pasteur Bizimungu déclarait sans ambages que des parties du Congo occupées par les « Banyamulenge » appartenaient au « Royaume du Rwanda ». L'historien Ndaywel rappelle fort à propos qu'avant l'arrivée des Blancs, le « Royaume du Rwanda » n'occupait qu'une petite région au Centre du Rwanda actuel mais était en voie de conquérir de petits territoires septentrionaux du Rwanda occupés par des roitelets hutus indépendants de la Cour du Mwami. Il suit en cela l'opinion de C. NEWBURY, *The Cohesion of Oppression; Clientship and Ethnicity in Rwanda, 1860-1960*, New York, Columbia University Press, 1988. Cf. I. NDAYWEL è Nziem, *Op. Cit.* p. 794.

du Rwanda et de la communauté internationale sur le Congo. Le moins que l'on puisse dire, c'est que la situation était inattendue et pas suffisamment préparée. Mais, peut-être qu'il n'est rien de tout cela. Quoiqu'il en soit, une victoire plutôt facile comme celle de l'AFDL aurait dû laisser perplexes même les forces victorieuses. Laurent-Désiré Kabila avait reçu là une « *lupemba* », c'est-à-dire, une chance et une passe en or inespérées, quitte à démontrer par après qu'il n'était pas, lui, cet imbécile embauché par la communauté internationale pour refaire le no man's land congolais voulu par la Conférence de Berlin mais confisqué tour à tour par Léopold II, la Belgique et Mobutu, à leur seul profit en tant que propriétaires exclusifs.

Ce qui nous intéresse ici, ce n'est pas l'histoire de la libération ni son opportunité par rapport à la forme sous laquelle elle est advenue. Nous cherchons à voir comment dans ce qui est connu et qui paraît indiscutable à propos de cette libération, transparaissent les convenances externes à la nation congolaise mais adéquates à l'ordre international. Du point de vue interne, il faut reconnaître que la « libération » du Congo par l'AFDL a mis fin au bourbier qu'était devenue la scène politique congolaise dans laquelle on entrait comme « acquis au changement » et on finissait « dépisté ». Quand on y était fiché comme commissionné au « statu quo », on le demeurait par la force des choses et non par conviction. À cause de cela, avons-nous déjà dit, la scène politique congolaise n'a plus produit de « grands politiciens », disons de « vrais hommes d'Etat » après les pionniers de l'indépendance. Et dire que ces derniers n'étaient que des débutants et autodidactes ! En gagnant là où tout le monde avait échoué (c'est-à-dire, en mettant hors circuit Mobutu), l'AFDL s'est ménagé un profil qui aurait pu contribuer à redistribuer les cartes et rasséréner le climat politique congolais, pour le rendre plus altruiste que profiteur (prédateur). Bien plus, l'AFDL aurait dû constituer la base de la décomposition du *système Mobutu*, la pierre noire qui neutralise le venin qui survit au serpent tué. Enfin, l'AFDL aurait pu être héritière de la conscience que sept années d'une transition mouvementée avaient fait acquérir à la nation : conscience d'un changement radical d'hommes, de mentalités et de structures. Un simple flair des attitudes de la population aurait permis de le comprendre. En effet, alors que la guerre était engagée à l'Est du pays et que son intensité se faisait sentir dans tout le pays, la population des villes et des villages, déçue de constater que le « Vieux Léopard » refusait de lâcher prise, ne cessait plus de s'exclamer : *« Kabila yango aya kaka »*, que vienne donc ce Kabila (sous-entendu : car on n'en peut plus, et on verra le reste par la suite).

Pourquoi ce ton peu rassurant ? Parce que le Mzee était encore un inconnu pour la plupart des Congolais et surtout il arrivait avec « sa » guerre de libération, c'est-à-dire, une libération qui ne serait pas gratuite mais bien payante pour la population. Or celle-ci avait déjà beaucoup payé durant la Deuxième République et même en cette période de transition. Ainsi, en arrière, on ne pouvait plus retourner puisque tout était perdu ; au présent, on ne pouvait éternellement rester dans l'incertitude ; mais en avant, il y avait tout à risquer dans le bien comme dans le mal.

Le décor était donc planté pour une convenance interne à la marche du pays. Cette convenance assumait aussi la caractéristique d'une nouveauté et d'un changement de mentalité : un peuple africain généralement considéré comme ayant peur de l'inconnu (d'un avenir incertain) et pour cela se repliant sur l'assurance du passé même catastrophique pour parer aux difficultés du présent, décide de jeter le sort, et… advienne que pourra ! On peut appeler cela une prise de conscience révolutionnaire. C'est une prise de conscience qui n'est point idéologique –puisque n'étant soutenue par aucune formulation d'un mouvement politique–, ni démagogique –puisque n'étant assortie d'aucune promesse faramineuse comme à l'époque de la lutte pour l'indépendance. Une véritable maîtrise de la *res publica* aurait converti cette conscience révolutionnaire en une foi politique. L'AFDL du Mzee Kabila a-t-elle été capable de faire cette lecture politique de la situation ? L'avenir nous le dira avec clarté. Mais, ce qu'on peut déjà dire, c'est qu'une telle lecture ne peut être possible que si la base de l'action politique est la vie d'une nation, c'est-à-dire si les intérêts de la population passent, non seulement, avant ceux des dirigeants, mais surtout avant les convenances externes de l'ordre international. Sans préjuger des intentions personnelles des dirigeants, il est facile que dans un pays déjà habitué à l'extraversion, l'ère Kabila s'aligne sur la solution qui privilégie le schéma de l'actuel ordre économique international. A première vue, cela n'a pas été le cas. Car, l'un des points forts qu'on aime souligner de Mzee Kabila, c'est le fait que durant le peu de temps qu'il a dirigé le pays, il a réussi à stabiliser l'économie du pays, non pas certes dans le sens du progrès, mais sans aucune intervention financière massue de l'étranger. Cependant, la lumière qui sera faite un jour sur les vrais mobiles et motivations de la « guerre de l'Est » devenue « guerre de libération » permettra de donner une réponse moins hasardeuse que ce que l'on pourrait en dire aujourd'hui[117]. Ce qui parait évident aujourd'hui, c'est que la « libération » du Congo a été une initiative menée de l'extérieur avec l'aide des frères africains désireux d'aider un leader congolais à mettre de l'ordre au Congo et peut-être aussi de garantir leur propre sécurité nationale. Le président Yoweri Museveni de

[117] Déjà, des pistes sont grandement ouvertes par des auteurs étrangers et il faudra qu'un jour les Congolais s'approprient aussi cette partie de notre histoire récente sans état d'âme. Cf. F. REYNTJENS, *La guerre des Grands Lacs. Alliances mouvantes et conflits extraterritoriaux en Afrique centrale*, Paris, L'Harmattan, 1999 ; C. BRAECKMAN, *L'enjeu congolais. L'Afrique centrale après Mobutu*, Paris, Librairie Arthème Fayard, 1999 ; C. ONANA, *Europe, crimes et censures au Congo. Les documents qui accusent*, Editions Duboiris 2012. Pour les auteurs congolais, on peut lire H. NGBANDA Nzambo-ko-Atumba, *Crimes organisés en Afrique centrale. Révélations sur les réseaux rwandais et occidentaux*, Editions Duboiris 2004.

l'Ouganda est on ne peut plus clair : « Nous n'avons pas porté Kabila au pouvoir par altruisme. Nous y avions des intérêts, notamment, la protection de nos frontières »[118]. Quel est le prix payé par les promus libérateurs pour cette négociation où les vrais concernés paraissent en pointillé, plus comme des exécutants que comme des planificateurs ? Pourquoi aujourd'hui les accords de Lemera font-ils toujours l'objet d'un black-out hermétique ? La querelle – vraie ou fausse– des nationalités au sein de l'exécutif et de l'armée mis en place par l'ancienne rébellion qu'était l'AFDL et la neutralisation d'une armée congolaise qui avait dans sa grande partie déjà vomi le Maréchal Mobutu, sont autant d'indices de nombreuses énigmes qu'un climat politique serein permettra de résoudre[119]. Car, à voir de plus près, on a parfois l'impression que, à force d'avoir voulu se lier à Satan pour vaincre à tout prix le diable, on a fait le lit au Grand Belzébul.

Ce qui est sûr, c'est qu'avec l'AFDL, la « libération » du Congo est effective, si par libération on entend le départ effectif de Mobutu et le début de la décomposition du système qu'il a représenté. Ce qui est aussi sûr, c'est que pour y arriver, il a fallu faire recours à l'ordre international. Ce qui n'est pas nécessairement mauvais si c'est l'expression de la collaboration entre des États souverains. L'appréciation change si la question est posée de la manière suivante : le recours à l'ordre international actuel –qui est un ordre inégalitaire et au profit des grands– implique-t-il aussi de se plier aux priorités et convenances externes ? A en croire la presse internationale, la redistribution des richesses du Congo a commencé alors que l'AFDL n'avait pas encore conquis tout le pays. Le mouvement n'était encore qu'une rébellion lorsque des accords d'exploitation des ressources congolaises furent signés en catimini, puisque, soit dit en passant, les rebelles avaient aussi besoin d'argent et de moyens logistiques pour poursuivre leur conquête[120]. Ce qui suppose

---

[118] Extrait d'une interview repris dans le documentaire « La chute de Mobutu », diffusé à Kinshasa par Congo Média Channel Tv, le 17 mai 2010, de 13h00' à 14h30'. Le même documentaire a été diffusé le même jour par Télé 7, avec comme titre : « Les héritiers de l'Afrique noire ».

[119] Même la polémique autour de la « filiation » au sein de la famille Kabila et les débats sur les vraies origines des Kabila qui vont se développer surtout pendant la campagne pour les élections présidentielles de 2006 participent de ce climat de soupçon délibérément entretenu autour des vrais mobiles de l'aventure de la libération et de ses conséquences. Mais, une des difficultés de l'histoire immédiate est justement qu'il est difficile de prendre une position scientifiquement justifiée d'un côté ou de l'autre sans se faire classer politiquement par les protagonistes ou défenseurs des différents courants adversaires ou antagonistes.

[120] I. Ndaywel fait remarquer que « près d'un mois avant la fin de la 'libération', le 15 avril 1997, 'l'America Minerals Fields' de Jean Raymond Boule avait arraché une concession de 42.000 km^2 pour l'exploitation des minerais (cuivre, cobalt, zinc et uranium) ». I. NDAYWEL è Nziem, *Op. Cit.*, p. 795, note n° 154. D'autres « sources politiques », plutôt controversistes mais apparemment bien informées (puisque s'appuyant notamment sur des rapports nationaux et internationaux bien connus)

pour tout le moins que les signataires étrangers étaient sûrs de l'aboutissement de cette invasion ou rébellion. En tout cas, au lendemain de la prise de Kinshasa et de l'auto-proclamation de Kabila comme Chef de l'État congolais, la nouvelle carte de la redistribution de l'exploitation des ressources du Congo par les pays étrangers étaient déjà établie, et c'est elle qui illustrait la nouvelle de la « libération » du Congo. Le nouveau Congo ne savait pas encore ce qu'il allait être ni ce qu'il allait gagner, mais le monde savait déjà quels pays étrangers ou quelles multinationales s'étaient adjugés les richesses du Congo ![121]

Certes, la presse internationale n'a pas le monopole de la vérité. Mais une analyse comme celle que fait Tougas laisse peu de doute quant à l'implication des convenances externes dans ce processus de la libération du Congo. Puisque ces convenances ne correspondent que très difficilement aux intérêts des petites nations, nous pouvons conclure que, en y sacrifiant en premier temps, l'AFDL a maintenu le Congo dans l'ordre de la modernisation inaugurée au 15e siècle par le Padroado portugais, systématisée par Léopold II et la colonisation belge, jamais déjouée par l'indépendance et la Première République et encore moins exorcisée par la Deuxième République et la première période de transition. Ce qui s'ajoute, c'est le fait que la recherche des convenances externes qui avait été l'apanage des pays occidentaux va désormais devenir aussi une convoitise des pays africains sur les terres d'autres pays africains distraits ou désorientés comme la République Démocratique du Congo. Ce qui s'ajoute aussi, c'est que désormais l'Afrique, par l'entremise de la République Démocratique du Congo sera le théâtre de la

révèlent que, outre l'AMFI (dénommée aujourd'hui ADASTRA) ou en lien avec cette firme, il y a aussi la « Lazare Kaplan International Inc. » de Maurice Templesman, consul honoraire américain pour la RDC, la BECHTEL Group (une compagnie aérospatiale et de construction américaine qui aurait fourni des cartes satellitaires et des photos de reconnaissance des mouvements des FAZ en 1996 ainsi que des cartes infrarouges des gisements importants des minerais de la RDC), la Barrick Gold Corporation (BGC), société canadienne spécialisée dans la production de l'or, cliente de la Good Work International, société de lobbying d'André Young, l'ancien maire d'Atlanta, membre du « Conseil d'amitié américano-ougandaise qui fut choisi en 1994 par le Président Bill Clinton pour diriger le « Fond de l'Entreprise et du Développement de l'Afrique Australe », la CABOT Corporation, compagnie américaine du traitement du coltan, dont un des membres du Conseil d'administration était conseiller principal de Paul Wolfowitz, président de la Banque Mondiale (2005 à 2007) dont il fut contraint de démissionner en 2007 à la suite de son implication dans une affaire de conflit d'intérêts. On a parlé aussi de la First American Diamond, la Hosrham Corporation, l'Ango Gold Ashanti… La liste est purement indicative…

121 Lire à ce propos D. TOUGAS, « Les transnationales à l'assaut du Zaïre comme du Congo », in *Info-Zaïre*, numéro spécial, 127 (1997), pp. 1-8. Cf. aussi E. KENNES, « Le secteur minier au Congo : 'Déconnexion' et descente aux enfers », in F. REYNTJENS & S. MARYSSE, *L'Afrique des Grands Lacs. Annuaire 1999-2000*, Paris, L'Harmattan, 2000.

plus grande guerre de la fin du vingtième siècle si l'on tient compte du nombre des pays qui prendront part, de l'une ou l'autre façon, à ce grand bourbier de l'Est du Congo, avec en sursis la présence de la plus grande intervention de tous les temps des forces de l'ONU : la Mission de l'Organisation des Nations Unies en République Démocratique du Congo, MONUC en sigle.

Récapitulons. Quand les USA ont juré de se débarrasser de Mobutu, ils ont jeté leur dévolu sur Laurent-Désiré Kabila. Et ils l'on fait. Requinqué par cette soudaine aubaine, le Mzee a cru que c'était son heure. Ainsi, alors qu'il négociait avec Mobutu sous la médiation de Nelson Mandela, il a même osé exiger que les pays occidentaux ne prennent pas part à ce round de négociation finale qui devait rester une affaire africaine. Et les Occidentaux se sont pliés. Après la chute de Kisangani, Kabila a publiquement humilié l'envoyé spécial des Nations Unis, M. Mohamed Sahnoun, venu négocier un cessez-le-feu avant l'entrée des rebelles à Kinshasa. Dans un stade de Kisangani comble, il pose à la population des questions qui la poussent à refuser les avances de l'ONU et à réclamer la marche des troupes de l'AFDL sur Kinshasa. Et, l'envoyé de l'ONU n'eut pour seule réponse que d'esquisser un petit sourire très gris…

Lorsque les Occidentaux ont un objectif à atteindre, ils savent se faire patients, au risque parfois de paraître comme perdants. Mais, en temps opportun, ils y reviennent et souvent avec succès. C'est ce qu'ils feront comprendre à Kabila aussitôt après son installation à Kinshasa. Ainsi, si on aime répéter que Kabila n'a pas contracté de dettes auprès de la communauté internationale pour diriger la République Démocratique du Congo, on oublie que lui et son gouvernement se sont laissé prendre aux pieds à cause de leur refus de permettre l'enquête concernant le massacre des Hutu sur le sol congolais[122]. C'est d'ailleurs autour de cette question, notamment, que l'ambassadeur Américain Bill Richardson, qui auparavant ne jurait que par Laurent-Désiré Kabila pour faire partir Mobutu, en est arrivé dans la suite à dire que le même Kabila ne savait même pas composer un gouvernement puisqu'il n'a fait que le maquis ! Comme on le dit, en politique, il n'y a pas d'amis, il n'y a que des intérêts. Et, de libération en libération, ces intérêts internationaux auront gain de cause, aux dépens du Mzee…

---

[122] Un rapport des Nations Unies concernant les violations les plus graves des droits de l'homme et du droit international humanitaire commises entre mars 1993 et juin 2003 sur le territoire de la RDC, le Rapport Mapping (2010), avait justement remis à la surface cette affaire et recommandé la création d'un tribunal international pour la RDC chargé notamment de cette question. Si cela devait se faire, cela ne fera pas que des heureux, tant en RDC que dans les pays voisins comme parmi les autres pays ayant pris part à la « guerre de l'Est de la RDC », sans oublier quelques multinationales et leurs pays d'origine. Mais, à cause des graves implications internationales, il y a de chance que cette recommandation ne soit que la meilleure façon de ne rien faire.

1.4.2.2. De libération en libération : RCD, MLC, etc.

La vraie paix ne signifie décidément pas l'absence de guerre, par contre la violence en appelle toujours à la violence et pour arrêter ce cercle vicieux, il ne faut surtout pas recourir à la violence.

Mzee Laurent-Désiré Kabila s'était fait à l'idée que seul un processus révolutionnaire pouvait mettre fin au bourbier qu'était devenu le Congo. Aidé par la coalition ougando-rwando-burundaise, il entreprit avec une certaine facilité sa guerre de libération. Depuis que l'Amérique de Bill Clinton avait ôté au Congo Kinshasa son rôle géostratégique de gendarme de la région dans le cadre de la guerre froide, un autre ennemi avait surgi, qui menaçait sérieusement la quiétude et surtout l'expansionnisme économique de la première puissance mondiale. Il s'agit de l'intégrisme islamiste dont le terrorisme est une arme plus que redoutable. L'Ouganda, le Rwanda et le Burundi passaient pour des pays qui avaient réussi à plaire aux États-Unis d'Amérique et ont été accrédités, avec le Sud-Soudan de John Garang, comme le front africain de la guerre contre ce nouveau fléau. Mais, en même temps, comme pour faire d'une pierre deux coups, ce front, avec Kigali comme centre névralgique, pouvait permettre un facile accès à l'exploitation des richesses du Kivu, sans réveiller les appétits, voire la gourmandise de Kinshasa. Même si la menace islamiste n'est pas sans fondement pour le Congo, elle était en toute évidence loin de constituer la raison principale de l'invasion du Congo. Plus tard, les conclusions du Panel des Nations Unies sur le pillage des ressources du Congo démontreront que le désordre de l'Est du Congo répondait à une logique de prédation internationale se servant des antagonismes ethniques vrais ou instrumentalisés.

Mais, la coalition qui amena Mzee Kabila au pouvoir à Kinshasa ne pouvait pas ne pas remarquer que le Congo était une terre plantureuse. Et quand on y entrait, on ne voudrait pas en sortir de sitôt. Bien plus, on y entrait comme étranger et on y devenait ou en sortait comme autochtone. Rwanda, Burundi, Ouganda, Angola, Zimbabwe, voilà la grande coalition qui viendra en appui à l'aventure de Kabila, sans oublier les États-Unis d'Amérique[123]. Il faudrait aussi ajouter les mercenaires africains que Museveni a utilisés pour conquérir le pouvoir en Ouganda, qui vont ensuite aider les « libérateurs » du Rwanda et enfin servir à la libération du Congo. Cela ne peut se faire sans compensation. Quelles ont été les dédommagements prévus à cet effet ? Ce ne sont pas de tels sujets que l'on parle ouvertement. Au moins on a vu certaines figures de nationalité douteuse côtoyer depuis lors les hautes sphères de la hiérarchie militaro-politique au pouvoir à Kinshasa après le 17 mai 1997. Et James Kabarebe n'est pas le moins connu de tous. Il passera dans l'histoire

[123] Comme l'écrit I. NDAYWEL : « Le recrutement des amis de l'Amérique de Bill Clinton se faisait même dans le camp des socialistes d'hier, à la condition qu'ils garantissent ses intérêts ». I. NDAYWEL è Nziem, *Op. Cit.*, p. 793.

certainement comme un des rares, si pas le seul officier militaire à avoir été Chef d'état-major de deux armées de deux pays dits souverains.

Que Laurent-Désiré Kabila ait eu, dès le départ de cette aventure, la volonté de donner le Congo aux Congolais ou qu'il n'ait été qu'un embauché à une entreprise étrangère, en tout cas il fallait tôt ou tard rendre des comptes : et à la population congolaise qui commençait à exiger que le nouveau pouvoir se débarrasse de ses invités qui devenaient de plus en plus encombrants et écrasants pour elle, et aux bons amis étrangers pour les bons et loyaux services rendus. Le peuple congolais, malgré cette espèce de passivité ou de naïveté qu'il affichait jusque-là, n'aurait supporté éternellement que des étrangers ou des compatriotes perçus comme tels sapent sa dignité en affichant avec arrogance leur supériorité sur lui. Des voix se sont élevées pour demander au tombeur de Mobutu de payer la facture des invités. Il fallait à la longue s'y résoudre. Mais, comment payer la facture ? Même si, de toute évidence, il y a eu des accords au moment d'entreprendre la libération du Congo, on s'imaginait difficilement que ces accords portent sur autres choses que des compensations financières. Ce fut certainement le cas pour les pays qui ne partagent pas de frontières avec le Congo et pour ceux qui cherchaient simplement à isoler leurs rébellions internes d'une base arrière possible à partir d'une poreuse République Démocratique du Congo. Mais, pour les pays sans ressources propres et pour qui le pillage des richesses du Congo constituait une bonne occasion d'enrichissement, la perspective d'un retour chez eux représentait un énorme manque à gagner. Or, pure coïncidence ou vraie programmation, il se trouve que ceux qui enviaient l'or et le coltan du Congo étaient ceux-là même qu'on accusait de visées hégémoniques sur au moins une partie du territoire national congolais en même temps qu'ils prétendaient mater les forces négatives ayant trouvé refuge au Congo. La guerre qui allait commencer en août 1998 et qui ne prit fin qu'avec l'assassinat de Kabila Père et l'avènement de Kabila Fils ne pouvait être mise que sur le compte des convenances externes[124], sur lesquelles allaient se greffer aussi quelques raisons de politique interne, à savoir, chasser la nouvelle dictature kabiliste qui venait de succéder à la dictature mobutiste. Le « conte de fées » que les Etats-Unis auraient aimé écrire avec Kabila Père au détriment des Congolais ne vit donc pas le jour, Kabila étant devenu, selon les mots des Américains, eux-mêmes, « un missile non guidé »[125].

---

[124] C. Braeckman dit très clairement que la guerre en 1998 contre celui qui était présenté durant la progression de l'AFDL vers Kinshasa comme l'homme des Américains, était l'œuvre des Tutsi rwandais et ougandais soutenus par les Etats-Unis et tacitement approuvés par l'ensemble de la communauté internationale, qui n'afficherait même pas de compassion à l'égard des Kinois asphyxiés par le sabotage du barrage d'Inga. Cf. C. BRAECKMAN, *Op. Cit*, p. 359.

[125] Cf. C. BRAECKMAN, *Op.Cit.*, pp. 330-331 et 359.

A partir de ce moment, on aurait pu comprendre, si ce n'était pas encore le cas, que la République Démocratique du Congo était condamnée à un perpétuel recommencement tant qu'elle refusera de sacrifier en premier lieu aux intérêts externes. Et tant pis si les Congolais eux-mêmes ne trouvent pas de compte dans leurs propres richesses ! En fait, il n'y a là rien de nouveau depuis la Conférence de Berlin de 1885. Bien plus, si les Congolais eux-mêmes n'avaient pas su jouir de leurs richesses durant le long règne du système Mobutu, pourquoi voudrait-on que d'autres, notamment, des étrangers, leur laissent le loisir de la souveraineté ? Qu'ils se contentent donc des miettes qui pourraient tomber d'une table bien garnie dressée par des étrangers au beau milieu de leurs ressources ! Ce qui peut être considéré comme nouveauté dans ce macabre pillage du patrimoine congolais, c'est le fait que le raisonnement que l'on attribuait à l'impérialisme occidental était désormais non seulement partagé mais encore appliqué par des nations africaines[126]. Si la petite Belgique avait colonisé le Congo, pourquoi un autre petit État, même africain et surtout dirigé par une minorité « nilotique » considérée par l'ethnographie coloniale comme supérieure à la majorité Bantu, ne le ferait-il pas dans un pays où le singe bonobo a beaucoup plus d'égards et de valeur que le plus grand des Congolais. Après les Aryens, les Arabes et les Asiatiques (indo-pakistanais), voici, désormais, une nouvelle classe raciale (africaine) qui affiche sa supériorité sur les nègres (Bantu) ! Si donc les Congolais, majoritairement Bantu, pouvaient être sous tutelle des Africains qui prétendent être des Hamites ou Nilotiques et plus intelligents que les Bantu, il n'y aurait, semble-t-il, aucun mal.

---

[126] Si, en effet, l'ethnicité est, depuis des siècles, un mode pertinent de l'organisation sociale en Afrique, basé d'abord sur la communauté de langue dans un regroupement pluriclanique et ensuite sur l'usage des mêmes institutions (pour consolider l'unité interne de l'ethnie), il semble par contre que le tribalisme aurait sa genèse dans l'utilisation de cette réalité sociologique par la colonisation. Cela serait dû au fait que, par la manipulation des données historiques et linguistiques et en fonction des intérêts de la colonisation, l'ethnographie coloniale construisit une inégalité ou une hiérarchisation des ethnies et groupes interethniques en assurant à certains des assises sociales solides. I. Ndaywel dit : « Le système colonial joua un jeu dangereux pour le devenir social du Congo, lorsque, conscient d'être face à un problème délicat, il prit parti pour l'une ou l'autre des tribus en présence. Les Congolais n'étaient pas insensibles à ces procédures. Par exemple, les 'Nilotiques' (entendez les Tutsis du Rwanda-Urundi) étaient plus 'intelligents' et plus 'raffinés', et donc plus proches de la civilisation que les Bantu (les Hutus et par extension les Congolais). Au Congo, chaque entité administrative connaissait la hiérarchie des ensembles ethniques en présence. Ainsi, à Elisabethville, les immigrants bakasaï étaient plus 'intelligents' que les autochtones katangais ; à Léopoldville, les Ngala l'étaient plus que les Kongo, intoxiqués par l'ABAKO. » I. NDAYWEL è Nziem, *Op. Cit*, p. 471-472. C'est là un schéma de confrontation qui rendit plusieurs conflits et guerres interethniques inévitables, au Rwanda comme en RDC et, finalement entre le Rwanda et la RDC !

Les deux grandes rebellions qui envahirent le Congo de Mzee Kabila sont le Rassemblement des Congolais pour la Démocratie (RCD) d'Azarias Ruberwa et le Mouvement de Libération du Congo (MLC) de Jean-Pierre Bemba. Si le premier mouvement militaro-politique était composé d'anciens co-routiers de Kabila Père, le deuxième rassembla ceux qui croyaient avoir perçu la dérive dictatoriale du nouveau pouvoir à Kinshasa. Des figures très influentes de la vie politique et du monde des affaires congolaises vont rejoindre ces deux mouvements. Mais, désormais, la coalition qui avait porté l'AFDL au pouvoir à Kinshasa se trouve complètement éclatée. Alors que le Zimbabwe, l'Angola et peut-être la Tanzanie continuent de soutenir le nouveau régime de Kinshasa, les deux grands mouvements rebelles auront pour parrains le Rwanda et le Burundi pour le RCD et l'Ouganda pour le MLC. Ces deux groupes vont même avoir des écarts de vue dictés probablement aussi par une opposition naissante entre les intérêts du Rwanda et ceux de l'Ouganda. Et, curieusement, c'est sur le sol congolais que cette opposition va éclater. La ville martyre de Kisangani en connaît quelque chose. A cause de tous ces parrainages, c'est sur le sol congolais que l'on assistera à ce qui est convenu d'appeler la première « guerre mondiale africaine » au cours de laquelle pas moins de sept pays seront directement aux prises, sans compter les mercenaires et l'appui de leurs alliés au niveau de l'omniprésente communauté internationale.

Mais, qui sont vraiment les acteurs qui s'opposent vraiment dans ce conflit ? Si l'on excepte Kabila Père dont la seule référence d'actualité qu'on ait de lui avant sa marche sur la République Démocratique du Congo, ce sont quelques razzias de survie à partir de son maquis à l'Est du pays, et si l'on tient compte des figures emblématiques des différents mouvements, les acteurs en présence sont en général tantôt des Congolais qui ont un rapport très étroit avec le Rwanda[127], tantôt des Congolais qui se sont enrichis sous Mobutu mais qui ne trouvaient plus leur compte avec Kabila et dont les

[127] Un rapport même morphologique. Il s'agit notamment des Rwandophones ou Bayamulenge ou encore les « Rwandais (Tutsi) du Zaïre ». Avant la formation du RCD et à l'époque de la création de l'AFDL, ce groupe se reconnaît dans l'Alliance Démocratique des Peuples (ADP) de Déogratias Bugera. En réalité cette présentation est un raccourci car les Rwandais du Zaïre ne sont pas que des Tutsis et n'étaient probablement pas tous représentés dans l'ADP. Ndaywel informe que déjà à l'époque de la CNS et de la mise en cause de la nationalité, plusieurs « mutuelles ethniques » ont vu le jour comme des structures à la fois d'entraide et d'autodéfense. C'est déjà de cette époque que datent des affrontements et des incidents sanglants, tels la seconde « guerre kanyarwanda » avec les Hutus du MAGRIVI (Mutuelle Agricole du Virunga), les événements de Masisi (en 1991 et 1993) ou de Walikale (en 1992). On peut encore citer comme mouvements : Umoja (Hutu et Tutsi), Kigarizo Bokogbwa (banyarwanda Hutu). Cf. I. NDAYWEL è Nziem, *Op. Cit.*, p. 791.

intérêts étaient sérieusement menacés[128]. Dans les deux cas, l'on ne peut ne pas constater une propension à défendre les intérêts d'autres pays, ou des intérêts personnels dans la méconnaissance presque totale de l'intérêt national. En effet, on a souvent reproché aux Congolais rwandophones non pas tellement le fait de ne pas être de vrais Congolais[129] mais de n'être au Congo que pour protéger et même trouver des intérêts pour le Rwanda, et cela souvent au détriment des autres Congolais. Parfois cela donne l'impression d'être une politique officiellement reconnue au Rwanda. Il n'est dès lors pas inimaginable que des Rwandophones du Congo aient bénéficié des bourses du Rwanda pour étudier au Congo[130]. Tout comme un Congolais rwandophone pouvait présider une association d'originaires du Rwanda sans qu'on y perçoive une contradiction périlleuse. Du côté des Congolais dont les intérêts économiques étaient menacés par le nouveau pouvoir à Kinshasa, l'on constate simplement que beaucoup d'hommes d'affaires et de politiciens riches n'ont vraiment pas fait profiter à la population congolaise de leurs richesses. Il n'y avait pas une volonté de développer le Congo mais d'en faire un lieu d'enrichissement facile, le plus souvent avec la complicité des étrangers. Il suffisait à un Libanais ou à un Pakistanais de dire qu'il collaborait avec la famille présidentielle ou avec un haut cadre du pays –même sans en fournir des preuves– pour qu'il soit exempté des poursuites par le fisc national. De là à s'imaginer que tous ceux qui se sont enrichis au Congo l'ont été sur le dos de l'État congolais et au détriment de la vie du peuple, il n'y a qu'un pas qui a, d'ailleurs, été allégrement franchi par les « libérateurs », jusqu'au moment où ils ont été rattrapés par la réalité d'un système très enraciné et bien entretenu par des opérateurs économiques véreux.

Kabila Père n'était pas dupe. Il avait compris que la présence massive des étrangers (civils et militaires) dans son sillage et leur mainmise sur l'économie et la politique nationales avaient créé entre lui et le peuple une fracture sérieuse. Il avait aussi observé que ce mécontentement ne s'est résolu qu'après la dissolution de l'AFDL (qu'il qualifiera, lui-même, ironie de l'histoire, de « conglomérat d'aventuriers ») et le divorce avec les alliés. Maintenant que ceux qui prétendent l'avoir porté au pouvoir ont juré d'avoir sa tête et que des compatriotes qui se seraient enrichis sur le dos du peuple

---

[128] C'est notamment le cas du MLC. Contrairement au RCD qui a connu plusieurs têtes d'affiche durant son évolution jusqu'à la formation du gouvernement de transition, le MLC est caractérisé par une direction monolithique.

[129] Au-delà du fait tout à fait réel que, à l'époque de Mobutu, on a accordé en bloc la nationalité congolaise à des groupes de Rwandais, il est incontestable que d'autres groupes de rwandophones vivaient au Congo avant l'indépendance et sont en ce sens des « congolais d'origine ».

[130] Ce qui est encore tout à fait plausible si l'on sait qu'il y a bien longtemps que le Zaïre n'avait plus accordé de bourses d'études aux étudiants de l'Université Nationale du Zaïre (UNAZA). Et, de toutes les façons, qu'y a-t-il de mauvais qu'un pays soutienne ses ressortissants en situation précaire dans un pays étranger ?

s'étaient coalisés contre lui, avec l'appui de ses anciens compagnons sur le chemin de la libération, il ne lui restait plus qu'une carte à jouer : se présenter davantage comme le véritable « soldat du peuple », patriote et nationaliste. Le Congo semble revivre l'ère lumumbiste, au point que celui qui semblait être entré dans les grâces des États-Unis malgré son passé révolutionnaire paraissait de plus en plus comme ayant tourné le dos à ceux qui ont eu le tort de le remettre en selle[131]. Il s'était ainsi tellement isolé du reste du monde que la stratégie du « compter d'abord sur soi »[132] en cette période difficile ne pouvait lui donner suffisamment de moyens pour venir à bout de la guerre qu'on lui faisait sur plusieurs fronts et par différents groupes de belligérants. Et quelle guerre ! C'est de loin la plus meurtrière qu'ait jamais connue le Congo. Quelqu'un devait payer. Ce sera le Mzee, lui-même. Au lieu donc que Kabila libère le Congo, on s'est libéré de lui[133]. Et si, dans le coup, Kinshasa n'a pas sombré dans un désordre apocalyptique, c'est tout simplement qu'il y avait une main sûre qui dirigeait l'opération. Règlement de compte ? Mais par qui ? Quelqu'un avait-il décidé de mettre fin à la récréation ? Mais qui ? Ce n'est pas, en toute évidence, avec les Congolais, car en cette nuit noire kinoise du 16 janvier 2001où se succédait des versions contradictoires sur l'état de santé du Président « atteint », « le coq n'a pas coqué, la poule n'as pas poulé les œufs »[134]. Quand l'extérieur confirma l'irréparable[135], tout Kinshasa politique se terrait dans la peur, comme si cela ne le concernait pas. Convenance externe oblige !

Et, quel est le résultat vérifiable de ce conflit ? Le plus sûr est qu'il n'y a aucun profit positif en faveur du peuple congolais. Les différents

---

[131] C'est Laurent-Désiré Kabila qui avait lui-même raconté publiquement comment il a coupé le téléphone à Madame Madeleine AlBright, alors Secrétaire d'État américain. Cela n'est pas sans rappeler le célèbre discours improvisé de Lumumba le jour de la proclamation de l'indépendance du Congo. La suite est connue.

[132] C'est sans doute l'idéologie sous-jacente aux initiatives comme le Service National, la Réserve stratégique, les Comités de pouvoir populaire (CPP), les Forces d'autodéfense populaire (FAP)…

[133] La petite rumeur, très prisée à Kinshasa, courait déjà à cette époque que Bill Clinton avait « signé » que la fin de Kabila devait arriver avant son départ de la Maison-Blanche qu'il quitta effectivement le 20 janvier 2001, soit quatre jour après la mort de Kabila. Peut-être que l'histoire confirmera ou infirmera un jour cette rumeur, comme il en est aujourd'hui de l'assassinat de Lumumba. Mais, dans l'état actuel des connaissances, on ne peut donner à de tels propos que la valeur d'une rumeur : Elle est d'ailleurs assez facile à construire en recoupant un peu les propos et les faits.

[134] Pour paraphraser l'artiste musicien Casimir Zoba, alias Zaō (du Congo Brazzaville) dans la chanson « Ancien combattant », décrivant les conséquences néfastes et arides de la guerre (mondiale).

[135] Il n'est pas inutile de rappeler que la confirmation de l'assassinat de Mzee Laurent-Désiré Kabila a été faite par Louis Michel, alors Ministre des Affaires étrangères du gouvernement belge, sur les antennes de la RFI, alors qu'à Kinshasa les membres du gouvernement se livraient à des communiqués contradictoires.

rapports (avril et novembre 2001, octobre 2002) du panel des Nations Unies chargé d'enquêter sur le pillage des ressources du Congo sont on ne peut plus clair : plus de trois millions de morts du côté congolais[136], le sol et le sous-sol congolais ont continué à être saignés au profit des belligérants et de leurs alliés. Des pays qui ne pouvaient en aucun cas se présenter en rang utile parmi les grands exportateurs de l'or, du coltan, de la cassitérite, du café, du bois, etc. le sont devenus comme par un tour magique et dans l'impunité presque totale de la communauté internationale[137]. Il s'en est suivi la détérioration de l'image et de l'honneur des Congolais qui, au lieu d'être considérés comme victimes d'une machination internationale, passaient désormais pour des incapables pouvant être dirigés par n'importe qui, pourvu qu'il ne soit pas Congolais[138]. Le rapport des Nations Unies montrera que ce pillage systématique n'est pas perpétré par les seules nations étrangères et les nouveaux rebelles mais aussi par le nouveau gouvernement de Kinshasa et ses alliés. Le solde de toutes ces « libérations » était donc très négatif pour le peuple congolais : les cadavres jonchaient les rues de nos villes et les sentiers des villages ; des fausses communes retrouvées ici et là ; les femmes et enfants violés ou enterrés vifs ; le ratissage des villages par l'armée ou par les forces rebelles ; même les vraies fausses accusations d'anthropophagie[139] ne sont pas de nature à donner de la considération aux Congolais de tout bord ; un énième pillage de l'outil de travail et des infrastructures encore viables… On ne peut pas dire qu'il en soit autant pour le monde extérieur présent dans ce théâtre macabre qui se jouait au Congo. Ainsi, ces rébellions, groupes armés ou autres « forces négatives » vont devenir une « marque déposée », voire des tickets gagnants dans les interminables dialogues et concertations en Républiques démocratiques du Congo.

1.4.3. Le dialogue intercongolais et le gouvernement « 1+4 »

Entre palabre africaine et pressions internationales

---

[136] On parle aujourd'hui globalement de cinq à six millions de morts, voir plus encore ! De toutes les façons, ces chiffres sont de loin supérieurs aux estimations avancées pour le génocide rwandais (huit cents mille) !

[137] Voir le film documentaire « Du sang dans nos portables » de Patrick Forestier (2007).

[138] Une boutade circule dans les milieux kinois et est attribuée au président d'un certain pays africain, qui aurait dit que le jour où on ne voudra plus de lui dans son pays, il pourra facilement venir prendre le pouvoir au Congo ! Comme aussi cette autre plus vieille qui dit : Prenez les Congolais et mette-les tous en Allemagne et les Allemands au Congo. Après cinq ans, la RDC sera (construite) comme l'Allemagne d'aujourd'hui tandis que l'Allemagne deviendra (détruite) comme le Congo d'aujourd'hui !

[139] Certains groupes rebelles auraient été accusés de manger les pygmées. Si cette accusation se justifiait, cela n'aurait pu être que du cannibalisme rituel pour s'approprier la force vitale spéciale que l'on suppose souvent appartenir aux pygmées et ainsi se renforcer dans la poursuite de la guerre.

Voilà le décor qui a fait que, lorsque Joseph Kabila a été installé au pouvoir pour succéder à son père, l'accent a été mis sur la recherche d'une voie consensuelle de sortie de crise. En essayant de rendre la vérité à l'histoire, on devra reconnaître que l'impasse politico-militaire était telle qu'aucune des parties en présence n'aurait pu de sa propre initiative reconnaître sa défaite, si par défaite on entend non seulement le fait de n'avoir pas gagné la guerre sur toute l'étendue du territoire congolais mais aussi et déjà de n'être pas parvenu à atteindre l'objectif qu'on s'est assigné en provoquant la guerre ou en s'engageant à bouter dehors l'envahisseur. A cause de cela aussi, aucune des parties en conflit n'aurait pu par elle-même prendre le chemin du dialogue. En même temps, aucune partie n'aurait pu persister dans la logique de la guerre qui a suffisamment prouvé son inefficacité dans le contexte congolais. On décide de ce qui dépend de soi et dont on est capable mais non de ce qui dépend des autres. On serait presque tenté de dire que les Congolais ont été poussés par d'autres à dialoguer. Dans les conditions actuelles, il est préférable de ne pas toujours prêter le meilleur à la volonté des étrangers, même si, à certains égards, on peut avoir l'impression que des étrangers aiment le Congo plus que les Congolais eux-mêmes ; mais là ce serait, encore une fois, pour une question d'intérêts… Venons aux faits.

L'établissement des responsabilités dans l'assassinat de Laurent-Désiré Kabila est encore nul. On ne peut dire s'il s'agissait d'une simple révolution de palais ni si ce forfait est imputable aux nouvelles forces rebelles congolaises. Pour le premier cas, on ne comprendrait pas le désir qui s'en est suivi de défendre à tout prix l'héritage idéologique et politique de Mzee Kabila. Pour le second, on ne comprendrait pas que les rebelles n'aient pas conçu une stratégie de prise effective de pouvoir pour se contenter d'un lâche assassinat. Ce qui semble un peu plus clair, c'est le fait que l'orientation prise par le nouveau gouvernement en place comporte tout de même une rupture d'avec l'intransigeance de Kabila Père quant au refus de faire avancer les négociations avec les parties engagées au conflit. On peut facilement le remarquer lorsqu'on arrive à distinguer le discours politique, généralement tendancieux, du fait politique, plus objectivable. Ainsi, le recul du discours sur « la guerre longue et populaire » en faveur du fait de la « négociation entre congolais » est la preuve plausible moins d'une conviction rationnelle et éthique que d'une contrainte politique et diplomatique[140]. Que, par la suite, chaque camp ait cherché à en tirer des dividendes dans son discours politique

[140] Dès son premier discours après son investiture comme prédisent de la RDC pour succéder à son père, Joseph Kabila s'engage à restaurer la paix afin de relancer le processus démocratique par la réconciliation nationale. Pour obtenir un soutien international, il effectue des visites diplomatiques dans dix-huit pays. Manifestant sa volonté de renouveau, il forme en avril 2001 un nouveau gouvernement dont sont exclus les caciques de son père et lève les restrictions sur les partis politiques en se prononçant pour la tenue d'élections au plus tôt.

en s'octroyant de manière exclusive la primauté de l'initiative, c'est de bonne guerre !

Sans devoir revenir sur toutes les péripéties et pérégrinations du dialogue intercongolais (Lusaka, Addis-Abeba, Gaborone, Pretoria, Sun City 1 et 2), il est facile de constater combien ce dialogue a été largement accompagné de l'extérieur. Il ne s'agit pas simplement des lieux où il s'est tenu et des médiateurs choisis pour le mener, mais surtout de l'implication de la communauté internationale dans la thématique même du dialogue[141]. Pour s'en rendre compte, un parallélisme avec les assises de la CNS semble éclairant.

La tenue du dialogue intercongolais en dehors de la République Démocratique du Congo a certainement évité à ces assises le caractère pléthorique qu'on a reproché, à juste titre, à la CNS. Cependant, les travaux de la CNS avaient balisé le terrain quant à l'approfondissement de la *question congolaise* qui n'a plus connu, depuis lors, des changements substantiels quant au fond mais seulement des aménagements consécutifs à l'évolution des paramètres et à la prise en compte des forces en présence. On aurait pu attendre du dialogue intercongolais un toilettage plus adéquat de cet héritage incommensurable, un colmatage des brèches périphériques dues à l'atterrissage forcé de la CNS et un bobinage plus attentif du fil conducteur de la nation que les successives guerres de libération et/ou d'agression ont maladroitement, voire inutilement déroulé. Mais cela n'aurait été possible que si ce déroulement n'avait pas fait le lit des convenances externes. Nous avons vu plus haut ce qu'il en était. A cause de cela, les Congolais ont pris l'habitude de remettre en cause même ce qui n'avait aucunement besoin de l'être, surtout après la CNS. Car c'est seulement ainsi que les différents protagonistes peuvent justifier leur entreprise de démolition et apparaître chaque fois comme des « libérateurs ». Ce *modus operandi* permet aussi de négliger le

[141] Ce dialogue débuta en fait par les accords de cessez-le-feu à Lusaka (Zambie), du vivant même de Laurent-Désiré Kabila en juillet 1999, accords conclus par les six États impliqués dans le conflit (Angola, Namibie, Ouganda, RDC, Rwanda, Zimbabwe). Le tout premier fruit de ce dialogue, c'est le déploiement de la Mission des Nations unies en République Démocratique du Congo (MONUC), forte de 5.500 Casques bleus, chargée de vérifier le cessez-le-feu de cette guerre dans laquelle sont engagés plus de 40.000 soldats étrangers. Mais l'accord de paix n'est réellement signé que le mois suivant par les mouvements rebelles, lesquels vont se retrouver, avec le gouvernement en place à Kinshasa, l'opposition non armée et la société civile, dans les différents rounds qui se succéderont de 2001 à 2003 (c'est-à-dire avec la signature par toutes les parties de l'Accord global et inclusif en avril 2003). C'est le président Thabo Mbeki de l'Afrique du Sud qui a pesé de tout son poids après d'âpres négociations. Et les témoins de tous bords reconnaissaient que durant ces travaux en Afrique du Sud, "le téléphone a beaucoup sonné", non seulement de Sun City à Kinshasa, mais aussi ailleurs, particulièrement aux Etats-Unis et à Kigali où certains négociateurs se rendaient on dirait comme des évêques en visite "ad limina apostolorum" !

rôle des mandants externes, au moins jusqu'à ce que les causes indéfendables ne dévoilent d'elles-mêmes le jeu cynique des convenances externes.

Ainsi, s'agissant des animateurs de la nouvelle transition que ces négociations de la dernière chance allaient mettre en place, le dialogue intercongolais s'est enfermé dans un schéma décrié à l'époque de la première transition, celui de remettre en selle les protagonistes en place. C'est ici que le discours politique a eu raison du fait politique. C'est comme si l'objectif majeur du dialogue aura été le fameux partage du gâteau, lequel consacrera à son tour la prime à la belligérance. Evidemment tout cela ne sera pas fait pour que le peuple ordinaire se retrouve.

Pour éviter que l'après Sun City ne prenne le chemin des convenances externes et pour espérer un tant soit peu que l'on embraie sur les traces abandonnées du projet de société de la CNS, deux propositions furent faites par les Congolais restés au pays à ceux qui se disputaient les places et les per diem en Afrique du Sud : la première concernait la possibilité de la prise en charge des élections à venir par les Congolais eux-mêmes, la deuxième concernait les animateurs de la transition et les candidats aux élections. Selon l'entendement des associations congolaises de défense des droits de l'homme et les églises qui portèrent en avant ces propositions, la Troisième République congolaise ne devait naître ni comme une république bananière livrée entre les mains pleines de sang de quelques forces négatives, ni comme un pays incapable d'arrêter son extraversion pour se positionner en partenaire de développement au profit d'abord des Congolais. Comme geste phare de cette détermination, il fallait demander à chaque congolais un « effort de paix »[142] : trouver sur place en République Démocratique du Congo de quoi organiser les élections. Ces associations avaient calculé que la chose était de l'ordre du réalisable ou au moins symboliquement important. Et, en tous les cas, la proposition n'était pas du tout chimérique. Et au-delà de l'aspect du coût de l'opération, il y avait l'aspect de la mobilisation qui allait entrainer un intérêt général et ferait passer l'organisation des élections comme la préparation d'une fête de la paix et la renaissance du Congo.

Le deuxième geste phare était à l'attention directe des acteurs politiques : ceux qui allaient accepter d'être les animateurs de la transition devaient se résoudre à assumer le rôle historique de préparateurs d'un nouvel ordre politique auquel ils ne devraient pas directement prendre part. Ils se libéreraient ainsi de la tentation, toujours présente en politique, de vouloir tout préparer pour eux-mêmes. Pour cela, ils ne devaient pas se présenter aux échéances électorales prévues à la fin de la transition. Ce qui garantirait la neutralité de cette période cruciale de transition et permettrait de conduire à

---

[142] Nous construisons cette expression à partir de « effort de guerre » mais justement pour le lui opposer, conformément à une vision non belliciste qui considère, à la suite du pape Jean-Paul II, que la guerre est une « aventure sans retour ».

bon port les réformes préliminaires avant l'installation définitive des institutions de la Troisième République. Cette deuxième préoccupation a été rendue sous forme de pétition. Et l'on s'empressait à la signer dans les marchés, au sortir des églises, dans les sièges des associations de défense des droits de l'homme, les ronds-points, les places d'affaires, bref, partout. Et l'on ne faisait qu'en redemander des formulaires à signer…

Le résultat qu'on obtint avec cette action était le prélude de la grande déception qu'allaient être les dernières années de la transition politique congolaise et que sera ensuite le début de la Troisième République du point de vue de la prise en compte des convenances internes : on ne daigna aucunement en faire cas. Les mêmes chefs de guerre et opportunistes qui vont s'occuper de la fin de la transition seront les principaux candidats à l'élection présidentielle. Ils étaient tous en réalité des oiseaux de même plumage puisque que tous des belligérants ! Voilà qui ne pouvait se faire sans mécontenter la classe politique non belliciste qui croyait naïvement son tour arrivé. Pour les élections elles-mêmes, on prit le plaisir de tendre la main à la communauté internationale, alors qu'était en jeu notre propre souveraineté. Se rendait-on compte qu'on piégeait ainsi durablement tout le processus démocratique en élaboration ?

La grande trouvaille politique de ce dialogue, c'est le gouvernement « 1+4 ». C'est un véritable monstre au sein duquel les acteurs, au lieu de travailler pour la population se surveilleront, cherchant qui volerait la vedette à qui. Au lieu de promouvoir le bien commun, ils entasseront des fortunes qui leur permettront de battre campagne le moment venu. Au lieu de se surveiller pour induire l'assurance et la protection du bien-être social, ils mettront la population au service du prestige des ténors des partis politiques. La population n'aura qu'à se contenter des miettes éparses tombant des tables bien garnies des nouveaux propriétaires de la République des copains, toutes tendances confondues. Et, comme à l'époque de *l'Acte constitutionnel de la transition*[143], la Constitution de la transition va garantir ce partage du gâteau. Pour faire complet, on se donnera même le luxe de mettre en place deux chambres de représentants. Gouvernement, parlement, institutions d'appui à la démocratie et autres mandataires du portefeuille de la République seront coptés d'abord au prorata des listes des parties présentes aux négociations. Dans un contexte où le créneau de recrutement des cadres est plus sentimentaliste qu'objectif et se fait plus par militantisme qu'en vertu de l'excellence, le principe d'efficience qui conseille de mettre la personne qu'il faut à la place qui convient ne pouvait qu'être battu en brèche. Désormais, a été consacrée une curieuse formule de gouvernance : on entre dans les affaires

[143] Nous pensons à l'*Acte portant dispositions constitutionnelles relatives à la transition*, adoptée par la CNS le 4 août 1992 et non de la *Charte de la Transition* de 1994 après le réajustement des prévisions de la transition.

au mieux pour apprendre (et non pour gérer) et au pire pour se débrouiller (et non pour faire preuve de compétence).

Innovation politique congolaise ou solution de compromis dictée de l'extérieur par ceux qui avaient décidé de mettre fin (avec l'assassinat de Laurent-Désiré Kabila) à ce grand bourbier qu'était la crise congolaise, l'histoire le déterminera un jour. J'aurais souhaité que des politiciens et politologues congolais s'emploient à systématiser pour la postérité cette nouvelle théorie de gouvernance politique (le 1+4), soit comme contribution particulière aux nouveaux visages de la démocratie, soit plus modestement comme voie démocratique de sortie de crise. On a rien vu venir et cette théorie ou innovation politique congolaise n'a plus jamais été reproduite nulle part ailleurs dans les zones de conflit qui se sont multipliées partout dans le monde. Rappelons cependant que, dans l'histoire politique, l'expérience d'une pareille figure de gouvernance n'est attestée qu'au niveau du triumvirat vécu à deux reprises vers la fin de la République romaine. Les deux expériences de triumvirat, au-delà de petites différences formelles, aboutirent à la même tragédie : la guerre civile. Ce qui motiva la restitution du pouvoir des mains des hommes forts (les généraux) aux institutions républicaines traditionnelles : le Peuple et le Sénat romains[144] ! Plus près de nous dans le temps mais aussi dans le contexte post conflit est la situation de la République de Bosnie-Herzégovine en Europe[145]. Ici, le pouvoir exécutif relève d'une

---

[144] Le terme *triumvirat* est employé pour désigner l'alliance politique réalisée, à la fin de la République romaine, en 60 av. J.-C. par Pompée, Jules César et Crassus, afin d'obtenir le pouvoir des hautes magistratures malgré l'impossibilité législative et l'opposition du Sénat. Cette alliance, dite premier triumvirat, sans existence légale, permit à Caius Julius César (100-44 av. J.-C.) d'être élu consul, puis d'obtenir un commandement en Gaule et de conquérir ce très riche espace (58-52) ; elle permit à Gnaeus Pompeius Magnus dit Pompée (106-48 av. J.-C.) de s'imposer temporairement comme l'homme le plus populaire et le plus puissant de Rome et à Marcus Lucinus Crassus (115-53 av. J.-C.) d'obtenir des commandements exceptionnels pour entreprendre une désastreuse campagne contre les Parthes où il perdit la vie. L'aboutissement de ce triumvirat fut une guerre civile dont César sortit vainqueur et dictateur à vie. Le second triumvirat concerne le partage du gouvernement de Rome entre Octave (le futur empereur Auguste), Antoine et Lépide en 43 avant J.-C., à la suite de l'assassinat de César. Marcus Antonius (83-30 av. J.-C.) reçut le pouvoir sur l'Orient, Marcus Aemilius Lépidus (90-13 av. J.-C.) sur l'Afrique et Caius Julius César dit Octave (63 av. J.-C. -14 ap. J.-C.) sur l'Occident. Leur administration conjointe fut sanctionnée par le Sénat. Elle était destinée à durer cinq années, soit le temps séparant deux recensements sénatoriaux, et fut renouvelée en 38 av. J.-C., sur des bases qui montraient un nouveau rapport de forces : le domaine de Lépide se voyait restreint à une seule province au profit d'Octave. Lépide en fut d'ailleurs exclu en 36 av. J.-C. Le triumvirat fut dissous en 32 av. J.-C. : les tensions entre Antoine et Octave aboutirent alors à la guerre civile.

[145] Ancienne république constituante de la République socialiste fédérative de Yougoslavie, la Bosnie-Herzégovine a déclaré unilatéralement son indépendance en

présidence collégiale de trois membres (un Bosniaque, un Serbe et un Croate) élus au suffrage universel, qui s'alternent à la direction de la présidence tous les huit mois. Malgré la mise en place des institutions centrales avec les accords de Dayton ayant formalisé la partition du pays en deux entités confédérées, la nouvelle architecture politique de la Bosnie-Herzégovine demeure précaire et inachevée, et le pays semble s'être divisé selon des lignes de fractures ethniques, aucune communauté ne faisant confiance aux autres.

La solution obtenue à la suite du dialogue intercongolais est-elle une vraie trouvaille des Congolais ? Elle s'apparente à une nouvelle tentative tirée des manches magiques de la communauté internationale qui a bien quadrillé le suivi de tout ce qui allait se passer en République Démocratique du Congo grâce à la présence du représentant du Secrétaire général de l'ONU, de la MONUC et du groupe consultatif représenté par les Ambassadeurs des pays membres du Conseil de sécurité, sans oublier l'omniprésence de Louis Michel, alors ministre des Affaires étrangères de la Belgique, celui-là même qui avait annoncé en primeur l'assassinat du président L.-D. Kabila, quand les officiels congolais balbutiaient sur le sujet. Nous n'étions donc pas toujours sortis de l'auberge des convenances externes.

L'autre solution concoctée au dialogue intercongolais, c'est la tenue du référendum constitutionnel et des élections générales.

1.4.4. Le référendum constitutionnel de 2005 et les élections de 2006

Fin de la querelle de légitimité ou légitimation obligée après les forfaits ?

Pour entrer finalement dans la Troisième République, après les différentes et interminables négociations, le dernier acte ne pouvait être que la tenue des scrutins libres, transparents et démocratiques. Il fallait d'abord voter par référendum la nouvelle Constitution du pays et procéder par la suite à des élections à tous les niveaux. Pour réussir ce processus très délicat dans un pays post conflit et appauvri, la communauté internationale mit le gros paquet. Ce paquet aura laissé sa marque tant dans l'élaboration de la constitution et le référendum que dans l'organisation des élections. Si la Constitution recèle en quelques domaines importants une aliénation de la souveraineté nationale, les élections générales ont laissé un goût d'inachevé qui n'est pas moins préjudiciable et semble avoir l'air d'un calcul politicien,

---

mars 1992 ; une guerre civile, opposant Serbes, Croates et Musulmans, a alors éclaté dans le pays. Le conflit a pris fin en novembre 1995, lors de la signature des accords de Dayton, qui ont entériné la partition du pays en deux entités confédérées, la Fédération de Bosnie et Herzégovine (croato-musulmane) et la République serbe de Bosnie.

voire machiavélique, maladroitement couvert par des questions dites d'ordre technique et d'insuffisance des moyens.

1.4.4.1. Le référendum constitutionnel du 18 au 19 décembre 2005

Comme ensemble des lois fondamentales qui déterminent la forme du gouvernement, l'organisation et le fonctionnement des pouvoirs publics et qui définissent les droits civiques d'une nation, la Constitution est la loi suprême d'un Etat. En investissant l'Etat de l'autorité légitime, elle lui permet d'exister et de se pérenniser. On peut dire que c'est elle qui garantit la souveraineté d'un Etat. Sur le plan du principe, au moment de l'accession de la République Démocratique du Congo à l'indépendance, la métropole belge avait parfaitement compris l'inaliénabilité de cet acte souverain. En effet, au terme de la Table ronde politique, il a été convenu que le Congo accéderait à la souveraineté nationale et internationale avec une loi fondamentale provisoire, officiellement rédigée par les Congolais et les Belges, et qu'il appartiendra aux Congolais eux-mêmes de rédiger leur propre Constitution à soumettre par référendum à l'approbation de tout le peuple congolais. On peut donc dire que se faire dicter ou imposer une Constitution n'est rien d'autre qu'aliéner sa souveraineté. Ce qui est politiquement un acte de haute trahison[146] et, à notre avis, l'unique crime de lèse-majesté impardonnable dont on puisse encore parler en régime démocratique, le peuple étant le souverain primaire au nom duquel est établie la Constitution[147].

C'est ici qu'il faut déplorer l'amateurisme politique dans un pays qui peut justifier d'une histoire politique, qui ne souffre plus de manque de compétences politico-juridiques expérimentées mais qui se permet de tout réinventer en décrétant nulle toute l'expérience antérieure. Le problème de la Constitution en est une illustration des plus malheureuses. De même qu'en 1965, le coup d'Etat militaire de Mobutu court-circuita le processus législatif mis en place par la Constitution de Luluabourg[148], de même, en 2005, on

---

[146] Dans la confusion qui continue à régner autour du fameux « contentieux belgo-congolais », il est bon de relever ce fait. Car en tant que principe de droit général opposable à toutes les parties en cause dans ce contentieux, il donne aussi une base inattaquable du patrimoine congolais découlant de sa souveraineté que la Belgique a entièrement reconnue dès le départ non seulement en accordant l'indépendance mais encore en faisant preuve de perspicacité juridique sur le plan d'une question fondamentale : la rédaction de la Constitution du Congo par les Congolais d'un Congo désormais indépendant.

[147] Cf. Article 5 de la Constitution de la RDC.

[148] Au terme de cette Constitution, le gouvernement Adoula devait démissionner le 30 juin 1964, à la fin normale de la première législature, de nouvelles élections devaient avoir lieu entre le 1er et le 31 mars 1965 et le nouveau président allait être constitutionnellement élu en novembre 1965. Mais si les délais avaient été respectés, tout devait se dérouler différemment de ce qui avait été prévu. Car, dans l'entretemps, Kasa-Vubu avait congédié les deux chambres élus en 1960, on a été contraint de faire

voulut ignorer que la CNS avait laissé un projet de Constitution laborieusement préparé et dont des Congolais étaient visiblement et fièrement les concepteurs (comme ce fut le cas pour la Constitution de Luluabourg). Et si pratiquement toutes les parties présentes au dialogue intercongolais soutinrent logiquement ce nouveau projet de Constitution (puisqu'elles s'étaient assuré les places dans le parlement), on ne sentit pas si chaudement cette fierté de paternité conceptuelle et rédactionnelle comme cela l'avait été par exemple pour les rédacteurs de la Constitution de Luluabourg ou ceux du projet de Constitution de la CNS[149].

Il ne s'agit pas de prétendre que la Constitution de la République Démocratique du Congo du 18 février 2006 ne s'est en rien inspirée des Constitutions ou projets de Constitution antérieurs. Aux dires des constitutionnalistes, la vaste partie concernant les « droits humains, libertés fondamentales et devoirs du citoyen et de l'Etat », outre à être une innovatrice prise en compte des évolutions de ces dernières années en la matière dans le monde, porte l'empreinte des acquis de la CNS. En cette matière, fortement médiatisée en notre temps par le travail des organisations de défense des droits humains (libertés, égalité, parité homme-femme, refus des violences de tout genre, éducation, droits économiques, sociaux et culturels, droits individuels et collectifs, etc.), quelles que soient les conceptions éthiques, religieuses et culturelles contradictoires que charrie un monde multipolaire aux valeurs confusionnistes au nom du relativisme, les constituants congolais ne pouvaient sans doute pas faire moins que cela. On peut donc porter à leur crédit cet effort absolument remarquable de synthétiser dans une constitution moderne des éléments qui sont encore éparpillés dans un arsenal d'instruments juridiques de la communauté internationale, après les avoir évalués au boisseau de la réalité et de la tourmente congolaise, et cela sans restreindre leur profil universel. Cet effort permet aussi d'excuser le difficile dosage éthique de ces valeurs dans un pays qui a choisi de fonder sa marche républicaine et sociale sur le respect des valeurs éthiques (ce qui en suppose une claire identification !) et sur la protection et promotion des valeurs culturelles nationales (et africaines).

Ceci dit, il y a cependant de ces choses dont l'évocation et surtout le libellé dans la loi fondamentale en un moment historique particulier dévoilent largement le vrai visage qui se cache derrière le héraut qui prête sa voix ou le scribe qui prête sa main. C'est le cas notamment à propos de la question de la

---

appel à Tshombé dans une tentative de contrer la progression du CNL de Mulele et enfin le malentendu entre Kasa-Vubu et Tshombé a fait pousser des ailes à Mobutu qui, cette fois-ci, prit le pouvoir pour ne pas le lâcher. Cf. I. NDAYWEL è Nziem, *op. cit*, pp. 631-646.

[149] Pour le projet de Constitution de la CNS, lire NTUMBA Luaba Lumu, « Le projet de Constitution de la République fédérale du Zaïre », in *Zaïre-Afrique*, 319(1996), pp. 537-567.

souveraineté sur le sol, le sous-sol et les eaux. La stipulation de l'Article 9 de la Constitution du 28 février 2006 s'y prête :

« L'Etat exerce une souveraineté permanente notamment sur le sol, le sous-sol, les eaux et les forêts, sur les espaces aérien, fluvial, lacustre et maritime congolais ainsi que sur la mer territoriale congolaise et sur le plateau continental.

Les modalités de gestion et de concession du domaine de l'Etat visé à l'alinéa précédent sont déterminées par la loi ».

Il ne fallait pas beaucoup pour crier à la trahison et surtout identifier l'auteur scientifique et idéologique non seulement de cet article mais de toute la Constitution. Qui ignore au Congo que depuis Léopold II, le régime des concessions foncières accordait des privilèges exagérés aux privés étrangers ? En retour, ceux-ci se comportaient en véritables conquistadors propriétaires de leurs terres et sous-sol, notamment en fixant unilatéralement les prix des matières premières sans en référer à l'Etat propriétaire. Aux tous premiers temps non encore suspects du jeune président Mobutu, la loi foncière de 1966, connue sous l'appellation « Loi Bakajika » avait remédié à cette situation en affirmant sans ambages que l'Etat congolais était le propriétaire de son sol et de son sous-sol. Bien plus, le premier article de cette loi énonçait :

« La République Démocratique du Congo reprenait la pleine et libre disposition de tous ses droits fonciers et miniers concédés ou cédés avant le 30 juin 1960 en propriété ou en participation à des tiers, personnes morales ou physiques ».

Si médiocre qu'ait été la fin de la gestion mobutienne, les gestes comme la loi Bakajika ne constituent pas moins la base d'une volonté d'épanouissement en faveur des Congolais, au lieu de considérer, sur la foi des convenances externes, que le Congo ne mérite que de jouir des miettes qui tombent de la table bien garnie des étrangers se servant pourtant du sol et à partir du sol congolais.

Le début de l'après-Mobutu, nous l'avons-vu, s'est signalé comme une vaste entreprise de reconquête du Congo profond par les multinationales avec le soutien de leurs pays d'origine. Bien plus, il y aura non seulement des tentatives de balkanisation du Congo, mais même de dépossession de ses terres. Nous ne pouvons pas négliger l'envahissement de ses frontières tant par des groupes armés étrangers que par des réfugiés fuyant la guerre et les populations nomades étrangères aux allures d'un nouveau type d'envahisseurs (les Mbororo). Dans un tel contexte d'hostilité ou de convoitise presque générale des terres d'une nation dont la seule erreur principale est d'avoir voulu pratiquer la légendaire hospitalité africaine au moment même où elle était confrontée à des difficultés de croissance à l'intérieur de ses frontières, comment comprendre que les constituants congolais se mettent à tergiverser sur une matière si délicate comme le régime foncier et à insinuer la fragilité de l'Etat quant à sa conception de la souveraineté sur ses terres ? Serions-nous là devant une preuve des pressions extérieures subies par les constituants ou est-ce carrément la preuve de la rédaction par un cercle de juristes étrangers comme certaines langues l'ont laissé entendre dans ce pays où la vérité se situe là où s'entrecroisent la « radio trottoir », les coulisses et la nouvelle officielle ?

Serions-nous retournés à une souveraineté de type léopoldien ? Il y avait l'Etat Indépendant du Congo dont le Souverain propriétaire (avec pouvoir de vie et de mort) n'était pas Congolais. Le prix de la reconnaissance de sa souveraineté était la participation de tous les grands de l'époque à cette espèce de zone de libre commerce qu'était le bassin du fleuve Congo ; mais, des Congolais eux-mêmes, on n'en avait guère cure. Convenance externe. Bien plus, les constituants congolais auraient-ils peaufiné à l'extrême la théorie de la propriété privée dans le contexte de la mondialisation envahissante au point de faire de la République Démocratique du Congo le premier pays de son application intégrale ? Dans ce pays servant de « cobaye politique » pour le nouvel ordre économique des temps de la mondialisation, l'Etat n'exercerait qu'« une » (simple) souveraineté permanente et non « sa » (pleine) souveraineté. En précisant dans la Constitution qu'une loi déterminerait les modalités de gestion et de concession du domaine de l'Etat, on peut bien s'attendre à tout dans un contexte de fragilité du même Etat et de convoitise nourrie des puissances stratégiques et économiques prêtes à tout pour le tout. Le plus sûr, en tout cas, c'est la dépossession des populations locales[150]. Convenance externe. Dans cette situation, la reconnaissance d'un pouvoir coutumier dans l'organisation du pouvoir[151], alors que l'Etat lui-même semble abdiquer sur une prérogative aussi importante que la question de la terre, devient purement superfétatoire, sinon surannée. A moins d'être considéré comme un pur décor folklorique ou un titre honorifique, que vaut vraiment un chef coutumier sans pouvoir sur une terre ?

Peut-être qu'il n'y aurait rien de tout cela. Les constituants congolais étant très croyants, comme tous les Congolais en général, ils auraient voulu simplement rendre à Dieu ce qui lui appartient et ce conformément à toutes

---

[150] Il n'a pas fallu attendre longtemps pour vérifier dans les « zones minières » les cris de détresse des populations locales auxquelles on a interdit l'exploitation, même artisanale et pour des raisons de survie, de ces terres de leurs ancêtres congolais. Et qui en seraient devenues les propriétaires exploitants ? Il semble que ce n'est ni l'Etat congolais ni des citoyens congolais, mais des étrangers… Plus tard, on apprendra que près de 50% des terres arables de la RDC sont bradées, cédées aux étrangers, au détriment des populations locales. On le savait déjà des carrés miniers. C'est que la saignée continue inexorablement. Cf. AL GORE, *Le Futur. Six logiciels pour changer le monde*, Paris, Editions de la Martinière, 2013.

[151] L'article 207 de la Constitution définit la nature de l'autorité coutumière et prévoit qu'une loi fixe le statut du chef coutumier.

les religions : la terre et le ciel, le sol et le sous-sol, les eaux et les forêts, les espaces aérien, fluvial, lacustre et maritime, et même l'homme. Alors la théocratie ? Par nature et par expérience, toute théocratie à ses califes, ses pontifes, ses raïs et ses hommes prodigieux. Et que proposent-ils ? Un bonheur et une prospérité qui, d'ordinaire, ressemblent quelque peu à la condition que nous envions aux Occidentaux. Et que donc ces vrais descendants de ce Dieu s'approprient nos terres et toutes nos richesses, cela ne pourra que procurer le bonheur et la prospérité aux Congolais, serions-nous tentés de croire, là où le franc parler de Lumumba nous les aurait fait rater. Etait-ce cela que la Constitution avait cherché à faire passer, probablement par des constituants habités par l'esprit de ce Dieu qui aiment tant le Congo et le lui révèle chaque jour et chaque nuit par des prophéties et dans des visions authentiques ? Il n'est pas interdit de le croire. Mais seulement, l'histoire nous apprend que les théocraties ont souvent été des pouvoirs forts. En République Démocratique du Congo, c'est quand la magie de l'image télévisuelle a commencé à faire surgir le président Mobutu des nuages pour réunir un Congo en proie à l'anarchie et à la balkanisation (à la *congolisation*), c'est à cette époque de la déification que commença la descente aux enfers des Congolais. Et en vain nous fut annoncée constamment la sortie du bout du tunnel. On en rirait si les concernés n'étaient pas ces Congolais friands de Dieu ou de ce qui lui ressemble. Dieu des catholiques, Dieu des protestants, Dieu des réveillés, Dieu des kimbanguistes, Dieu des musulmans, Dieu des ancêtres, Dieu des occultistes... Ils étaient tous là, les croyants de toutes ces obédiences, parmi les constituants réunis pour conjurer une fois pour toutes le mauvais sort qui habitait le Congo. Pourquoi la Constitution n'en rendrait-elle pas compte ?

Les politiciens et politologues, les constitutionnalistes et autres juristes, voire tous ceux qui suivent attentivement le débat politique congolais, tous ont probablement des arguments plus sérieux à défendre pour ou contre cette Constitution. Ils l'ont d'ailleurs fait durant le laps temps donné pour battre campagne pour ou contre le projet avant le référendum. Mais ce fut un débat qui n'a pu atteindre les véritables concernés, à savoir, le peuple qui allait prendre part au référendum. Il aurait fallu traduire le texte dans les différentes langues nationales, le distribuer à une grande échelle dans les villes comme dans les villages, produire des émissions explicatives et de vulgarisation... Mais, c'était sans doute demander l'impossible. N'ayant pas présenté deux textes parallèles au référendum, n'ayant pas bénéficié d'une large diffusion et d'une sérieuse explication, puisqu'il fallait aussi aller vite conformément au calendrier établi (un refus de la Constitution aurait bloqué tout le processus), l'approbation du projet par le référendum était pratiquement acquise. Par conséquent le poids de la réussite du référendum constitutionnel reposait en fait sur le parlement qui, seul, aura été à même de voter en âme et conscience pour le projet soumis par la suite au référendum. Si donc les députés et sénateurs ont agi par imposition et ont fait passer dans la loi suprême des convenances externes, ils porteront durablement la responsabilité d'avoir piégé la démocratie. Ils se seraient servis du mandat du peuple pour agir contre le peuple. Ils ont pris le peuple en otage. C'est un véritable coup d'Etat parlementaire ! Peut-être serait-il plus simple de croire en une main étrangère pour justifier ce cadeau fait aux convenances externes. Mais, nous restons là dans les supputations.

Si ces supputations s'avéraient dignes de foi, nous avons donc assisté à un type nouveau et hautement pernicieux de prise en compte des convenances externes. C'est le fait d'habiller l'adoption des convenances externes sous le couvert des règles démocratiques les plus universelles. Par honnêteté intellectuelle et morale, cela ne peut pas s'appeler un mérite. Mais, la communauté internationale ne pouvait que donner son satisfecit. Elle aura obtenu ce qu'elle cherchait et cela par la propre volonté populaire des Congolais et en vertu de la démocratie : faire passer son point de vue comme à travers la volonté du Constituant congolais ! En une époque où il existe de plus en plus des lois immorales votées par des parlements ou approuvées par référendum, le cas du Congo n'a rien d'insolite ! Cette manie politique naissante du « démocratiquement correcte » pèsera beaucoup sur le déroulement et la proclamation des élections générales.

1.4.4.2. La grande tricherie électorale

La tricherie dont nous voulons parler n'est pas là où l'attendent les politiciens et particulièrement les candidats malheureux notamment dans le bourrage et substitution des urnes, les votes multiples, le décompte des voix, la corruption des agents électoraux à tous les niveaux, le traitement aléatoire des résultats dans les centres de compilation et la publication des résultats ne reflétant pas la vérité des urnes. Dans un pays continent où tout le monde n'est pas logé à la même enseigne, avec une administration de complaisance et non de développement, où la politique est synonyme d'enrichissement facile et où tout celui qui détient une parcelle d'autorité se sent redevable au « distributeur des grâces » à qui il faut faire allégeance, compte tenu aussi de la nouveauté de l'expérience tant pour les votants que pour les commis aux offices de la centrale électorale, on peut même considérer que le travail abattu par la Commission Electorale Indépendante (CEI) était plutôt globalement spectaculaire. Nous n'entendons donc pas nous arrêter à ce niveau dont l'analyse requiert aussi une expertise dont nous ne pouvons pas nous prévaloir. Plusieurs organismes techniques compétents en ces matières ont fait des évaluations tout à fait fiables, même si elles n'ont jamais été vraiment exploitées à fond, même pas par la centrale électorale elle-même pour des raisons évidentes de conflit d'intérêts et surtout de gêne, plusieurs acteurs politiques de premier plan encore aux affaires étant directement concernés. Et de toutes les façons, dans ce cadre très technique d'exécution, on aurait difficile à apprécier l'impact des convenances externes pourtant bien à l'œuvre même dans ce dossier électoral. Nous nous contenterons d'indaguer surtout au niveau des préalables, des non-dits et des ratés du processus électoral.

Alors que les élections devaient avoir lieu à tous les niveaux, comme aboutissement logique de la transition en marche depuis quinze ans, les Congolais n'auront finalement voté qu'au niveau des instances qui permettaient d'élire, au final, le Président de la République et les deux chambres des représentants. Toutes les parties qui allaient prendre part comme aussi la communauté internationale venue avec force se sont laissé aller presque par consensus à ce jeu. La population n'a pu que cautionner ce bluff ! Les quelques leaders prévoyants qui ont refusé de cautionner le bluff électoral en refusant de se présenter et en demandant aux membres de leurs partis politiques de ne pas s'enrôler, en ont eu pour leur compte : on leur a opposé l'adage de la politique de la chaise vide qui ne paie pas. Leur tort était sans doute d'avoir humé que les choses étaient tout à fait boutiquées par et pour la communauté internationale[152] !

Evacuons d'abord le problème de la contestation du comptage des voix. La contestation est un cas de figure tout à fait normal dans les élections. Aucune démocratie, même dans les pays reconnus comme modèles, ne peut en principe l'exclure. Voilà pourquoi un arsenal juridique était prévu pour y faire face, dans la Commission Electorale Indépendante où, à défaut de la neutralité des animateurs, l'objectivité aurait pu être assurée par la présence des délégués de tous les partis ou regroupements politiques qui allaient prendre part aux différents scrutins, tant comme électeurs que comme candidats à différents niveaux. Quand bien même cette précaution aurait été insuffisante pour l'objectivité des résultats proclamés, les Cours et tribunaux serviraient de recours ultimes. En régime démocratique, c'est à leur verdict qu'on doit s'en tenir. Ce qui arriva. Formellement et extérieurement, tout était donc en ordre. Dans le cas de doute sur la volonté d'acceptation du forfait électoral par des candidats malheureux et d'un possible recours à la rue et aux armes pour s'opposer au verdict final des cours et tribunaux, l'opération « Benga » de la Force de l'Union européenne (EUFOR) en RDC, lourdement armée, jouait ostensiblement la dissuasion et l'intimidation dans les rues de Kinshasa, l'indomptable capitale et siège des Cours et tribunaux. De toutes les façons, toute autre procédure de légitimation ou de renversement des résultats acquis, qui serait contraire au cadre juridique préalablement négocié, allait perpétuer, au for extérieur, la crise de légitimité dont souffraient les

---

[152] Particulièrement intéressantes à ce sujet les « révélations » contenues dans le livre déjà cité de Charles Onana qui publie notamment des documents internes de l'Union Européenne très accablants autour des élections de 2006 en République Démocratique du Congo. On y voit très clairement comment le commissaire européen Louis Michel s'est s'imposé dans ce processus électoral.

institutions de la République Démocratique du Congo et leurs animateurs depuis l'accession du pays à l'indépendance.

Malheureusement, tout le monde a oublié ou a perdu de vue que le pouvoir judiciaire, sur lequel reposerait la confirmation des résultats, participait, lui aussi et à plus d'un titre, de cette crise de légitimité. A vrai dire, la seule alternative qui aurait permis moins de doute et des contestations proportionnées, c'est peut-être que tous les animateurs de la transition soient déclarés non partants pour briguer des mandats électoraux, principalement la présidence de la République, en cette première législature de la Troisième République. Mais, en n'ayant pas entériné cette option (qui n'était pourtant pas impensable) au dialogue intercongolais, le Congo a été ou s'est piégé. A qui l'avantage ? Visiblement pas au peuple congolais. A l'adage classique qui dit : « le pouvoir corrompt (use) », Giulio Andreotti, personnage emblématique de la politique italienne, qui avait dans la blague légère (*battuta*) la réponse à des questions importantes, aimait ajouter : « mais il est mieux de ne pas le perdre » (*Il potere logora, ma è meglio non perderlo*).

Les vraies raisons qui nous font considérer les élections de 2006 comme une grande tricherie sont donc à chercher au niveau des préalables, car une fois acceptés les principes, la machine électorale ne pouvait que tourner presque normalement et comme convenu, sans négliger la part de l'erreur et de l'imprévu. De ce point de vue, elle a vraiment tourné normalement et les responsables de la Commission Electorale Indépendante pouvaient se frotter les mains et se targuer de posséder désormais une expérience unique qui les rendait incontournables !

Il faut avouer qu'il a été demandé au gouvernement issu du dialogue intercongolais trop de choses à la fois. La jointure de ces nombreuses priorités se révélera par la suite difficile, voire impossible à trouver. Vouloir faire fonctionner un pays en difficulté comme si tout allait au mieux nous aura été préjudiciable. Il fallait limiter les priorités tout en assurant les choses ordinaires de la marche d'un Etat même en panne. Et de priorité, il n'y en avait qu'une : conduire le pays aux élections générales par la voie de la pacification et de la réconciliation. Si les élections étaient si importantes, il n'aurait fallu rien sacrifier de tout ce qui entre ordinairement dans la logique d'un processus électoral. Dans le cas d'impossibilité, il fallait tout au moins trouver des voies proportionnelles pour y remédier.

Une élection se joue sur des chiffres. Pour cela, il faut au maximum s'assurer du nombre exact de la population (et non seulement de l'électorat) et au minimum se fier sur une projection réaliste. Car les électeurs font un travail au nom de toute la population, donc même de ceux qui, pour des raisons déterminées par la loi (ou simplement par le bon sens) ne peuvent prendre part au vote. De leur part, les candidats une fois élus représentent toute la population et non seulement ceux qui auront voté pour eux. De ce qui précède, il découle que l'inscription aux rôles électoraux ne peut remplacer le recensement ou au moins une projection réaliste de la population. L'inscription est par conséquent un critère trop subjectif et, partant, facilement manipulable dans la fixation des sièges par circonscription électorale. Il est donc regrettable que depuis 1990, aucun gouvernement n'ait pris sérieusement l'option d'un recensement de la population ni de faire des projections fiables. D'ailleurs la présence de milliers de réfugiés sur le territoire national rendait nécessaire une telle opération. Et pour cela, ce n'est pas l'expertise qui manque à la République Démocratique du Congo.

Il a été vérifié aussi dès avant les opérations de vote proprement dites que le quadrillage du territoire national pour l'établissement des bureaux de vote n'a pas été proportionnel. Dans certaines circonscriptions, il y a eu visiblement une insuffisance de bureaux de vote, condamnant des populations vulnérables mais non moins électoralement actifs à effectuer de longues distances à la recherche d'un centre d'enrôlement ou d'un bureau de vote. Puisque cela a été systématique dans certaines provinces par rapport à d'autres, on peut facilement en conclure que ce qui aurait pu n'être qu'une erreur d'appréciation a en réalité été un choix intentionnel. Si cette erreur ou ce choix a peu de relief dans les élections locales qui n'ont finalement plus eu lieu, son incidence va en augmentant selon qu'il s'agit des élections législative ou présidentielle.

La formation des agents électoraux, très bien étudiée du point de vue des méthodes et des contenus, a été fragilisée du point de vue de la motivation. Celle-ci a pratiquement été réduite à l'accès au per diem très alléchant tant pour les fonctionnaires ordinairement mal rémunérés ou impayés que pour les chômeurs pléthoriques dans le pays. Pour cette raison, le recrutement des agents en a souffert : il fallait caser des parents, contenter des copains et copines, satisfaire des amis, et même tenir compte des recommandés, peu importe si l'acquisition des compétences et la qualité de travail devaient en pâtir.

Enfin, le financement presque total des élections par l'extérieur a été aussi une grosse épine sous la plante du pied de la démocratie congolaise naissance. Inutile de s'en cacher : la main qui donne, à défaut d'exiger et de commander, contrôle…

Revisitons à présent les non-dits des déficiences du mécanisme électoral. Une élection demeure une œuvre humaine et en tant que telle ne peut que difficilement prétendre à la perfection. C'est encore plus vrai si elle se déroule dans une situation d'apprentissage du jeu démocratique. Mais, dans le cas en présence, certaines imperfections sont visiblement suspectes et suggèrent une planification non dite. Comment ne pas s'étonner que le processus se soit arrêté juste après la mise en place des institutions politiques au niveau national (le Président, le Parlement et le Gouvernement) et que rien n'ait été fait pour le poursuivre jusqu'au niveau des élections locales et communales ? Cela laisse au moins présumer que tout aurait été fait essentiellement et prioritairement pour mettre en place à tout prix les institutions politiques au niveau national, les seules qui garantiraient, selon un certain entendement, l'exercice de la démocratie. La gestion plutôt désastreuse des Assemblées provinciales et des gouvernements provinciaux ainsi que la manière tout à fait légère d'y remédier (notamment par des injonctions intempestives des autorités nationales) viennent comme à confirmation de cette présomption. Du coup, même le fait qu'on ne se soit pas employé dès le départ à préparer la mise en place effective de 26 provinces conformément au prescrit de la Constitution ne saurait plus être justifié par des problèmes techniques, aussi évidentes puissent-elles paraître à première vue[153].

Consciemment ou inconsciemment, on a instauré une démocratie à trois vitesses. La vitesse nationale semble faite pour la consommation extérieure et pour le bonheur (même matériel) des acteurs politiques au niveau national. La vitesse provinciale sert surtout à fabriquer des hommes dont on a besoin pour compléter la représentation nationale. Et enfin la vitesse locale qui ne vaut presque rien puisque sans impact pour la consommation extérieure, et, de toutes les façons, les instances nationales ou provinciales peuvent continuer à nommer les responsables des entités territoriales décentralisées (villes, communes, secteurs et chefferies) comme au bon vieux temps de la Deuxième République (de préférence en fonction de leur militantisme). Des trois, la vraie vitesse visée c'est la première, c'est-à-dire la nationale mais qui est en réalité pour la consommation extérieure. Quant aux politiciens, ils peuvent toujours utiliser les autres vitesses, même la troisième, quand cela leur convient, surtout si elle peut avoir une quelconque incidence sur la première, notamment en termes de prolongement ou même de raccourcissement des échéances électorales. Bref, la mentalité politique congolaise ne semble pas évoluer : les dirigeants politiques congolais continueraient à tirer leur légitimité réelle non pas des élections mais de ceux que les autres voudraient qu'ils soient. Leur crédibilité viendrait toujours de ce que les autres affirment d'eux. Dans ces conditions, comment ne pas croire à des racontars prêtés à quelques officines diplomatiques qui prétendaient bien avant les élections avoir dans leurs poches ou par tour de mains les dirigeants

---

[153] L'article 2 de la Constitution stipule que la République Démocratique du Congo est composée de la ville de Kinshasa et de 25 provinces. Dans les dispositions transitoires finales de la Constitution, on prévoyait la mise en place effective de ses provinces « endéans trente-six mois qui suivront l'installation effective des institutions politiques prévues par la présente Constitution » (art. 226). Ce qui n'a pas été le cas. Pourtant, c'est sur base de cette constitution que les sénateurs ont été élus (article 227, 1). Ce qui donne l'impression que la mise en place de l'ordre institutionnel après la promulgation de la constitution a été faite pour la consommation extérieure, au détriment du vrai bien du pays.

qu'il fallait pour la République Démocratique du Congo ? La vérité, c'est que ce tour de main s'est toujours soldé par un retournement. Mobutu et Kabila Père en savent quelque chose. Mais, ne s'avouant jamais vaincue, la communauté internationale, si habile à inventer l'avenir des pays développés, se montre incapable de changer structurellement de stratégie et propose de nouveau son tour de passe-passe sempiternel à nos misérables pays assis sur des trésors incommensurables et enviés.

Pourtant, si l'on voulait honorablement maquiller le hold-up électoral dans le panorama politique congolais très complexe, il aurait fallu simplement respecter la cadence électorale telle que planifiée au départ, comme le donne la présentation qu'on en a fait dans la carte d'électeur, devenue depuis lors l'indécente et humiliante carte d'identité nationale. Il fallait donc commencer par les élections urbaines, municipales, locales, poursuivre avec les élections des députés provinciaux et des députés nationaux, pour boucler la boucle avec l'élection présidentielle. La justification est des plus faciles : quand on commence les élections au niveau local, on est pressé de les parachever au niveau national ; mais le contraire n'est pas évident et on l'a vu : nous avons commencé les élections au niveau national, nous n'avons pas pu les tenir jusqu'au niveau local et personne ne nous a sérieusement mis en garde ni réprimandé pour ce forfait. Probablement l'a-t-on considéré comme une peccadille !

Au-delà de ce point de vue de politique plutôt politicienne, il y a bien plus d'un point de vue sociologique. En effet, dans un pays aux dimensions continentales, les intérêts locaux ne sont pas nécessairement les mêmes partout ni ne coïncident toujours avec les orientations nationales générales. Puisque les subtilités idéologiques ne sont pas faciles à comprendre par les bases, surtout lorsque celles-ci sont éloignées de la grouille politicienne des centres de décision, il est important que les élus locaux soient repérés en fonction de leur maîtrise des problèmes de leurs bases et de leur capacité de les faire entendre aux niveaux supérieurs. De même, les alliances ou coalitions au niveau local, voire au niveau provincial, peuvent différer de celles au niveau national. Si cette spécification locale est reconnue, les clivages dans la prise en compte des problèmes de tout le pays par l'exécutif national seront moins frappants que lorsque tout est dicté d'en haut. On l'a si bien vu dans l'expérience de cette première législature de la Troisième République. Les provinces qui ont massivement contribué à l'élection du Président de la République ont bénéficié visiblement d'une faveur de traitement au niveau national par rapport à celles où il n'en a pas été le cas. Quand bien même on présumerait une politique de quotas provinciaux dans l'attribution des ministères, des entreprises du portefeuille et d'autres institutions publiques à pourvoir au niveau national, la moisson reste très maigre pour les réfractaires à la tendance gagnante, surtout qu'il faut aussi tenir compte de la pléthore des partisans de la coalition nationale[154]. Pourtant, l'une des phrases magiques que prononcent toujours allègrement les heureux gagnants est : « Je serai le président de tout le monde » et ce dans n'importe quel pays du monde.

Puisque « ventre creux n'a point d'oreilles », on s'attendra à ce que les autres qui n'ont pas accès au gâteau national (qui suscite notamment des alliances contre nature) se battent pour rentrer dans le giron des bienheureux. A force de s'ouvrir, ce cercle gagnant ressemble à un parti unique. Ce qui non seulement est une menace pour une alternance crédible mais encore fragilise la majorité régnante. Sans oublier le fait que dans un pays où l'administration a été décapitée par des années de clochardisation, une gouvernance[155] trop partitocratique et militantiste n'encourage pas à priori l'excellence pendant qu'elle décourage les mieux préparés. Qui gagne lorsque les ratés du processus électoral laissent entrevoir ces non-dits ? Certainement pas la population congolaise.

Il n'est pas inutile de relever parmi les non-dits de ce processus une apparente naïveté de certains responsables de la CEI qui semblaient convaincus qu'il était impensable que cette dernière puisse tricher ou truquer les élections. Ce que n'enseignaient même pas les manuels que la même CEI a accrédités pour la formation des agents électoraux[156] ! Ce relent de moralisme d'un autre âge n'est pas du tout de nature à convaincre.

Enfin, avant la publication officielle des résultats du deuxième tour de l'élection présidentielle de 2006, la CEI et les principaux représentants de la communauté internationale en République Démocratique du Congo ont multiplié, sous la bannière de la MONUC, des rencontres des deux protagonistes du scrutin ou de leurs états-majors électoraux comme pour exorciser un éventuel refus du résultat des urnes par le perdant. Cette série d'accords et de garanties écrites était visiblement trop artificielle pour convaincre, par rapport notamment aux moyens militaires déployés. La proclamation des résultats elle-même se fera dans un décor médiatique surréaliste. Malgré toutes ces précautions, le débordement aura bel et bien eu lieu, quelques temps par après, sous les yeux incrédules de Monsieur L. Swing, patron de la puissante Mission des Nations Unies en République

[154] Une coalition nationale comprend non seulement des partis politiques mais aussi des associations de la société civile et même des personnalités indépendantes. Sachant bien que beaucoup de partis politiques comme d'associations n'ont pas de vraies assises nationales, la perspective de retrouver des provinces excessivement représentées dans les institutions étatiques nationales est tout à fait envisageable.

[155] En précisant que gouvernance n'est pas synonyme de gouvernement.

[156] Le manuel de formation de l'EISA (Electoral Institute of Southern Africa), partenaire de la CEI pour la formation des médiateurs des conflits électoraux indique explicitement parmi les raisons possibles de tricherie l'attitude de la commission chargée des élections. Cf. EISA, *Manuel de formation des médiateurs en conflits électoraux*, Kinshasa, EISA, 2004.

Démocratique du Congo. Il se produisit d'une façon qui n'a guère été tirée au clair, les conclusions des enquêtes menées à ce sujet n'ayant guère été rendues publiques, laissant définitivement planer un doute alimenté par des communiqués imprécis et tendancieux des deux parties antagonistes se renvoyant la responsabilité, après s'être réellement tiré des balles des canons !

Nous sommes alors déjà dans le décor de la troisième République.

1.5. Le premier décor de la troisième République

Nous allons suivre ce décor en visualisant l'engagement effervescent de la communauté internationale dans l'enfantement du Congo nouveau, la figure phare de ce Congo nouveau, à savoir les « cinq chantiers » pour la reconstruction de la République démocratique du Congo et enfin le « cha » du cinquantenaire de la république

1.5.1. La Communauté internationale

L'enfantement du Congo nouveau a été sans conteste une grande préoccupation de la communauté internationale. Toutes les péripéties de la période communément appelée « période de transition » nous l'ont démontré. On pourrait en évoquer plusieurs raisons, des plus nobles et humanitaires aux plus mesquines et utilitaristes. Mais, avec un peu plus de lucidité, nous avons la nette impression que cette grande préoccupation traduit plutôt l'intérêt de la communauté internationale moins pour ce qu'est le Congo que pour ce qu'il y a au Congo. De ce point de vue, l'histoire semble plutôt se répéter et cette répétition risque d'affecter définitivement la nature même de cette espèce de Nation qu'est la République Démocratique du Congo. A cause de cela, la République Démocratique du Congo ressemble à un champ expérimental, grandeur nature, de la mondialisation. Si une telle hypothèse devait se vérifier, l'objectif fixé par les grandes puissances du monde réunies à la Conférence de Berlin de 1885 pour le partage de l'Afrique est donc en train de se réaliser avec succès pour le cas de la République Démocratique du Congo. Détourné par Léopold II pour ses intérêts propres et ceux de la Belgique, contenu par Mobutu pour ses intérêts propres et ceux de ceux qui l'on fait, l'objectif de faire du Congo une pure zone de libre accès économique et commercial sans aucun intérêt particulier pour les Congolais qui l'habitent va donc atteindre pleinement son but avec la mondialisation. On pourra simplement regretter le fait que tout le patrimoine du combat pour les droits de l'homme et pour le droit international ardemment échafaudé depuis pratiquement le 16e siècle et les grandes avancées aujourd'hui enregistrées ne s'appliquent à l'endroit des Congolais que dans la perspective de quelques retombées positives derrière le profit maximal de la communauté internationale. Les Congolais devraient se contenter des miettes d'un marché mondial plus gourmand que jamais et prêt à récupérer et à recycler même ces miettes. C'est pour dire que, à cause de notre médiocrité, la République Démocratique du Congo ne devrait s'attendre qu'à une portion très congrue, sans aucun égard pour les bons et loyaux services rendus à la communauté internationale et sa mondialisation libérale ! Voilà la grande appréhension avec laquelle s'ouvre la Troisième République congolaise alors même que l'invincible conviction de notre possible libération et de notre bel élan nous fait croire que nous sommes entrés dans le temps favorable. Rappelons.

A l'aube de l'indépendance, le gouvernement central congolais, menacé par des forces rebelles, fait appel à l'ONU en 1960. Une force internationale est envoyée dans le cadre de l'Opération des Nations Unies au Congo (ONUC). L'élimination de Patrice Lumumba, dans laquelle l'ONU aurait une part de responsabilité, provoque les protestations de l'URSS. Ce n'est qu'en 1964 qu'intervient le retrait des forces onusiennes de l'ONUC. Et en 1965, c'est un Mobutu, visiblement soutenu par la communauté internationale, qui prend le pouvoir. Tant qu'il était dans les grâces de cette communauté internationale, les insurrections et guerres qu'a dû connaître le Zaïre seront matées avec la contribution des « amis du Zaïre ». Il suffit de penser à l'insurrection des « Gendarmes katangais » et aux deux « guerres du Shaba ». Quand Mobutu sera définitivement vomi par les « amis » et, selon ses propres mots, poignardé dans le dos par les mêmes, on lui trouvera L.-D. Kabila pour continuer l'œuvre. De qui ? On le saura bien un jour. Mais ce qui est certain, c'est que, pour avoir voulu contrevenir aux convenances externes qui l'auraient porté au pouvoir à Kinshasa, Kabila sera sérieusement contrarié par les Occidentaux faiseurs des rois en Afrique., au rang desquels certains placent l'ONU très fortement sous la botte de ses grands bailleurs, opérant dans le cas d'espèce non plus ouvertement par l'entremise des puissances occidentales mais selon une nouvelle stratégie de valorisation des ressources humaines africaines en remplacement de la très vielle stratégie du recrutement des mercenaires. Au moment où tout vacillait à nouveau sous le couvert d'une guerre afro-africaine, l'ONU met Kabila presque en demeure de recourir à son arbitrage. Depuis lors, la Mission de l'Organisation des Nations Unies en République Démocratique du Congo (MONUC)[157] nous accompagne, elle qui assistera passivement non seulement à l'ignoble assassinat du soldat du peuple, mais aussi à plusieurs forfaits, tant au grand foyer des tensions qu'est devenu l'est du pays qu'épisodiquement à l'ouest. Entre les hauts et les bas, elle poursuit « son » travail, marqué notamment par des grands « rapports » du Secrétaire général de l'ONU et des résolutions pertinentes du Conseil de sécurité sur la République Démocratique du Congo, rapports et résolutions dont la publication est toujours attendue avec une certaine angoisse par les

[157] Créée le 30 novembre 1999, la MONUC est devenue la MONUSCO (Mission des Nations Unies pour la stabilisation de la RDC) le 1er juillet 2010.

autorités gouvernementales congolaises à tous les niveaux ainsi que par les nombreux partenaires ou antagonistes (c'est selon le cas et les périodes) ayant pris ou prenant part à ce bourbier qu'est devenue la République Démocratique du Congo. Du côté de la population congolaise, ces rapports et résolutions, généralement objectifs mais incomplets, suscitent un intérêt dans la mesure où ils stigmatisent et pointent du doigt ses fossoyeurs, qu'ils soient du côté gouvernemental ou du côté des forces négatives. Mais ces rapports se taisent ou en tout cas manquent de poigne à dénoncer les tireurs de ficelles du Nord, se contentant de signaler l'attitude de profiteurs des multinationales (alors qu'il s'agit parfois de véritables commanditaires) et laissant leurs pays d'origine se laver les mains à la ponce Pilate. Du côté des acteurs étatiques congolais, des forces négatives et des pays africains engagés dans ce conflit, les rapports de l'ONU ne sont vrais que quand ils fustigent les méfaits des autres tandis qu'ils sont déclarés mensongers par tous ceux qui sont montrés du doigt.

Mais plus étonnante, ambiguë et même irresponsable est l'attitude des milieux politiques congolais qui, toutes tendances confondues, brillent par un manque d'objectivité et de consensus lorsqu'il s'agit de défendre l'intérêt supérieur de la nation. A cause de cela, ils affichent tous l'image d'officines politiques servant à l'élaboration de manœuvres plus ou moins malhonnêtes pourvu qu'elles servent la cause de leurs petites ambitions. Quand, par expérience, on a la nette preuve que ces ambitions ne correspondent pas souvent à l'intérêt général, on a alors la mesure de leur nocivité pour le bien attendu par la population. Il se crée alors l'impression que la communauté internationale se préoccupe du « cas RDC » mieux que les élites congolaises ne s'en soucient, ces dernières étant généralement trop préoccupées par le partage du gâteau.

Trois faits situés à différents niveaux peuvent illustrer cette impression : l'intervention de l'EUFOR au dernier round de la période dite de transition, la sollicitation jamais désavouée d'un pays pauvre mais toujours incontournable et les affrontements de la distraction au lendemain de la proclamation des résultats de l'élection présidentielle.

Autant la mission de la MONUC semblait claire dans sa définition et ses attributions, même si l'évaluation qu'on en fait est mitigée, autant celle de l'EUFOR a paru incompréhensible et ambiguë au commun des Kinois. Ce qui a tôt fait croire en une force d'occupation dont la mission était d'intimider les Congolais et surtout de contraindre ceux qui habitaient Kinshasa, la capitale et le siège des institutions[158], d'accepter non pas tellement les résultats des urnes mais la proclamation qui devait en être faite. Que cette proclamation

---

[158] Notamment la CEI et la Cours suprême de justice, cette dernière jouant le rôle de la Cours Constitutionnelle non encore mise en place.

rende la vérité des urnes ou celle qu'on pouvait fabriquer, cela n'était point le plus important, d'autant plus que les Cours et tribunaux allaient prêter main forte à la machine mise en place. La communauté internationale n'aura pas investi en hommes et en moyens dans le processus de sortie de crise au Congo pour qu'une volonté politique de bon ou de mauvais aloi vienne tout remettre en question. On peut dire qu'avec l'EUFOR, la communauté internationale se donnait la garantie d'atteindre sa mission. L'EUFOR était donc synonyme de « mission accomplie ». Allait-elle être accomplie dans le sens du bien-être du peuple congolais ? Cette question importante ne devait plus se poser en aval puisque tout le déroulement du processus aurait dû supposer la prise en compte, en amont, de cet élément. L'aura-t-il été ? On peut au moins se le demander et en douter.

Bien que l'indice du développement humain de la République Démocratique du Congo n'en fasse pas un pays très enviable, le pays ne fait pourtant pas l'objet de la sollicitude de la communauté internationale au titre de pays pauvre à plaindre. Pourtant, au lieu que les énormes potentialités en fassent le chouchou de cette communauté internationale des affaires, on a la nette impression que le pays ne sait pas vendre son image de marque. Au contraire, devant de la communauté internationale, la République Démocratique du Congo mande plutôt la charité au moment même où les autres se la disputent. Cela tient au fait qu'elle négocie ses prestations non pas au plus offrant mais comme un ventre creux qui laisserait filer tout ce qu'il a de valeureux en échange avec une tête de chinchard ou avec un croupion de dinde, peu importe que toutes les couches de la population ne se retrouvent pas. Ces pratiques médiocres connues depuis la Deuxième République auraient été reprises par ceux qui ont fait de la dénonciation de la Deuxième République la meilleure façon de cacher leurs propres méfaits. Curieusement et sans honte de la part des Congolais, le grand bradage de la richesse nationale est dénoncé par la même communauté internationale ! Pourtant nous avons déjà compris que lorsque la communauté internationale fait de telle dénonciation, elle le fait moins pour protéger les Congolais que pour sauvegarder ses intérêts à elle au Congo, intérêts bradés par des Congolais avec la complicité de la même communauté internationale qui n'est point monocolore mais multiforme.

Pendant ce temps, ce que les Congolais ont trouvé mieux à faire, c'est de s'affronter entre eux dans un antagonisme politique ressuscitant plutôt les clivages de la belligérance contre lesquels la communauté internationale s'est investie pour faire enterrer la hache de guerre et créer les conditions de la paix. Cercle vicieux, quand tu nous étreins ! Il y a de quoi se demander : en fin de compte, qui se moque de qui ?

Si les deux premiers faits relèvent directement de l'emprise de la communauté internationale sur la marche de la République Démocratique du

Congo, le troisième démontre le déviationnisme d'une volonté politique nationale prenant les enjeux communautaires pour un prétexte politiquement correct, alors qu'elle se focalise essentiellement sur le pillage et la destruction des richesses humaines et matérielles dans une sorte d'attitude épicurienne qui n'aurait retenue de l'épicurisme que la satisfaction instantanée des sens au détriment du plaisir intellectuel et surtout de la justice, de l'honnêteté, de l'amitié, de la modération et de la maitrise de soi. Une telle volonté politique cynique alignerait comme unique sortie de crise le partage du gâteau. C'est en cela qu'elle fait le jeu de la communauté internationale toujours avide de faire main basse sur le Congo.

Cette impression semble se prolonger au-delà du décor planté durant la période dite de transition et marque par conséquent aussi les débuts de la Troisième République, malgré la légitimité d'un pouvoir politique désormais garantie par des élections démocratiques. Si le discours de ceux qui sont au pouvoir au terme de ce premier jeu démocratique s'époumone à mettre élogieusement au crédit de « l'artisan de la paix » les débuts de l'ère démocratique congolaise, beaucoup d'autres Congolais, au premier rang desquels les opposants, semblent, à tort ou à raison, justifier les ratés très visibles de ces premiers pas de la démocratie congolaise par des paramètres de l'emprise internationale, en prétendant notamment que tous ces faux pas seraient la preuve que ce sont les choix de la communauté internationale avalisés on ne sait de quelle manière par le processus électoral qui font que le pays ressemble à un panier bien garni mais porté par des imbéciles. De leur côté, les gouvernants, dans une logique elle aussi politicienne de mépris de toute critique provenant des compatriotes et particulièrement des opposants, traitent ce regard de simple épiphénomène de la jalousie et de l'envie. Ils n'auraient d'yeux et d'oreilles attentifs que lorsqu'il s'agit des points de vue internationaux contraignants, face auxquels ils se posent plus en victimes (des cabales ou de la médisance) qu'en responsables (des forfaits ou des erreurs)[159]. Et nous voilà en pleine attitude de victimisation, qui excuse tout, surtout quand rien ne va notamment par notre propre faute !

Cette stratégie du pouvoir comme de l'opposition politique illustre bien le fait que les enjeux congolais continuent à être jaugés par les Congolais eux-mêmes au boisseau des convenances externes. Evidemment, la République Démocratique du Congo, dans sa pauvreté, continue à rester un pays enviable compte tenu de ses potentialités et cette envie continuera tant que les potentialités dureront. En réalité, elle est enviable parce que ce qui

---

[159] Qu'il suffise de rappeler par exemple la réaction de la majorité présidentielle à la réaction de la Banque mondiale par rapport au premier libellé du « contrat chinois » ou encore la récurrente menace de déterrer le « contentieux belgo-congolais » chaque fois que l'ancienne métropole émet une critique négative sur le travail du gouvernement congolais.

pour nous n'est qu'une ouverture possible ou hypothétique au développement est un vrai facteur de développement visible pour ceux qui, de l'extérieur et tels des pillards ou même comme invités, se sont lancés et continuent à se lancer à l'aventure congolaise, depuis la traite négrière, en passant par l'époque dite « du sang sur la liane », jusqu'à l'époque dite « du sang dans nos portables » ! Certes, nous ne pouvons refuser de faire partie du monde global au risque de nous y voir contraints ou introduits de force. Mais la réalité est que nous ne faisons pas partie du monde comme des partenaires ou mieux comme des frères ; nous-mêmes et ce que nous avons, nous sommes simplement des objets plus ou moins utiles pour le monde. Voilà l'enjeu des convenances externes qui nous poursuivent jusqu'à l'entrée dans la Troisième République.

Mais, peut-être que la meilleure illustration de ce qui se dessine comme premier décor de la Troisième République est la politique des grands travaux ayant fait l'objet du programme électoral de Joseph Kabila, devenue ensuite son programme gouvernemental et mieux connu sous l'appellation « les cinq chantiers de la République ».

1.5.2. Les « cinq chantiers » pour la reconstruction de la République Démocratique du Congo

Le *remake* ou nouvelle version de la modernisation du Congo

Si Archimède n'était pas le grand savant grec fondateur de l'hydrostatique (étude des liquides en repos), l'histoire de l'antiquité grecque n'aurait retenu de lui que l'anecdote populaire qui raconte qu'il sortit tout nu de son bain pour crier dans la rue, comme un fou : « *Eureka, Eureka* », « J'ai trouvé, j'ai trouvé » ! Ce fut pourtant l'annonce d'une grande découverte scientifique, désormais cataloguée sous le nom de « principe d'Archimède »[160]. Même si ce principe fondamental de l'hydrostatique était trouvé en un moment de relaxation et non en un temps d'étude intense, il n'est pas du tout une idée tombée au hasard mais plutôt une intuition préparée par une longue préoccupation concrète[161]. Ainsi ce qui de l'extérieur apparaissait comme un scoop inattendu était en fait une préoccupation longuement et « savamment » mûrie, au point que le savant s'en creusait les méninges en

[160] Le principe d'Archimède : « Tout corps plongé dans un fluide subit une poussée verticale, dirigée de bas en haut, égale au poids du fluide déplacé ».

[161] En effet, la joie débordante du savant était due au fait qu'il venait de découvrir comment résoudre un problème que lui avait posé Hiéron II, roi de Syracuse. Celui-ci voulait savoir si une couronne votive, fabriquée à sa demande, était faite d'or pur ou d'un alliage d'or et d'argent. Et il voulait le savoir tout en conservant la couronne intacte (sans devoir la décomposer).

temps de travail comme au repos. Et la patience fut payante, on dirait comme par miracle : Eureka ! Eureka !

Et si le programme électoral du candidat Joseph Kabila en 2006, communément appelé « les cinq chantiers de la République », était un scoop à l'Archimède ! Mais surtout, pour retrouver notre préoccupation dans ces lignes, la solution qu'il envisageait correspondait-elle à une nécessité nationale quand bien même ses effets et répercussions pouvaient assumer une dimension dépassant l'étroitesse des préoccupations congolaises, un peu comme les applications du principe d'Archimède ont débordé la simple curiosité du roi de Syracuse autour de sa couronne ?

Pour mieux comprendre ce scoop, nous voulons nous replonger quelque peu dans la politique des grands travaux avant les « cinq chantiers », suivre l'itinéraire politique de Joseph Kabila dans les « cinq chantiers » apparaissent comme une apothéose et décortiquer, dans ce contexte, la valeur symbolique du « contrat chinois ».

1.5.2.1. La politique des grands travaux avant les « cinq chantiers »

Ce n'est nullement minimiser l'importance des « cinq chantiers de la République » que d'affirmer, en faisant justice à l'histoire, qu'ils ne sont pas une *creatio ex nihilo*. Mais cela permet d'en comprendre la spécificité ou le caractère innovant et, le cas échéant, d'en proportionner à juste valeur l'impact pour que l'attente soit plus réaliste qu'hypothétique, voire illusoire.

Ce n'est pas ici le moment de discuter du rapport entre la modernisation du Congo et son développement. Néanmoins, il n'est pas inutile de se demander si la modernisation induit le développement ou si c'est au contraire le développement qui pousse à la modernisation. Cette manière de poser le problème prouve qu'il est possible, en République Démocratique du Congo, de parler de la modernisation sans que cela représente nécessairement et en même temps le développement du pays. Et le dividende qu'en tireraient les Congolais est donc proportionnel à la volonté vraie de développer le pays ou tout au moins à l'impact de la volonté de modernisation sur le développement réel du pays. Il existe en République Démocratique du Congo des repères historiques sur cette question. Et, de fait, la politique des grands travaux n'est pas une donnée récente. D'une manière simple, on peut considérer les « cinq chantiers de la République » initiés par le président Joseph Kabila Kabange comme le troisième âge des grands travaux de la République Démocratique du Congo, les deux premiers étant l'époque coloniale et l'époque mobutienne. Un petit regard historique sur la nécessité, les objectifs annoncés, le cadre d'exécution et les résultats de ces initiatives dans le passé peut être instructif pour entrevoir l'originalité des cinq chantiers et surtout pour déceler si leur rapport avec les convenances externes est bénéfique au développement du Congo.

On peut considérer la construction du chemin de fer Matadi-Stanley Pool comme le début des grands travaux de l'ère coloniale. L'argument que Sir H.M. Stanley utilisa pour faire comprendre à Léopold II, Souverain de l'EIC, l'importance de cet ouvrage n'avait rien de folklorique et n'était pas un slogan idéologique de modernisation. Il s'agissait simplement d'une nécessité si l'on voulait que l'entreprise coloniale au Congo soit rentable : « Le Congo ne vaut pas un seul penny sans la construction du chemin de fer ». Nous l'avons vu. L'objectif annoncé ne pouvait être dans ce sens que la maximisation de l'exploitation de la colonie. Une sérieuse prospection menée au Katanga et au Kasaï de 1890 à 1891 fit connaître les pôles les plus rentables de l'EIC après ceux qu'exploitait déjà l'économie de la cueillette (l'ivoire et le caoutchouc). C'était alors l'exploitation des minerais au Katanga par l'Union Minière du Haut Katanga (UMHK) et au Kasaï par la Société forestière et minière du Congo (Forminière). Même alors, on n'attendit pas la construction du chemin de fer pour rendre le Congo rentable. On fit en sorte que tout le Congo soit rentable. Pour cela, on ne dédaigna pas s'occuper aussi des provinces non minières à cette époque. Le cadre d'exécution profitait d'une main d'œuvre bon marché. Le coût était donc bien calculé en fonction de gros avantages que devaient en tirer le maître d'œuvre. La politique de grands travaux n'était pas de l'ordre de l'aventure mais de l'investissement. Les intérêts et les bénéfices étaient si importants qu'ils favorisèrent même l'amélioration de la politique d'habitat, non seulement pour les services publics mais aussi pour les populations indigènes employés par les industries naissantes.

Le résultat de cette politique des grands travaux ne pouvait être qu'alléchant particulièrement pour la métropole qui bénéficia d'infrastructures. C'est ainsi qu'elle peut continuer à abriter l'un des grands centres mondiaux de traitement du diamant. Et le portefeuille de l'EIC puis de la colonie s'en ressentit. Des miettes de ces temps des vaches grasses tombèrent aussi sur l'assiette des Congolais. C'est cela qui fait que, aujourd'hui encore, beaucoup continuent à nourrir leur imaginaire des marmites bien remplies du toujours bon vieux temps de la colonisation (où l'on ne manquait de rien, semble-t-il !). On peut dire que la politique des grands travaux de la colonisation avait assuré le bien-être de son homme, à part que cet homme-là n'était pas le Congolais. Mais au moins ce dernier pouvait-il escompter des miettes apparemment si significatives qu'elles sont devenues le symbole de prospérité des Noirs. Ainsi, pour une exploitation efficace et rentable du Congo, l'utilisation des moyens modernes et performants de l'époque était de l'ordre de la nécessité. Si la colonie pouvait en tirer profit en termes d'image, de beauté ou même de tourisme, cela ne pouvait être à l'époque qu'une plus-value. Visiblement donc ce n'était pas d'abord une question de prestige.

La politique des grands chantiers sera de retour au Congo dans les années 1970-1980. Après la cacophonie des cinq premières années de l'indépendance, le président Mobutu entreprit d'asseoir son pouvoir en se montrant comme le rassembleur, l'unificateur et le pacificateur. Ce sont les initiatives menées sous son autorité qui le consacreront « père de la Nation ». On ne peut pas dire que cela ne lui a pas réussi. Mais l'euphorie du « Zaïrois dans la paix retrouvée », avançant fièrement et plein de dignité, fit basculer les choses vers la folie de grandeur. Cette folie aventurière devint pratiquement une nécessité face à une conjoncture macroéconomique des plus opportunistes : les « pétrodollars » et les cours des matières premières favorables au grand producteur qu'était le Zaïre de Mobutu. C'est de cette période que datent les « éléphants blancs ». Pourtant, on ne peut pas dire que des ouvrages comme le Barrage d'Inga, la Société de Sidérurgie de Maluku (SOSIDER), le Centre de Commerce International du Zaïre (CCIZ) et plus tard le Stade Kamanyola (rebaptisé Stade des Martyrs de la Pentecôte), le Palais du peuple, le Pont Maréchal, etc. n'étaient d'aucune utilité pour le Congo. Mais leur programmation a plus servi des objectifs de prestige que des objectifs de développement. Et les bailleurs de fonds ne l'ont pas regretté ; ils n'ont pas non plus dénoncé ce que d'aucuns ont appelé les « prédations industrielles » et les « safaris technologiques » au Zaïre[162]. Après l'échec de la deuxième décennie de développement porté par le tristement célèbre « Objectif 80 », le cadre d'exécution des initiatives est devenu aussi large que creux, comme semblait l'assurer la perspective d'un règne illimité de Mobutu. Cela signifie aussi qu'il n'y a pas de planification. On fait ce qui passe par la tête et de préférence ce qui permet de décaisser le plus d'argent possible. Après l'Objectif 80, il y a eu même un « Plan Mobutu » et un « septennat du social ». Résultat : 0/32.

Après ce rapide survol des antécédents de la politique des grands travaux en République Démocratique du Congo, essayons de présenter tout aussi succinctement les paramètres de nécessité, les objectifs et le cadre d'exécution des « cinq chantiers de la République », avant de dire un mot sur ce qui en est devenu le paradigme : le « contrat chinois ».

1.5.2.2. Un itinéraire politique : de la construction de la paix aux « cinq chantiers »

Que le programme des « cinq chantiers » ait été un scoop électoral bien trouvé, il n'y a à le nier que qui n'attribuerait aucune valeur didactique à la démagogie électorale dans son ensemble. Déshabillé de ses relents

---

[162] Le résultat le plus net de toutes ces opérations a été la croissance exponentielle de la dette publique extérieure de la RDC et la négligence totale des besoins vitaux de la population. De 32 millions de dollars en 1965, cette dette est passée à 10.274 millions en 1990. Cf. BANQUE MONDIALE, *Global Development Finance 2001 and World Development Indicators 2002.*

électoralistes tout aussi évidents, ce programme reste une vision tout à fait soutenable pour une possible reconstruction du Congo, même si, dans un contexte électoral plus focalisé sur la personne des candidats que sur leur vision de la gouvernance, il parait prétentieux d'attribuer la réussite électorale à la pertinence d'un programme électoral, quel qu'il soit.

De fait, s'il faut attribuer un contenu politique à la victoire électorale du président Joseph Kabila en 2006, on dirait sans risque de se tromper que cette victoire tient à l'image reconnue à l'homme par ses souteneurs, à savoir, d'être l'artisan de la paix. C'est d'ailleurs le slogan qui a été le plus entendu tout au long de la campagne électorale du premier tour de l'élection présidentielle de 2006. Mais, même si la campagne électorale s'est jouée sur la valorisation de ce qui a été fait pour amener tous les belligérants, les politiciens anti bellicistes ou non violents et les sociétés civiles à la table de négociation, elle devait tout de même présenter ce qu'il fallait désormais faire. Ceux qui ont suivi attentivement le déroulement de la campagne se sont sans doute rendu compte que le discours sur les « cinq chantiers » n'est apparu dans le débat électoral qu'au dernier round. C'est en effet au deuxième tour de l'élection présidentielle que s'affiche le programme des cinq chantiers. Les détracteurs du candidat Kabila y verront par ce fait les signes avant-coureurs d'une improvisation et de l'impréparation qui dicteront notamment la lecture ou l'interprétation qu'ils feront des avancées ou des ratés de ce programme. Par contre, les inconditionnels de cette voie finalement gagnante parleront, quant à eux, d'une stratégie électorale réussie et ne manqueront pas d'en tirer des enseignements dans l'exécution fidèle de ce programme dont les fruits étaient attendus, logique électorale oblige, dans les cinq ans de la législature et du mandat présidentiel. Ce débat peut être considéré comme de bonne guerre et fourbit aux uns et aux autres de la matière pour les futures joutes électorales.

Dans la présente réflexion, nous nous abstenons de discuter sur la valeur réelle d'un tel programme ou encore sur ce qu'il est en fait[163]. Mais nous ne pouvons pas ne pas remarquer que le programme des cinq chantiers semble suivre le destin idéologique des grands travaux de la Deuxième République : marquer les esprits après la restauration de la paix (donc un effet de prestige) et profiter d'une conjoncture macro-économique favorable, à savoir, la montée du « capitalisme chinois » et son besoin de conquérir le marché africain et mondial même dans le pré-carré des Occidentaux ou leurs fiefs traditionnels. D'ailleurs, l'image la plus significative (sans être exclusive) des cinq chantiers est bel et bien le fameux « contrat chinois ».

---

[163] S'agissait-il d'un programme gouvernemental dont les effets étaient attendus dans les cinq années du mandat présidentiel ? S'agit-il d'un plan quinquennal ? Ou est-ce un projet de société toujours valable même au-delà du mandat électoral ? Les réponses à ces questions pourraient en donner des appréciations divergentes.

1.5.2.3. La valeur symbolique du « contrat chinois »

L'histoire reconnaîtra peut-être un jour que, dans les années 2006, est apparu un autre stratège politique doublée d'un stratagème économique de l'envergure de Léopold II de Belgique. En effet, de même que le Souverain belge, préoccupé de rendre rentable son EIC, dût s'endetter lourdement auprès de l'Etat belge et cela à plusieurs reprise jusqu'au moment où le budget de l'EIC devint en équilibre (1896), de même le président Joseph Kabila, à peine élu et fort de cette légitimité interne, prit de court les Occidentaux en initiant le bien connu « contrat chinois »[164].

Au-delà d'un possible réflexe psychologique de rupture d'avec la tutelle économique de l'Occident qui n'a que trop duré et qui aura sans doute aussi contribué au développement du sous-développement, Joseph Kabila semble voir grand, large et loin, en sollicitant un partenariat de l'ordre de ce dont aurait besoin le Congo pour son décollage économique, au lieu de se contenter de solliciter de modiques prêts de l'omniprésente tutelle occidentale, fixés au gré de ce qu'elle et elle seule considère comme nécessaire ou au contraire comme de la pure gloutonnerie de son éternel enfant d'Afrique. Puisque l'aide chinoise est sans conditionnalités autres que celles économiques et puisque ce qu'il y a à craindre c'est que des Congolais s'enrichissent en se servant sur des fonds mis à leur disposition pour le bien de la collectivité, il a fallu imaginer cette espèce de troc grandeur nature : les Chinois investiraient des capitaux frais dans la construction ou la modernisation des infrastructures et le Congo paierait directement par les matières premières que les Chinois auraient à exploiter eux-mêmes à leur guise ou selon leur bon vouloir, en vertu d'un contrat échelonné sur trois décennies. Et du bonus, il devrait y en avoir puisque la République Démocratique du Congo ne compte exclure personne de son marché ouvert à qui aime le Congo. Et de toutes les façons, tant que le pays sera économiquement un espace de profit facile pour tous les invités, aucune puissance économique mondiale, même privée de monopole, ne voudra le laisser à d'autres.

En réalité, ce nouveau rêve congolais ne se construirait pas sur des certitudes déjouant des hypothèses hostiles, comme ce fut le cas avec Léopold II se jouant de toutes les grandes puissances économiques de l'époque, qui avaient compté sur la libéralisation du commerce sur le grand bassin du fleuve Congo. Il semble plutôt s'établir sur des hypothèses prenant pour certitude ce qui est encore à démontrer, dans un contexte où les règles injustes du marché libéral n'ont pas du tout changé et continuent de rester tout à la faveur des grandes puissances dont notamment la Chine qui a fait des pas de géant dans

[164] De 1890 à 1897, la somme totale des prêts consentis au Congo par la Belgique fut de l'ordre de 32 millions de francs or. Le contrat chinois aurait, quant à lui, été négocié pour un prêt d'environ 32 milliards de dollars américains.

ce club très select. Peut-on prétendre être responsable et sérieux lorsqu'on accorde à quelqu'un l'exclusivité d'exploitation des matières premières sur de larges carrés miniers et cela simplement parce que cette personne fait la déclaration d'investir des sommes colossales mais bien connues, alors qu'il y a moyen de déterminer la compensation moyennant une étude de faisabilité très fouillée et une minutieuse prospection à même de quantifier et de qualifier la valeur des carrés miniers ainsi que ce que cela pourrait réellement rapporter en autant d'années d'exploitation ?

Bien plus, une telle négligence, livrant en pâture le patrimoine du pays en vertu d'une confiance aveugle, prouve qu'il y a comme une tentative de vouloir développer le pays par procuration. Même la sagesse traditionnelle de chez nous ne pouvait afficher une naïveté si criante, elle qui reconnaît qu'il ne suffit pas de demander à une tierce personne d'effectuer en passant le travail qu'on aurait dû faire soi-même pour que ce travail soit bien fait[165]. Le constat que l'on est en droit de faire est que le Congo change de partenaires qui ont longtemps pillé son patrimoine ; mais au lieu de s'en occuper soi-même, il procède très ouvertement au bradage et jusqu'à l'hypothèque, comme si le bénéfice que le pays allait tirer du contrat chinois le mettait définitivement à l'abri de tout besoin dans le futur. Un tel cas de figure ne se serait produit que dans l'évangile où, parlant du royaume des cieux, Jésus fait la comparaison avec un trésor caché dans un champ ou avec une perle précieuse : celui qui l'a trouvé ou a été informé de son existence est allé vendre tout ce qu'il avait pour acheter le champ ou la fameuse perle[166]. A croire que les Congolais aient trouvé en la Chine un nouveau dieu digne de la confiance la plus aveugle. Mais, tout le problème est qu'il s'agit ici des affaires avec leur réalité et non pas de religion avec ses paraboles !

Mais peut-être que, voulant aller trop vite en besogne pour conquérir la liberté et las de trop travailler sans récolter des fruits correspondant à leur labeur, les Congolais ont décrété qu'ils devaient désormais prendre leur liberté longtemps confisquée et pour cela laisser travailler les Chinois à leur place ! La liberté des Congolais serait-elle alors comparable à celle des Athéniens de l'Antiquité, se débarrassant de tout labeur et de toute activité physique et les réservant aux esclaves, pour ne s'occuper que de la « *schola* » (école) et de

---

[165] Du proverbe ekonda : « 'Ontumbelaka' apoyehie babonge ». Traduction : 'Mets du feu dans mon terrain défriché' ne produit rien de bon. Explication : Quand tu dis à quelqu'un : « pendant que tu seras de passage devant mon terrain défriché avant d'arriver sur le tien, mets un peu du feu chez moi », ton champ ne sera jamais prêt pour les semailles parce qu'il n'aura brulé que par-ci par-là et non en entier. Cette expression tirée de l'expérience de la culture sur brulis enseigne que dans un contexte où chacun est occupé à son propre travail pour un meilleur rendement, ne faire confiance qu'aux autres sans s'occuper soi-même de ses projets est une vision contreproductive.

[166] Cf. Evangile de saint Matthieu, chapitre 13, versets 44 à 46.

l'« *otium* » (loisirs), c'est-à-dire de la « mens sana » (esprit sain), mais avoir tout de même leurs repas assurés, leurs affaires prospérées et leur train de vie luxueux garanti grâce au travail ? Au contraire, à l'allure où vont les choses aujourd'hui, où même la formation et les loisirs sont devenus des activités lucratives, il y a beaucoup de chance que nous ne nous retrouvions dans les arènes de la compétition que comme de simples et éternels spectateurs du combat des gladiateurs, ne pouvant jamais descendre dans l'arène comme compétiteurs, au propre comme au figuré. Et le spectacle auquel nous assistons actuellement risque d'être le dernier pour nous. D'abord parce que le spectacle étant devenu lui aussi payant, les Congolais ne disposeraient plus de quoi se l'offrir. Qu'y a-t-il d'ailleurs d'honorable à regarder, sans dire mot ni aucune autre possibilité de réagir, comment des invités sont en train de vider notre trésor et d'écumer notre patrimoine ? Mais ensuite et surtout, parce qu'il est désormais connu que nos richesses naturelles ne sont pas inépuisables. Cette dernière vague de dilapidation et de pillage systématique de la « pierre précieuse » au nom d'une énième modernisation risque de nous réserver de graves et irréparables surprises. Peut-être qu'en Chine aussi, en souvenir des bons et loyaux services rendus en République Démocratique du Congo, on érigera un quartier somptueux qu'on baptisera « Congo Zoba » (Congo la Stupide) !

Bref, en considérant avec lucidité et sans passion ni sentimentalité l'opération des « cinq chantiers », notamment sous le charme symbolique du « contrat chinois », nous pouvons déjà être sûr de ce que les invités de la mondialisation vont gagner en République Démocratique du Congo directement en termes de retombées ou de profits économiques, mais nous ne sommes pas du tout rassurés quant à ce que la République Démocratique du Congo gagnerait en termes de développement humain intégral et durable. Certes, nous pouvons toujours escompter gagner des routes, des autoroutes, des buildings, des hôpitaux modernes et autres infrastructures de standing international. Mais vont-ils être cadrés dans une perspective de rentabilité socio-économique comme celle qu'avait projetée le stratagème Léopold II, tout à l'avantage de la métropole belge, ou bien finiront-ils par allonger la liste des éléphants blancs de l'ère mobutienne ?

Pourtant, un peu d'attention nous aurait porté à regarder aussi du côté de l'Afrique qui gagne, même si comparaison n'est pas raison. En 2000, le Sénégal du président Wade s'est lancé aussi dans un programme de grands chantiers. Il s'agissait d'un vaste programme, ambitieux mais précis, coordonné par l'Agence nationale chargée de la promotion des investissements et des grands travaux[167]. Ici, les chantiers ne sont pas de vagues rubriques fourretout, mais des projets bien ciblés et bien définis. Le

[167] Cf. H. ZIADY, « Grands chantiers. Effet boule de neige ? », dans *Jeune Afrique/l'Intelligent*, n° 2136 (2001), pp. 53-54 (le dossier sur le Sénégal).

président Wade a tablé sur six projets pour relancer la machine économique de son pays. Expliquant la « vision » du président sénégalais, un de ses conseillers avait dit : « Le président a des dizaines de projets en tête, mais il tient à faire aboutir ceux-là [ndlr : c'est-à-dire les six] rapidement car ils auront un effet d'entraînement déterminant pour l'économie nationale ». La logique de ces chantiers est « de désengorger Dakar, capitale et poumon économique du pays afin de donner une nouvelle impulsion à la presqu'île du Cap Vert et d'associer l'ensemble des régions du pays à la relance de l'activité ». Ces travaux étaient prévus pour la durée d'une décennie et l'investissement global à l'arrivée était calculé à plus de 20 milliards d'Euros, soit cinq fois le PIB du pays. Les études de faisabilité avaient fait ressortir un estimatif réaliste du coût pour chaque projet jusque dans ses débranchements. Même si l'homme politique, démagogue par essence, peut toujours tirer profit d'une telle planification surtout s'il réussit, on ne saurait réduire une telle planification à une œuvre de propagande électoraliste, mais déjà le mieux serait qu'il ne le présente pas comme base d'une campagne électorale. Car assimilée à un programme électoral, la réalisation dans les délais d'un mandat électoral peut devenir problématique. Et au lieu de servir le progrès de la nation, elle risque de servir en priorité les intérêts politiciens.

Pour le cas de la République Démocratique du Congo et puisqu'il s'agit d'une opération à termes[168] et non d'une simple évocation historique ou nostalgique, il serait malencontreux de vouloir en noter ici l'échec en la rangeant simplement sous la botte des convenances externes et cela peut-être uniquement par antipathie envers son inspirateur ou plutôt envers les tireurs de ficelles qui vivent de la propagande des cinq chantiers. Non, la République Démocratique du Congo ne doit pas être le théâtre d'un éternel recommencement au prétexte que tous ceux qui sont passés avant ne savent jamais rien ou encore de vouloir défendre des couleurs politiques. Ce qui engage le pays devrait être fait dans la continuité positive et constructive de l'Etat. En conséquence, cela ne devrait avoir que des couleurs nationales ou patriotiques, en tout cas la couleur de l'efficience et de la rentabilité. Puisque

[168] Notre analyse se limitant à la situation qui a prévalu jusqu'en 2011, c'est-à-dire à la fin du premier mandat du Président Joseph Kabila, nous ne pouvons prendre directement en considération le slogan politique « la révolution de la modernité », qui a résumé la vision du « Raïs » durant son deuxième mandat. Mais, pour peu qu'on comprenne, cela apparait comme une expression renouvelée et un peu plus idéologisée du très direct slogan des « cinq chantiers ». Significativement parlant, le slogan « cinq chantiers » est une référence qui appelle une vérification concrète et en ce sens politiquement dangereux si les résultats tardent à se faire voir (ce fut d'ailleurs le cas), tandis que « la révolution de la modernité » est un concept qui peut toujours tenir même sans résultat palpable et dans ce sens c'est un langage « politiquement correct ». Ce qui fait comprendre que le cadre de réalisation du premier slogan est difficilement réductible à un programme électoral vérifiable après cinq années alors que le second est une conceptualisation fluide sans engagement cassant.

le pays investit beaucoup dans de telles opérations, la conscience de la responsabilité nationale devrait porter tout congolais averti dans la recherche de la voie médiane mais supérieure, favorisant l'atteinte des objectifs de développement clairement distincts des objectifs de pur prestige ou de propagande. Cela demanderait aussi que le cadre d'exécution de ces objectifs, tout en minimisant les options politiques partisanes pour favoriser l'intégration de tous les Congolais, ne soit pas non plus trop large, donnant à croire à un monolithisme politique permanent, sans véritable jeu d'alternance qui signifie en démocratie volonté d'amélioration. Il doit être planifié (d'où la nécessité d'études préalables de faisabilité), coordonné (d'où la prise de conscience des connexions et des réseaux d'implication) et régulièrement évalué (car même l'échec est instructif). En tous les cas, les cinq chantiers de la République sont restés comme entrelacés entre deux systèmes : le système léopoldien pour leur envergure et leur volontarisme, et le système mobutiste pour leurs objectifs prestigieux et leur mise en route improvisée. S'ils devaient en rester là, ils feraient sans doute des heureux ailleurs mais pour le compte de nos nouveaux éléphants blancs désormais non renouvelables par l'épuisement inattendu (non programmé) des potentialités de l'ancien scandale géologique de toutes les envies. Mais le monde ira toujours en l'avant, peut-être grâce à ce qu'on nous aura injustement pris ou au contraire grâce à ce que nous aurons distribué par magnanimité, par médiocrité ou par ignorance.

C'est avec ce sentiment mitigé que nous avons été comme surpris par le cinquantenaire de l'indépendance de la République Démocratique du Congo.

1.5.3. Du « cha » au cinquantenaire de l'indépendance

A l'évidence, durant ce temps de sa majorité, le Congo a plus accompagné le développement des autres nations du monde et de l'Afrique que travaillé à promouvoir son propre développement. La République Démocratique du Congo se sera présentée pour son cinquantenaire sans bilan ou plus exactement sans actif. Pour combler ce vide, rien de plus facile que de faire enfler la polémique. Certes, l'apparat, la solennité et la manière auront été de la partie, comme aussi le souvenir, la réminiscence et la nostalgie. Pouvait-on vraiment faire mieux alors que le Commissariat général du cinquantenaire n'a été mis en place que l'année qui précédait ces festivités. Mais, pour une simple comparaison avec les autres célébrations de ce cinquantenaire dans les autres pays africains sortis du joug colonial dans ce si lointain et si proche 1960, il n'y avait simplement pas photo !

L'image que retiendra le souvenir critique des nouvelles générations congolaises sera peut-être la belle vue que donnait à voir Kinshasa, avec comme joyau sa nouvelle et splendide « Place du cinquantenaire » dans le beau décor du boulevard triomphal new-look longeant le majestueux Stade des martyrs, l'imposant Palais du peuple et la splendide Cathédrale du centenaire protestant, en face de la coquette maison du PNMLS derrière laquelle resplendit l'Hôpital du cinquantenaire. Mais ce sera aussi sans doute cette attente de toute une nation du spectacle haut en couleur qu'allait donner le défilé civil et militaire en ce jour mémorable devant un parterre de Souverains, Chefs d'Etats et chefs de gouvernement ainsi que des représentants des missions diplomatiques et des corps constitués de la République. Cette attente avait de particulier le fait que, par devoir d'hospitalité, tout ce beau monde venu parfois de loin, comme le grand hôte de marque qu'était le couple royal belge ou le Secrétaire général de l'ONU, et toute la nation congolaise étaient suspendus à l'arrivée retardée de deux illustres voisins dont la seule évocation des noms écarte tout effet de surprise, tant le vécu le plus ordinaire du peuple congolais durant les années Kabila n'en a que trop entendu parlé et vu à l'œuvre et cela pas nécessairement en bien. Prévue pour débuter à 9h00', la manifestation du 30 juin 2010 n'a en réalité commencé qu'après 11h00'. Craignant sans doute que tous les hôtes et surtout la population de la très critique capitale kinoise n'attribue ce retard au président Joseph Kabila, les speakers de la RTNC, la radiotélévision nationale du Congo, ont cru comme un devoir d'honnêteté et de lucidité médiatique de préciser à maintes reprises que le « Raïs » était prêt mais qu'il devait attendre l'arrivée de Yoweri Museveni et de Paul Kagame, présidents respectivement de l'Ouganda et du Rwanda, comme si une telle excuse dissipait « l'incident ».

Fallait-il comprendre par cet incident, somme toute banal dans un contexte normal, que les cinquante années d'indépendance se clôturait sur fond de nouvelles convenances externes à la marche de la nation congolaise ? En tous les cas, il en faut seulement de très peu pour valider l'hypothèse d'une inclusion. Pire, on serait alors d'avis d'en conclure que le nouveau cinquantenaire au cours duquel se jouera à fond l'enjeu du 21e siècle semble commencer pour nous sous le signe des nouvelles convenances, mais toujours externes et disons, pour tout, très loin de faire l'affaire de la République Démocratique du Congo comme aussi du continent africain, pour ne pas dire simplement du tiers monde. Si c'est un bien, il faudrait le prouver. Mais si c'est un mal, il faut à tout prix l'exorciser et l'éradiquer. C'est pour comprendre mieux cela que nous allons repartir, dans le prochain chapitre, à la recherche de l'unité substantielle de la longue tentative de modernisation du Congo.

Chapitre 2
Unité substantielle de la modernisation du Congo

Nous n'avons pas l'ambition de réécrire l'histoire de la République Démocratique du Congo. Dans le premier chapitre, nous avons essayé de faire une relecture de quelques faits que cette histoire atteste. Cette relecture prend comme référence la modernisation de la République Démocratique du Congo, c'est-à-dire le fait que, depuis le 15e siècle, le Congo a été mis en demeure de sortir de soi et de fonctionner suivant des convenances externes comme prix à payer pour sa « découverte » ou pour son ouverture au monde. Selon cette optique, la République Démocratique du Congo serait nouvelle –entendez moderne– si elle quittait sa tradition pour s'aligner à celle qui lui était imposée. Il s'en dégage une leçon qui ne demande pas beaucoup d'artifices pour être comprise : cette longue période de modernisation, qui correspond aussi à celle que nous connaissons le mieux de notre histoire, présente une unité quant à la motivation de fond. C'est une motivation tellement forte que, si dans les premiers temps elle allait de soi, compte tenu aussi de la domination subie, dans ces derniers temps, c'est-à-dire de l'indépendance à nos jours, elle n'est pas moins présente, soit intentionnellement, soit inconsciemment. Cinq siècles d'histoire subie et surtout d'une histoire conduite en sens unique, ne pouvaient que porter leurs effets quant à la perception que le Congolais a de lui-même. C'est peut-être là le danger le plus grave par rapport à la domination et au pillage du patrimoine naturel et culturel de l'Afrique.

Nous allons essayer de faire ressortir cette unité. Nous nous mettrons ensuite à la recherche des rapports qui justifient cette unité. Pour ce faire, nous chercherons à indiquer ce qui change dans ce parcours et qui permet de parler d'étapes distinctes à l'intérieur d'une unité organique, mais aussi ce qui ne change pas et qui confirme donc cette unité de la période considérée. L'intelligence que j'aurai alors de cette période me permettra de la configurer non pas tellement dans l'histoire générale du monde –où elle a sa place comme une période de domination–, mais dans l'histoire ancienne du Congo –sans devoir remonter aux temps immémoriaux– et de la mettre en rapport avec le devenir des peuples. Ainsi paraîtra clairement la nécessité de convertir cette période dite de la modernisation en une période de transition dont l'une des caractéristiques est la confrontation de l'ancien au nouveau, faisant naître des pensées et des actions confuses.

Dans ce sens, la reprise que nous offrons ici présentera deux prospectives : d'une part, résumer autant que possible l'héritage ancien et présent et, d'autre part, présenter cet héritage sous forme d'un produit de la transition. En introduisant cette perspective transitoire, nous essayons en fait de récupérer positivement et pour une finalité constructive ce que la réalité historique a assumé d'un point de vue plutôt négatif (de domination et d'exploitation) et surtout pas pour le bien du Congo –ni même pour son mal, pourrait-on dire– mais uniquement pour la marche du monde utile qui semble, aujourd'hui encore, correspondre au monde des grands et de ceux qui acceptent de leur ressembler.

Cette méthode d'élucidation appelle trois moments dans ce chapitre. Dans un premier, nous reconstruisons l'unité de la transition congolaise de la découverte portugaise jusqu'à la troisième république. Dans le deuxième moment, nous essayerons de distinguer les éléments de cette unité tout en établissant leur rapport. Dans le troisième moment, prenant alors cette modernisation comme un tout, nous entreprendrons de structurer le rapport de cette modernisation avec notre histoire ancienne et le devenir du peuple congolais.

2.1. Du Padroado à la troisième République naissante : unité de la transition congolaise

Nous allons vérifier l'unité de la transition congolaise tant à partir du climat général qui inspirait la conquête et la domination de l'Afrique qu'en partant de quelques faits épars pris dans le déroulement de cette période. Ce constat de l'unité de la transition aboutit à la remise en question de fondements même de cette transition par rapport à l'essor du congolais pris comme un étau dans une espèce de cercle vicieux et irrévérencieux des conditions de vie en général et de la condition humaine en particulier.

2.1.1. Le climat général

La conquête et la domination de l'Afrique au 15e siècle ne sont ni la première ni la dernière des preuves de l'expansionnisme de la civilisation occidentale. Les 15e et 16e siècles sont caractérisés comme les siècles des grandes explorations qui, parties de l'Europe, vont couvrir pratiquement le monde entier. Les explorateurs sont poussés par la curiosité et par des intérêts d'ordre scientifique, religieux et, surtout, commercial. S'il y avait un intérêt connu, ce n'était pas de découvrir l'Afrique mais accéder directement aux richesses des Indes (l'Asie du sud-est) sans avoir recours aux marchands arabes. Ainsi, le Portugal et l'Espagne, bien vite suivis de l'Angleterre et de la France, se lanceront dans cette aventure dans laquelle seront considérés comme grands non pas les explorateurs et découvreurs de l'Afrique, mais justement ceux qui parviendront à contourner l'Afrique, notamment en franchissant le Cap de Bonne espérance. Ce qui sera fait par Bartolomeo Diaz en 1488. Ce qui permettra à Vasco de Gama d'atteindre l'Inde en 1498. Même la découverte de l'Amérique par Christophe Colomb en 1492 et celle du Canada par Jean Cabot en 1497 visaient en réalité la richesse très connue de l'Inde. Il faut donc inscrire la découverte de l'embouchure du fleuve Congo par Diego Cão dans ce vaste mouvement dont la suite montrera que les explorateurs vont devenir des conquérants.

Il faudra par conséquent enlever de nos têtes d'Africains l'idée reçue selon laquelle l'Europe en venant à la conquête de l'Afrique –de cette partie de l'Afrique considérée alors comme *terra incognita*– avait un dessein arrêté de faire du mal à l'Afrique et aux Africains. C'est sans doute la vision que se fait tout celui qui se croit homme à part entière lorsqu'il se rend compte d'avoir été mal traité par un autre homme. Mais lorsque celui qui domine n'a pas la conviction de se trouver devant un semblable –ce qui arriva pour l'Afrique noire–, il n'a pas non plus conscience de maltraiter un homme. Bien plus, même en quittant ce niveau de perception anthropologique pour nous retrouver au niveau d'une considération purement économique, il est difficile de soutenir que le Blanc faisait du mal au Noir du fait d'être noir et parce qu'il (le Blanc) le considérait (le Noir) comme un animal ou une simple chose sans dignité. Ce qui importait pour le dominateur, c'est de faire du profit. Et si, pour qu'advienne ce profit maximal, il fallait que quelqu'un souffre, fût-il homme ou bête, cela avait peu d'importance parce qu'il s'agissait alors d'un problème accessoire. C'est aussi ainsi que seront accessoires les clauses de moralité, d'honnêteté ou d'intégrité lorsque le désir de gagner est la règle du jeu.

Quand donc le bien et le mal sont utilisés comme deux forces ou principes égaux non plus antagonistes mais complémentaires, on a dépassé le manichéisme ! Voilà une des sources d'où jailliront non seulement la confusion et l'ambiguïté des valeurs mais encore et surtout la profusion des valeurs antinomiques pourtant égales d'appréciation, offrant aujourd'hui comme breuvage précieux le relativisme qui accepte tout et permet de tout ingurgiter. C'est elle qui fait de l'économie non plus un produit plus ou moins valeureux mais l'unique et véritable valeur apte à résister à toute contradiction.

Explorons quelques faits qui confirment l'unité.

2.1.2. Quelques faits parmi bien d'autres qui confirment l'unité

On l'a vu avec les explorateurs du 15e siècle, qui inventaient toute sorte de mensonges pour s'attirer la sympathie des Noirs ou qui, lorsqu'aucune astuce ne réussissait, ouvraient tout bonnement le feu. Ce qui faisait de l'homme blanc dans la conscience collective des Noirs une espèce d'esprit procurant du bien quand il aimait mais attirant la mort quand il haïssait, le tout dépendant de lui-même et non de l'attitude du Noir. Que la moralité et l'honnêteté soient bien accessoires, on l'a vu aussi avec Léopold II à la Conférence de Berlin, se faisant passer pour le plus grand philanthrope de l'histoire de la conquête des mondes, alors que les méthodes utilisées par son homme sur le terrain, H.M. Stanley, n'étaient pas plus propres. Pierre Savorgnan de Brazza (1852-1905), le concurrent français de Stanley nous l'apprend. En effet, répondant à une critique émise par Stanley sur la manière dont il avait arraché un traité au Grand Chef Makoko des Tekes de la rive gauche du fleuve Congo, l'explorateur français dira tout simplement : « M. Stanley avait pris l'habitude de se faire respecter à coup de fusil ». Mais c'est Stanley lui-même qui l'explicite dans les comptes qu'il établit dans son journal de voyage. En l'année 1877, son journal rapporte : « Nous avons attaqué et détruit 28 cités, trois ou quatre quartiers, nous avons livré trente-deux batailles sur terre et sur l'eau ». C'est ainsi que le lieutenant de Léopold II appliquait la philanthropie dans la découverte du Congo[169].

Que l'honnêteté ne soit pas la vertu de la rencontre entre le dominateur et le dominé, on l'a vu aussi lors de l'accession du Congo à l'indépendance. A cette occasion, aucune conscience de culpabilité n'a empêché les Belges à déclarer vouloir gérer à part égale les comptes du Congo Belge, alors que depuis l'époque de l'EIC, ces comptes ont toujours été séparés de ceux de l'Etat belge. On l'a encore vu lorsque, profitant de l'inexpérience des Congolais mandatés à la Table ronde économique, les Belges se tailleront la part du lion. C'est le *contentieux belgo-congolais*, toujours évoqué mais jamais résolu !

Les choses ne semblent pas avoir beaucoup évolué depuis l'arrivée des Congolais au pouvoir. En effet, de même que, à la Conférence de Berlin, la préoccupation de l'amélioration des conditions morales et matérielles d'existence des populations indigènes était une simple incise rhétorique pour les grandes puissances coloniales convaincues de leur supériorité et dont l'objectif principal était l'exploitation des terres inconnues, de même aujourd'hui la référence au bonheur du peuple congolais reste souvent un slogan creux et abusif dans le discours des détenteurs autochtones du pouvoir comme dans celui des aspirants au pouvoir, les uns et les autres préoccupés de leurs propres intérêts égoïstes en même temps qu'ils sont les alliés du grand capital international. Si l'on continue sous cette lancée, il est à croire que la démagogie ira croissante et atteindra des proportions considérables, compte

[169] Les propos de Savorgnan de Brazza et de H.M. Stanley sont repris ici tels que cités par ZALA L. N'kanza, *op. cit.*, p. 156 et p. 198. Pour S. de Brazza, Stanley était un belligérant tandis que lui était un « ami » (des Noirs) qui réalisait des conquêtes pacifiques. Mais en réalité, ce qu'il appelle « conquête pacifique » n'était rien d'autre qu'une grande escroquerie aussi pernicieuse que la conquête armée.

tenu du climat de mondialisation dont la matrice est économique, ne sacrifiant qu'aux exigences de rentabilité et de maximisation des profits. Seul peut-être un conflit d'intérêt peut arriver à donner un coup de frein à ce mouvement. Mais, pour une économie extravertie comme celle de la République Démocratique du Congo, la victime d'un tel conflit d'intérêt sera encore le peuple. En d'autres termes, que les avantages à tirer de l'exploitation des ressources congolaises soient inscrits sur le compte des étrangers ou qu'ils le soient sur celui des autochtones pactisant avec le grand capital ou encore que, à cause de la compétition à l'échelle du marché, un bras de fer soit engagé entre les différents acteurs réels et potentiels, le plus grand perdant reste le peuple sur qui l'on décide sans qu'il soit contacté et dont les mandataires attitrés sont acquis à l'ordre international en vigueur.

Ce fut le cas au 15e siècle lorsque le pape, au nom du saint Empire chrétien dont il détenait la double *potestas* (temporelle et spirituelle), accorda tous pouvoirs au Roi du Portugal de dominer le Kongo. Ce fut aussi le cas au 19e siècle lorsque la communauté internationale (c'est-à-dire les grands de l'époque) se partagea l'Afrique non seulement comme une terre inconnue mais surtout comme une terre n'appartenant à personne et où on ne devait pas tenir compte de la vie de ceux qui l'habitaient effectivement. Ce fut aussi le cas lorsque, jouant le jeu du capitalisme en pleine guerre froide, Mobutu accepta de prendre le pouvoir au Congo pour barrer la route au péril communiste que semblait incarner Lumumba, jusqu'au jour où, n'ayant pas été initié à la recherche de l'intérêt commun de la Nation congolaise, ses propres intérêts vont entrer en collision avec ceux de ses protégés. L'homme du 24 novembre 1965, qui avait mis son point d'orgue théorique dans la devise du parti-Etat : « MPR = servir ; se servir ? Non » pouvait-il éternellement continuer à voir que le monde extérieur profitait de la terre qu'il gouvernait sans éprouver la tentation de se servir lui aussi ? Ce fut aussi le cas lorsque le libérateur Laurent-Désiré Kabila signera à tour de bras des contrats engageant l'avenir du pays alors qu'il n'était encore qu'un rebelle. Lorsqu'il s'autoproclamera président du Congo démocratique, la non applicabilité de ces contraintes ou convenances externes s'avérera fatale pour lui, quand bien même il se soit proclamé « soldat du peuple » et ait encouragé à « ne jamais trahir la patrie ». Et, curieusement, c'est encore le cas avec le contrat chinois, figure emblématique de la modernisation de la République Démocratique du Congo au début de la Troisième République. Même si l'on aime tant gloser sur la qualité et la personnalité de ce négociateur (autre que l'Etat congolais lui-même) qui arracherait au final une bagatelle de 12% d'un contrat bien calibré ou encore sur les remontrances de l'autre « communauté internationale »[170] ayant abouti effectivement à l'amendement de ce contrat,

[170] C'est-à-dire, celle des bailleurs de fonds traditionnels de la République Démocratique du Congo réunis autour de la Banque mondiale, du FMI, du Club de Paris, etc.

ce qui le rattache de près à la transition multiséculaire de la République Démocratique du Congo, c'est surtout sa prétention d'être le premier plus gros contrat pour la modernisation de la République Démocratique du Congo[171]. Conformément à notre vision, c'est moins le mensonge ou la démagogie d'un tel propos qui nous intéresse[172] que le fait que la modernisation de la République Démocratique du Congo serait vue toujours de l'extérieur (cette fois-ci de la Chine et non plus directement de l'Occident), même si c'est nous-mêmes qui l'avions voulu.

Mais, si cette période de modernisation est caractérisée par la domination, l'exploitation et un rythme de vie que commandent les convenances externes, cela ne signifie pas qu'au cours de cette période, les Congolais n'ont rien appris et que, du point de vue comportemental, l'attitude du (des) dominateur(s) est restée invariable en termes de mépris et de méconnaissance de la qualité humaine des peuples dominés. Les facteurs les plus déterminants de cette évolution furent l'instruction et la religion chrétienne. Initialement, ces facteurs étaient utilisés par le dominateur comme moyen d'assujettissement, en même temps qu'ils créaient des divisions au sein du peuple dominé. Ce qui contribuait à asseoir un contrôle parfait. L'instruction, nous l'avons vu plus haut, était finalisée à la rentabilité des services demandés aux Congolais. C'est seulement en fonction des exigences de la profession que le Congolais pouvait être plus ou moins instruit. L'ironie du sort est que le Congolais utilisera cette instruction minimum pour se faire valoir. C'est que l'instruction, même minimum ou rudimentaire, porte toujours à un rééquilibrage des objectifs qu'on lui assigne, surtout lorsqu'elle est conjuguée avec la détermination identitaire.

Il en est de même pour l'éducation chrétienne. Il est difficile de maintenir indéfiniment un homme illuminé par la foi dans une condition de servitude. Il peut prétendre se libérer en trouvant une consolation dans le spiritualisme ou dans les formes de religion qu'on lui offre. C'est pourquoi on a pu parler de la religion comme opium du peuple et dans ce sens elle a pu être utilisée par des pouvoirs oppresseurs –coloniaux ou autochtones– pour asseoir leur autorité et leur domination. Le plus souvent, cependant, la religion chrétienne a développé en quelques individus ou groupes un esprit de liberté et une volonté de libération qui vont ensuite se concrétiser dans une série de prise de position contestataires allant de la redéfinition des liens avec les

[171] Par rapport au coût global et à la valeur de l'investissement à réaliser par les Chinois au Congo à plus ou moins brève échéance.

[172] C'est sur ce sujet que devrait sans doute jouer le débat politique. Effectivement, il n'y a pas de raison pour que la nation accepte de signer un chèque en blanc d'une telle facture, engageant le pays au-delà d'une législature et même pour plusieurs décennies, au nom de la seule confiance en une seule personne, fut-elle le Président de la République le plus aimé !

formes reçues de la religion chrétienne[173] à la contestation illuminée de l'ordre établi[174] ou à l'émergence des formes authentiquement africaines de christianisme[175]. Il existe aussi des mouvements de résistance religieuse qui ont assumé la forme de contestation radicale ou d'un pur retour à la religion traditionnelle sans se maquiller avec la compromission de la religion chrétienne perçue exclusivement comme instrument de la domination étrangère[176].

A l'époque de l'indépendance et de la gestion zaïroise du pays, ces deux facteurs (instruction et religion) connaîtront un autre rebondissement qui

---

[173] C'est dans ce sens que se déploieront les efforts d'un homme comme le Cardinal Malula ou des représentants de la théologie chrétienne africaine.

[174] Nous avons eu à évoquer la figure de Kimpa Vita (Dona Béatrice). Mais on pourrait évoquer aussi la figure de Simon Kimbangu et de bien d'autres mouvements messianiques qui ont assumé aussi l'aspect d'une protestation sociale, comme le Kitawala. Cf. MWENE Batende, *Mouvements messianiques et protestation sociale*, Kinshasa, 1982. Signalons qu'il y a eu en RDC des sectes ou mouvements religieux qui ont perçu dans la figure de Mobutu la personnification du mal ou de l'esprit satanique qui rodait dans la terre du Congo, terre pourtant bien aimée et choisie par Dieu !

[175] C'est le cas du Kimbanguisme et d'autres églises africaines indépendantes en terre congolaise. Cf. NGANDU N'kashama, *Eglises nouvelles et mouvements religieux*, Paris, L'Harmattan, 1990.

[176] Tel le cas du mouvement qui s'est vérifié chez les Nkundo et les Ekonda, peuple Mongo de la province de l'Equateur en RDC sous l'instigation d'une certaine Marie Sombe. Dans une étude qui fait allusion à ce mouvement, l'anthropologue Jean-Baptiste Lokongo affirme que ce mouvement était à l'origine de la journée des ancêtres appelée *Bentekwa* chez les Ekonda et *mepiopio* chez les Ntomba, et de quelques thérapies pour des pathologies névrotiques. En plus, ce mouvement était une contestation de tout ce qui était d'origine occidentale. C'est ainsi qu'il a été considéré par le pouvoir colonial comme une atteinte à l'ordre public et pour cela réprimé par l'administration coloniale, avec la relégation vers les années 1921 de son inspiratrice à Mbandaka où elle mourut quelques années plus tard. Cf. LOKONGO Lombewo, *Ilako : Essaie d'analyse d'une thérapie traditionnelle en société Ekonda et Ntomba de Bikoro*, Mémoire de licence en Anthropologie, (Inédit), Lubumbashi, UNAZA, 1981. C'est sans doute l'une des multiples pages oubliées de l'histoire congolaise. Mais la première observation qu'on peut en faire est que le mouvement de Marie Sombe a assumé la forme d'un retour à la tradition ancestrale en s'appuyant sur un petit groupe de la forêt équatoriale dont l'organisation sociopolitique était moins rigide et codifiée par rapport au fonctionnement des grands empires et royaumes connus dans l'histoire de l'espace Congo. Ensuite ce mouvement s'est développé loin des réflecteurs dont ont bénéficié par exemple le kimbanguisme et le kitawala. Il était donc de ce fait voué à un destin politique de seconde zone et à un rayonnement très limité et par conséquent aussi à l'échec devant l'opiniâtreté de l'administration coloniale. Aussi a-t-il a suffi la relégation et l'emprisonnement de la principale animatrice de la « révolte » pour que le mouvement passe aux oubliettes, alors que sur le plan local il avait réussi à restaurer le culte des ancêtres et mis en place une thérapie pour pathologies névrotiques, encore en usage aujourd'hui. Nous y reviendrons.

contribuera, de quelque manière, à asseoir le mal développement. En effet, la propagande et la démagogie ont présenté l'indépendance comme étant le début d'une période de repos, au cours de laquelle le Congolais gagnerait sa vie sans trop travailler et les plus instruits jouiraient de plus de facilités, de considérations et de moyens, indépendamment de la valeur réelle et de l'utilité de leur formation. Il s'est ainsi vite créé le mythe du diplôme et de l'universitaire qui a largement contribué à hypothéquer la valeur de l'instruction et de l'enseignement[177]. A cause de cela et pour bien d'autres raisons que nous ne pouvons évoquer de manière exhaustive ici[178], nous sommes en train de vivre un phénomène contraire à l'orientation donnée à l'enseignement pendant la colonisation : plus nombreux sont les diplômés et les universitaires, moins visible est leur impact dans le développement du pays. C'est à coup sûr une inadéquation interne au système éducatif congolais lui-même : en tout point de vue il y a une pléthore d'universitaires et un manque criant de techniciens. La consécration de ce processus a été sans conteste la création de l'UNAZA : Université Nationale du Zaïre. L'UNAZA a renforcé la confusion aujourd'hui encore persistance entre la finalité propre de l'université et celles des instituts supérieurs. Elle a favorisé les domaines spéculatifs au détriment de ceux pratiques et techniques et enfin elle a réduit l'enseignement à un savoir plus répétitif que créatif, innovant et appliqué, ce que favorise d'ailleurs la carence presque chronique de matériel didactique, de laboratoires et de bibliothèques. Si nous ajoutons le fait de la nationalisation de l'enseignement à la suite des mesures de la zaïrianisation, la tendance à privilégier l'instruction au détriment de l'éducation –sans doute en réaction légitimes aux méthodes promues par l'enseignement colonial[179]– va s'affirmer et même se radicaliser. Pourtant, les Congolais des écoles confessionnelles et les Zaïrois de l'UNAZA avaient bien appris que « science sans conscience n'est que ruine de l'âme ». Les armoiries de l'UNAZA portaient l'inscription : *« Scienca cum consciencia splendet »*. Aujourd'hui, tout en se fondant sur un besoin bien réel, à savoir, l'insuffisance des structures scolaires et académiques par rapport à la population en âge

[177] Ainsi, des entités territoriales tirent un motif d'orgueil par le simple fait d'avoir produit beaucoup de diplômés, d'universitaires et d'intellectuels, ou de disposer d'un réseau scolaire très dense, sans que l'on sache estimer concrètement la contribution de cet avantage au niveau national et dans l'essor du territoire !

[178] On se référera aux diagnostics faits sur l'enseignement à la CNS et aux Etats généraux de l'Education. Cf. M. EKWA bis Isal, « Quel devenir pour l'école zaïroise », in *Zaïre-Afrique*, 277 (1993), pp. 399-416 ; ID., « Lignes d'action du nouveau système éducatif au Zaïre. Rapport final des Etats Généraux de l'Education », in *Zaïre-Afrique*, 304 (1996), pp. 141-160.

[179] Beaucoup de personnes n'ont pas pu finir les études pendant la colonisation (et même après) moins pour des problèmes de frais à payer (l'enseignement étant généralement gratuit) et encore moins par manque d'intelligence que parce qu'elles étaient considérées, souvent à tort, comme des « rebelles » ou indisciplinées.

d'étudier, il se vérifie une vague de création, disons de prolifération des établissements d'enseignement à tous les niveaux, sans tenir compte des véritables critères d'éligibilité en ce domaine. Ce mouvement a pris de l'ampleur non pas tellement depuis que l'enseignement public a perdu sa crédibilité, mais plutôt depuis qu'a été généralisée dans les années 1990 la pratique du paiement de la « motivation » des enseignants. Ainsi, avec la création des écoles privées, la fonction enseignante qui était devenue un simple tremplin (on enseignait à défaut de trouver un bon travail et en attendant mieux) est devenue un des rares pôles de création de richesses pour les promoteurs. C'est elle qui essaie de résorber un tant soit peu l'énorme masse de diplômés que les écoles secondaires, les instituts supérieurs et les universités déversent continuellement sur le marché congolais très saturé de l'emploi. Mais ce qui compte pour les promoteurs et leurs employés c'est l'argent à réaliser sur la tête de ces milliers élèves et étudiants qui, comme leurs parents, sont gagnés à l'idée d'avoir à tout prix un diplôme pour être considérés dans la société. Même ceux qui devraient au nom de l'Etat veiller à la qualité de l'enseignement ne peuvent s'empêcher d'arrondir leurs mois par cette manne facile que les parents donnent assez facilement, malgré tout. Il faut dans ces conditions mettre simplement une croix sur la qualité ! Au niveau supérieur et universitaire, cependant, les choses s'empirent par manque d'un personnel qualifié et disponible[180]. C'est que les temps qui vont l'indépendance jusqu'à aujourd'hui gèrent des héritages –et l'enseignement n'est qu'un exemple– qui s'accordaient parfaitement aux objectifs clairs de la colonisation, mais qui étaient devenus imprécis et parfois contradictoires pour un développement harmonieux après la colonisation[181]. Encore une fois, l'ordre des convenances externes s'avère beaucoup plus ancré qu'on ne le croit dans la marche du Congo, dans la mesure où c'est pratiquement elle qui

[180] Un rapport du Ministère de l'Enseignement supérieur et universitaire inventoriait que sur un ensemble de près de deux mille établissements agréés, il n'y avait que la même quantité de professeurs c'est-à-dire plus ou moins deux mille professeurs pour deux mille institutions supérieures et universitaires. Ce qui est très loin en deçà pour la viabilité de ces institutions qui sont alors obligés de se partager ce même corps professoral : l'horaire des enseignements pour un professeur devient simplement insupportable et le rendement se trouve aussi affecté. Plus grave, aucune institution supérieure ou universitaire ne peut prétendre à la spécificité et c'en est fini avec l'esprit de compétition et d'émulation qui apporte généralement un plus et réveille les médiocres.

[181] C'est aussi le diagnostic fait par le Plan Directeur de Développement de la zone de Bikoro (PDDB) en 1996, notamment en ce qui concerne le secteur de l'enseignement et de l'éducation dans le Territoire de Bikoro que d'aucuns considèrent, même sur le plan national comme l'un des territoires avec une population fortement scolarisée et ayant fourni beaucoup d'intellectuels. Cf. *Plan Directeur de Développement de la zone de Bikoro (PDDB)*, Bikoro-Kinshasa, 1996, pp. 17-23.

a posé les fondations de l'édifice « Congo », lui assignant aussi ses objectifs et sa mission.

En ce qui concerne la religion, l'ordre d'assomption des convenances externes se fera tant par le biais des confessions chrétiennes très extraverties –dont la très puissante Eglise catholique du Congo– que par l'opposition entre celles-ci et les églises africaines indépendantes préalablement assujetties par le pouvoir ou pour le moins acquises à sa cause. Ce sera la grande inconséquence sociale de la politique religieuse de la Deuxième République et on peut se demander si cela ne continue pas dans la Troisième République. D'un côté, les structures de collaboration héritées de la colonisation entre l'Etat et les églises « importées » devaient être maintenues. De l'autre côté, ne pouvant s'assurer la totale soumission ou subordination des églises venues d'Occident[182], l'Etat joua à promouvoir des églises indépendantes qui lui seraient fidèles à loisir. Ainsi était étouffée presque dans l'œuf la base de la rébellion et de la résistance qu'avaient constitué les mouvements prophétiques et les messianismes depuis l'introduction forcée de la religion chrétienne au Congo. Les églises classiques (catholique et protestante) ne pouvaient prétendre à aucune contestation vraiment interne, puisqu'elles seraient facilement considérées par le pouvoir comme véhiculant des conceptions sociales et politiques étrangères. Les nouvelles églises (Églises africaines indépendantes) ne pourraient, quant à elles, se prononcer contre le pouvoir qui leur a donné les assises sociales –pour ne pas dire qui les a structurées– en les mettant sur un même pied d'égalité avec les grandes confessions traditionnelles. Bien plus, comme cela arrive partout dans le monde, la continuelle lutte contre les grandes églises, engagées par les sectes et les nouvelles églises, jouait à l'avantage du pouvoir puisque cette lutte de dénigrement constituait une bonne distraction en même temps qu'elle empêchait de concentrer l'attention sur les monstruosités des régimes. Même si aujourd'hui beaucoup d'églises de réveil sont en réalité des succursales ou des rejetons des églises nord-américaines, leur propension à la recherche d'un salut et d'un bonheur immédiat n'en fait pas un contrepoids politique réel qui déstabiliserait le pouvoir mais plutôt des alliés qui fêteraient la moindre des nominations politiques de leurs membres comme une preuve des bénédictions rassurantes (« du tic au tac »).

Ainsi, en matière de politique religieuse, les pouvoirs en place en République Démocratique du Congo, dans leurs stratégies de consolidation de leur pouvoir, réussissent à rééditer l'exploit de la colonisation qui voulut se servir de la religion (parfois la réprimer) pour asseoir sa domination. Mais

[182] Les catholiques et les protestants pouvant compter sur des sources de financement extérieures, avaient les mains plus libres et manifestaient opportunément cette liberté d'esprit. En effet, du point de vue des églises comme institutions, la force de Mammon est parfois plus visible que celle de la foi qui transporte les montagnes !

aujourd'hui, cette recette devient moins rassurante pour le pouvoir, notamment à cause de l'évolution des mentalités et de la conception même de l'église dans les doctrines des grandes confessions chrétiennes. En effet, il devient pratiquement impossible d'embrigader toute une église dans ces schémas de soutien inconditionnel à un ordre établi injuste. N'y sacrifient plus guère que des opportunistes, dans la hiérarchie comme parmi les fidèles, et ce pour la durée de leurs préoccupations immédiates. Peut-être que cela continuera à durer tant que l'Etat ne favorisera pas la création des richesses à tous les niveaux et donc aussi pour les plus pauvres. Une telle prise de conscience est de plus en plus perceptible dans le chef des populations qui n'aspirent plus à être de simples faiseurs de rois sans contrepartie pour leur propre promotion. Il faut aujourd'hui reconnaître que les églises ont accompagné à leur manière cet éveil de conscience que l'état embryonnaire de nos structures d'encadrement des masses ne permet d'asseoir. C'est ici qu'il faut situer l'impact, même en Afrique, du Concile Vatican II de l'Eglise catholique –qui se tint juste à l'époque de l'émancipation des pays africains (1962-1965). Avec sa conception d'une église entièrement en action dans le monde de ce temps[183], Vatican II a préparé une évolution non seulement vers l'autonomie des églises du tiers-monde mieux que ne l'avait fait en novembre 1959 la constitution de la hiérarchie ecclésiastique de l'Eglise catholique au Congo[184], mais aussi vers la défense des libertés et des droits des pauvres,

---

[183] C'est d'ailleurs le titre officiel d'un document (Constitution pastorale de l'Eglise) produit par le Concile Vatican II, *L'Eglise dans le monde de ce temps*, appelée aussi *Gaudium et Spes* (suivant une manière encore usuelle dans l'Eglise catholique de désigner les documents par les premiers mots latins du texte).

[184] Pour la petite histoire, en 1959, la plupart des territoires des missions catholiques du Congo qui n'étaient que des vicariats apostoliques sont devenus des diocèses ayant en leur tête un Evêque diocésain comme premier responsable (habilité à prendre des décisions sur sa juridiction) et non plus un vicaire, c'est-à-dire « celui qui est à la place de » et qui doit référer à une autre autorité pour décider). Puisque selon le droit de l'Eglise catholique, c'est l'évêque diocésain qui est l'autorité du diocèse (et ne se réfère en principe pas à un autre évêque pour le gouvernement de son diocèse), on considère que la création d'un diocèse est l'établissement de la hiérarchie ecclésiastique dans un territoire donné. Pour ce qui est du Congo belge, à la création des diocèses en 1959, tous avaient à leur tête un évêque missionnaire (blanc). A l'indépendance, il n'y avait que trois évêques congolais : Mgr Pierre Kimbondo, évêque auxiliaire de Kisantu (depuis 1956), Mgr Joseph Nkongolo, Vicaire Apostolique de Bakwanga (Mbuji-Mayi) et Mgr Joseph-Albert Malula, évêque auxiliaire de Léopoldville (Kinshasa). Les deux derniers étaient ordonnés respectivement en juillet et septembre 1959. Mais avec cette physionomie, la hiérarchie ecclésiastique du Congo ne pouvait pas se dire vraiment congolaise, même s'il faut mettre à son actif le fait d'avoir reconnu la nécessité que la Belgique accorde l'indépendance au Congo. Avec le mouvement lancé par le Concile Vatican II, les églises locales de l'Afrique entreprendront un long chemin pour essayer de se prendre en charge, non seulement d'un point de vue du personnel qui s'africanisera mais aussi du point de vue des options ecclésiologiques et

notamment avec l'option préférentielle pour les pauvres et le développement intégral de tout homme et de tout l'homme[185]. C'est ainsi que tout au long de la Deuxième République et malgré la prolifération des sectes, qui visait notamment à soustraire volontairement des adeptes aux églises officiellement reconnues accusées à tort ou à raison d'être trop politisées (comprenez : pas trop inféodés au régime en place), la religion n'a pas complètement manqué à sa mission prophétique, d'apparence subversive, face à tout ordre établi qui s'avère injuste et contraire à la promotion de l'homme.

Là aussi se perçoit un élément matriciel de l'unité de la période qui nous concerne. Tous les pouvoirs en place depuis l'époque coloniale jusqu'à aujourd'hui ont toujours appliqué directement ou indirectement une politique de rapprochement avec les églises. Et chaque fois qu'une église ou un mouvement religieux affiche une volonté émancipatrice par rapport à la politique de l'autorité en place, cela provoque toujours de frictions. Elles peuvent aller jusque à la déstabilisation de l'église ou du mouvement dont les actions et les prises de position risquent d'emporter l'assentiment des populations et donc souvent aussi de l'opposition politique au pouvoir établi. Ainsi, quand la collaboration des églises avec le gouvernement colonial était considérée comme opportune et salutaire dans le cadre de la mission civilisatrice, il n'a jamais été question d'accuser alors les églises de faire de la politique. Mais, lorsque Kimpa Vita, alias Dona Béatrice prit la tête d'un mouvement mystico-politique (la « secte des Antonins »), ou quand une révélation divine projeta Simon Kimbangu à la tête d'une protestation socioreligieuse qui donnera naissance au Kimbanguisme ou encore quand Tomo Nyrenda, alias Mwana Lesa (le Fils de Dieu) s'imposa comme chef de file du mouvement Kitawala annonçant le règne de la violence divine pour obtenir le retournement de la situation injuste et misérable des colonisés, l'administration coloniale prit des mesures sévères contre ces « menées subversives » (condamnation à mort de Dona Beatrice, déportation de Mwana Lesa, relégation de Kimbangu et autres). De même, à la veille de l'indépendance du Congo, lorsque l'Abbé Malula déclara à l'exposition universelle de Bruxelles la nécessité d'une Eglise congolaise dans un Etat congolais, aucun leader politique congolais de l'époque ne l'avait traité de « politicien en soutane ». C'est pourtant ce que l'on fit lorsqu'il s'en prit ouvertement à l'application iconoclaste de la politique d'authenticité de Mobutu ou encore lorsque l'Eglise catholique fustigea avec une rare véhémence et pas seulement une seule fois le *mal zaïrois*. On sait aussi que c'est le régime de Mobutu qui entreprit l'œuvre de réhabilitation du prophète Simon Kimbangu ou qui instigua, fait probablement sans précédent dans

---

théologiques, en attendant de le faire aussi dans les domaines économiques et financiers.

[185] On connaît le retentissement qu'a eu l'encyclique *Populorum progressio* du Pape Paul VI sur le développement des peuples (1967), même en dehors de l'Eglise catholique.

l'histoire des religions, la création de l'Eglise du Christ au Congo (ECC) en y regroupant des communautés protestantes les plus disparates tant par leurs doctrines que par leurs origines. Aujourd'hui, le rassemblement des églises de réveil sous le label corporatif de « Eglise de réveil au Congo » (ERC) est aussi une trouvaille du pouvoir politique et les membres ne s'en cachent. Et ce n'est pas du tout une hérésie chrétienne que de déclarer le pouvoir politique comme « fondateur » de ces églises, après Jésus-Christ ou plutôt après leurs différents prophètes ou autres « archbishops » et « évêques généraux », dans la mesure où c'est bien le pouvoir d'hier ou d'aujourd'hui qui leur a donné une visibilité et les a placés au même pied d'égalité que les grandes églises classiques.

Pour cette dernière donne, il faut reconnaître que, à la faveur de cette évolution, il y a aussi le changement de perspective du salut dans les mouvements sectaires. En effet, alors que les sectes millénaristes plus conventionnelles étaient plus portées au renoncement aux biens de ce monde, les nouvelles, de matrice pentecôtiste et évangéliste et provenant des pays capitalistes du Nord (particulièrement les Etats-Unis), cultivent une grande envie de la possession, des intérêts et des richesses de ce monde, considérés comme des bénédictions de l'Eternel. Ce qui les rend moins expectatives et, à la longue, combatives dans la recherche de la promotion personnelle mais non dans la lutte sociale. Dans ce sens, elles aussi sont sensibles à la paupérisation, même si en général c'est souvent dans le but de gagner soi-même puisque le salut, y aime-t-on répéter, est individuel. Au final, elles demeurent politiquement inoffensives, à moins de se muer en une énergie spirituelle pour se positionner dans le paysage dominant si cela peut donner accès à la prospérité matérielle. Si, à tout hasard dirait-on, mais en réalité selon la logique la plus normale de la mission prophétique de l'église, une de ces sectes ou nouveaux mouvements religieux retrouvait les ressorts de la dénonciation sociale, le pouvoir ne se fera pas payer pour la classer automatiquement sur la liste des mouvements politiques subversifs, à défaut de la compter parmi les associations membres de l'opposition politique. Nous retombons alors toujours dans le schéma de l'unité de la transition multiséculaire congolaise. Léopold II des Belges s'alliant les missions catholiques pour ses propres intérêts, c'est autant Casement, consul britannique dans l'EIC cherchant une place pour les missions protestantes dans sa campagne de transférer ces intérêts colossaux à une autre puissance occidentale. Buisseret le libéral ministre belge des Colonies, restreignant l'action de l'Eglise catholique dans la question scolaire en poussant en avant la création des écoles officielles et en partageant les subsides belges même aux églises protestantes (d'origine anglaise et américaine), c'est autant Mobutu nationalisant l'enseignement à l'époque du Grand Zaïre. Dans tous les cas, ce n'était pas pour le bien des congolais, mais du gouvernement socialiste belge ou du Maréchal lui-même. Mobutu sortant le kimbanguisme de la clandestinité ou fondant l'ECC, c'est autant L.-D. Kabila s'en allant en guerre contre les sorciers vrais ou simplement accusés tels ou encore fondant l'Association des Eglises de réveil ou J. Kabila barrant la route à l'opération *« Sauvons le Congo »* de l'Archbishop Fernando Kutino. Quelles que soient les époques et les acteurs principaux, les Congolais d'hier comme d'aujourd'hui ne bénéficieront que des miettes tombant de l'assiette trop bien garnie de l'occupant étranger européen ou africain (*mondele, noko, mouta*) ou de l'usurpateur congolais (*mwana mboka*).

Ainsi, la poursuite des convenances externes (ou privées), tout en affectant la nature du développement interne réel –ce qui est presque nul–, arrive à produire involontairement au moins mais aussi consciemment des mécanismes de remise en question, notamment lorsque des facteurs d'assujettissement rencontrent une détermination identitaire vraie et non opportuniste. Cette prise de conscience justifie en quelque sorte le passage d'une forme de domination à une autre : de l'EIC (avec les sociétés anonymes du Roi Léopold II) à la Colonie belge ; de la Colonie belge (brouillant artificiellement les cartes au sujet du patrimoine financier du Congo) à la Première République ; de la Première République (un mort-né résultant de la mauvaise foi de l'occupant et des appétits de la nouvelle élite congolaise) à la Deuxième République ; de la Deuxième République (honnie dans l'interaction entre la fin de la guerre froide et la volonté du peuple congolais de se prendre en charge) à la CNS ; de la CNS (grande entreprise inachevée de renaissance du Congo) à la « période de transition » ; de la transition (résultante du repositionnement de la communauté internationale autour de nouveaux satellites africains et de l'incapacité des nouveaux acteurs congolais de s'inscrire dans la durée et de concrétiser le noble projet de société de la CNS) au début de la Troisième République ; de la Troisième République (héritière d'un sursaut patriotique mais débutant avec le combat des deux éléphants[186] pour s'enliser dans l'installation d'une nouvelle bourgeoisie[187] et dans une nouvelle rhétorique propagandiste[188])… vers quel autre virage ?

---

186 « Quand deux éléphants se battent, ce sont les herbes et la végétation tout autour qui en font les frais » (Proverbe africain). C'est une allusion aux affrontements meurtriers entre les éléments de l'armée nationale du Congo proches du Président Joseph Kabila et ceux proches de Jean-Pierre Bemba, après la proclamation du premier comme élu au deuxième tour de l'élection présidentielle de 2006 qui les a vus s'affronter.

187 Depuis les dernières guerres au Congo et avec la présence de nombreux groupes armés, on assiste à une montée fulgurante de « nouveaux riches » au pays dans un contexte économico-financier encore morose. Kinshasa et d'autres grandes villes du pays vibrent au rythme de grandes constructions qui laissent perplexes les observateurs, alors que le niveau de vie de la population globale continue à s'effondrer !

188 Ceci n'est pas sans rappeler la campagne ratée de « l'objectif '80 » et les claironnements de la MOPAP (Mobilisation, Propagande et Animation Politique). « L'objectif '80 » était le grand rêve de la modernisation du Zaïre que Mobutu avait fait chanter et crier à tous les Zaïrois dans les années '70. La machine propagandiste du MPR parti-Etat en vantait l'efficacité finale avec ce slogan : « Pour l'objectif '80, première place : OUI ;

Ceci appelle bien une remise en question.

2.1.3. Du constat de l'unité à la remise en question

Si donc ce parcours débouche encore une fois sur une nouvelle phase de la domination du peuple congolais par des étrangers (Occidentaux, Asiatiques ou même Africains) ou des Congolais alliés du grand capital, la transition congolaise multiséculaire a encore de beaux jours devant elle. Et, au regard de la grande sophistication qu'est en train de prendre la question, notamment avec l'offensive des multinationales, les appétits territoriaux des voisins, l'invasion des peuples à la recherche des terres et la complicité autochtone, ce n'est pas le Congo qui risque de ne jamais pouvoir fermer un jour la parenthèse de sa transition multiséculaire, ce sera plutôt le monde qui mettra fin à la vie d'un pays qui s'appelle aujourd'hui la République Démocratique du Congo. Ce qui risque aussi d'ouvrir, en tous points de vue, la boîte de Pandore : fin de l'intangibilité des frontières héritées de la colonisation, retour à la Conférence de Berlin cette fois-ci sans le grand Stratagème de Léopold II mais toujours sans les Congolais, trop distraits ou simplement dépassés par les événements. Cela pourrait signifier aussi l'impossibilité de reconstituer même le Congo d'avant le 15e siècle : ni le Royaume Kongo, ni les Empires Kuba, Lunda et Luba, pour ne parler que des vénérables anciens empires du Congo méridional. Que dire alors des populations émiettées du Congo septentrional : Mongo, Ngombe, Mbuza, Ngbandi, Ngwaka, Zande, Magbetu ou des peuples du Bulega-Bubembe, des Nande, des anciennes micro-nations du Kivu central (Buhavu, Bufulero, Bushi)…?[189]

Cette évocation n'est pas un pur jeu d'esprit et ne poursuit pas un destin apocalyptique. Il s'agit pour le moins d'un raisonnement par l'absurde. Car, comment comprendre que, en cette époque de la mondialisation où, pour résister et se donner les moyens politiques et économico-financiers qui consacreront la culture de demain, tous les pays du monde jouent la carte du rassemblement et des alliances politiques, économiques et financières, le Congo se laisse emporter par un vent de fractionnement ? Que ce vent provienne de l'intérieur ou de l'extérieur, s'il venait à consacrer la

---

deuxième place : C'EST BIEN ; troisième place : C'EST ACCEPTABLE ; quatrième place : NON, C'EST NON. NOUS N'ALLONS PAS L'ACCEPTER ». Mais la proclamation n'a même pas eu lieu en 1980. Néanmoins, cette mobilisation a valu au pays quelques « éléphants blancs » comme nous l'avons vu plus haut ! Le premier mandat de Kabila aura aussi sa rhétorique très médiatique de la « visibilité des cinq chantiers », mais à l'heure des réseaux sociaux, les internautes se sont amusés à répondre coup sur coup à chaque publicité sur une réalisation attribuée au président en alignant des dizaines de preuves sur ce qui était pire dans le même domaine !

[189] Cette énumération n'est évidemment pas exhaustive mais indicative. Nous avons suivi la présentation d'I. Ndaywel dans son *op.cit.*

balkanisation de fait du Congo, compte tenu de sa situation géostratégique et des convoitises que ses immenses ressources attisent au nord comme au sud du monde, un Congo éclaté ne risque-t-il pas d'être un brasier d'une incandescence incontrôlable et redoutable pour tout le monde ? Que faut-il alors faire des gens qui ne savent pas eux-mêmes contrôler le feu qui risque de tout emporter bien au-delà de leur propre maison ? Deux solutions à l'échelle de la gouvernance mondiale actuelle : ou les contrôler attentivement de loin pour que leur feu ne déborde ou les prendre sous tutelle. La première solution est pratiquement inimaginable : personne ne voudra regarder le Congo de loin, de peur que d'autres ne profitent de l'inadvertance pour se servir. C'est cela qui justifie le fait que, même quand tous les paramètres de mauvaise gouvernance ou d'empiètement des fondamentaux des droits de l'homme sont réunis, il sera toujours difficile d'exclure définitivement le Congo. L'acharnement international sur la validité du « contrat chinois » ne signifie pas autre chose, comme aussi toutes les rallonges et les hésitations de la Banque Mondiale et du Front Monétaire International[190].

D'où, la nécessité d'élaborer politiquement et diplomatiquement la deuxième solution, à savoir la mise sous tutelle. Mais, tout doit être bien habillé pour éviter, autant que possible, que la démarche ne soit qualifiée comme une nouvelle forme d'impérialisme ou de néocolonialisme. Voici donc que tout se passe désormais sous le couvert d'un effort de démocratisation et de la lutte pour l'avancement du respect des droits de l'homme. En réalité, c'est bien un retour à la case de départ et ce départ ne se réfère point à l'indépendance mais à la découverte du Congo au 15e siècle ou pour le moins à la Conférence de Berlin ! Démocratie piégée ? Quelqu'un ne pensait pas si bien prophétiser[191]. Probablement bien plus, car la démocratie piégée est l'antichambre de la Nécropole. La « nécropolitique » est cette espèce de démocratie accordée en vue de mieux anéantir les possibilités d'émergence d'un peuple alors même qu'il croit s'émanciper.

Dans ce sens, on ne peut même pas dire que le Congo refuse le développement, car le refus peut être un acte de souveraineté ou au moins de responsabilité. Le Congo ne comprendrait pas la démocratie et se tromperait de cible en pensant que c'est la communauté dite internationale qui lui en veut. Si le Congo ne veut pas de ses richesses et de son épanouissement, pourquoi les autres devraient-ils le suivre dans sa logique suicidaire ? Le moment est-il peut-être déjà venu où ceux qui mettront main basse sur le Congo se féliciteront d'avoir sauvé les richesses de l'humanité et, s'ils sont croyants,

---

[190] Dans cette foulée, la RDC a même atteint le point d'achèvement le rendant éligible aux programmes de l'initiative PPTE pour être, peu de temps après cette prouesse, suspendue du forum AGOA des USA.

[191] Cf. NGBANDA Zambo-Ko-Atumba, *Afrique : démocratie piégée*, Condé-sur-Noireau (France), Equilibres aujourd'hui, 1994.

rendront grâce à leur Dieu de leur avoir permis de libérer le monde d'un mal incurable : la *« congolite »* ? Il est même fort probable que des Congolais s'en félicitent, notamment ceux qui, du sommet au bas de la société, se plaisent à répéter à qui veut les entendre : *« Mboka oyo ekobonga te »*, ce pays ne marchera jamais ! De là à faire du slogan pseudo-chrétien *« Nzambe asala »*, que Dieu agisse (sous-entendu : car nous n'en pouvons rien) la devise nationale de la République Démocratique du Congo, il n'y a qu'un petit pas à franchir…

Même le psalmiste qui, conscient de la déchéance de l'homme, s'était écrié : « J'étais pécheur dès le sein de ma mère »[192] ne croyait probablement pas aller si loin dans la description de son incapacité congénitale à faire le bien, puisque la Bible déclare aussi : « J'en suis sûr, je verrai la bonté du Seigneur sur la terre des vivants »[193]. Quant à nous, nous n'aurions pas fourni tout cet effort analytique et discursif pour conclure béatement à l'incurabilité de la déroute congolaise. La mise en évidence de l'unité de la transition multiséculaire du Congo et de la désorientation qui la marque au profit des convenances externes nous est comme une thérapie des profondeurs, au sens du titre que Mabika Kalanda donnait à son célèbre ouvrage *« La remise en question, base de la décolonisation mentale »*[194]. Il est pour nous question de secouer nos certitudes, non pas tant pour égratigner au passage la rencontre irrémédiable avec le monde extérieur que pour mériter la place qui est la nôtre et que les autres devraient être en droit d'attendre de nous. Aussi, l'effort le plus innovant consistera à assumer cette remise en question et cette prise de conscience non plus sous le manteau protecteur des convenances externes, ni même sous celui de l'impossible reconstitution d'une prétendue innocence antédiluvienne, mais en vertu de la poursuite consciente et responsable (qui assume son parcours, aussi boiteux fût-il) des motivations propres et internes dans un contexte mondial global. C'est alors qu'il sera possible de parler de la fin de la transition. Il n'est pas superflu d'indiquer déjà que ceux qui y parviendront ne s'en rendront sans doute pas compte. Peu importe. Mais l'histoire l'attestera. Autant dire clairement qu'une telle prise de conscience n'est pas impossible mais reste encore à venir…

D'où, la nécessité impérieuse de distinguer les éléments de cette unité et de mettre en évidence leur rapport.

---

[192] Psaume 51, verset 7.

[193] Psaume 27, verset 13.

[194] MABIKA Kalanda, *La remise en question, base de la décolonisation mentale*, Bruxelles, Ed. Remarques africaines, 1967.

2.2. Distinction des éléments d'une unité et leur rapport

Une certitude persiste : la période dont j'essaie de lire quelques événements constitue une unité marquée par la prédominance des intérêts étrangers au nom de la modernisation. Ces convenances externes ont été soit imposées de l'extérieur, soit proposées comme piste incontournable, soit encore assimilées et reproduites par nous-mêmes malgré le désir souvent affirmé de tourner la page et de prendre enfin le décollage (conceptuel, culturel, politique, économique…). Il me semble possible de distinguer dans cette unité substantielle les éléments qui changent de ceux qui ne changent pas du tout malgré les apparences. Le travail qui consiste à distinguer ces deux niveaux est de très longue haleine mais ne peut en tous les cas être sacrifié sans hypothéquer par le fait même la refondation de la Nation congolaise. Nous nous limiterons à décrire les changements au niveau des méthodes, des idéologies et des responsabilités tandis que nous tenterons de démontrer les permanences au niveau des motivations de fond.

2.2.1. Ce qui change

2.2.1.1. Ce qui change au niveau des méthodes et des idéologies

Le changement des méthodes de domination ou d'appropriation du patrimoine congolais est lié au changement des époques et à l'évolution des idéologies ainsi qu'à la perception des différents contextes en présence. Les méthodes de domination ont évolué à mesure qu'évoluaient les conceptions anthropologiques, bien que, ici aussi, on puisse relever certaines contradictions manifestes. Ces contradictions, même si elles n'ont pas le plus souvent conduit à la remise en question des méthodes qui les ont générées, permettent opportunément de comprendre les vraies raisons des opérations. On peut déjà entrevoir que, dans ces conditions, ce qui change a toutes les chances de n'être que morphologique ou épidermique, c'est-à-dire superficiel.

Ainsi, lorsque le Noir était considéré essentiellement comme un outil économique plus ou moins efficace pour la transformation des espaces de production, il a fallu l'utiliser comme tel. C'était la période de l'esclavage et de la traite négrière. Le Congo entra aussi dans cette danse macabre qui fit de l'Afrique le réservoir privilégié de la main d'œuvre pour servir dans les plantations d'Amérique et des Antilles : un nègre ne valait-il pas quatre Indiens ?[195] N'étant qu'un instrument, ce qu'il possédait devait revenir de droit au maître au moment de prendre possession de son outil, de l'homme-outil. Inutile de se poser la question (c'est là la contradiction) de savoir comment un instrument pouvait être en mesure de posséder. Car poser et répondre à cette question équivaudrait à reconnaître de fait que le Noir

---

[195] Cf. I. NDAYWEL è Nziem, *op. cit*, pp. 229-239. Voir aussi M. MAHN-LOT, *La découverte de l'Amérique*, Paris, Flammarion, 1970.

(esclave) était plus qu'un instrument. En outre, on ne devait même pas se rendre compte que, pour acheter ces hommes-instruments et leurs possessions, il fallait négocier avec d'autres Noirs, morphologiquement et culturellement identiques à leurs marchandises. Il fallait donc en rester à la superficialité pour éviter tout problème de fond puisque même les initiateurs de ce commerce pouvaient avoir des scrupules de conscience[196]. S'il est clair que cela était la situation au temps de la traite des Noirs, force est de reconnaître que cela se vérifie aussi aujourd'hui, chaque fois qu'une autorité ou ses hommes de sérail aliènent indûment la richesse nationale au profit d'une ou des puissances étrangères, sous prétexte de coopération bilatérale, sans qu'il soit possible de vérifier que le pays et le peuple tirent effectivement profit de ces échanges ou de cette aliénation du patrimoine national.

Nous avons vu plus haut que l'abolition de l'esclavage ne saurait être attribuée à des facteurs purement anthropologiques, moraux ou idéologiques (c'est-à-dire la reconnaissance que le Noir était aussi un homme à part entière). Mais une fois le fait acquis, on est passé à des justifications idéologiques qui conditionneront désormais l'approche que l'on se fera des peuples dominés ou à dominer. C'est ce qui détermine le contexte du partage de l'Afrique en 1885. Les champions de la domination se feront aussi les champions de la lutte antiesclavagiste, du moins à la face du monde qui compte. Ainsi, au lendemain de la Conférence de Berlin, la Belgique aura l'honneur d'organiser la conférence antiesclavagiste, alors que le traitement que les fonctionnaires blancs de l'EIC faisaient subir aux indigènes congolais était un des plus humains, comme avaient eu à le dénoncer les Casement, Morel et la Congo Reform Association ainsi que beaucoup de pasteurs protestants et le Noir américain G.W. Williams. Nous l'avons vu. La mort atroce du martyr catholique Isidore Bankanja, béatifié par le pape saint Jean-Paul II en 1995, date de ces années-là.

A la veille de l'indépendance du Congo, la politique d'assimilation est un autre changement notable dans les méthodes de domination. Cette méthode comporte une nette évolution par rapport aux méthodes antérieures parce qu'elle reconnaît à quelques autochtones la capacité de devenir comme des Blancs. Et l'on s'empressait d'obtenir la carte d'immatriculation, on s'inscrivait pour demander le statut d'« Evolué ». Mais la vraie préoccupation était que, de la sorte, le dominateur créait une division artificielle entre les colonisés. Ce qui ne pouvait que contribuer à les soumettre davantage. D'ailleurs en quoi cela change-t-il quelque chose dans la perception du Noir depuis que Richard Burton avait écrit en 1864 : « Le nègre pris en masse ne s'améliorera pas au-delà d'un certain point qui ne méritera pas le respect ; il

---

[196] De toute évidence, c'est un problème de conscience, à savoir, la protection des Indiens, qui poussa Bartolomé de Las Casas à proposer l'idée si ingénieuse et généreuse d'utiliser les Africains. Et on sait aussi qu'il s'en repentit…

reste mentalement un enfant… ». Nous l'avons vu. En d'autres termes, qu'on accorde à l'un ou l'autre Noir le « mérite » de savoir singer le Blanc, cela n'enlève en rien le fait que comme peuple il ne vaut rien.

Religion et politique ont été aussi mises à contribution dans cette œuvre, l'important étant de se servir du meilleur véhicule idéologique disponible ici et maintenant, apte à susciter le maximum de profit. Ainsi, quand l'Eglise représentait l'autorité incontestable, c'est avec la bénédiction papale que l'on entreprenait la conquête du monde inconnu et la soumission des infidèles. Mais lorsque, après les Lumières (*Aufklarung*) et la Révolution française, les idéologies politiques supplantèrent l'absolutisme religieux, ce fut la communauté internationale, en réalité un groupe de pays expansionnistes et professant le libéralisme économique, qui dicta la nouvelle manière d'assujettir les peuples barbares et de s'emparer de leurs possessions[197]. Au lendemain des guerres mondiales qui virent l'éclosion de deux blocs idéologiques, le destin de l'Afrique sera dicté par cette division du monde développé qui sera alors considérée comme la division du monde tout court. Le mouvement des non-alignés se révélera une mascarade de mauvais goût dont le meilleur résultat pour le Zaïre de Mobutu c'est un système hybride et certainement pas authentiquement africain[198].

Enfin, à la création de l'ONU, il se vérifiera un mouvement fort en faveur de l'autodétermination des peuples et de leur accession à l'indépendance. Cette nouvelle tournure de la politique internationale ne manqua pas de produire des effets[199]. Mais le contexte général permet de supposer qu'une telle conscience ne fut pas simplement fruit d'une évolution positive des mentalités dans les pays développés et colonisateurs en faveur des pays sous-développés et colonisés du tiers-monde. Il s'agissait aussi du résultat ou mieux de l'inconséquence d'une répartition inégale du monde dans le régime des colonies : certaines puissances occidentales étaient purement

---

[197] Il serait intéressant de parcourir l'histoire littéraire et idéologique des positions pour ou contre la conquête des territoires des peuples dits barbares (domination, esclavage, colonisation…) depuis les origines de la colonisation des temps modernes jusqu'à la révolution française et même après, pour se rendre compte de la vivacité d'un débat éthico-juridique et politique qui n'avait jamais fait l'unanimité ni dans l'acceptation du fait ni dans sa condamnation, mais qui a été impossible d'arrêter un phénomène dont toutes les justifications idéologiques sont postérieures au mobile économico-expansionniste qui le commandait et le soutenait. (Voir Encadré n° 2)

[198] Ainsi, quand on se mettra à crier au Zaïre de l'authenticité et du non alignement que l'on n'était « ni à gauche, ni à droite, ni au centre », on était pourtant pleinement à gauche quant aux méthodes (répressives) d'administration du pays et tout à fait à droite quant à la politique économique, si du moins on peut désigner ainsi un système de prédation.

[199] Nous avons vu par exemple que cela mit la Belgique en demeure d'étudier les possibilités d'émancipation de sa colonie du Congo. C'est ce qui aurait justifié, selon I. Ndaywel, le « plan de trente ans » de J. van Bilsen.

exclues du partage du gâteau. En faisant pression sur les puissances colonisatrices, par conviction ou par nécessité ou simplement dans l'esprit du temps, d'accorder l'indépendance –et cela en s'appuyant sur les légitimes revendications des pays colonisés–, « l'esprit des affaires » ne perdait pas de vue qu'il y avait là une nouvelle occasion de redistribution des cartes. On ne sera donc pas si naïf pour croire que les pays développés étaient disposés à laisser toute la liberté aux jeunes Etats accédant à l'indépendance nationale et à la souveraineté internationale pour faire partie du concert des Nations libres. On l'aura vu de sitôt au Congo-Kinshasa. Grâce à l'indépendance du Congo, les Etats-Unis qui convoitaient la position stratégique du nouveau pays indépendant ont pu jouer le rôle qu'ils entendaient jouer en Afrique, non plus seulement sous le couvert de la Belgique en tant que pays allié de longue date, mais directement au titre des accords bilatéraux et de la coopération entre deux Etats souverains. Et cela fut fait non sans influencer significativement, profondément et durablement le cours des choses en République Démocratique du Congo. De fait, au-delà des décors folkloriques et enjoués des cérémonies officielles, la souveraineté du Congo était loin d'être une réalité. La preuve en est que, dès que cela fut possible (et cela le fut assez tôt), les Etats-Unis ont pris les devants en plaçant des hommes qui leur convenaient à la tête de ce pays pourtant souverain, cela quel qu'en soit le prix à payer par le peuple. Pour le cas du Congo, ce prix fut plutôt très lourd et continue à l'être : de la neutralisation de Lumumba au lâchage de Mobutu, le pays aura connu une régression qui tranche avec ses possibilités. Et jusqu'à quand continuera-t-on à se voiler les yeux, à se boucher les oreilles et le nez pour ne pas voir, renifler et comprendre que de la neutralisation de Mzee Kabila annoncée en primeur par le belge Louis Michel à la désignation puis à l'élection du jeune Raïs Joseph Kabila, célébrée avec le même Louis Michel et sous la haute couverture sécuritaire de la MONUC et de l'EUFOR, « l'odeur du père » n'est toujours pas si loin. A se demander si le Congo de nos ancêtres cessera de payer de son accommodation aux convenances externes, malgré et peut-être même surtout avec les changements : après les changements = avant les changements.

Apprécions à présent ce qui change au niveau des responsabilités.

Encadré 2. Pour ou contre la conquête des territoires des barbares

A la fin du 15e siècle et au début du 16e, alors que les princes de l'Eglise et les Rois des nations chrétiennes conquérantes ne trouvaient rien à redire à une opération plutôt bénéfique pour les économies de leurs nations, l'expansion de l'Eglise et la systématisation de leurs sujets, ce sont des théologiens qui les premiers élèveront la voix. Ils seront parmi les premiers théoriciens de la colonisation, répondant positivement (comme Juan Ginés de Sepulveda, 1490-1579) ou négativement (comme Bartoloméo de Las Casas et Francisco de Vittoria, env. 1492-1549) à une situation de fait, en l'occurrence l'occupation du Nouveau monde. Si leurs débats tournent moins autour de la nécessité ou non de la colonisation, que sur les modalités, certains d'entre eux fourniront quelques arguments juridiques qui rendent insoutenable l'entreprise coloniale. On parle aussi d'un anticolonialisme de la Renaissance ou d'un anticolonialisme humaniste. L'éloge de l'état de la nature de la part des écrivains de la Renaissance et des Humanistes les a conduits à s'inspirer des thèmes de la découverte de nouveaux peuples. Rabelais (env. 1494- env. 1553) rêve d'une « colonisation humaine et libératrice ». Ronsard (1524-1582) demande qu'on laisse vivre « sans peine et sans souci » les heureux peuples des terres découvertes. Pour Montaigne (1533-1592), avec « les foudres et les tonnerres de nos pièces et arquebuses », on triomphe sans honneur des peuples nus. Les « Utopiens » des Thomas More (1478-1535), Francis Bacon (1560-1625) ou Tommaso Campanella (1568-1639) sont présentés comme de « bons sauvages » dont la civilisation sans oppression est détruite par les conquistadors. Denis Diderot (1713-1784) et d'autres philosophes mettent en cause le principe même de la colonisation, notamment le droit de l'occupant : « Si un Tahitien débarquait un jour sur nos côtes, s'écrie-t-il, et s'il gravait sur une de vos pierres ou sur l'écorce d'un de vos arbres : ce pays appartient aux Habitants de Tahiti, qu'en penserais-tu ? » Cependant, contrairement aux théologiens qui, comme B. de Las Casas, ont pu obtenir quelques résultats concrets, notamment l'allégement des charges et la protection des Indiens, même si c'est contre une atrocité (la généralisation de la traite des Noirs), l'anticolonialisme de la Renaissance et des Humanistes est plus une rhétorique littéraire qu'un mouvement d'action. Leur discours sur l'abandon de toute conception hiérarchique des civilisations, leur condamnation des violences et rapines, leur confiance en l'homme où qu'il habite et de quelque race qu'il soit, ne semblent avoir aucun impact concret. Le leur est un discours qui n'arrête pas l'évolution dont ils sont par ailleurs un peu en retrait à cause de leur esprit plus porté au classicisme (antiquité gréco-latine). N'a-t-on pas prétendu que les grandes découvertes et inventions scientifiques de la Renaissance ont été menées contre l'esprit humaniste ? Mais ces « néo-païens » qu'étaient les Humanistes semblent avoir une conscience plus claire de la dignité de l'homme (et de tous les hommes) que ne le manifestent les théologiens scolastiques, leurs accusateurs dans les débats internes à la civilisation occidentale (on trouve en effet parmi eux des libertins, des déistes et, si on ne peut pas vraiment parler d'athées, il y en a au moins à qui répugnent les manières des hommes d'Eglise). Quoiqu'il en soit, toutes ces positions pour ou contre la colonisation, l'esclavage et la domination des peuples primitifs ont toujours été ambiguës, comme le montre les positions de l'Abbé G. Raynal (1713-1796) qui écrivit ce qu'on surnomma « la bible de l'anticolonialisme du 18e siècle » et à la rédaction de laquelle participa Diderot : *Histoire philosophique et politique des établissements et du commerce des Européens dans les deux Indes* (1770). D'un côté, on prône l'anticolonialisme, mais, de l'autre, on reconnaît l'intérêt des colonies. C'est que ces attitudes pour ou contre la domination sont à comprendre toujours dans et selon les intérêts des mêmes. Même à la Révolution française (1789-1799), il n'aurait pas été directement question des colonies mais du statut de leurs habitants. Lorsque Maximilien de Robespierre (1758-1794) s'écria : « Périssent les colonies ! », loin de vouloir professer un credo anticolonialiste –auquel ses idéaux révolutionnaires de liberté, égalité et fraternité auraient dû logiquement le conduire–, il ne s'en prenait en fait, semble-t-il, qu'à ceux qui refusaient de voir appliquer aux colonies la Déclaration des droits de l'homme et du citoyen, sous prétexte que cela porterait à la fin du système colonial. En principe donc, le système colonial lui-même n'était pas récusé. Enfin, l'anticolonialisme des libéraux n'est pas non plus un égard envers les colonisés. Il est plutôt fondé sur la conviction de l'inutilité économique des colonies, et cela par rapport aux bienfaits de la liberté commerciale qu'illustrait l'indépendance advenue alors aux Etats-Unis (1776). Cette indépendance, en effet, n'a pas nui à l'économie britannique mais les relations économiques ont augmenté entre les deux pays. Ces convictions changeront pourtant lorsque la dépression économique se fera sentir et qu'on enregistrera un changement dans la structure du capitalisme et dans la nature des échanges internationaux. On était donc parti pour un nouveau colonialisme, plus systématique. C'est de cette nouvelle vague que date la Conférence de Berlin de 1885 avec le « partage » de l'Afrique et l'entrée en scène de Léopold II, Roi des Belges et Souverain de l'EIC.

2.2.1.2. Ce qui change au niveau des responsabilités

Les quelques faits alignés ci-dessus indiquent qu'il y a bien variation au niveau de la responsabilité directe des situations de la période dite de modernisation. Ce qui est remarquable dans cette variation, c'est le fait que le passage d'une catégorie de responsables à une autre ne signifie pas nécessairement le règlement de la situation antérieure. Celui qui assume aujourd'hui la responsabilité du déroulement des événements ne disculpe pas le responsable des faits qui l'ont précédé. Il y a donc une accumulation ou superposition des responsabilités dans les litiges jamais réglées, surtout à partir de la création de l'EIC. Ainsi, sans avoir rien résolu des litiges que leur gestion de l'espace Congo a générés, les responsables des différentes étapes de la modernisation du Congo s'en sont allés laissant leurs successeurs non pas leur fortune, mais leurs manques à gagner, non pas de jouir de leurs actifs mais de payer les pots cassés, toujours au détriment du peuple. Sans faute de sa part, la population congolaise est appelée à payer les injures de l'histoire. Et il y a bien de chance qu'elle n'arrive pas à le faire si, à un certain moment de notre évolution, nous ne prenons pas le courage de restituer à l'histoire son vrai cours, c'est-à-dire de faire du Congo non pas le pays de ses maîtres et de ses chefs, mais le pays de tous les Congolais.

En ce sens, bien que la responsabilité des autres soit effective, il nous appartient d'assumer celle historique de ce qui nous est arrivé, ne fût-ce que parce que c'est nous qui en subissons les conséquences néfastes ou en portons les tares. Bien plus, nous devons assumer la responsabilité de ce qui nous arrive et de ce qui pourrait encore nous arriver, car nous ne réussissons jamais à nous convaincre qu'il y a eu, qu'il y a ou qu'il y aura de développement par procuration. L'Afrique des proverbes l'avait déjà compris lorsqu'elle a traduit la nécessité de la prise en charge personnelle du destin dans l'image d'une parcelle abandonnée à laquelle seul le propriétaire pourrait redonner vie et éclat[200]. Cette proverbialité africaine nous prévient de la tentation de croire que les temps de la mondialisation changeront la nature des inégalités comme par enchantement, au point de nous imaginer que les autres feraient tout pour notre bien et malgré notre absence volontaire ou notre éloignement forcé du circuit global. Bien au contraire, s'il est évident que la mondialisation est devenue la destinée de toute l'humanité, elle ne le sera jamais pour nous sans une prise de conscience de notre responsabilité déjà au niveau local et national. Et ce que nous voyons l'Union Européenne faire pour les pays européens qui choisissent d'intégrer cette plateforme, il faudra sans doute attendre longtemps encore pour que l'ONU le fasse pour tous les pays pauvres du monde. Il ne faudrait peut-être même pas l'attendre de l'Union Africaine ! Même l'Afrique des villages ne prône pas cet attentisme si prisé par les gouvernements du tiers-monde et les corporations dépendantes de l'aide internationale ; sa sagesse vante plutôt la contribution de chacun pour l'accroissement du patrimoine familial[201] et désillusionne les paresseux[202]. La très belle et senghorienne expression du « rendez-vous du donner et du recevoir » aurait pu signifier cela si elle n'avait pas été manipulée au Congo par des personnes qui avaient tout sauf le sens de la responsabilité au nom de la Nation. Une maxime évangélique des chrétiens est proche de ce sens de la responsabilité : « Il y a plus de joie à donner qu'à recevoir »[203]. Or, le « donner » de l'évangile est essentiellement un « se donner » et c'est cela qui enrichit le sens d'une charité dépouillée de tout paternalisme ou le sens d'un humanitarisme décomplexé. Il s'agit, en d'autres termes, d'un « être » qui est tout un « faire ». Le sens de la responsabilité est donc la marque des vrais citoyens du monde.

---

[200] « Seul le propriétaire d'une parcelle non entretenue et désaffectée peut lui restituer sa splendeur » (proverbe ekonda).

[201] Selon une lecture du proverbe ekonda : « Le clan te donne des enfants, mais il est plus responsable que tu aies aussi ton propre enfant pour enrichir le patrimoine familial commun.

[202] « Ne te gonfle pas d'orgueil parce que ton grand frère travaille » (proverbe ekonda).

[203] Actes des apôtres, chapitre 20, verset 35.

Voici sériés, de manière ramassée, quelques faits pouvant être considérés comme des changements d'attitude ou de mentalité mais qui ne sont pas nécessairement la preuve d'un sens de responsabilité :

- Le colon a laissé place au complice (congolais) ;
- L'impérialisme des nations et/ou des continents laisse la place à celui des multinationales ;
- Le passage de l'émerveillement hypnotisant et désarmant (face aux prouesses de l'autre) à un étalage du savoir (sans parvenir à la domestication du savoir) ;
- Le passage de l'énonciation des obstacles culturels du développement à la considération de toute une culture comme obstacle pour le développement. Cela se base notamment sur :
- L'échec des politiques de retour ou recours à l'authenticité et la consolidation de l'afro-pessimisme ;
- La dislocation idéologique et la consolidation des préjugés raciaux. Ainsi :
- L'Union arable qui fait échec à la Ligue des Etats négro-africains, sans pour autant détruire l'Union du Maghreb Arabe ;
- Des pays de l'Afrique de l'Est qui se sentent obligés de se « débantuiser » et se « hamitiser » ;
- L'instrumentalisation de l'Union Africaine : des dirigeants africains qui affichent des visées hégémoniques et expansionnistes, d'autres tentent de jouer la carte Union Européenne ou des USA, d'autres encore la carte chinoise et asiatique quand ce n'est pas la leur propre au détriment des pays distraits ;
- Après l'Europe et l'Amérique, même l'Asie et l'Afrique ont compris que le Congo est dominable, c'est un lion ou un léopard domptable, et que les Congolais sont prenables par qui que ce soit.
- Même le Congolais a pris le goût à la richesse ostentatoire mais au détriment de sa propre nation et de ses propres frères et sœurs. Et, partant, il devient l'allié le plus sûr du nouvel impérialisme mondial parce que n'ayant pratiquement de compte à rendre à personne. Mais impérialisme sans patriotisme, cela ne signifie pas mondialisation mais pillage et poursuite de la création des pauvretés désormais à l'échelle planétaire…

Bref, il s'agit d'une somme de faits perceptibles à la fois comme nouveaux mais aussi comme des reculades, donc des faits nouveaux mais pas des avancées significatives. Et quand ils présentent quelques avancées, celles-ci seraient en faveur de l'extérieur ou des convenances externes.

Cependant, pour nous convaincre de l'importance de cette responsabilité, il est impérieux de savoir aussi ce qui ne change pas du tout malgré les multiples variations des méthodes, des idéologies et des acteurs. Seul cet élément stable à travers une mouvance continue est capable de révéler la nature du moment historique que nous vivons aujourd'hui mais qui a ses racines déjà au 15e siècle. Il ne faudra pas beaucoup d'effort de réflexion pour comprendre que, du fait de cet élément de stabilité, la nature de notre période de modernisation est intrinsèquement extravertie.

2.2.2. Ce qui ne change pas

Depuis que le Congo est entré dans le tourbillon de la modernisation, il y a une réalité qui ne change pas : il s'agit des motivations qui ont déterminé et continuent à déterminer les différentes phases de la domination exercée sur le pays. Si le Congo n'était pas un pays physiquement riche (en ressources naturelles), si le Congo n'était pas un espace géopolitiquement stratégique, si le Congo n'était pas un pays humainement robuste (avec une main d'œuvre forte, disponible et bon marché), si le Congo n'était pas un ensemble culturellement significatif, bref, si le Congo était pauvre, c'est-à-dire un de ces espaces que l'on regarde sans éprouver la moindre envie de s'en approprier ou de le dominer, envie qui le menace depuis le 15e siècle comme un virus mortel mais incurable, il y a bien longtemps qu'on s'en serait éloigné. Malheureusement, le Congo n'est pas pauvre, mais une terre enviable sur presque tous les points de vue. Ainsi, ce qui aurait dû faire l'objet de notre joie est à la base de notre tristesse : notre misère, ce sont nos ressources, aussi paradoxal que cela puisse paraître !

Comme pour ce qui change, nous allons vérifier ce qui ne change pas au niveau des méthodes et au niveau des responsabilités.

2.2.2.1. Ce qui ne change pas au niveau des méthodes : le Congo reste une jungle

En 1483 et en 1885, les bases de la formation de l'espace territorial qui deviendra la République Démocratique du Congo n'ont été ni culturelles, ni sociales mais économico-financières. Ce sont elles qui ont forgé politiquement le Congo colonial. C'est cela qui manqua cruellement au moment de l'accession de la République Démocratique du Congo à la souveraineté nationale et internationale en 1960. Depuis cette date, les Congolais se sont essentiellement occupés de la donne socioculturelle et identitaire, sans trop savoir comment y configurer la donne économico-financière qui leur a toujours échappé. Ayant été désigné, à sa naissance comme un « no mans' land », c'est-à-dire un pays n'appartenant en réalité à personne, ses populations autochtones ont été considérées comme de simples forces motrices dont devaient se servir ceux qui prendraient possession de cet espace économique. A la rigueur, on pouvait y ajouter ou amener d'autres forces motrices humaines si le besoin du marché le réclamait[204]. Le propriétaire d'un domaine d'exploitation n'accorde à tout ce qu'il y trouve qu'une valeur marchande. Il n'aimera pas ce qui s'y trouve, hommes et biens, d'un amour humain et n'aura pas à leur égard une prévenance des pairs, mais il se rappellera toujours l'intérêt et le profit que cela représente. Hier comme aujourd'hui, le Congo se présente comme une terre où l'on peut très facilement faire du profit, de préférence en n'étant pas Congolais ou, si on l'est, en se comportant comme si on ne l'était pas et en trahissant cette identité au nom des allégeances économiques. Sa population a appris qu'elle possède un pays potentiellement riche, sans jamais goûter aux délices de cette richesse que d'autres s'approprient, alors que nous croulons dans le fameux « système D » (de la débrouillardise) et dans l'esprit du « ramasser n'est pas voler ». C'est pourquoi le langage utilisé pour parler de l'entrée du Congo, de l'Afrique et des autres « terres nouvelles » ou « nouveaux mondes » dans l'histoire mondiale n'est pas neutre. En disant que le Congo a été *découvert* au 15e siècle, on insinue que, avant cette date, il n'y avait rien. Par conséquent, celui qui découvre peut s'octroyer le « droit du premier occupant ». N'est-il pas comparable au ramasseur qui se défend d'être un voleur ? Au 19e siècle, alors qu'avait failli la première découverte du 15e siècle, une nouvelle découverte était plus que nécessaire pour s'approprier de nouveau cet « espace vierge » du Congo par la politique de l'occupation de fait, la seule qui semble avoir prévalu à la Conférence de Berlin de 1885.

Economiquement parlant, la politique de l'occupation de fait n'est en réalité que la loi de la jungle. Ainsi, le Congo n'est qu'une jungle où il n'y a de règle que la loi du plus fort (15e s) ou du plus rusé (1885). En parler congolais, cela peut être rendu par le dicton : « L'éléphant est tombé : à chacun de découper son morceau de viande ! » (Proverbe ekonda). Du 15e siècle à nos jours, nous ne faisons que vérifier des affrontements dus à la convoitise et aux appétits gloutons des uns et des autres autour de l'immensité des richesses du Congo, et gare à qui chercherait à y mettre de l'ordre ! Le pourrait-on d'ailleurs ? Puisque cela équivaudrait à reconnaître qu'il y a bel et bien un propriétaire du Congo, son peuple. Et le marathon qui s'engagerait à cette fin ne reviendrait-il pas, en dernière analyse, à remettre le Congo aux Congolais ? On comprend pourquoi, chaque fois qu'il se vérifiera au Congo un élan qui porte à remettre le Congo au Congolais, ce mouvement sera étouffé pratiquement dans l'œuf. Pour les cinquante premières années de l'indépendance du Congo, nous pouvons noter de manière générale trois

---

[204] Depuis la construction du chemin de fer Matadi-Stanley Pool, des ouest-africains ont travaillé en RDC et y sont restés. Aujourd'hui, si les Libanais, les Indiens et les Pakistanais sont devenus des « big boss », les Chinois désormais présents dans tous les recoins se retrouvent tant comme des entrepreneurs qualifiés que comme de simples manœuvres.

moments forts à ce propos. Les trois ont pratiquement tous accouché d'une souris : l'Indépendance, la CNS et les élections générales de 2006. Et cela parce que les Congolais semblent avoir eux-mêmes mordu à la logique de la jungle et du désordre, sans doute par naïveté, impatience et suivisme, mais aussi certainement par manque de patriotisme et parce que appauvris.

Au niveau politique, depuis l'arrivée des Blancs, la mise en place d'un ordre politique superposé sur l'ordre traditionnel a installé une dichotomie tant dans l'énoncé que dans la gestion du pouvoir. L'indépendance ne l'a pas corrigé et l'ordre institutionnel de la Troisième République n'y a même pas pensé. L'invasion occidentale marque la fin d'un type d'autorité magico-religieux socialement validée et acceptée (selon différents modes d'accession ou transmission du pouvoir). Il s'agit d'une institution de valeur positive fondée sur la nécessité de l'organisation de la société. C'est le pouvoir dit de *l'« Ekopo »* ou *« Bokopo »* chez les Ekonda[205]. Nous pouvons dire en lingala « *Bokonzi* » ou encore mieux « *Bonkumu* »[206]. Ce pouvoir dit traditionnel mais en réalité le vrai pouvoir, avait autorité et légitimité par le fait qu'il était fondé

[205] Le pouvoir de l'*Ekopo* ou le *Bokopo* (en lomongo : *Ekofo* ou *Bokofo*) tire son nom du symbole qui le représente à savoir la peau de l'animal (*ekop'e nyama*), généralement du léopard (*ekop'e nkoy*) que porte celui qui en a été investi. Ce transfert de signification crée le substantif *Bokopo* qui désigne exclusivement cette institution (le pouvoir que le port de la peau du léopard symbolise). Si ce pouvoir est dit magico-religieux, c'est parce qu'il est reconnu comme d'origine divine et mystique, produisant ses effets par des moyens dont il est impossible de rendre compte par une explication rationnelle. En réalité, en vertu de ce pouvoir, le Chef investi détient (des mânes des ancêtres) la science et la connaissance nécessaires pour la vie et la conduite de ses sujets mais aussi un pouvoir d'inventivité afin d'être toujours à même de trouver des solutions aux défis de l'existence et de la nature. Cela ne signifie pas que c'est le Chef qui fait tout mais plutôt que c'est lui qui distribue judicieusement les pouvoirs (et non l'autorité ni l'imperium) pour que chaque membre de la communauté, en exerçant le pouvoir (c'est-à-dire la capacité de faire advenir le bien) dans un domaine qui lui est reconnu, concourt au bien de toute la communauté et même de la nature. C'est en cela que consiste le « partage du pouvoir » appelé *Bokapa bikopo.* Il ne s'agit donc pas d'un simple partage de postes et encore moins d'un partage de gâteau, mais d'une répartition des responsabilités.

[206] *Bokonzi*, du verbe « *konza* » (régner). *Bonkumu*, du substantif *Nkumu* qui désigne celui qui règne. Si le verbe *-konza* fait sentir une certaine force du Chef (force qui n'est pas moins réelle), le verbe ordinairement employé pour parler de l'action de celui qui règne est plutôt « *-lata* » (en lingala) ou « *-loto* » (en lokonda) : « être habillé ». L'image vaut son pesant : celui qui est investi du pouvoir porte officiellement la peau du léopard (*ekopo*) ; l'expression laisse transparaître l'idée de la responsabilité (le poids ou la charge qu'on porte) mais aussi de la dignité qui n'est un honneur que dans la mesure où les devoirs sont bien remplis. Ce n'est donc pas une simple fierté (*lipombo, ipolo*) mais une dignité (*bonkumu, ihiko*) qu'on remarque même dans la démarche du chef ou dans la marche de son cortège.

en droit non seulement opposable mais surtout reconnu par la société d'où il s'exerçait.

A ce pouvoir d'organisation sociale et politique, légitimé par l'autorité, a été substitué un pouvoir de domination, fondée sur le profit. Toute l'organisation sociale qui en découle ne sera mise en place qu'en fonction de la réalisation du profit. Cette force de coercition et de contrainte qui a parfois aidé à asseoir le *Bokopo* ou simplement à s'imposer et assujettir les populations est désignée par le vocable *« Mpifo »* ou, dans la terminologie coloniale, *« Bulamatari »*[207]. C'est un peu comme l'imperium ou la domination de l'Etat hégémonique. L'ordre colonial et, dans la suite, l'ordre étatique moderne découlant de la forme de société léguée par la colonisation, ayant été perçu comme un ordre de répression et d'assujettissement et non une véritable organisation sociale, sont donc considérés comme un *Mpifo*, c'est-à-dire une force coercitive et par essence autoritaire. Un des signes de la distanciation introduite par l'autoritarisme du *Mpifo* est la séparation entre les villages que l'organisation sociale issue du pouvoir ancestral (*Bokopo*) avait réussi à faire vivre en harmonie après le partage du pouvoir ou *« Bokapa bikopo »*[208]. De là l'adage proverbial déjà évoqué plus haut : Le Blanc qui est venu avec son pouvoir (*Mpifo*) a divisé les contrées. Cet adage résume la dichotomie que l'ordre colonial est venu semer dans la vie des peuples colonisés. En effet, dans le pouvoir ancestral de *l'Ekopo*, le partage du pouvoir n'est pas un partage du gâteau entre ceux qui ont accès au trône, ni une dilapidation des biens du groupe par les nouveaux ayants droit. La garantie en est le fait que la richesse de *l'Ekopo* est beaucoup plus symbolique que réelle : elle consiste à doter (investir) le détenteur de l'*Ekopo* d'une force ou d'une vertu dont l'application est au service du bien de l'ensemble à travers les multiples services ou ministères[209]. Avec l'arrivée des Blancs, la spécificité de l'autorité *Mpifo* semble avoir été de permettre au détenteur du pouvoir de

---

[207] En référence aux travaux de la construction du chemin de fer Matadi-Kinshasa, sous la conduite de Sir H.M. Stanley, justement surnommé *« Bulamatari »*, terme qui n'exalte pas la bravoure mais renvoie à la méchanceté, à la férocité et à la coercition exercées à l'endroit de ceux qui « cassaient les pierres » (*Bula matadi*). Ainsi, *Bulamatari* finira par désigner l'Etat moderne tel que régenté par le Blanc : ceux qui font travailler et font souffrir. L'autorité *Mpifo* se fait sentir par le *fimbo* (matraque, fouet) et le propre de *Bulamatari* est par conséquent de *« kobeta (bula) fimbo »*, administrer les coups de matraque, du moins c'est l'image qui en résume la conception.

[208] La tradition Ekonda par exemple rattache le dernier plus grand « partage de l'autorité ancestrale » à l'étape des migrations bantu qui a conduit à l'occupation par les différents groupes de l'habitat où les a trouvés l'occupant blanc au 19e siècle.

[209] Ainsi, celui qui reçoit le fer devient le fondateur de la corporation des forgerons, celui qui reçoit le javelot et le bouclier détient le symbole de la vaillance au combat, etc. Cf. N. VAN EVERBROECK, *Ekond'e Mputela. Histoire, croyances, organisation clanique politique, sociale et familiale des Ekonda et de leurs Bato'a*, Tervuren, MRAC, 1974, pp. 10-11.

s'enrichir au détriment des masses laborieuses et cela notamment parce qu'au moment d'accéder au pouvoir, le chef ne dispose généralement pas de tous ces attributs et dès qu'il le perd, il se voit aussi dépouiller de ces attributs. Le pouvoir se décline désormais dans sa matérialité comme quelque chose qui use (puisqu'il est coûteux de vouloir le rechercher et pas si facile ni reposant de l'exercer) mais aussi comme quelque chose qu'il faut à tout prix chercher à protéger. En réalité, nous sommes là devant une confusion aux conséquences politiques très graves, dans la mesure où la superposition de deux niveaux différents de signification a attribué à *l'imperium* (pouvoir de domination qui implique la conquête autoritaire) la *potestas* (pouvoir d'organisation qui implique la possession des attributs permettant de diriger une communauté humaine).

Il y a encore un élément pertinent dont il faut tenir compte dans la superposition des niveaux de signification du pouvoir. En effet, en plus d'avoir divisé pour mieux régner ou plutôt pour mieux diviser et régner et faire du profit, l'autorité coloniale a procédé à la duplication du pouvoir. En vertu de cette duplication, il existe encore aujourd'hui chez nous d'une part un pouvoir dit traditionnel ou coutumier et d'autre part un pouvoir dit de l'Etat. Le pouvoir coutumier, c'est le pouvoir propre de *l'Ekopo* dont la finalité a toujours été, même dans ses débordements, l'intérêt général des peuples. Quant au pouvoir de l'Etat ou le *Mpifo* du *Bulamatari*, représenté au niveau local par les chefs « médaillés » et les « Kapita » imposés par l'autorité coloniale, c'est un pouvoir coercitif dont la finalité a été, dès le départ, la production et la défense des intérêts étrangers au détriment de (ou de préférence à) l'intérêt des peuples. Ainsi, ce qui était la règle pour le premier n'était que l'exception pour le second. A l'indépendance, nous avons pris le pouvoir, mais en réalité nous avons plutôt repris le *Mpifo* du *Bulamatari* sans l'unifier au véritable pouvoir de *l'Ekopo*.

Dans la mesure où aujourd'hui encore nous souffrons de voir se réaliser une nation congolaise harmonieuse, c'est-à-dire une véritable organisation sociopolitique de la société congolaise héritière du pouvoir (*Mpifo*) colonial, nous pouvons considérer que, en vertu de cette division, il y a encore un vide au niveau du pouvoir de *l'Ekopo* en République Démocratique du Congo, vide que l'imperium *Mpifo* effectivement exercé par l'Etat moderne ne réussit ni à combler ni à compenser. Il ne peut pas non plus le faire simplement en dorlotant de temps à autre les détenteurs du pouvoir traditionnel ni en essayant de le leur chiper au moyen des sciences occultes locales ou importées ! C'est ainsi que quand on parle chez nous de « la conquête du pouvoir », il s'agit en réalité de « la conquête de l'imperium »[210].

[210] En fait, dans la conception africaine du pouvoir, le vrai pouvoir ne se conquiert pas (ce qui laisse plutôt entendre une usurpation du pouvoir) mais s'obtient par investiture. Celui qui conquiert le pouvoir s'en approprie tandis que celui qui en est investi le reçoit

Donc, sans le *Bokopo*, à petite ou à grande échelle, il n'y a pas Etat ni Nation. Il n'y a qu'un agrégat d'hommes. Et un Chef investi du *Mpifo* mais qui ne règne ou ne gouverne pas en vertu du *Bokopo*, n'est pas le garant de la Nation. Il est peut-être le plus haut fonctionnaire ou dignitaire mais il n'a pas les vrais attributs du pouvoir. Et cette marque d'illégitimité est en vogue depuis le 15e siècle. Pour changer ce niveau de réception et de perception du pouvoir, il aurait fallu qu'à l'accession au pouvoir *Mpifo* advenue à l'indépendance succéda, après une minutieuse préparation, un retour à *« Bokapa Bikopo »*, c'est-à-dire un nouveau rassemblement au lieu-dit du partage du partage des responsabilités ou partage du pouvoir d'organisation sociopolitique. Ce retour aurait permis au pays non seulement de s'approprier l'espace territorial hérité du pouvoir *Mpifo* colonial, mais surtout s'intégrer l'espace humain et socioculturel correspondant et qui est le véritable détenteur du pouvoir politique. On aurait pu le dire en des termes plus saisissants comme on aurait pu le faire avec des cérémonies plus expressives. C'est en réalité ce qu'aurait dû être le travail de la CNS. Mais en ayant pris l'option de bloquer la CNS, de torpiller sa pleine réussite ou carrément de court-circuiter sa logique qui allait, bon an, mal an, se mettre en marche, les Congolais n'ont en réalité fait que remettre le pouvoir *Mpifo* en selle jusqu'aux élections de 2006. Cela ne pouvait que faire plaisir à la communauté internationale et à ses convenances. Sur cette question rien de substantiel n'a donc changé depuis cinq siècles.

Tant que durera cette confusion, nos gouvernements continueront à rouler, malgré leur bonne volonté affichée, pour les intérêts étrangers, du capitalisme mondial, qu'il s'agisse de ceux des Occidentaux ou des Chinois, pour résumer la problématique actuelle du développement de la République Démocratique du Congo dans son ensemble. Dans ce contexte, la verve

---

comme un service (qui implique aussi l'autorité) au nom de la collectivité. Bien élucidée, cette conception du pouvoir peut apporter un correctif notable en démocratie, notamment dans l'appréhension de la valeur de l'élection. En effet, tant dans la tradition africaine que dans la démocratie moderne, on reconnaît que le pouvoir appartient au peuple. L'élection qui, traditionnellement, était le fait de la communauté elle-même par l'entremise de ses représentants (sans que cela implique nécessairement que l'élu batte campagne) peut, dans les grands ensembles que sont devenus nos pays après le partage de Berlin, se faire effectivement en mode de campagnes où rivalisent des partis politiques, sans trop insister (comme aujourd'hui) sur la personne du candidat, mais sur sa capacité réelle (et non supposée) de réaliser le bien général tout en restant lui le serviteur que le peuple entoure évidemment d'une sollicitude spéciale afin qu'il reste toujours à son service et ne devienne jamais celui qui monopolise le pouvoir ou qui s'en sert à des fins égoïstes. On ne dira jamais assez : si hier la richesse de l'homme politique pouvait ne pas trop attirer l'attention du peuple, aujourd'hui, l'enrichissement des hommes politiques au nom de la politique est un scandale et une injustice face à la misère générale de la population. Cela fait scandale et est injuste parce que le peuple ne comprend pas que c'est lui qui donne de quoi vivre à ses chefs, mais il se rend bien compte que ce sont les chefs qui se servent sur son dos, presque comme s'ils se moquaient de lui, le souverain primaire.

oratoire du « patriotisme » sonnera toujours mal au regard des enjeux réels du « partage du gâteau » si cher à tous les acteurs politiques congolais, toutes tendances confondues !

Maintenant, voyons ce qui ne change pas au niveau des responsabilités.

2.2.2.2. Ce qui ne change pas au niveau des responsabilités : le pillage et la complicité

Sous le pompeux mais trompeur nom de l'EIC, une exploitation systématique du Congo fut engagée. Ce qui montre que le profit était la seule motivation qui faisait courir Léopold II et non le « bien-être indigène », c'est notamment le fait qu'il n'accorda aucune attention à la suggestion qui lui fut faite d'engager au service de l'EIC des Noirs américains intellectuels et compétents (qu'on aurait choisi sur base d'un examen sérieux dans les meilleures écoles des Etats-Unis) désireux de rentrer dans leur terre d'Afrique. Car, tout compte fait, cela aurait coûté beaucoup plus cher que la main d'œuvre presque gratuite et en tous les cas docile de ses sujets du Congo[211]. Mais au-delà de cet aspect ou de cette nécessité plutôt pratique, le grand visionnaire qu'était Léopold II devait parfaitement comprendre qu'une telle initiative risquait de faire de l'EIC, à brève échéance, un Etat vraiment souverain et indépendant, jouissant de tous ses droits sur son propre territoire, et non une simple fiction juridique servant à détourner l'attention des concurrents potentiels à la gestion de cet immense profit ! Qui aurait alors perdu ? Le Roi Souverain. Et qui aurait gagné ? Le « bien-être indigène ». Mais était-ce là le but de l'œuvre léopoldienne ? Les termes dans lesquels le Roi-Souverain léguait à la Belgique sa possession du Congo sont on ne peut plus explicites. Son *testament* commence ainsi :

> « Nous, Léopold II, Roi des Belges, Souverain de l'Etat Indépendant du Congo, Voulant assurer à notre patrie bien-aimée les fruits de l'œuvre que depuis de longues années, nous poursuivons dans le continent africain avec le concours généreux et dévoué de beaucoup de Belges ;
>
> Convaincu de contribuer ainsi à son commerce et à son industrie et d'ouvrir à l'activité de ses enfants de voies nouvelles (…) ».

Dans une lettre qui accompagnait ce testament, le Roi-Souverain en appelle à des préoccupations patriotiques toutes à l'avantage de la nation belge :

> « L'histoire enseigne que les pays à territoire restreint ont intérêt moral et matériel à rayonner au-delà de leurs étroites

---

211 Cf. ZALA L. N'kanza, *op. cit.*, p. 195.

frontières. (…) Plus que nulle autre, une nation manufacturière et commerçante comme la nôtre doit s'efforcer d'assurer des débouchés à tous ses travailleurs, à ceux de la pensée, du capital et des mains. Ces préoccupations patriotiques ont dominé toute ma vie. Ce sont elles qui ont déterminé la création de l'œuvre africaine. »[212]

On chercherait en vain dans ces documents d'une haute portée historique un seul mot qui insinuerait une préoccupation philanthropique ! Tout respire profit et intérêts, évidemment pas pour les Congolais, mais pour le Roi et la Belgique. Ainsi en sera-t-il plus tard lors des négociations qui s'engageront pour l'indépendance du Congo. La Belgique était prête à tout donner (politiquement), pourvu qu'elle conserve tous ses intérêts économico-financiers. Elle s'en était même approprié certains (qui appartenaient au Congo en propre et non en copropriété avec la Belgique) sans attendre les négociations ! Une telle intention ne pouvait que constituer la base des désaccords lors de la table ronde économique. Nous avons vu ce qui est arrivé par la suite. On ne peut donc s'étonner outre mesure que la Belgique ait soutenu explicitement ou implicitement les deux sécessions qui éclatèrent au lendemain de l'indépendance. Et ce n'est pas par hasard qu'à faire sécession furent les provinces alors connues comme juteuses et à gros intérêts !

Et, comme si ce sabotage annoncé de la métropole ne suffisait pas, les Etats-Unis, dans le but de sauvegarder leurs intérêts en Afrique, ne s'offusqueront pas à aller contre la volonté du peuple, en manœuvrant contre le gouvernement légitime, issu des élections libres. Pour leur profit, ils feront appel à Mobutu. La caractéristique de ces *messies* imposés par la volonté des puissants et quel que soit le mode de désignation (coup d'Etat militaire, révolution de palais, parodie d'élections, etc.) est d'être des dictateurs assoiffés de profit. Ce qui ne peut que conduire, tôt ou tard, à croiser les intérêts de leurs mentors occidentaux et/ou africains. Pour Mobutu ce fut exceptionnellement long, mais pour Kabila le Père cela est allé plutôt vite. Mais entre les deux, il a fallu torpiller le processus de mise en place d'un nouveau projet de société et de la reconstruction du pays que les Congolais voulaient engager sous l'égide de la CNS, pour le court-circuiter en imposant l'AFDL de Mzee Kabila et consorts. Ainsi, pour son profit, la nation réputée la plus démocratique du monde acceptera de contracter un mariage de raison mais politiquement contre nature avec un leader congolais réputé communiste (ou du moins lumumbiste et en tout cas ami de Che Guevara) dont la vie de maquis a maintenu intacte l'inclination aux méthodes marxistes même en pleine période d'après-guerre froide, alors qu'un long passage à vide juste

---

[212] Le testament et la lettre du Roi Léopold II sont du 2 août 1889. On sait que c'est seulement en 1908 que l'EIC deviendra effectivement une colonie belge (le Congo Belge).

avant d'être « embauché » l'a initié à la recherche de profit personnel. Et quand l'heure fut venue où le profit du faiseur des rois devait l'emporter sur celui du petit roi, le roi tomba sans trop de difficultés, pour être remplacer, sans trop de difficultés non plus, alors que les guerres faisaient rage et émiettaient tout le pays.

Il faut reconnaître au premier gouvernement de Joseph Kabila, celui d'avant les accords du dialogue intercongolais, d'avoir reconnu la nécessité de réunir tous les Congolais autour d'une table pour discuter. Car en réalité, en rester à la situation de statu quo en cette époque où chaque groupe belligérant campait sur ses positions militaires et idéologiques, était synonyme de consacrer la partition de fait du pays. Ce qui était aussi synonyme d'échec du pouvoir en place dans la capitale. Le poids moral et historique d'être reconnu par la postérité comme celui au cours de l'exercice du pouvoir duquel la République Démocratique du Congo a été balkanisée, est sans doute plus dure à supporter, tandis qu'il est toujours possible de contourner plus positivement l'incapacité à reconquérir toutes les portions du territoire national entre les mains des rebelles en se considérant comme l'artisan de la paix et de la réconciliation. En réalité nous étions entraînés dans une distraction dont le prix n'allait pas tarder à se révéler. Le deuxième gouvernement de Joseph Kabila, celui du « 1 + 4 », n'aura été qu'une prime à la belligérance. N'a-t-on pas dit que les téléphones de ceux qui assurent la direction du monde ont beaucoup sonné pour amener les Congolais à s'entendre ? A comprendre plutôt que ce sont les intérêts externes qui ont été amenés à s'entendre par Congolais interposés ?

Que Léopold II, le Roi des Belges, lègue sa souveraineté à la Belgique, même s'il aurait dû la laisser aux Congolais eux-mêmes, on ne devait s'en offusquer outre mesure dans la mentalité de l'époque. Mais que les Congolais déclinent leur souveraineté juste quand il fallait la défendre dans une question fondamentale et ce pour mériter les faveurs et la manne de la communauté internationale, c'est la preuve patente que rien de fond ne change en République Démocratique du Congo ! Nous devrions pourtant dire que tout a changé. Et ce qui a changé, dans le cas d'espèce, c'est qu'aliéner jusqu'à ce point la souveraineté nationale peut équivaloir à consigner dans une constitution nationale qu'un étranger peut devenir président de la République. Et de fait, même si la courtoisie et la décence phraséologique n'iraient pas jusqu'à consacrer une telle formule dans la loi fondamentale, il est un fait que, au Congo, on peut tout obtenir, surtout quand ce que l'on recherche tend à nuire aux intérêts des Congolais et à protéger les intérêts des étrangers ou à les leur octroyer !

En faisant donc le compte, on peut dire que rien de substantiel ne change à l'avantage des masses laborieuses congolaises. Car pour préserver les intérêts (des étrangers au Congo), aucun principe de civilité ou de moralité, de démocratie ou de droit ne compte. La seule loi qui compte, la seule logique qui importe, c'est la loi et la logique du profit, quel qu'en soit le prix à payer en termes de négation des valeurs d'humanité ou d'interruption du processus d'autodétermination d'un peuple souverain. Le comble, c'est que, au sein des peuples annihilés par la recherche du profit des grandes puissances, des responsables rêvent à leur tour faire du profit, non pas pour le bien de leurs peuples –comme le font les grandes puissances- mais pour eux-mêmes. Ce qui se traduit comme étant un profit contre leurs propres peuples (à qui ils prennent le peu qui échappe des manœuvres des grands) mais à la faveur des nations développées (dont les banques sont les paradis-refuges de ces prédations tandis que les entreprises et l'immobilier sont les secteurs d'investissement de ces capitaux). On ne prête qu'aux riches ! On ne croyait peut-être pas l'avoir si bien dit ! Quel contraste avec le comportement des petits travailleurs immigrés africains : avec un salaire de misère et parfois subissant l'humiliation de n'être que des « sans-papiers », ils investissent dans leurs pays ce qu'ils gagnent en Europe, sous forme d'aide familiale, de construction d'une maison, de montage d'une petite entreprise familiale, de prise en charge des frais scolaires des enfants de la famille, etc. tandis que les grands hommes d'affaires et les politiciens, non contents de créer des conditions d'insécurité dans nos pays africains, se plaisent encore à placer leur argent et leurs capitaux dans des paradis fiscaux en dehors des frontières nationales !

En ces temps de course aux profits et aux intérêts, et où l'économie est en train de passer d'une valeur culturelle à la culture qui réglemente tout, ces faits risquent de s'accroître, pour le plus grand malheur des petits. Ainsi, les changements des méthodes, des idéologies ou des responsabilités dans la domination et l'exploitation dont nous faisons l'objet, servent à soutenir les mêmes motivations de recherche maximale de profit. Nous pouvons par conséquent dire qu'il n'y a rien qui change de manière fondamentale ou substantielle puisque aucun élément ne vient remettre en cause les motivations du profit attestées depuis le 15e siècle. Ce qui permet de confirmer l'unité substantielle de la période de modernisation du Congo, même en superposant les niveaux ou degrés de changement.

L'impérialisme colonial, qui nous a « découvert » en une période historique marquée par l'émergence des Etats-Nations, n'avait pas pour objectif d'unifier le monde (comme ce fut le cas de l'antiquité jusque pratiquement au 16e siècle) mais d'établir un contrôle plus économique (commercial) que politique ou culturel. A cause de cette motivation économique, les Etats-Nations dominants ont détruit les bases de l'organisation sociopolitique des peuples colonisés, sans leur substituer une organisation politique à la hauteur de ce qu'ils vivaient dans les métropoles. C'est encore plus vrai pour la colonisation belge car la politique du gouvernement direct de la colonie par les coloniaux (*direct rule*) a démoli les bases de l'organisation sociopolitique traditionnelle, quand elle ne l'a pas réduite, selon les opportunités, à des rôles folkloriques d'apparat

Au moment de l'accession à l'indépendance, il a fallu que les peuples colonisés, détruits dans la substance de leur organisation sociopolitique, se mettent à organiser politiquement les tout nouveaux Etats dans une configuration politique qui n'était pas la leur (celle de leurs traditions) et qui n'avait jamais été suffisamment déployée chez eux (puisque les intérêts économiques de profit n'en avaient pas tellement besoin). Dans leur empressement légitime et compréhensible à reprendre leur liberté longtemps confisquée, les nouveaux pays indépendants ont reproduit le modèle d'organisation politique des Etats-Nation en vogue dans leur métropole depuis le 16e siècle. Evidemment, ce sera sans le maîtriser. Or, juste à la même époque, une nouvelle donne de structuration politique a vu le jour en métropole : les idéologies.

Il aurait fallu donc aux Africains de créer en un temps record une symbiose politique entre ces deux réalités : organiser politiquement des Etats-Nations et mettre en place une gouvernance partitocratique sur base d'idéologies. On mesure toute la cacophonie prévisible alors ! Et ce n'est pas étonnant que la République Démocratique du Congo, où a été pratiquée le régime colonial du « *direct rule* » ait été et reste le pays qui a eu toutes les difficultés du monde à poser les bases d'un Etat-Nation gouverné en fonction des idéologies. Quand l'éclatement arriva de manière somme toute prévisible, la solution ne vint pas dans le courage d'un « retour à *Bokapa Bikopo* », ce lieudit de la répartition des responsabilités, c'est-à-dire l'intelligence du pouvoir de l'*Ekopo* sapé par les réductions dont nous fîmes l'objet, mais curieusement dans le recours à l'impérialisme antique connu en Europe depuis l'antiquité et qui s'est estompé au 16e siècle avec la naissance des Etats-Nations. Et il s'agissait effectivement d'un impérialisme parce que la République Démocratique du Congo était une masse de peuples à brasser comme le firent les empereurs conquérants de l'Europe, une masse d'institutions politiques à unifier (d'où la propension au centralisme et à l'unitarisme dans le pouvoir central) et des élites locales à intégrer dans le pouvoir central. La forme d'organisation la plus facile et à portée de main pour établir cet impérialisme antique dans le Congo naissant, c'est la dictature. Mobutu y réussit avec honorabilité, pour le plus grand malheur du pays.

De ce point de vue des responsabilités aussi, la CNS aurait voulu y remédier en retrouvant le chemin du « consensus national », non seulement entre les hommes politiques (qui s'amusaient) mais aussi entre toutes les couches de la population (qui souffraient). Mais, les Congolais, habitués désormais à l'imperium leur légué par les colonisateurs, ont plutôt choisi le chemin du « partage du gâteau » et on a dû s'embourber. Formé lui aussi dans le sillage de l'école politique de *Bulamatari*, L.-D. Kabila voulut siffler la fin de la récréation. Mais puisque, par son entêtement, il a osé défier la grand Bulamatari faiseur des rois en Afrique, sans s'être totalement assuré de la protection de la population, il a été mis hors d'état de nuire non pas tellement à son peuple mais aux juteux intérêts du grand capital. Et il en sera sans doute toujours ainsi tant que le Congo ne décidera pas de prendre en compte le retour aux sources pour mieux s'élancer dans la démocratie. Il pourrait même en sortir pire, parce que maintenant, au-dedans de ce désordre entretenu, nous avons pris le pli de nous amuser et de nous moquer de la démocratie.

Ce que nous explorons ici pousse à postuler que le vrai changement s'opérera lorsqu'il sera décidé (par qui ?) de remettre le Congo aux Congolais ! Mais comment imaginer que ce soit justement l'âge de la mondialisation d'emprunte économique qui permette un tel ajustement structurel moralement plus propre, politiquement plus responsable et économiquement plus productif que les ajustements structurels suicidaires auxquels nous soumettent la Banque Mondiale, le FMI et tous les clubs et communautés d'affaires ? Comment l'imaginer alors que, au nom de la même mondialisation, habillée cette fois des préoccupations écologistes en vue de sauvegarder la planète terre et d'assurer aux hommes un développement durable, toute la forêt du bassin du fleuve Congo, le deuxième poumon du monde après la forêt de l'Amazonie, est en train de devenir le nouveau « domaine de la Couronne ». Si, par ce coup, les pays du bassin du Congo (dont la République Démocratique du Congo) pouvaient gagner une fulgurante entrée dans la sphère décisionnelle du monde, le jeu en vaudrait bien la chandelle. Mais, voici encore un coup décrété par ceux-là même qui sont en train de piller inexorablement cette forêt sous les yeux impuissants ou plutôt complices de nos gouvernements qui se contenteraient des miettes que les multinationales d'exploitation forestière versent soit disant pour que le gouvernement organise le reboisement ! Dans le même ordre d'idées, des projets d'envergure se négocieraient pour l'exploitation des eaux du fleuve Congo ou la maximisation du barrage d'Inga et cela presque à l'insu de la République Démocratique du Congo elle-même, distraite –comme ce fut déjà le cas au moment de l'indépendance– par sa petite politique politicienne et par des guerres d'agression ou des rébellions à répétition.

Dans cette compétition en cours au Congo, qui devrait aboutir logiquement à la restitution du Congo aux Congolais, les plus en pointe dans l'imagination pour pérenniser le chaos congolais ne sont pas nécessairement ceux qui cogitent la balkanisation du Congo[213], mais probablement les

---

[213] Dans les dernières années du 20e siècle, les Congolais ont « découvert » qu'il y avait des projets fort avancés de division ou balkanisation du Congo. En réalité cette hantise a habité une certaine classe politique mondiale depuis les premières heures de l'indépendance. Et pas toujours pour les mêmes raisons objectives. Même la politique étrangère de Henry Kissinger y aurait pensé, semble-t-il.

Congolais eux-mêmes. En effet, nous avons développé un écartèlement idéologique très dangereux pour notre propre avenir mais rassurant pour tout étranger qui ose l'aventure du Congo. Cet écartèlement idéologique est caractérisé au niveau extérieur par une réceptivité béate et gratuite de tout ce qui vient de l'extérieur et au niveau intérieur par une critique négative acerbe à l'égard de tout ce qui est propre. A telle enseigne que chaque fois qu'un Congolais fait quelque chose de probant, il vient directement dans la tête des autres Congolais l'idée qu'il n'aurait fait que copier ce qui viendrait d'ailleurs ou encore que c'est quelqu'un d'autre, de préférence un étranger, qui lui aurait fait cette passe en or. Un manque de confiance en nous-mêmes !

La conséquence est toujours la même et elle devient même obsessionnelle et démobilisante : il serait impossible de vérifier des changements substantiels avec les Congolais. Ce pessimisme qui conduit tout droit au fatalisme a comme répondant immédiat la recherche d'un *deus ex machina*. Evidemment, ce dernier ne saurait être qu'un non Congolais. Le problème, c'est qu'une telle vision péjorative est partagée tant par les Congolais eux-mêmes que par les non Congolais, mais pour des raisons différentes[214]. Et le cercle vicieux continue…

Mettons à présent l'acquis de cette modernisation désormais considérée comme un élément d'une étape de notre histoire, avec notre histoire ancienne et notre devenir.

2.3. Rapport de la modernisation avec l'histoire ancienne et le devenir du peuple congolais

L'impasse de la très longue période de modernisation du Congo éclate lorsqu'on essaie de la situer par rapport à ce qui est permis de connaître de l'Afrique des ancêtres et lorsqu'on essaie de se représenter le devenir du peuple à partir de ce que nous sommes aujourd'hui. Un individu peut s'enrichir par hasard, mais cela restera toujours dans l'ordre des exceptions. Par contre, c'est plus difficile de le dire de tout un peuple. Quand bien même des événements tout à fait imprévisibles permettraient d'amorcer un processus de développement, il faut encore que des esprits avertis se rendent réceptifs et rendent compréhensifs ces événements. Sans cela, le bien le plus notable et

---

[214] Pour les Congolais, la critique acerbe envers nous-mêmes est moins la volonté de l'excellence que celle de justifier que nous ne valons rien ou de refuser qu'un frère à moi me surpasse (puisque nous sommes tous identiques (*Biso nyonso bana ya mille neuf cent…*). Pour les non-Congolais, c'est la peur que, en reconnaissant que les Congolais sont capables, et si un jour le Congo devait être dirigé par un vrai Congolais (celui qui se préoccupe d'abord du bien de son peuple), les pilleurs internationaux ne pourront plus continuer facilement et sans remords à faire main basse sur ce vaste chantier de l'exploitation de l'ancien et toujours actuel no man's land congolais.

l'intuition la plus engageante risquent de n'être que de belles fleurs non perçues par l'œil qui sait en définir la beauté.

L'impasse de la période de modernisation du Congo pourrait être résumée de la manière suivante : nos ancêtres nous ont légué la vie et « une terre où il n'est pas si difficile de trouver ce dont on a besoin »[215]. Mais notre gestion de cette vie et de cette terre à l'époque de la modernisation ne nous permet pas de garantir que nous léguerons à nos descendants une vie digne des hommes vraiment hommes et une terre où il fait bon vivre. En flagrante contradiction avec le souci majeur de nos ancêtres d'acquérir des biens pour les laisser en héritage[216], la gestion médiocre de la modernisation africaine semble léguer comme héritage aux générations de demain la pauvreté, la douleur, la souffrance et l'humiliation, sans pour autant qu'il y ait une perspective de reprise ou de ressaisissement. Voilà pourquoi le Bobongo chante, mélancolique : « Toute la richesse que nous a léguée notre père a été complètement pillée et emportée par les autres… »[217].

Certes, ce que nous avons appris de notre histoire par les livres n'est pas toujours si noble ni élogieux : que nos ancêtres étaient des barbares, de vulgaires anthropophages et d'impénitents cannibales, des hommes et des femmes qui n'étaient même pas dignes de professer une religion polythéiste, mais des animistes, attribuant une âme même à une feuille morte. A l'état sauvage où ils étaient, ils ne pouvaient être sujets de l'histoire, les traditions écrites leurs faisant défaut. Les règles de la sociologie ne pouvaient

---

215 C'est le *« londjobo lopa la biomba botila »* des Ekonda, une espèce de paradis où l'on trouve tout. Cependant, il ne s'agit pas d'un monde dans lequel il ne faut fournir aucun effort pour trouver le nécessaire ni d'un monde dans lequel « ramasser n'est pas voler », monde du simple hasard et de la chance. Il s'agit d'un monde où l'activité laborieuse comme caractéristique de l'homme, conjuguée avec une nature exubérante et luxuriante, ne peut être que bénéfique et rentable. Dans ce monde, celui qui cherche, qui entreprend, trouve nécessairement. C'est comme si tout était facile, en réalité c'est plutôt une garantie pour ce qui ose se mouiller dans l'action.

216 Comme l'exprime si bien le proverbe ekonda : « Si le père ne défriche la forêt primaire, le fils n'héritera pas de forêt secondaire ». Le proverbe souligne le fait que c'est l'esprit d'initiative et de sacrifice qui rend apte à acquérir en vue du bien des autres.

217 Séquence (Chant) intercalaire du folklore Bobongo du Maître Ipoli Bayolo d'Ikongo. Dans la démarche pédagogique et instructive propre au langage symbolique du Bobongo, cette séquence intercalaire a une portée incitative : non pas à la révolte contre l'oppresseur ou le pilleur (ce qui parfois ne conduit qu'au fatalisme, notamment si l'on se rend compte que l'on est incapable de s'en prendre à l'oppresseur et au pilleur), mais à l'engagement par la prise de conscience de ce que l'on est et de ce dont on est capable. Ce que nous sommes est une valeur non confiscable de l'homme vraiment homme (qui est comme l'arbre *« wete »* qui ne peut être emporté par n'importe quel coup de vent, à moins de le déraciner intentionnellement en coupant ses racines rampantes). Et ce dont nous sommes capables, c'est le cachet particulier que chaque homme laisse dans la société (comme l'interprète lyrique du Bobongo qui laisse pantois l'auditoire et se fait ainsi respecter de tous).

s'appliquer à l'étude de leurs groupes humains qui ne pouvaient s'appeler des sociétés. Et, en attendant de s'assurer qu'ils avaient une certaine culture, l'approche d'étude qui leur convenait était l'anthropologie et l'ethnologie. Nos ancêtres n'avaient pas de philosophie : l'amour de la sagesse et la critique logique et rationnelle n'avaient rien avec un monde de conte de fées. Leurs choix métaphysiques primordiaux, pour autant qu'ils pouvaient en avoir, ne pouvaient être que mauvais et erronés…

Puis, petit à petit, nous avions appris que nous avions, nous aussi, des cultures, qu'il était possible de parler de civilisations africaines, de religions africaines traditionnelles. Mais il a fallu attendre longtemps encore pour admettre et se convaincre que les peuples d'Afrique avaient aussi une vision du monde. Même alors, les iconoclastes de la culture africaine traditionnelle ont considéré que tout le temps passé à cette recherche identitaire pour montrer aux autres que nous avions ce qu'ils nous déniaient, tout ce temps n'était que du gaspillage. Heureusement, les pionniers sur cette ligne ne se sont pas découragés. Même s'ils n'ont pas déclenché le discours qui rallierait leurs détracteurs, ils n'ont pas cédé à la distraction. Car, en juxtaposant dans l'ordre chronologique les temps féeriques de notre histoire ancienne et le temps de la modernisation, notre déraillement saute aux jeux. Parce qu'avoir une vision du monde implique l'exercice de la capacité de penser. En effet, bien que pouvant aboutir sur le plan pratique à un dogmatisme commissionnant les membres d'un groupe humain donné à la répétition passive de coutumes stéréotypées, toute vision du monde implique au préalable un esprit de synthèse découlant d'une mise en acte de l'organisation sociale en vertu de quelques présupposés de type doctrinal ou vital. Si donc les peuples d'Afrique ont pu opérer une synthèse de leur mode de vie à travers une vision du monde, il est à reconnaître qu'ils savaient quel bien était nécessaire et donc à rechercher pour la bonne marche de leur société. Bref, avoir une vision du monde, c'est réfléchir et agir en fonction des convenances internes à son milieu de vie. Indépendamment du contenu spécifique de ces convenances internes –d'ailleurs difficiles à évaluer d'un point de vue comparatif des horizons mais mieux estimables dans le contexte propre à une vision du monde–, ce qui compte, c'est la capacité à orienter sa vie ou celle de son groupe en fonction des références qu'on se donne ou qu'on trouve en acte dans sa société.

Il serait intéressant de relire ici l'histoire de l'Afrique, des origines jusqu'avant le 15e siècle pour vérifier la constance de cette recherche des convenances internes. Nous nous limiterons à une rapide évocation des peuples d'Afrique centrale et orientale, particulièrement de ceux qui composent l'espace géographique et humain de l'actuelle République Démocratique du Congo. La majorité de ces peuples sont Bantu.

2.3.1. Un peu d'histoire ancienne

Toute société, primitive fût-elle, est d'abord une organisation de lutte avec la nature extérieure. L'homme est un être qui ne se suffit pas et qui doit travailler de lui-même ou avec l'aide des autres ou par instruments interposés. Ce qui impose une variation de rythme à cette lutte avec la nature, ce sont notamment les conditions dans lesquelles l'homme réalise cette lutte. Même la rationalisation de l'organisation est souvent, et certainement au départ, fonction de ces conditions de travail.

Or, du point de vue évolutif, le Congo a joui des conditions particulièrement favorables : les résultats sensiblement sécurisants de la cueillette rendaient pratiquement inutile tout effort de qualification du travail dans un groupe qui n'a besoin que du nécessaire et tant qu'il n'était pas question de productivité et des intérêts du marché. La production du superflu n'était donc pas nécessaire puisque l'assurance du lendemain était totale. Compte tenu du caractère relativement clos de cette culture, l'augmentation de la production, base du développement économique, n'aurait pas servi à grand-chose. Mais, comme nous aurons à le voir, la présentation de la culture africaine comme une culture fermée est souvent arbitraire et ne correspond pas toujours à la vérité historique. Au lieu donc d'insister sur cette fermeture pour expliquer le manque d'augmentation de la production (qui semble une donnée bien réelle), il convient de formuler des hypothèses plus culturelles que mécaniques ou économiques. Parmi ces hypothèses culturelles, il y a lieu de relever le fait que la richesse n'a pas toujours été conçue en fonction des paramètres économiques. Ces derniers venaient plutôt en appui à une dignité ou notabilité qui pouvait être d'origine familiale ou rattachée à la valeur d'un métier ou d'une fonction. Et en général, ces classifications coïncident puisque l'exercice d'un métier ou d'une fonction, le plus souvent héréditaire, indique aussi la classe familiale.

La fierté que des peuples éprouvent d'habiter une terre où il n'est pas difficile de trouver de quoi vivre les a souvent conduits à défendre leur territoire. Ce fut notamment le cas après la période de la vie nomade au cours de laquelle les besoins de l'autosubsistance exigeaient de fréquents changements de résidence pour trouver des terrains plus propices à la cueillette et à la chasse. La somme des connaissances du milieu, des conditions physiques, du climat, de la faune et de la flore, connaissances acquises dès cette période, sera d'une grande utilité pour la pratique de la « végéculture » ainsi que pour la mise au point de nouvelles techniques de pêche et de chasse et cela même après que les peuples se seront sédentarisés et auront occupé l'habitat qui fut la leur à l'arrivée des Blancs[218]. La contribution particulière des groupes, essentiellement bantu, qui s'établirent alors au Congo où ils

[218] Cf. I. NDAYWEL è Nziem, *op. cit*, pp. 48-51.

trouvèrent les pygmées, c'est notamment l'introduction de l'agriculture. Dans un tel contexte, la productivité n'étant pas la motivation qui conduit à la richesse, le seul ordre économique qui tienne est le *capitalisme foncier*. Nous désignons ainsi le système dans lequel on se reconnaît propriétaire des terres et des cours d'eau, même si cela n'implique pas toujours la dotation des moyens pour le fructifier ni l'intention de le faire.

Déjà alors, cette culture économique naissante n'est ni individualiste ni collectiviste. Il ne s'agit pas de l'individualisme parce que celui qui acquiert le fait avec un sens élevé d'appartenance à une famille : non seulement des enfants qui doivent hériter mais encore la famille élargie toujours associée aux différents travaux et surtout au partage des revenus. La marque culturelle de ce capitalisme peut s'observer notamment dans le fait que ce qu'une femme mariée obtient pendant le temps de son mariage ne devient pas patrimoine de sa famille d'origine mais des enfants issus de ce mariage. A leur tour et bien que héritiers légaux, ces enfants en partageront l'usufruit avec tous leurs frères et sœurs de la famille de leurs pères, sans oublier ceux de leur mère et même tout le village (selon l'importance du bien acquis).

Mais, il ne s'agit pas non plus d'un collectivisme car le simple fait de posséder ne donne pas à toute la famille le droit de jouir des fruits attendus, surtout si de tels fruits sont le produit d'un travail ayant demandé au moins l'investissement de la force humaine. C'est donc celui qui travaille qui bénéficie de ce patrimoine, même si par des modes particuliers de réglage, de taxation ou d'impôt, la famille assure toujours son devoir de solidarité et de partage envers tous ses membres, les travailleurs comme les fainéants, les bien portants comme les malades, les vieux comme les jeunes, les présents comme les absents (et parfois aussi envers les morts).

L'évocation de la situation de quelques groupes de l'espace congolais montrera qu'il est trop facile de dire que les différents peuples n'avaient pas à cœur l'augmentation de leur production et qu'ils se contentaient d'un capitalisme foncier. Mais, ce qui ne trompe pas, c'est que l'organisation sociale basée notamment sur la défense des terres ne peut-être attribuable qu'à des cultures ayant dépassé le stade de la vie nomade et la civilisation de la cueillette, même si, concrètement, ces peuples prendront encore du temps pour se fixer dans leur milieu actuel. Ce qui justifie les mouvements migratoires[219]. Or, aussi loin que l'on puisse remonter pour attester le mouvement migratoire des Bantu, on les découvre comme des peuples agriculteurs, bien que nombreux soient ceux qui ont continué à combiner les ressources de la

---

[219] Cf. « The emergence of Bantu Africa », in R. OLIVIER & B.M. FAGAN (dir.), *The Cambridge History of Africa*, vol. II, Cambridge, University Press, 1978; M'BOKOLO Elikya, *La Dispersion des Bantou. L'Afrique australe du XVIe au XVIIe siècles,* Paris, Pensée Africaine, 1989 ; C.I.CI.BA., *Les peuples bantu. Migrations, expansions et identité culturelle*, Paris, L'Harmattan, 1989.

cueillette avec celles de l'agriculture (comme aujourd'hui encore). Le repérage par les linguistes d'un noyau proto-bantu aux confins du Nigéria et du Cameroun a permis d'établir que dès cette époque, il y avait une certaine connaissance de l'agriculture et sa diffusion en Afrique centrale date au plus tôt du deuxième millénaire avant Jésus-Christ et au plus tard au début de notre ère[220]. Nul doute que ces peuples ont pu, pour cela, prendre possession des techniques du fer au moins au début de l'ère chrétienne[221]. On comprend dès lors que certains mythes des origines présentent le premier homme comme un forgeron. Et de toutes les façons, la plupart des mythes des origines attestent bien l'utilisation du fer comme aussi la pratique de l'agriculture.

Ces éléments permettent de relativiser, sur le plan macro-social, les conjectures d'une Afrique de la cueillette et de la prédation, comme aussi celles d'une culture fermée sur soi : en disposant d'une économie basée sur l'agriculture et l'élevage ainsi que d'une organisation sociale déjà à l'âge néolithique, les Bantu et les autres peuples d'Afrique n'en étaient plus à la prédation au sens strict. L'histoire particulière des différents peuples de l'espace congolais avant la pénétration européenne pourrait nous en dire davantage. Nous nous contenterons de quelques illustrations partielles (la côte orientale, le Royaume Teke et les peuples du Sud). L'important pour nous est de démontrer que, à cette époque, la vie des peuples de l'espace du Congo, dans ses gloires comme dans ses déboires, s'organisent autour des convenances internes de leur marche ou évolution.

2.3.1.1. La côte orientale

Avant le 15e siècle, les différents groupes humains qui composent l'Afrique centrale et orientale –Pygmées, Bantu, Nilotiques et Koushites– ont établi des contacts entre eux, mais aussi avec l'Asie. Ils commercent entre eux et avec les comptoirs commerçants de la côte de l'océan indien. On pense que dès le 8e siècle, les Noirs ont été vendus esclaves vers la Chine et la Perse. Un des résultats de ces contacts internes et externes, c'est la formation du swahili comme langue d'échange entre les Africains et les Etrangers, probablement après le 9e siècle. On s'accorde à retenir que la langue parlée par les populations mixtes des côtes africaines de l'océan indien et dont parle Al-Mas'udi (mort en 956) n'est autre que le swahili. Jusqu'au 10e siècle, l'Afrique orientale commerce avec la Chine et l'Inde, puis progressivement prennent place des arabo-persans. Le 11e siècle connaît l'organisation d'un pouvoir riche et une rapide progression vers une société complexe à échanges

[220] Pour le repérage linguistique de l'aire Bantu, voir J. GREENBERG, « Linguistic Evidence regarding bantu origins », in *Journal of Africa History*, XII, 1972 ; J. HIERNAUX, « Bantu Expansion. The evidence from physical and anthropological confronted with linguistic and archeology evidence », in *Journal of Africa History*, IX, 4, 1968.

[221] Cf. I. NDAYWEL è Nziem, *op. cit*, p. 52.

lointains : on vend du fer à l'Inde, de l'or aux Musulmans et à l'Egypte. Au 14e siècle, on connaît avec le Zimbabwe et le Mapungubwe, un pouvoir fort et riche. L'apogée du Royaume de Monomotapa est antérieure à l'arrivée des Portugais sur les côtes du Mozambique au début du 15e siècle. Le souverain (Mwene Mutapa, le maître du royaume) était garant de la bonne santé de son royaume, dont la prospérité était assurée, par l'élevage de bovin, par l'exploitation des mines de fer, de cuivre et d'or, et par la vente de l'ivoire. Ses conseillers et ses épouses participaient à la gestion du royaume, et son armée comportait un grand nombre d'amazones[222]. La sphère d'influence du royaume s'étend alors du fleuve Zambèze au Kalahari, à l'océan Indien et au fleuve Limpopo. Enfin, on voit aussi se développer la côte swahili (le littoral de l'océan indien), déjà connue dès le 14e siècle par les écrits des voyageurs arabes célèbres (Ibn Battuta, Ibn Kaldhun) : Zanzibar, Mogadiscio et Kilwa sont des centres d'un florissant commerce de l'or, de l'ivoire, des peaux, des bois tropicaux, en échange de cotonnades et verroteries indiennes ou porcelaines chinoises… Tout cela n'était pas au désavantage des populations de la côte. Cette Afrique a donc pu fonctionner selon ses propres convenances et cela tout en entretenant des contacts commerciaux et culturels avec les voisins africains immédiats et avec la Chine, l'Inde, l'Egypte et les Arabes.

2.3.1.2. Le Royaume Teke

Premier peuple bantu arrivé sur les lieux de son habitat actuel et cela au plus tard vers 2.000 – 1.000 av. J.C., avec le début de la métallurgie du cuivre et de fer, le peuple Teke est aussi le seul royaume équatorial de la plaine. Il n'aurait rencontré devant lui que le peuple Twa (Batswa) ou Pygmées. Les Tekes ont une unité linguistique et les langues de leurs voisins (Bakongo et Bangala) paressent beaucoup plus récentes et parfois dérivées. Ils forment une société composée de lignages, de villages et de chefferies (*ntor* ou *nsi* = terre) d'où naquit vers les 11e-13e siècles, un royaume sacral dont la capitale fut Mbee dans l'actuel Congo-Brazzaville. C'est vraisemblablement ce royaume qui donnera naissance, par démembrement, au célèbre Royaume Kongo.

La civilisation *Tio* (ou *Nzi* = Teke) est une civilisation mystérieuse dominée par le culte des ancêtres. Elle est caractérisée par une indomptable et discrète fierté, la politesse et le sens de l'hospitalité. Le *nzi* ne définit pas l'homme par la matière et l'avoir, mais comme « un sacré altier et secret ». C'est cette conception de l'homme et de la société qui marquait sa manière de conduire son existence selon ses propres convenances.

Les luttes internes et l'arrivée des Européens, assorties de la prise d'esclaves, sont à la base d'une progressive mais profonde déstructuration dont le traité du 10 septembre 1880 entre Pierre Savorgnan de Brazza et le Roi

[222] Amazones : femmes modernes, émancipées et combatives.

Makoko constitue le sommet tandis que l'indépendance du Congo Brazza le 15 août 1960 constitue le dernier acte, sans oublier le fait que la séparation des terres du Royaume entre deux puissances coloniales (sur les deux rives du fleuve Congo) avait, elle aussi, porté un coup dur au Royaume.

2.3.1.3. Le Sud du Congo

Au sud du Congo, la culture Luba, dont le berceau se trouve dans la région de la dépression de l'Upemba, se rattache aux prestigieuses cultures kisalienne et kabambienne (9e–14e siècles)[223]. La présence des cauris (cypronea moneta) dans les sites archéologiques de cette région indique qu'il y a eu des relations commerciales –au moins indirectes– avec l'océan indien. A confirmation d'une activité économique florissante dans cette région la présence des signes monétaires sous forme de croisettes et de lingots de cuivre remontant au 8e siècle[224].

Plus tard, certainement au 17e siècle, cette région entrera en contact avec le royaume Kongo, le Pool Malebo (Stanley Pool) ayant servi de carrefour d'échanges. D'autres échanges semblent établis entre ces civilisations de la savane et les peuples de la forêt humide. Ainsi, les insignes du pouvoir (la grande hache, la cloche du Roi, les couteaux de jet) qu'on y trouve semblent conçus à partir des prototypes des métallurgistes de la forêt. Simultanément, on trouve chez les peuples de la forêt des cauris et des lingots de cuivre, utilisés soit pour battre la monnaie, soit pour des motifs décoratifs et de beauté. Ces cuivres proviennent des échanges avec les régions qui en produisent, auxquelles les gens de la forêt fournissaient du fer. Avant l'arrivée des Européens, on produisait déjà un fer de qualité.

Outre les échanges commerciaux, on signale des échanges plus culturels qui suivaient généralement les mêmes voies que les échanges commerciaux. Ces échanges auraient continué jusqu'au 19e siècle, voir au 20e siècle quand ils ne gênaient pas la nouvelle carte géopolitique établie à la suite de l'occupation européenne. Ainsi, encore au début du 20e siècle, les renommés danseurs Ekonda se feront voir jusque dans la région des grands lacs pour animer des festivals culturels avec leur célèbre chorégraphie Bobongo. Et ce n'est, semble-t-il, que suite à l'interdiction du pouvoir colonial que cette route d'échanges culturels sera fermée (et même le Bobongo proscrit)[225].

---

[223] Cf. J. CORNET, « Autour de l'histoire du Shaba », in *Zaïre-Afrique*, 150 (1980), pp. 611-613.

[224] P. DE MARET & KANIMBA Misago, « Les nouvelles fouilles de la dépression de l'Upemba », in *Etudes d'Histoire Africaine*, 9-10 (1977-1978), pp. 115-122.

[225] Cf. J. IYANDZA Lopoloko, *Bobongo, Danse renommée des Ekonda*, Tervuren, MRAC, 1961.

Cette petite évocation de l'histoire ancienne est riche d'enseignement.

2.3.2. Les leçons de l'histoire ancienne

On pourrait à longueur continuer à dégager des valeurs de culture dans différents groupes qui composent aujourd'hui l'espace congolais. Ce qui semble acquis, c'est que la mise en place des structures sociales (religion, lignage, parenté, clan, ethnie), des structures politiques (villages, chefferies, cours royales, royaumes, empires) et des structures économiques (marché, monnaies, tissus, perles de fer et croisettes en cuivre) était en général achevée avant l'arrivée des Européens. Il existait déjà une chaîne de relations économiques et culturelles, et partant politiques, entre les différents groupes de cet espace mais aussi avec leurs voisins immédiats et, à travers ceux-ci, avec les asiatiques et les arabes. Ce qui m'intéresse, c'est que ces relations jouaient en faveur des entités africaines, non pas tellement parce qu'elles y gagnaient toujours beaucoup, mais surtout parce que ces échanges se faisaient en termes de partenariat et selon les convenances internes propres à chaque groupe. Même quand des groupes se sont fait la guerre, se sont vendu des esclaves, la reconnaissance, les avantages et mêmes les enrichissements étaient réciproques, tout comme aussi les mépris, les désavantages et les pertes.

L'arrivée des Portugais et plus tard la création de l'EIC et de la Colonie belge disloquèrent le réseau de relations politiques et économiques dans cette partie de l'Afrique (comme cela se fit aussi dans d'autres parties de l'Afrique) où l'essor économique était solidaire du développement social et politique puisque, dit le proverbe, « ce qu'il y a de meilleur dans un village, ce sont les hommes », ou cet autre « le prix à payer pour sauver la nation est de loin préférable à un geste d'amour d'un fils envers sa mère »[226]. Pour détruire ce système économique interne et devoir imposer le leur, les Occidentaux s'ingénieront à déstructurer le système sociopolitique en place en provoquant des dissensions entre les frères, selon le vieux principe toujours efficace du *« divide et impera »*. Et si l'on sait que, presqu'au même moment, se développa l'économie de traite, avec son caractère esclavagiste, on comprend que le nouveau système introduisait une économie de pillage, de

[226] Le premier proverbe ici évoqué souligne la valeur de l'homme par rapport à tous les biens de possession. Et les hommes dont il s'agit ici, ce sont des hommes libres, exerçant tous leurs droits et disposant de toute leur dignité et non des esclaves (considérés plutôt comme des biens). Le deuxième proverbe (qui dit littéralement : « La défense du village passe avant l'organisation des funérailles de la mère ») compare la situation d'un village en danger (qui veut tomber entre les mains des ennemis) et le devoir filial d'honorer ses propres parents. Il invite à privilégier la défense du village et donc les intérêts communs, les seuls capables de garantir aussi les intérêts personnels ou privés.

prédation, qui ne semble pas encore avoir pris fin aujourd'hui. Le cas historique le plus net est la désintégration du Royaume Kongo. La décomposition de ce royaume après la bataille d'Ambuila en 1665 est la preuve majeure du conflit d'intérêt qui a caractérisé les rapports entre les rois du Kongo et les Portugais. Rien ne permet de croire, comme le soutiennent certains africanistes à la suite de Cuvelier, que le christianisme fut accueilli dans le Royaume du Congo avec enthousiasme. Mais ce qui est certain, c'est que le conflit de succession qui éclata après la mort en 1504 de Muzinga a Nkuwu (Ndo Nzao), premier roi chrétien[227] et qui vit la victoire de son fils aîné Mubemba a Muzinga (Ndo Nfunsu ou Afonso 1er) soutenu par les portugais, contre Mpanzu (le second fils et préféré du roi), ce conflit était déjà le résultat de la mise en œuvre des convenances externes qui iront, depuis lors, en s'intensifiant.

Ce qui vient d'être dit ne signifie pas que le système économique en vigueur dans l'espace congolais avant le 15e siècle était exempt de limites d'ordre technique et même social. Un mode de travail où la femme travaille plus que l'homme, avec des outils très rudimentaires, l'improductivité caractéristique des centres urbains, qui étaient généralement les capitales politiques des Etats, les dissensions internes et les intrigues de palais… ce sont là, à titre purement indicatif, quelques-unes des nombreuses inadéquations que l'on peut très facilement reconstituer au sein de ce système. Cependant, ces raisons sont de loin inférieures à la véritable perte de boussole provoquée par le choc de l'irruption dominatrice, car c'est celle-ci qui va anéantir le système de convenances internes et le remplacer par un système d'extraversion que nous avons appelé la *modernisation.*

Dans ce sens, l'histoire ancienne, aux détours de ses limites et de ses compromissions objectives, nous découvre une Afrique des responsabilités, protagoniste, même à petit feu, de son destin. En ce qui concerne les Bantu, qui constituent la majorité des peuples du Congo, il est un fait objectif que la longue période de leurs migrations (presque 20 siècles !) pour occuper leur habitat actuel est un facteur décisif ayant contribué à une certaine instabilité géostratégique et pouvant engendrer même une culture et une mentalité de l'éphémère ou de perpétuel recommencement. Ce qui ne s'accommode pas toujours avec l'éclosion des institutions et structures sociales, politiques et économiques qui ont besoin de la durée pour s'affirmer (le cas de l'habitat, de l'aménagement des routes et des cités, de l'agriculture intensive, etc.). En effet, les Bantu seraient originaires de la région comprise entre le sud de la Bénoué (Nigeria) et l'actuel Cameroun ; ils auraient migré par étapes vers le reste de l'Afrique centrale et vers l'Afrique orientale et australe. Cette dispersion des Bantu débute au 1er millénaire av. J.-C. pour se terminer au 19e

[227] Il serait mieux de dire le premier roi baptisé, puisque, selon toute vraisemblance, le roi continua à vivre selon la règle de vie de sa tradition).

siècle avec l'arrivée des Zoulous en Afrique du Sud où les Khoi-san (Bochimans et Nama) sont déjà établis. C'est l'une des plus grandes et étonnantes migrations de toute l'histoire humaine[228]. La cause exacte de ce mouvement n'est pas établie avec certitude, mais elle correspond au grand mouvement de désertification qui a affecté le Sahara, repoussé ses populations sur ses régions périphériques, et qui, en diminuant le volume des eaux des grands fleuves, a favorisé l'établissement de populations dans les vallées. Ce que la période de modernisation aurait dû faire pour le Congo et l'Afrique, c'est lui ouvrir, grâce à ses moyens et à ses connaissances perfectionnées, un horizon dans lequel elle réécrirait sa vision du monde, c'est-à-dire une opportunité de redéfinir son attachement aux convenances internes à la marche de sa société.

Dans un tel contexte, l'horizon éclaté du Congo ancien aurait inévitablement produit des changements et même des bouleversements, car c'est une erreur de croire que la culture africaine est une culture qui refuse l'évolution. La résistance au changement est plutôt un mécanisme d'autodéfense face à un contact considéré dévastateur tandis que les éventuels bouleversements provoqués par la rencontre des cultures sont toujours susceptibles d'être assumés, avec plus de chance de réussite et d'intégration parce que portés par une vision du monde propre.

Force nous est de constater que, en fait de rencontre, le passage de l'Afrique ancienne à l'Afrique moderne aura été plutôt un choc culturel désintégrant et diviseur. Certes, il a été question d'une rencontre des cultures, mais le choc qu'elle produisit n'a pas été ressenti de la même manière au nord comme au sud du monde. En allant à l'assaut des mondes inconnus, en une époque où les moyens en leur disposition conjugués à leur volonté le permettaient, les peuples du nord ont presque automatiquement amorti le choc en s'appropriant en même temps les éléments de nouveauté qu'ils rencontraient et en repoussant les éléments du parcours qui leur paraissaient de nul effet. Fallait-il que, de son côté, l'Afrique s'opposa victorieusement à ces envahisseurs, comme le firent les Chinois, les Japonais et les Indiens pour se faire respecter[229] ? En tout cas, la sagesse paysanne n'a pas attendu les

---

[228] Cf. J. ILIFFE, *op.cit.*, pp. 31-32.

[229] Entre la résistance victorieuse des peuples d'Asie et la réduction des peuples autochtones des Amériques (et de l'Océanie) et leur supplantation par les Européens à la suite du fameux choc des cultures qu'ouvrit l'expansionnisme occidental du 15e siècle, la situation de l'Afrique mérite un approfondissement culturel. L'Asie résistante a gagné les galons d'un partenaire sérieux et l'Occident n'a cessé de lui faire des yeux doux. La réduction des autochtones américains et australiens en a fait un cas de conscience qui angoisse l'Occident ; d'où l'insistance sur la protection des minorités. Le cas des Africains restés comme entre le marteau et l'enclume (ni victorieux pour être considérés comme partenaires crédibles, ni complètement réduits pour mériter la

recherches des intellectuels africanistes et africains pour constater la désintégration et la division : « Le Blanc qui est venu avec son pouvoir est un diviseur des contrées », avons-nous constaté avec le Bobongo[230]. L'Afrique a cédé à ce choc et a été déboussolé dans son horizon, sans jamais accéder à la plénitude de l'assimilation que la rencontre avec l'Europe lui proposait (par envie du Noir ou par imposition du dominateur). L'image de l'évolué congolais rend mieux cet état de choses. L'évolué était, en effet, celui que l'on a déclaré avoir suffisamment quitté les coutumes barbares des siens et avoir suffisamment épousé les bonnes manières de la civilisation. Content d'avoir quitté le statut ridicule de ses frères et sœurs, il n'était pas moins un simple « assimilé », c'est-à-dire un étranger incorporé dans une société ou civilisation qui, fondamentalement, n'est pas la sienne. C'était donc un homme sans identité propre, n'ayant plus, semble-t-il, la personnalité barbare du Noir primitif et sauvage, mais n'étant pas non plus, évidemment, civilisé comme le Blanc lui-même. Pour ses frères noirs, il n'était qu'un « Blanc à la peau noire » (*mondele ya loposo moindo)*, c'est-à-dire aussi qu'il n'était plus un vrai Noir. Pour les Blancs dont il devait imiter jusqu'à la coiffure des cheveux et la manière de rire et de parler, il n'était pas, malgré tout, un vrai Blanc. Une telle posture se ressent, socialement, malgré l'apparente envie que suscite cette nouvelle classe sociale. Car, c'est une classe sociale qui ne fonctionne que comme classe intermédiaire dans un ordre dominé par le modèle adulé ne se laissant jamais rejoindre.

On comprend alors la réaction des évolués congolais au moment où la Belgique s'apprêtait à leur ménager un statut spécial dans le régime colonial, en leur octroyant des conditions de vie qui les rendaient encore plus proches des vrais Blancs (traitement social, accès à des responsabilités jusque-là réservées aux seuls Blancs) : cet accommodement, bien qu'avantageux (et plus d'un évolué s'y serait plu), était moins estimable que le risque d'une indépendance immédiate et totale. Cette réaction des évolués, appuyée d'ailleurs par l'effervescence populaire, était un sursaut identitaire et surtout la seule possibilité à leur portée de renouer avec leur propre vision du monde et les convenances internes à la marche de leur société. C'était la seule possibilité de tisser un fil conducteur à partir du Congo ancien, celle de l'Afrique des responsabilités, vers une destinée dont la modernisation aurait inévitablement forgé les contours.

---

commisération) continue à provoquer de l'ambigüité : leur tout prendre parce que vaincus tout en évitant de se faire une mauvaise conscience.

230 Evidemment, comme nous l'avons dit plus haut, il s'agit de ce pouvoir perçu comme force de coercition et de contrainte, servant à s'imposer et assujettir les populations, que nous avons désigné par le vocable *« Mpifo »*, et non de la véritable organisation politique et sociale, le *Bokopo*.

Malgré les résultats catastrophiques de l'accession du pays à l'indépendance, on ne peut pas prétendre que ce choix des évolués de briser la domination était immature et mal venu. Que ce choix comportait un risque, cela est évident, mais dire qu'on a mal fait de courir ce risque –même s'il était possible de mieux calculer les risques–, c'est un raisonnement qui s'apparente plus à une Afrique mythique qu'à celle qui a été secouée par le choc de la rencontre et surtout à l'Afrique des responsabilités, porteuse d'une vision du monde. A l'heure des négociations, on ne pouvait ni plus ni moins que demander une indépendance immédiate et totale. Les propos du jeune prêtre Malula en 1958 restent donc vrais : « Les Blancs voudraient donner l'indépendance un quart d'heure plus tard et les Noirs voudraient l'avoir un quart d'heure plus tôt. Mieux vaut un quart d'heure trop tôt que trop tard »[231].

Par rapport au sens de la responsabilité, ce n'est pas le choix de l'indépendance totale et immédiate qui était mauvais. Ce qui devrait être mis en cause c'est le contenu donné à cette indépendance et la gestion faite de ce choix. En effet, l'indépendance sera vécue comme une volonté d'hériter de l'ordre mis en place par le colonisateur, qui était un ordre d'extraversion et des convenances externes. Elle sera moins perçue comme la volonté d'harmoniser les acquis de la période de modernisation à la vision du monde propre au peuple congolais et à ses convenances. Aujourd'hui encore, nous en sommes là dans notre ambigüité sur le développement. Malgré une affirmation sans équivoque de l'identité africaine, notre attitude et nos intentions inavouées font de nous « ce que les autres voudraient que nous soyons ». Ainsi, mise en confrontation avec la période ancienne, la période de modernisation, positivement marquée par la capacité d'ouvrir un horizon nouveau, se révèle concrètement inapte à promouvoir les convenances propres au Congo et à l'Afrique.

D'où, cette question complexe et à laquelle il n'est pas facile de répondre : pourquoi sommes-nous réduits à ne vouloir notre propre bien qu'à travers le bien des autres ? En d'autres termes : pourquoi avions-nous si facilement troqué notre identité au profit de celle envahissante du dominateur ? La même question devient lancinante si nous la posons sous l'angle de ceux qui, hier comme aujourd'hui, incarnent la responsabilité dans la conduite de la Nation : comment la forte conscience de la responsabilité historique de l'avenir d'un peuple s'est-elle évanouie chez les évolués d'hier comme chez les politiciens d'aujourd'hui en une simple déclamation des aspirations authentiques du peuple devant le maître par une classe sociale qui est elle-même contre le peuple parce que n'ayant pour modèle que le même maître honni ?

---

[231] J.-A. MALULA, « L'âme noire face à l'Occident », conférence donnée au Congrès de l'humanisme chrétien, le 28 mai 1958. Texte repris dans J.-A. MALULA (Card.), *L'Evêque africain aujourd'hui et demain*, Kinshasa, 1979, pp. 42-63.

Un théorème partagé par beaucoup d'Africains énonce que le fait d'être colonisé suppose ou implique la propension d'un peuple à subir la colonisation. Selon ce théorème, nous aurions été colonisés parce que nous sommes colonisables. Cela signifie aussi que notre culture n'a pas résisté au choc de la rencontre parce qu'elle est faible par rapport à la culture envahissante. On attribue cela aux déficiences et failles du système de l'Afrique ancienne. Voici comment l'historien, qui a l'avantage de disposer d'une ample possibilité (chronologique et documentaire) d'observation du temps rend cette conscience plus ou moins commune. S'interrogeant, en conclusion de sa monumentale *Histoire générale du Congo*, sur les causes profondes de l'issue catastrophique de l'expérience congolaise, I. Ndaywel note en première position ceci :

« (...) si la colonisation a été possible, c'est que l'héritage des ancêtres avait ses failles et ses déficiences. L'une de celles-ci paraît découler des mentalités façonnées par le mode de production qui avait cours avant l'influence des Blancs. En effet, la générosité de l'environnement où la nourriture ne demandait qu'à être cueillie, qu'elle soit végétale, carnée ou piscicole, semble avoir accrédité un état d'esprit de prédateur qui subsiste jusqu'au-delà de la colonisation. Dès lors, le Congolais demeure peu disposé à la prévoyance, et donc à la planification. Toute énergie disponible n'est mobilisable qu'autour de l'instant présent ; celle-ci est aussitôt diluée dès qu'on s'efforce de l'étaler sur les périodes subséquentes. »[232]

Au-delà d'un frisson de déterminisme et de fatalisme qu'une telle conclusion provoque, c'est à croire que l'homme noir, particulièrement le Congolais, est l'animal le moins apte à s'adapter aux changements et est par conséquent condamné à les subir ! Puisque ce propos est parti de points précis, l'observation paraît donc incontestable : le Congolais habitué à vivre au jour le jour dans un paradis où il n'est pas difficile de trouver de quoi vivre, continue à vouloir sacrifier à ce culte de l'immédiateté (manque de planification) même dans le nouvel espace créé par l'irruption dominatrice de la civilisation et surtout même en cette période de son histoire où les enfants kinois nés depuis « l'objectif '80 » jusqu'à ceux des « cinq chantiers » sont convaincus que le meilleur poisson ce n'est pas le capitaine ou le *« mboto »* (devenus invisibles dans le « sachet de la ménagère ») mais le royal chinchard, alias *« mpiodi »*, même si celui-ci ne se mange que « par délestage », c'est-à-dire à tour de rôle ! Quand bien même ces affirmations de Ndaywel seraient réalistes, elles ne sauraient être réduites à un processus d'intériorisation d'une infériorité qui nous a été matraquée dans les oreilles et s'est imprimée de manière indélébile dans notre esprit[233]. De toutes les façons, elles ne donnent

[232] I. NDAYWEL è Nziem, *op. cit.*, p. 808.

[233] Cela fait partie des fameuses « réductions » dont parle O. Bimwenyi : réduction ontologique (négation de la qualité d'être humain), réduction épistémologique

pas la dernière réponse à notre détresse. Car notre détresse n'est pas simplement due au fait que nous aurions très facilement perdu notre identité, mais aussi au fait que nous n'aurions jamais réussi à épouser complètement l'identité de l'autre, du gagnant que nous envions. Bien plus, sur le plan de la valorisation, rien n'indique et ne prouve qu'une culture en perte de vitesse soit nécessairement la mauvaise ou de peu de valeur par rapport à une autre en pleine expansion, à moins de vouloir s'aligner non pas sur la logique des valeurs mais sur celle de la rentabilité et de l'efficience ! Hier, cela était difficile à soutenir. Mais depuis que l'on assiste à la mise en minorité, voir à l'émiettement de la civilisation chrétienne qui a façonné l'Europe conquérante tout au long de ces deux mille ans de christianisme, on le comprend plus facilement. En effet, la culture qui naît de ces ruines déjà en Europe n'est pas un au-delà de la proposition antérieure. Bien au contraire, elle ne constitue le plus souvent qu'une élévation de ce qui fut brûlé auparavant ! Et pourtant cette discussion sur l'anarchie des valeurs ne concerne pas directement le monde primitif, elle est une problématique au cœur de la grande civilisation[234].

Quant à l'explication souvent donnée sur le maintien des attitudes et des mentalités primitives dans la résolution des questions actuelles, il semble difficile de justifier la propension à l'enrichissement facile et sauvage des hommes d'affaires et politiciens congolais à partir d'un état d'esprit primitif prédateur, témoin de la générosité de l'environnement. La prédation primitive aurait-elle de commune mesure avec celle que le Congolais apprendra notamment de la colonisation et qu'il développera à outrance après l'indépendance, une fois devenu maître de son sol et de son sous-sol ? Il semble plutôt qu'il y a une différence tant sur le fait de l'enrichissement que sur le plan de la planification. En effet, la prédation primitive soumise aux contingences du cycle naturel de la vie (chasse, cueillette, pêche, etc.) permet à chacun de prendre juste ce qui lui est nécessaire, convaincu qu'il ne manquera jamais rien, sans donc forcer la nature qui, de ce fait, conserve toute sa prodigalité et sa possibilité de se reproduire. Bien plus, le nivellement social ainsi que le principe de solidarité et partage contribuent à leur tour à maintenir l'équilibre vital. Par contre, la prédation moderne, en négligeant la planification naturelle qui rendait sans objet une prévoyance organisationnelle de la part de l'homme, s'appuie sur une accumulation désordonnée des biens, motivée aussi par la conscience que les terres et les sols ne sont pas inépuisables (ce que l'homme primitif ne savait pas). En plus, cette prédation échappe à la contrainte sociale du nivellement ainsi qu'au principe de

---

(négation de la capacité rationnelle, cognitive et réflexive) et réduction théologique (négation de la qualité et de la dignité de fils de Dieu). Cf. O. BIMWENYI Kweshi, *Discours théologique négro-africain. Problèmes de fondements*, Paris, Présence Africaine, 1981, pp. 93-130.

234 Lire à ce propos P. VALADIER, *L'anarchie des valeurs. Le relativisme est-il fatal ?*, Paris, Albin Michel, 1997.

solidarité. Dans ce sens, le manque de prévoyance et de planification n'est pas une simple conséquence de l'amplification du mode primitif de prédation aux temps nouveaux. Car il y a une rupture d'ordre structurel et mental. Du point de vue structurel, l'ordre moderne –colonial et postcolonial– est visiblement différent de l'ordre ancestral primitif. Du point de vue mental, il y a au moins le fait de l'apparition d'un nouveau modèle d'homme. Le Congo, même devenu indépendant, a appris trop bien à se considérer à partir du regard belge, reconnaît d'ailleurs Ndaywel, reproduisant parfois sans le savoir des clichés coloniaux. Mais malgré ces ruptures structurelles et mentales, la rupture d'horizon ne semble pas claire.

A présent, comment s'émanciper dans le devenir et refuser d'être figés à ce que nous sommes devenus ?

2.3.3. De l'histoire au devenir des peuples

Quel que soit le critère selon lequel on classe les styles de vie et les valeurs de la société africaine pendant la modernisation, on se rendra compte que le continent africain ne semble plus tenir debout. Et le Congo certainement. Cela ne signifie pas que l'Afrique ne reconnaitrait pas une telle optique, mais simplement que celle-ci ne répond pas à une logique qui rend l'Afrique elle-même protagoniste à plein titre de la lutte avec la nature en tant que forme originelle et élémentaire d'organisation sociale[235]. Selon E. Weil, les styles de vie des différentes communautés peuvent se classer selon deux critères : selon le rendement du travail social mesuré au surplus produit par rapport au minimum biologique et selon le degré de satisfaction des membres du groupe.

Essayons de repérer ces critères dans un espace congolais particulier : le peuple de l'empire Kuba. En mettant de côté le fait que la religion ne constitue pas, en Afrique, un fait d'élévation de la civilisation ni une étape plus ou moins élevée dans l'échelle des valeurs comme le sont l'art et la civilisation intellectuelle, il est facile de constater que, au niveau global, nous vivons aujourd'hui en Afrique une ère de faste artistique et ornementale comme celle qui a caractérisé l'âge d'or de l'Empire Kuba. Il ressort des études sur ce peuple que le goût pour l'art et l'ornement ne tient pas uniquement d'une sensibilité artistique particulièrement élevée chez les Kuba mais entre aussi dans sa physionomie culturelle. En effet, disposant de larges superficies de bonne terre, le peuple Kuba était arrivé à la production d'un surplus agricole. Il en a résulté une économie diversifiée, fondement d'une culture originale. Aussi y trouvait-on une organisation sociale où il y a la création d'un surplus communautaire composé de la moitié du surplus individuel cédé au lignage. La forme familiale monogamique obligatoire pour

---

[235] Cf. E. WEIL, *La philosophie morale*, Paris, Vrin, 1969.

le commun des citoyens du royaume y apparaît comme un stade bien supérieur pour lequel le consentement de la fille était requis, bien que les divorces soient plutôt fréquents. Le niveau d'élévation de cette société était tel qu'il était reconnu aux esclaves le droit de posséder et surtout celui de se racheter. L'organisation politique limite les pouvoirs exorbitants du roi par l'action des conseils et des dignitaires qui l'empêchent ainsi de devenir un tyran. L'exercice du pouvoir politique n'est pas simplement familial, puisque tout homme libre avait le droit de devenir dignitaire et de recevoir une charge politique. La nomination par le Nyimi (roi) devient la preuve d'un prestige personnel mérité. Ce qui exclut en principe tout esprit arriviste et encourage la sincérité et l'honnêteté. Un tel climat sociopolitique garantie l'ordre qui permet d'accumuler la richesse que le Kuba affiche avec ostentation. On comprend alors plus aisément que soit aiguisé le goût artistique, au point que même les objets d'usage quotidien sont bien faits et décorés. L'art y est alors non seulement une expression de la vie ou d'un mode de vivre, mais il fait aussi partie de la vie : l'art est vie. Et à cette étape où l'art est vie et meuble la vie, la création artistique peut désormais s'émanciper comme discipline ou instance autonome de productivité (métier lucratif) et de création de richesse, tout en continuant à donner une valeur ajoutée aux choses les plus ordinaires ainsi qu'à traduire ou refléter une vision du monde[236].

S'il suffisait des deux critères énoncés plus haut pour parler d'un peuple développé, le peuple Kuba n'avait pratiquement rien à envier à ceux des grandes civilisations. Pourtant, il ne serait pas juste de ne voir là qu'une exception dans le concert des peuples congolais ou même africains. Ce qui est évident, c'est qu'une telle organisation n'a été possible que parce que le peuple s'organisait autour de ses propres convenances et était conscient de ses capacités. Et même s'il pouvait aller de prouesses économiques en prouesses artistiques, c'est certainement aussi parce qu'il était conscient de ses limites. Car la créativité ne naît pas de la suffisance et encore moins du seul constat des limites. L'esprit de suffisance conduit à l'arrogance qui, en se plafonnant fait entamer la phase du déclin tandis que le seul constat des limites fait embourber dans le défaitisme et le fatalisme. La créativité naît de la conjonction entre l'ouverture d'esprit et la volonté de répondre à des besoins au fur et à mesure de leur naissance et cela même en se servant des acquis des autres mais toujours en se plaçant sur le registre des convenances propres. Ce système social type des Kuba peut donc inspirer les plus modernes systèmes politiques, économiques et culturels. La base de son organisation, de sa réussite et donc aussi de sa résistance, c'est la réalisation des finalités propres à la vie d'un peuple. C'est cela qui fait obtenir une production maximale (avec

[236] Pour plus d'informations sur le peuple Kuba, voir entre autres J. VANSINA, *The Children of Wool: a History of the Kuba peoples*, Madison, University of Wisconsin Press, 1978.

même la possibilité d'un surplus individuel et communautaire), une structure politique équilibrée (la bonne gouvernance politique qui éloigne toute velléité dictatoriale ou népotique en promouvant la subsidiarité) et une vie sociale dont l'art reflète l'aisance, cet art qui porte en Afrique toute une philosophie de la vie.

Après l'invasion et la domination occidentales, il est devenu difficile de trouver un seul peuple de l'espace congolais qui réunisse, à son profit, des conditions d'un rendement optimal capable de générer un surplus permettant d'instaurer la détente et pouvant faciliter les activités de l'esprit, en plus de permettre la diversification de l'économie. Au contraire, même l'activité intellectuelle est devenue aujourd'hui problématique. En effet, à défaut d'une politique cohérente de la gestion des ressources humaines –ce qui suppose un choix des convenances internes-, l'investissement de la matière grise n'a ni importance ni pertinence, la règle d'or étant désormais la chance. Autant dire que rien n'a changé depuis les temps de « l'article 15 » : Débrouillez-vous ! Le Congolais a appris à compter sur le cuivre, le diamant, l'or et le coltan plus que sur lui-même, comme si ceci était incompatible à cela ! Cela revient à dire qu'il ne compte que sur les autres qui en même temps le spolient. Ce qui revient à dire aussi que la satisfaction des membres du groupe est loin d'être atteinte. En fait foi le degré croissant de violence à l'intérieur du groupe. Ainsi se trouve réunis tous les ingrédients pour faire exploser les violences périphériques (bandes de voleurs, bandits à mains armées, soldats vagabonds, brigands pervers ou « kuluna », etc.) conjuguées aux « forces négatives ». Ce qui crée une situation insupportable puisque le pays n'a pas les moyens de faire face à tous ces maux[237].

Ainsi, d'une part la totalité de la population reste convaincue que la production globale ne satisfait pas les besoins primaires tandis que, de l'autre part, le peu qui est encore produit est redistribué de manière très partiale ou est simplement accaparé par une infime minorité oligarchique agissant visiblement de manière injuste, en tenant en dépendance la majorité spoliée. Et comme si cela ne suffisait pas, grâce au mensonge et à la ruse qui ont élu domicile dans les rapports entre le tiers-monde et les dominateurs, les spoliateurs continuent à convaincre leurs victimes que les conditions de leur existence, bien que techniquement réunis, appartiennent désormais au domaine dans lequel il n'y a plus de place pour la lutte avec la nature et que, de toutes les façons, s'ils se mettaient à lutter ils s'épuiseraient très vite. Bref,

[237] En disant ceci, nous partons de l'hypothèse simple et logique que ces maux sont générés par une situation explosive, et non de celle tout autant imaginable qu'ils sont artificiellement provoqués et volontairement entretenus. Ces deux hypothèses peuvent malheureusement coexister. Ce qui engendre un chaos incontrôlable, d'autant plus que la deuxième hypothèse met aussi en jeu même des forces de sécurité régulières censées traquer les « forces négatives » et le grand banditisme. Nous ne sommes pas loin d'un tel scenario !

des populations entières sont contraintes de s'incliner aux choix de leurs spoliateurs, lesquels choix correspondent bien aux convenances de ces derniers et non à celles des victimes. De la sorte se met en place un cercle vicieux dont la seule sortie possible est la ruine en cours de l'Afrique : qu'il parte de sa propre condition ou de celle de l'autre, l'Africain semble condamné à subir la vie et donc à s'incliner devant l'autre qui n'attend d'ailleurs que cela, non pas tellement pour l'humilier mais parce que c'est ainsi que fonctionne la loi du plus fort. Par lui-même, il ne peut plus se vouloir du bien alors que de l'autre il ne peut recevoir que des miettes qui deviennent de plus en plus rares par ce temps des recyclages.

Par peur de ce qu'elle est devenue et par excès de confiance en ce que sont les maîtres, l'Afrique semble s'enfermer dans des convenances externes. Et elle pourra toujours attendre. Attendre dans ce temps fou de compétition et de concurrence déloyale, c'est reculer jusqu'au fond du gouffre. Sur ce point, la République Démocratique du Congo serait le modèle typique. En effet, alors que la leçon la plus populaire qu'on retient du Mzee L.-D. Kabila est non seulement d'avoir déboulonné le Maréchal du Zaïre mais aussi d'avoir prêché par exemple la prise en charge du Congo par les Congolais eux-mêmes d'abord, même ces successeurs les plus fervents et qui continuent à lui vouer un culte digne des dieux ne jurent que par le FMI, la Banque Mondiale et leur « point d'achèvement » (dont la simple perspective du rapprochement fait sabrer le champagne dans les cabinets politiques), à moins peut-être de compter sur les Chinois, ces nouveaux maîtres ayant rejoint à peu de frais l'économie du marché. Mais si pour toute l'Afrique cela signifie vouloir sa disparition, pour l'espace congolais cette volonté se traduit par des alliances contre nature visant à s'en approprier les richesses incommensurables comme s'il s'agissait de la transplantation des organes d'un patient dont on s'est empressé de déclarer la mort clinique !

En regardant maintenant l'Occident tout exubérant de vie et l'Afrique toute moribonde, sans vouloir porter un jugement de valeur sur les cultures d'hier et celles d'aujourd'hui (pour distinguer les bonnes des mauvaises), nous ne pouvons qu'établir le constat suivant.

La résistance de la culture occidentale (qu'il s'agisse de la culture chrétienne, des différentes cultures politiques ou de la culture de la société de consommation) tient du fait que cette culture, hier comme aujourd'hui, poursuit des motivations qui se réfèrent à des convenances internes à cette société, que ces motivations s'expriment en termes de culture religieuse, politique, économique ou sociale. Et tout apport externe coopté (il n'y en a pas beaucoup !) s'imprime toujours comme un enrichissement interne. Même la mondialisation dans ce contexte n'est pas vue d'abord comme un cadeau en vue d'enrichir tout le monde mais comme un simple moyen pour s'enrichir davantage, n'en déplaisent aux rêveurs et opportunistes du tiers-monde qui se croient à l'ère du partage équitable du gâteau mondial[238].

Quant à l'Afrique, depuis qu'elle a perdu la référence à sa propre vision du monde et à ses motivations internes (peu importe que cela soit par sa faute ou par celle des autres), elle ne fait que connaître une descente aux enfers. Et toutes les bonnes volontés qui se mettent à son chevet pour lui tendre des bouées de sauvetage ou lui proposer un « plan Marshall », semblent travailler à pure perte. Si l'Afrique aborde l'âge de la mondialisation avec cette physionomie sans volonté réelle d'aller bien au-delà, c'est sûr et certain que le 21e siècle nous filera entre les jambes comme un ballon à la recherche de l'énième but de notre défaite. C'est la leçon la plus certaine de cinq siècles de convenances externes. A moins de compter sur le hasard d'un énorme cataclysme naturel ou d'une erreur monumentale de l'économie du marché qui viendraient changer la donne de l'histoire humaine en cours. On peut toujours rêver... Mais il faut savoir que ce n'est pas l'échec du premier de la classe qui ferait automatiquement du toujours dernier le meilleur élève !

Ce retour à la superstition n'est pas un mode responsable d'envisager l'avenir de notre peuple. A compter sur de tels phénomènes ou sur l'erreur des autres, on peut être sûr d'attendre longtemps, comme on le dit du gorille qui attend aujourd'hui encore sa queue : *« Zela, mokomboso azanga mokila »*[239]. Ne nous trompons pas non plus : même l'embellie que l'on colle ces derniers temps aux économies africaines, les créditant des taux de croissance qui font rêver (à deux chiffres), ne rassure pas du tout, alors que les locomotives mondiales de l'économie traversent une crise de grande envergure. D'abord parce que souvent les paramètres de comparaison sont dérisoires, notamment

---

[238] Dans le même ordre d'idées, la nouvelle vision des rapports économiques entre les Etats-Unis et le tiers-monde qui se résume dans le slogan « Trade not Aid » (le commerce et non l'aide) ne saurait être d'abord lue dans le sens d'un plus grand respect que l'on voudrait désormais accorder aux pays pauvres élevés pour ainsi dire au rang de partenaires et non plus de misérables Etats mendiant la charité. Il s'agit, encore une fois, de la manière la plus rentable de coopérer et peut-être aussi, de se tranquilliser la conscience ou de laver la face. S'il n'en était pas ainsi, comment comprendre le torpillage des accords pour tenter de mieux réglementer le commerce mondial par les grandes puissances ? Et quand ces accords passent, ils le sont toujours à l'avantage des mêmes grandes puissances, alors que l'on devrait plutôt s'attendre à des clauses qui donnent un coup de pouce aux économies faibles, même sur le modèle de la « discrimination positive », puisque quoiqu'on dise, le monde ira toujours mal tant qu'il y aura des riches et des pauvres et même les riches en ressentiront le poids, comme l'illustre l'infreinable phénomène migratoire vers l'Eldorado occidental, mondialisation oblige.

[239] « A force d'attendre, le gorille vint à manquer définitivement de queue ». Ce dicton lingala est une sentence qui fustige l'irresponsabilité devant une situation où l'action (l'intervention) ponctuelle et efficace aurait pu changer définitivement et en bien le cours des événements.

pour des pays comme la République Démocratique du Congo où les données de base sont artificielles et souvent de la supercherie. Ensuite et surtout parce que cette comparaison calque le style des économies africaines sur les paramètres du libéralisme qui ne laisse aucune chance à la majorité des populations appauvries et cela malgré ou justement à cause des prétendus bons chiffres de la macroéconomie.

Placé dans la continuité de l'histoire ancienne et orienté vers le devenir du peuple, l'âge actuel de la République Démocratique du Congo et de l'Afrique met le pays et le continent tout entier sur des chemins qui ne mènent nulle part. C'est ce que vient de nous révéler ce deuxième chapitre. Il ne s'agit cependant ni d'un mauvais sort ni d'un déterminisme absolu. Nous sommes dans la logique de l'histoire qui se fait et non dans celle d'une machine tout programmée et incapable de se dédire sauf à se défaire et se désagréger. Pour faire cette histoire jusqu'à l'épanouissement et non la subir jusqu'à l'épuisement, la République Démocratique du Congo et l'Afrique gagneraient à prendre le courage de l'avenir, en fermant la parenthèse de la transition multiséculaire que constitue la période de modernisation toujours en cours.

Chapitre 3
Pour aller au-delà de la transition congolaise multiséculaire

La République Démocratique du Congo peut bien être comptée parmi les pays les plus corrompus du monde, elle aurait pu n'être qu'une succession de régimes totalitaires et antisociaux, elle pourrait passée maîtresse dans l'utilisation de la violence comme stratégie politique, elle peut être caractérisée par une crise économique portée au paroxysme et conduisant à une crise morale et même à une crise générale, etc., toutes ces situations n'auraient pu en faire le monstre ambigu que nous connaissons : défigurée et méconnaissable, qui, au lieu de faire peur, crée plutôt l'envie de s'en rapprocher, non par pitié, mais parce que devenu proie facilement prenable par le premier venu ! Si elle en est arrivée là, ce n'est point par manque de compétence ni par impossibilité d'y détecter un leadership significatif et capable de traduire les appétits et aspirations du peuple en projet de société adéquat ; mais parce que c'est l'un des rares pays, si pas le seul au monde où les intérêts étrangers prédominent sur ceux des nationaux, et surtout parce que c'est le pays qui n'aurait été forgé que pour ne tenir compte que des intérêts étrangers. Tant que cette espèce de marque déposée donnant naissance à un pays étranger à ses populations et à leurs intérêts ne sera démasquée et déracinée, la République Démocratique du Congo n'appartiendra jamais aux Congolais. Ce qui n'exclut pas qu'elle devienne un jour une grande puissance régionale ou mondiale. Les Congolais ne devraient pas s'attendre à ce qu'on leur laisse facilement ce bijou de la convoitise internationale. C'est l'entreprise qui attend les Congolais du troisième millénaire : aller au-delà de ce que ces cinq derniers siècles ont fait de nous, peu importe que ce soit par notre faute ou par celle des autres.

Prospecter un au-delà de la période de modernisation congolaise implique d'abord la reconnaissance des acquis de cette période de transition. Puis, il faut prendre le courage de fermer cette longue parenthèse pour reprendre, si la chose est encore possible, le cours normal de l'histoire. Il ne s'agit pas de s'en retourner à un passé qui ne sera plus –et qui n'a peut-être jamais été tel que le décrivent nos connaissances lacunaires-, mais, partant des acquis indéniables de la transition, de donner une réponse actuelle selon une vision du monde qui nous est propre. Ce changement, s'il vaut de la chandelle, représente surtout un prix.

Evoquons d'abord les acquis de cette transition.

3.1. Les acquis de la transition multiséculaire

Cinq siècles d'histoire ne s'évacuent pas par un simple coup de la volonté ni par un revers de main. L'histoire vécue ou subie durant toute cette longue transition est aussi un patrimoine congolais et africain, même si nous devons nous rendre compte que continuer sur cette route revient en fait à emprunter une voie sans issue. Si nous nous décidons enfin à couper le cordon ombilical qui nous garantissait un équilibre précaire et à sortir d'une position provisoire devenue permanente, il importe peu de s'élancer dans les airs pour voler avec des ailes comme expressions de la liberté retrouvée. Quelle que soit la hauteur de notre envolée, nous devons redescendre jusqu'à terre et y assurer notre responsabilité historique. Sans une réelle gestion de la responsabilité, la liberté n'est qu'un slogan mortel. Aussi est-il important que la République Démocratique du Congo sache ce qu'elle doit prendre avec elle dans ce nouveau rendez-vous de l'histoire. Elle doit inventorier les acquis de la transition.

Ces cinq siècles d'histoire sont, selon notre entendement, une période de modernisation entendue comme « occidentalisation » et moins comme volonté d'arrimage au progrès tout court. Il ne serait pas facile de résumer les acquis de cette transition si nous les considérons en termes d'évolution des connaissances et de progrès technique. De toutes les façons, ce n'est pas du point de vue du tiers-monde que nous pourrions réussir à les faire ressortir. La fin du deuxième millénaire et l'entrée au troisième millénaire ont donné lieu à des synthèses pertinentes et représentatives. Mais les changements au 20e siècle ont été si spectaculaires, avec des événements qui ont profondément marqués l'humanité que, en réalité, nous avons assisté non pas à un bilan du deuxième millénaire mais plutôt à celui du 20e siècle. Et de fait, un événement comme la traite des Noirs a été abordé avec moins d'emphase que l'holocauste des Hébreux. Pourtant, rarement des problèmes auront déterminé de manière profonde l'évolution de l'humanité en ce deuxième millénaire comme ceux liés à la traite des Noirs : la découverte de l'Amérique et de l'Afrique, l'expropriation des Indiens d'Amérique et des Africains, la formation du Nouveau Monde pour la croissance duquel il a fallu vider l'Afrique à peine découverte... On aurait pu dire que le phénomène de la mondialisation sur le fond duquel s'est conclu le deuxième millénaire et s'est ouvert la troisième, date en fait de cette époque et déjà à cette époque elle était d'empreinte économique tout en s'habillant des clauses civilisatrices. L'ordre international date déjà de cette époque et elle était déjà injuste ou, si l'on préfère, l'ordre des grands.

Nous sommes donc au 15e siècle. Christophe Colomb découvre par erreur l'Amérique alors que, Diego Cão découvre aussi par erreur l'embouchure du fleuve Congo. Pour les uns, ce sera une erreur bienheureuse tandis que pour les autres ce sera, à tort ou à raison, le début de tous les maux.

Par rapport à ce vaste panorama qui se dessine dès le 15e siècle, la guerre froide avec ses deux blocs représente une petite dissidence à l'intérieur d'un même système rationnel, la guerre mondiale est tantôt l'expression tantôt la ramification de cette dissidence, l'holocauste juif est la folie de grandeur d'un homme, peut-être d'un peuple…

Il ne rentre pas dans notre intention de minimiser les faits de l'histoire mondiale récente, ni de déclencher à ce sujet un autre processus révisionniste. Nous aimerions simplement indiquer qu'il y a la possibilité de faire une autre lecture de l'histoire en ayant comme point de repère la « mondialisation » en gestation à partir du 15e siècle. Mais ce que l'on ne doit pas oublier, c'est que, à partir de ce siècle, un continent et une race sont maladroitement sortis de leur vision du monde pour être introduite et de façon drastique et dramatique dans les convenances externes à leur propre marche. Depuis lors, par sa propre faute ou par la faute des autres, l'Afrique noire semble ne s'être plus reprise.

La chance de l'Afrique noire, c'est que les Noirs n'ont pas été dominés jusqu'à être tous réduits dans des ghettos. C'est en tout cas le cas pour la République Démocratique du Congo où, qu'on le veuille ou pas, il faudra compter avec les Noirs, que cela soit une bonne chose ou au contraire une mauvaise. On oublie peut-être trop facilement ou on ne se rend pas compte que, du point de vue des dominateurs, le Nouveau Monde est un apartheid qui a mieux réussi que celui que l'on a connu en Afrique du Sud. Un des acquis positifs de la modernisation, c'est donc le fait que, aujourd'hui encore et malgré tout, nous existons comme un peuple : non pas comme un peuple qui aurait fini dans des réserves et des ghettos, mais comme un peuple capable de se prendre en charge. Il importe d'actualiser cette capacité, de la rendre efficiente. C'est maintenant ou jamais, car il n'est pas sûr que cet instinct de conservation ou plutôt de résistance soit éternel. Si nous ne le faisons pas maintenant, non seulement que nous sommes irresponsables vis-à-vis de nous-mêmes et de notre propre histoire, mais encore et surtout nous faisons manquer à l'humanité une partie de sa richesse dans le grand rendez-vous du donner et recevoir qui peut aujourd'hui, enfin, se pratiquer avec plus d'égards envers les apports de toutes les cultures et de toutes les civilisations. Le monde serait trop monotone sans la diversité. L'Afrique en constitue bien une, mais sans toujours être consciente de ce qu'elle représente pour elle-même et pour toute l'humanité, déjà en tant qu'espace humain et non simplement par ses matières premières.

Voici pourquoi nous devons absolument récupérer le sens authentique de la modernisation. Nous allons considérer les acquis de cette longue transition en partant de ce que le développement des uns et le sous-développement des autres ont fait gagner à la compréhension de l'homme, de la société et du monde.

3.1.1. La science, la technologie et notre modernisation

La science et la technologie ont réalisé des conquêtes spectaculaires au cours des siècles qui ont vu l'Afrique subir les convenances externes. Curieusement, l'Afrique noire semble ne s'être pas appropriée ne fût-ce que des miettes de ces découvertes. Au contraire, la science et l'esprit scientifique semblent aujourd'hui passer pour des valeurs non africaines. Après les prouesses de l'âge du fer, l'Afrique n'aurait rien inventé qui put promouvoir la science et la technologie. Dans plusieurs régions de l'Afrique noire, en République Démocratique du Congo en tout cas, le seul intermédiaire entre la force motrice de l'homme et la nature à transformer est resté l'outil manuel (machette, houe et hache). Qu'il soit vendu comme esclave ou qu'il soit resté dans sa terre occupée, l'homme noir est resté invariablement un « homme de trait ». Quand apparaissent les forces motorisées, lui n'avait pas encore mécanisé la force animale. Encore aujourd'hui, rares sont les adaptations technologiques faites par les Africains en fonction des besoins réels de l'Afrique. Ce qui contribue à en faire un monde techniquement oublié. Dans les discussions mondiales, l'Afrique n'intervient que lorsqu'on discute sur l'homme. C'est sans doute déjà beaucoup lorsqu'on sait qu'il n'y a pas longtemps, même ce statut lui était discuté, pour ne pas dire nié. Mais que signifie aujourd'hui l'homme sans la domestication de la machine ? A l'étape actuelle de l'évolution de l'humanité, où l'on commence à dire que l'homme devra s'adapter à la machine ou périr –comme jadis il dut s'adapter à la nature–, le retard technoscientifique de l'Afrique devient non seulement un problème technique mais un problème humain.

Cependant, au lieu de continuer à aborder cette question sous ce profil plutôt négatif de retard ou d'incapacité, il nous semble possible de l'envisager de manière plus positive ou au moins prospective.

L'âge actuel du monde en transition, en éclairant les rapports et les différences entre civilisation et modernisation, porte l'Afrique à considérer que la modernisation comme processus technique est une valeur qu'elle peut et doit s'approprier, sans que cela la conduise inexorablement à sortir de sa propre civilisation. Nous y reviendrons. Mais il y a plus. Grâce aux autoroutes de la communication, la science et la technologie sont en train de devenir un phénomène de mondialisation non seulement sous l'aspect négatif de l'imposition d'une culture, mais aussi sous l'aspect de nécessité. Mondialisation et compétition étant les deux prédicats d'un même sujet, à savoir le monde de matrice économique, les créateurs des technologies sont aujourd'hui contraints de les rendre plus ouvertes, accessibles à la majorité. On peut donc prévoir, à moyen terme, l'éclatement d'un marché qui, contrairement à ce qui s'est fait jusqu'à présent, jouera en faveur des pays dits pauvres et économiquement faibles. Pour vendre son image de marque dans un monde où la concurrence ne fait que s'accroître, il faudra la vendre moins chère. Si les petits pays arrivent à se rendre compte, comme nous le croyons possible, que modernisation ne signifie pas civilisation, il y a lieu qu'ils usent des avantages de la science et de la technologie sans sacrifier aux idoles du monde envahissant. L'Afrique devra aborder ce rapprochement avec la technologie avec froideur et intelligence. Elle a besoin pour cela, non pas de cuivre, de diamant, d'or et de coltan, mais des têtes bien faites. Elle doit investir sur l'homme. Malheureusement, en dehors de la petite phrase politique difficile à détacher de la démarche démagogique, la plupart de nos projets de société et programmes politiques relèvent au mieux de l'opportunisme et au pire de la mascarade visant à donner accès au partage du gâteau. Il ne s'agirait pas du tout d'une démarche de concrétisation d'une idéologie. En font foi la modicité des moyens réservés à l'éducation, à l'instruction, à la formation et à la recherche ainsi qu'une pratique politique qui décourage la recherche de l'excellence en consacrant l'aventurisme jusqu'à des niveaux de responsabilité insoupçonnables. L'imagination populaire encore vive et vigilante à Kinshasa, a d'ailleurs consacré une expression très évocatrice dans le parler kinois : *« Chance eloko mpamba »* (quand la chance te sourit, tu n'as pas besoin de faire de gros efforts car tout est facile)[240]. Ce qui continue à aligner le Congo de ce début du troisième millénaire toujours sur le vieux code de la débrouillardise !

Pourtant, croit-on savoir, après avoir longtemps investi sur les matières, provoquant un pillage écologique planétaire au nom de la technologie, l'Occident est à la redécouverte de la vertu et de la valeur de l'homme. Y aura-t-il enfin la rencontre des grands esprits ? En effet, au-delà du fait que l'homme devient de plus en plus dépendant de la machine, il y a à noter quelques interrogations de mise en question de ce qui fait l'homme. J. Ladrière écrit à ce propos :

« La cybernétique semble mettre en cause à la fois l'action de l'homme et la pensée. Si les automates peuvent imiter les actions humaines et cela même, dans certains cas, avec une efficacité supérieure, ne doit-on pas en conclure que les actions humaines, en définitive, se réduisent à des opérations du même type que celles dont les automates nous donnent des illustrations concrètes ? Il y a peut-être dans l'action un aspect intuitif, selon lequel elle se comprend elle-même et comprend en elle la réalité à laquelle elle s'applique, et un aspect opératif, qui correspond au moment de l'efficacité. La leçon de la cybernétique, c'est que l'aspect intuitif peut être progressivement éliminé au profit de l'aspect opératif. (…) Par ailleurs, comme les machines calculatrices

240 Littéralement : « la chance c'est comme quelque chose de rien du tout ». Cela sous-entend qu'il ne faut pas faire trop d'efforts pour gagner sa vie, mais simplement attendre que la chance vous sourît.

paraissent imiter les opérations de la pensée, on en vient à s'interroger sur ce qui fait la spécificité de celle-ci. »[241]

Cette constatation pertinente et l'interrogation angoissante qu'elle porte (la remise en question de la spécificité de l'homme) peuvent devenir une chance de sursaut pour l'Afrique. Ce n'est pas que l'Afrique ne se sentirait pas concernée par cette angoisse et se consolerait à voir les autres dans un cul-de-sac. Mais, cette interrogation, loin d'assimiler l'homme à la machine, accroît plutôt sa maîtrise sur son comportement. Elle devient pour l'Afrique l'occasion de mettre en cause l'image que l'on se fait d'elle et notamment la négation de sa capacité cognitive et réflexive, simplement parce qu'elle n'arrivait pas à se rendre compte des opérations qui, hier considérées comme intuition de l'esprit humain, sont aujourd'hui attribuables à des automates produisant plus d'efficacité que le plus intelligent des fils des vrais hommes. En bref, on est parti pour la recherche d'une nouvelle définition de la spécificité de l'action humaine[242]. Après que les philosophes de l'antiquité l'ont défini par rapport à un autre produit de la nature, la particularité de notre époque serait-elle de la définir par rapport à un autre produit du même homme ? Si l'homme ne sait plus ce qu'il fait mais ne s'arrête pas pour autant de faire, quel homme serions-nous devenus ?

Si donc la mondialisation en cours peut être considérée comme un phénomène à multiples directions et non simplement comme une nouvelle version de la domination, on aurait tort de négliger ce que les hommes tenus pour rien à cause des contingences historiques pensent au sujet de l'homme. Ainsi, l'incapacité réelle ou supposée de l'Afrique de s'embrayer à l'âge du monde, qui se traduirait historiquement par ce qu'on appelle le sous-développement, devient, d'un point de vue prospectif, l'occasion de penser un autre monde. Ce ne sera pas un monde qui s'accommoderait des faiblesses réelles d'un espace humain déterminé, du nord et du sud, mais un monde qui prendrait racine sur l'humain dépouillé de ses encombrements multiformes. L'une des marques de ces encombrements, c'est d'avoir conduit l'humanité à identifier comme équivalentes civilisation et modernisation.

---

241 J. LADRIERE, « Cybernétique (Signification) », in *Encyclopaedia Universalis*, 6-1000. Lire aussi ID., *Les enjeux de la rationalité. Le défi de la science et de la technologie aux cultures*, Paris, Aubier-Montaigne/Unesco, 1977.

242 Il n'est pas inutile de rappeler ici que la grande aventure de la conquête des mondes au 15e siècle est tributaire du développement de la science et de la technologie à cette époque. Dans ce sens, tout développement technoscientifique est aussi le reflet d'une idéologie ou d'une philosophie de la vie pour la matérialisation de laquelle concourent la science et la technologie.

3.1.2. La civilisation et la modernisation

A cause de ce que cette époque de transition nous a fait découvrir, la modernisation est finalement apparue, au terme du deuxième millénaire, sous son vrai manteau. Avant d'être un fait de civilisation, elle est un fait de l'évolution. Qu'en un moment donné de l'histoire, l'homme passe d'un stade précaire de développement à un stade plus avancé, et qu'en un autre moment, le stade précédemment considéré comme avancé n'apparaisse que comme l'embryon d'un autre stade plus avancé à venir, cela fait partie de la loi de l'évolution. On devrait par conséquent se garder de considérer cela comme un fait de civilisation. Ainsi, manger à la main ou avec les couverts, cela n'est pas un fait de civilisation mais une évolution positive du point de vue de l'hygiène. Mais, manger de la chair humaine à la main ou avec des couverts, cela reste toujours mauvais du point de vue de la culture. De même, vivre de la prostitution par option ne sera jamais plus édifiant que faire de la prostitution par nécessité. Voilà pourquoi certaines évolutions de la modernisation qualifiées maladroitement de fait de civilisation représentent en réalité une grande régression. Et il est possible que lorsqu'on parle de changement de mentalité on puisse en réalité évoluer sur ce registre de confusion.

Il sera probablement difficile de faire accepter cette vision de la réalité, car aussi loin que l'on puisse remonter dans l'histoire, l'identification des civilisations semble avoir eu comme paramètre presque exclusif l'évolution des techniques. C'est pourquoi l'on parle de l'âge de la cueillette, l'âge de la pierre, l'âge du fer… jusqu'à l'âge de la mécanisation, de l'industrialisation, de la cybernétique et des autoroutes de la communication. Toute cette présentation technique de la culture et de la civilisation prépare en fait la proclamation de la civilisation de l'efficacité (rendement) qui se trouve désormais à son apogée avec l'instauration de la mondialisation comme culture.

Cette lecture n'est pas exclusive et surtout elle semble dépassée par une nouvelle donne de l'évolution. En effet, bien que l'évolution technoscientifique ne se soit pas arrêtée et continue au contraire à offrir des mirages insolites, la nouvelle classification de l'histoire et la nomenclature des civilisations contemporaines semblent prendre un langage qui privilégie une lecture faisant du développement l'élément d'un tout. Indépendamment de l'orientation éthique qu'on veut bien leur donner[243], des termes comme

[243] Aujourd'hui, deux tendances semblent se dégager à ce propos : il y en a qui voit dans la nouvelle nomenclature des « valeurs » ou mieux des « faits de société » les fondements même de la « Nouvelle Ethique mondiale » tandis que d'autres n'y perçoivent qu'une tentative iconoclaste de l'essaimage de l'anarchisme au nom du relativisme moral ambiant. Dans le sillon de la « Nouvelle éthique mondiale », on peut

modernisme, postmodernité, New Age, déconstruction, globalisation, mondialisation, etc., même s'ils ne peuvent être compris en dehors du contexte de développement technologique, impliquent néanmoins une conception de l'évolution moins matérialiste que cela ne semble. Leur limite est peut-être dans le fait que, à défaut de pouvoir trouver un vrai Dieu, ils campent dans le paradis terrestre de l'économie libérale d'où l'on s'empresse de proclamer la Fin de l'Histoire[244]. Malgré cela, tout porte à croire qu'on se trouve de plus en plus devant la certitude que la civilisation va au-delà du développement. Elle peut aider à donner une empreinte au développement –ce qu'elle a généralement fait– ou elle peut en freiner la progression. Mais elle peut aussi être utilisée pour véhiculer les faits de l'évolution connus à un moment donné de l'histoire et sur un point donné du monde vers d'autres points. C'est justement cela qui nous est arrivé.

Or, en considérant la modernisation comme fait de civilisation, nous l'avons identifiée à la culture qui nous a envahis et nous en avons fait un élément étranger à notre propre processus d'évolution. Par la suite, nos échecs sur la voie de la modernisation nous ont convaincus qu'il en était ainsi. Mais l'identification de la modernisation à la civilisation n'est pas le résultat de la « mentalité africaine ». C'est en fait déjà une entreprise idéologique du monde envahissant et dominant. Si maintenant nous nous rendons compte que cette invasion subie nous a déboussolés dans notre propre horizon, nous pouvons alors comprendre pourquoi la réduction de la civilisation à la modernisation nous a fait nier la modernisation comme processus que nous aurions pu entreprendre à partir de notre propre horizon. C'est cette confusion librement entretenue qui nous fait apparaître la science et la technologie comme des « choses et les affaires des Blancs »[245]. Selon cette perception, chaque fois

---

citer Jacques Derrida avec sa théorie de la déconstruction (J. DERRIDA, *L'Ecriture et la différence*, Paris, 1967) ; pour les nostalgiques pourfendeurs des « valeurs laïques » de la Nouvelle Ethique mondiale, voir Marguerite A. et Paul L. PEETERS, *La nouvelle éthique mondiale : défis pour l'Eglise*, Kinshasa, Médiaspaul, 2007). Une conciliation des deux tendances semble aujourd'hui tentée par le « Parlement des religions » qui met en voie une « Ethique planétaire ». Entretemps, par déficit d'information ou parce que poussés par le désir de sortir à tout prix de nos misères, nous évoluons sans sentir la nécessité d'engager une réflexion éthique de fond au moment même où nous aspirons au développement et à la reconstruction de notre espace vital. A cause de cela, nous sommes généralement disposés à accepter n'importe quoi ou plutôt à tout accepter sans en peser les pour et les contre.

[244] Cf. F. FUKUYAMA, *La fin de l'Histoire et le dernier homme*, Paris, Flammarion, 1992.

[245] Intéressant à ce sujet l'étude du processus de désignation des réalités étrangères dans les langues africaines. Souvent en effet, à défaut de trouver un nom local (même par analogie) pour une « chose des Blancs » ou si le nom étranger ne peut être repris comme tel ou encore s'il est difficilement adaptable (transcription phonétique), on procède par référence fonctionnelle pour la désigner : on se réfère à l'utilité de la chose ou à sa description en prenant soin d'en spécifier l'origine étrangère. Ainsi, les Baluba parlent parfois de *« Mukele wa batoka »* (sel des Blancs) pour désigne le sucre ; les

qu'un Noir s'approprie ces « choses des Blancs », il devient lui aussi un Blanc, puisque la modernité fait entrer dans la culture des Blancs. Malheureusement, il arrive que, en se les appropriant, l'Africain le fasse non pas tellement pour en jouir ou en faire une partie de soi, mais plutôt pour se faire prévaloir.

C'est aussi là que réside toute la problématique du transfert de la science et des technologies. Cela fait comprendre pourquoi, souvent, ce transfert se fait sans une adaptation préalable ou, ce qui est de plus en plus fréquent, même les adaptations pour l'Afrique sont faites par les mêmes concepteurs occidentaux qui s'approprient de la sorte le marché. Ce qui laisse peu de place au génie africain pour s'approprier les technologies et innover en ce temps de créativité. Cela n'est pas si étonnant puisque à agir ainsi ce sont justement ces Africains qui ont été ou se sont vidés de leur vision du monde et de leurs convenances internes et ne fonctionnent qu'en vertu des convenances des autres, ne sachant ni modifier ni améliorer celles-ci. S'il en est ainsi, on ne peut s'attendre à plus de résultats probants et adaptés à nos besoins et à notre mode de vie, si, dans la compétition pour gagner les marchés en vue de la reconstruction de la République Démocratique du Congo, on devait aligner les « Congolais de l'étranger » avec les Occidentaux, les Chinois, les japonais, les Indiens et même les Libanais. Car, à concurrence de savoir (le même savoir technologique de l'Occident partagé par tous, y compris les Congolais), les « étrangers » aligneraient au moins des apports en capitaux que l'Etat congolais et les banques et milieux d'affaires congolais ne sauraient mettre à la disposition des chers compatriotes. Et quand il y en aurait, il semble que l'emprise idéologique des convenances externes conduirait l'Etat congolais à préférer les étrangers aux Congolais[246] ! Voilà une application concrète et palpable des résultats de notre extraversion mentale, conséquence de la réduction de la civilisation à la modernisation en contexte africain.

Cependant, sur un plan global et toute proportion gardée, cette réduction n'a pas été fatale qu'à la République Démocratique du Congo ou à l'Afrique. Car, paradoxalement, elle l'aura été aussi à l'Occident, dans la

Ekonda parlent de *« Batoyi b'endele »* (les oreilles des Blancs) pour désigner le poste radio. Actuellement, les Ekonda de Kinshasa parlent de *« lokuku lu'endele »* (le gong des Blancs) pour désigner le téléphone tandis que pour parler des unités ou crédits de recharge ils emploient l'expression *« bahulu b'endele »* en référence aux bouts de bois que l'on utilise pour faire résonner le gong.

[246] Si plusieurs politiciens congolais de la diaspora se sont retrouvés autour de Mzee L.-D. Kabila pour prendre en main la destinée de la RDC, on ne saurait malheureusement en dire autant des hommes de sciences et des techniciens congolais de l'étranger. On n'en parle pas, mais beaucoup ont été reboutés et d'autres ont carrément rebroussé le chemin de l'Occident pour ne pas crever de faim chez eux en RDC, alors que des postes juteux les attendaient au pays d'Obama ou en Europe où l'on fait tout pour ne pas négliger les compétences éprouvées.

mesure où elle conduit aujourd'hui à nier les valeurs de civilisation jalousement défendues par l'Occident à l'époque de la conquête des mondes et qui ont fait justement sa réputation de civilisateur (coloniser = civiliser). Ici, on ne peut que voir les liens avec les problématiques qui traînent cinq siècles d'histoire. La pratique technoscientifique actuelle, en mettant sous le boisseau les sciences de l'esprit en vertu de la nouvelle épistémologie déconstructive, a aussi mis au second plan mais sans complètement la détruire, l'idée que l'homme peut se faire de lui-même (au-delà de ses conquêtes). Elle a par le fait même contribué à consacrer une science qui ne cherche plus à rendre plus humain, qui ne se préoccupe plus de la réalisation du modèle anthropologique d'une synthèse harmonieuse de l'érudition et de la vertu, modèle qui faisait la valeur de l'humanisme à la Renaissance. Et ce n'est pas par hasard que l'un des domaines les plus en crise aujourd'hui c'est celui de l'éducation. Selon les humanistes, le monde spécifique de l'homme est celui de la culture (qui implique la vertu et que l'enfant s'approprie par l'éducation) et non celui spontané de la pure nature. Aujourd'hui, la modernisation semble avoir dépassé l'opposition nature-culture pour faire émerger celle entre l'éducation et la connaissance, alors que ces deux dernières formaient chez les humanistes le pôle commun de la culture. Cette dégénérescence fait-elle suite à la négligence des « sciences » par les humanistes ? On ne saurait en tout état de cause en rendre responsable la philosophie des lumières qui, tout en prônant les idéaux d'égalité et de liberté, avait grand espoir dans le progrès grâce à la science. De toutes les façons, depuis le temps de Thomas More, on avait appris à vérifier l'incompatibilité de l'éthique avec le politique, de la valeur avec le pouvoir et surtout l'incapacité de l'humanisme à changer le cours de l'histoire par la force de l'esprit. Un fait est certain : avec la montée de la science et de la technique, la civilisation (culture, éducation, valeurs morales et religieuses) a cédé la place à la modernisation (efficacité, productivité et rentabilité). Ce qui semble beaucoup plus conforme aux règles de l'économie et du marché mises en musique par Adam Smith et consorts, dont le communisme n'aura servi que de fausse antithèse à cette étape de l'évolution des idées où le système de pensée hégélien faisait la loi[247]. En réalité, puisque, sur le plan anthropologique, il n'y a que l'homme qui soit capable de détrôner l'humain, on a plutôt inventé de toute pièce un autre « canon de valeurs » pour remplacer les valeurs et il circule désormais avec le label de l'humain. Vive donc la synthèse hégélienne ! Une nouvelle civilisation est née : c'est la

[247] Selon D. Tebakabe, Hannah Arendt, grande critique du totalitarisme, ne croyait pas bien réfléchir en redoutant dans sa démarche épistémologique et idéologique, des penseurs (philosophes politiques) « enveloppés dans leurs théories et vivant dans un monde organisé à la manière hégélienne ». Cf. D. TEBAKABE Alomo, *La dynamique morale pour la reconstruction d'une société en crise. Une étude d'éthique sociale sur la RDC (1990-2000) en dialogue avec la pensée philosophico-politique de Hannah Arendt et la Doctrine sociale de l'Eglise*, Rome, Academia alphonsiana, 2003, p. 24.

modernisation. Elle peut même se proclamer postmoderne, mais le schéma semble tout tracé…

Si les noms ont un sens qui ne soit altérable à l'infini, nous pouvons prétendre qu'il n'y a plus aujourd'hui en Occident un simple pluralisme de valeurs conduisant inexorablement à l'anarchie. On assisterait plutôt à une véritable carence de culture dont l'anarchie des valeurs est à la fois une expression de détresse et une chance. La perte de la civilisation comme fait de culture en Occident (et dans le monde qu'il entraîne à sa suite) justifie le manque d'une proposition culturelle. Nous avons même dépassé les conceptions-phares qui proclamaient, à la suite de vastes recherches en anthropologique culturelle, que toutes les cultures se valent ou, plus modestement, qu'il n'y a pas de civilisations supérieures. Ce qui, du reste, n'a jamais été vrai concrètement puisque les mêmes qui proclamaient ce credo (qui nous a un temps emballé) continuaient imperturbablement à imposer leur civilisation à d'autres, alors que logiquement et par honnêteté intellectuelle ils auraient dû cesser de le faire s'ils étaient convaincus que les autres civilisations étaient aussi importantes que la leur. Ces conceptions n'auront été en fait qu'une distraction qui profitait d'une théorie générale pour chambarder les valeurs de la même civilisation dominante et, à travers elle, toutes les autres. Aussi n'ont-elles servi que de préparation à l'anarchie totale. C'est du moins ce qui paraît évident dans une certaine manière de présenter par exemple le New Age (« Tout est en tout »). On en est ainsi arrivé à la pure négation des valeurs sous le couvert d'un pluralisme mal compris ou de l'individuation des valeurs d'une nouvelle ère.

Ce que l'on oublie de dire, c'est que, ayant nié les valeurs sur lesquelles sa culture est fondée et cela à la faveur de la confusion entre civilisation et modernisation, l'Occident post moderne a pratiquement scié sur la branche d'arbre sur laquelle il était assis. Et, qu'il se retrouve à même le sol, sans aucune proposition culturelle consistante que l'on est en droit d'attendre de son leadership mondial, cela ne devrait plus étonner les esprits avertis : « Quand on a uriné dans le mortier où l'on pille les noix de palme, on ne peut que s'attendre à croquer les noix avec leurs noyaux », dit un proverbe congolais. Dans un tel contexte, l'Afrique des imitations ne devrait plus s'attendre au modèle de civilisation qui a construit ses rêves et ses fantasmes du *Mputu* alias *Mikili*, c'est-à-dire de l'Occident ou même plus globalement du monde développé. Rien d'étonnant alors que le Kinois « tombé au désert » (c'est-à-dire refoulé de l'Europe) ne retrouve plus Kin-la-belle mais Kin-la-poubelle et s'en contente… jusqu'à la prochaine aventure !

Devrions-nous continuer à avoir des réactions si puériles pour que, au mépris du conseil du vieux sage africain, nous finissions toujours dans des flaques d'eau stagnante ou que nous nous embourbions là où gît, sous nos yeux incrédules, notre modèle patenté ? C'est pourtant ce qui nous arrive et qui risque de nous arriver même demain parce que nous renonçons à une valeur propre à tout homme, mais que nous avons tendance à considérer comme le propre de l'homme blanc : la réflexion. Mais il y a là au moins un signal fort pour la République Démocratique du Congo et l'Afrique. Nous pouvons à juste titre considérer cela comme un acquis de la transition.

Par contre, si le Congo et l'Afrique continuent à s'échafauder sur la modernité par le biais d'une entreprise de modernisation entendue comme une occidentalisation même au rabais, une telle entreprise ne peut être vouée qu'à l'échec pour trois raisons essentielles.

En premier lieu, une telle manière de s'agripper sur la modernité se fait sans une base rationnelle, idéologique et culturelle propre, mais dans le pur style des *« malanda ngulu »*, pour parler kinois, c'est-à-dire des moutons de Panurge. Sur cette question, les intellectuels et scientifiques congolais sont plus à plaindre que les politiciens ou les jeunes ndjilois [248] ou encore le commun des Congolais. Si les politiciens sont aveuglés par le partage du gâteau et les ndjilois fascinés par ce que Kä Mana a appelé « le *système D.D* ». (de Dallas Dynasty) et le « *système MAC WORD* »[249], si le commun des Congolais en appelle parfois à la recolonisation parce que cinquante années d'indépendance n'ont apporté que misères et déboires, les intellectuels et hommes de sciences congolais de qui on devrait attendre au préalable au moins un esprit ascétique, ne devraient pas à chaque bout de phrase nous rabattre le caquet avec le « *nihil novum sub sole* » de leur latin ou prétendre toujours que « nous n'avons pas à inventer la roue ». Comme si, ayant nous aussi cru à la prétendue « fin de l'Histoire », il nous est désormais interdit de penser. Nous venons pourtant de le voir, sur le plan de la culture et des valeurs de civilisation, ce n'est pas le Congo seul, mais bien le monde entier, dans sa version nordique désormais dominante, qui est dans l'impasse. Nous sommes tous, qui sur un vélo, qui dans un bateau, qui dans une voiture, qui dans un TGV, qui dans un avion, qui encore dans une fusée… mais en tous les cas nous sommes dans un engin qui ne marche pas. La différence ? Elle est peut-être dans le fait que, alors que les autres continuent à maintenir en état l'intérieur de leur engin statique où des simulations leur donnent l'illusion de

[248] Les Ndjilois sont les habitants de la Commune de Ndjili à la périphérie de la ville de Kinshasa. Les jeunes de cette municipalité ont été les premiers à essayer d'aller, en masse et à tout prix, en Europe, sans trop savoir ce qu'ils allaient y faire mais seulement fascinés par la vie en Europe présentée dans son ensemble comme un Eldorado où, croyait-on, tout est facile. Ainsi le jeune ndjilois est devenu le prototype de l'aventure mikiliste de tous les jeunes congolais.

[249] Le *système D.D.* (de Dallas Dynasty) c'est l'ostentation de la bourgeoisie américaine dans sa grandeur mais aussi dans ses mesquineries, et le *système MAC WORD* c'est : « on travaille Macintosh, on voyage Mac Douglas et on mange Mac Donald ». Cf. KÄ MANA, « Bousculer l'imaginaire missionnaire en Afrique », in *Revue Africaine des Sciences de la Mission*, Vol. I, 1 (1994), pp. 399-400.

marcher, nous, nous avons déserté l'engin en panne et, assis à même le sol, nous contemplons, nostalgiques, notre épave en train de s'éroder de jour en jour, nous contant nos vieilles gloires qui ne sont en réalité que les miettes d'hier, dans l'attente que quelqu'un, sans doute le même qu'hier, vienne nous développer. Sur le plan de la perception, nous sommes négativement bloqués par l'image du passé, c'est-à-dire des cinq derniers siècles qui nous ont vu dépassés par les autres et attendant tout d'eux pour vivre. Malheureusement nous refusons de nous rendre compte que, sur le plan des valeurs de civilisation, nous sommes tous les enfants du début de ce troisième millénaire, c'est-à-dire tous en crise. Même alors dans cette situation critique du monde, pendant que les autres continuent à crier innovations, nous rêvons d'atteindre les « standards internationaux » ! Cela signifie simplement que notre vision de la civilisation reste toujours plafonnée sur l'image que nous offre la modernité des autres. Comment voulez-vous que nous soyons compétitifs à l'échelle planétaire ?

Pourtant, sur le plan de la perspective, nous serions plutôt et fort heureusement les mieux placés pour réagir face à la crise qui maintient en arrêts tous les engins de la civilisation. Car, assis sur le trottoir de la civilisation, nous nous rendons bien compte que rien ne marche et nous pouvons même connaître pourquoi cela ne marche pas, alors que ceux qui sont à l'intérieur de leurs engins sont rentrés dans un monde virtuel, la nouvelle caverne, d'où ils s'imaginent que tout marche à merveille et nous prennent en pitié quand ils ne se moquent carrément de notre incapacité congénitale à décoller ! Ils auraient besoin d'un Platon, d'un Aristote, d'un Socrate, d'un Jésus-Christ, d'un Mahomet, d'un Averroès, d'un Copernic, d'un Galilée, d'un Mahatma Gandhi, d'un Martin Luther King, d'un Jean-Paul II, d'un Mandela... Mais, ils les auraient tous enfermés dans leur monde virtuellement réel... Qui les délivrera du mythe du développement et nous avec ? C'est probablement nous autres, dans un nouveau grand rendez-vous, celui de la civilisation de l'amour. Au lieu donc de nous contenter d'envier de monter sur leurs engins statiques, nous pourrions les inviter à descendre (car nous savons ce qu'ils font) pour constater que la civilisation est en panne. S'ils consentent à venir constater avec nous la panne de la civilisation, ils peuvent, avec tous les moyens qu'ils ont développés comme patrimoine de l'humanité, nous aider tous à réparer et redémarrer la marche d'une civilisation alors planétaire. Mais comment pourrions-nous contribuer à sauver l'humanité si nous refusons de réfléchir ?

La deuxième difficulté qui rend vaine notre entreprise de modernisation repose sur le fait que, indépendamment de ce que nous pourrions dire comme de l'extérieur, la base culturelle occidentale se reconnait elle-même et malgré tout en crise. On ne peut pas faire naître les Staline, Hitler, Mussolini, Le Pen, les Trump et autres totalitaristes et continuer à considérer qu'il ne s'agit là que de phénomènes périphériques sans sous-bassement culturel ou sociétal. De même, il est possible de reconstituer non seulement les filières idéologiques mais aussi une histoire sociale du libéralisme et de l'individualisme. Enfin, prétendre par exemple que des mots comme « homme », « femme », « mariage » ou « identité » ne peuvent avoir aucun contenu claire et stable et que d'autres comme « vérité », « morale », « conscience », « parents », « époux » et « mari » devraient être simplement exclus du nouveau langage mondial de la postmodernité, tout cela n'est ni anodin ni tout à fait neutre. Au sein même de cette société en crise, il ne manque pas de voix à dénoncer « la condition de l'homme moderne ». Ainsi, Hannah. Arendt analyse le nouveau modèle de vie active, qui s'est imposé contre le modèle contemplatif, en développant des valeurs fondées sur « le travail, l'œuvre et l'action », et en contribuant à occulter les anciens repères inscrits dans la tradition. Poursuivant son entreprise de reconstruction du processus historique conduisant au totalitarisme, elle souligne le contraste apparu entre le type idéal de la communauté politique (la *polis* grecque du temps de Périclès) et la décadence de l'action politique dans la pensée occidentale contemporaine[250]. Elle s'est attachée aussi à démontrer comment les révolutions démocratiques modernes ont opéré le passage d'une société fondée sur des valeurs de liberté à une société reposant sur la toute-puissance de l'État et de la bureaucratie[251]. Essentielle à la compréhension de l'histoire politique contemporaine, l'œuvre d'Hannah Arendt a renouvelé la réflexion sur les concepts d'autorité, de liberté, de culture. Sa thèse sur la « banalité du mal », développée dans l'essai *Eichmann à Jérusalem* (1963), est une contribution importante et décisive à l'analyse du nazisme. Autant donc dire que la crise de la culture et de la civilisation est bel et bien perçue en Occident et on en dirait encore plus si l'on considérait la réflexion des cercles religieux[252].

---

[250] Cf. H. ARENDT, *La condition de l'homme moderne*, Paris, Calmann-Lévy, 1983. Ouvrage paru en anglais depuis 1958 (The human Condition).

[251] Cf. Idem, *La Crise de la culture* (1961), Paris, Gallimard, 1974.

[252] La pensée du saint pape Jean-Paul II est sans conteste l'une des plus interpellatrices de la « condition humaine » en Occident en vue de la construction de la civilisation planétaire de l'amour. De même, on peut dire aussi que si le Pape émérite Benoît XVI dérange alors que toute la communauté scientifique reconnait la profondeur d'esprit et d'analyse du savant théologien, c'est moins parce qu'il porte la calotte de l'ancien veilleur du dépôt de la foi catholique que parce qu'il dérange les consciences qui auraient bien voulu continuer dans leur somnolence idéologique. Et que dire du pape François, que la presse occidentale s'empressa à décrire comme le pape de la révolution dans l'Eglise catholique, mais en réalité c'est pour faire vite oublier qu'il est aussi le grand pourfendeur et dénonciateur de la mauvaise conscience d'un monde qui ne jure plus que par la destruction de l'Eglise catholique, le dernier rempart encore imprenable de la civilisation, de la culture et de la vertu, et cela pour que l'homme moderne puisse se sentir vraiment libre de faire tout ce qu'il veut et d'en finir définitivement avec le mal et le péché.

La troisième raison essentielle de l'échec d'une modernisation occidentalisante, c'est le temps où s'élaborerait de cette entreprise. Le Congo chercherait-il à s'embrayer sur la modernité juste au moment où les changements de la science et de la technique sont des plus rapides et spectaculaires (par rapport à l'évolution du monde) sans être nécessairement les plus déterminants comme l'ont été par exemple la découverte du feu et l'invention de la roue ou l'évidence que la terre tourne autour du soleil. Cette rapidité et ce caractère spectaculaire provoquent des maux de tête, pour ne pas dire de la folie qui semble emporter même l'Occident très moderne dans cette phase de l'histoire où le « Superman » semble devenir, en sciences, incontournable et insaisissable par son créateur. Et du coup, l'observation que fit Voltaire pour se moquer du Dieu des hommes se répéterait, mais cette fois-ci contre l'homme lui-même : Si « Dieu créa l'homme à son image et ressemblance et l'homme le lui avait bien rendu », l'homme par contre a voulu créé un superman qui dépasserait même Dieu ; et le superman a rendu l'homme fou !

D'où alors cette inquiétude de certains philosophes de la science qui, craignant le pire sans pour autant être des prophètes de malheur, se mettent à balbutier : « Notre société semble être passée du scientisme à l'antiscience, c'est-à-dire de la surévaluation de la science et de la technologie vues comme absolument et inconditionnellement bonnes en soi, à la considération de celles-ci comme quelque chose d'intrinsèquement et d'irrémédiablement mauvais »[253].

Cela amuse de constater que ce que des scientifiques trouvent au terme d'un cheminement dit intellectuel d'évaluation critique et souvent quand il est tard pour un reconditionnement moral des personnes au désarroi, les populations de chez nous pourtant comptés parmi les analphabètes du monde et les démunis d'objectivité, le pressentent intuitivement à la suite d'une simple observation. Bien longtemps avant les « Sommets de la terre », généralement alarmistes, le sage paysan ekonda, observateur d'une évolution dynamique du monde et interprète d'une réalité existentielle, n'a pas attendu pour aviser à qui pouvait l'entendre : les Blancs ont touché le ciel et voici que les temps ont changé. Cela signifie : le prix de la conquête des mondes, des hommes et de l'espace, c'est l'accroissement des calamités et de notre pauvreté[254].

Voilà pourquoi nous nous en retournons à conjurer une volonté ou une impulsion diabolique à vouloir toujours tomber là où les autres se sont

---

[253] E. AGAZZI, *Le bien, le mal et la science. La dimension éthique de l'entreprise techno-scientifique*, Paris, PUF, 1996, p. 3.

[254] Cf. J.-B. NSAMBI e Mbula, *Op. cit.*, p. 64.

écroulés et même sous nos yeux. Cela présage bien de la fin des mythes modernes.

3.1.3. La fin des mythes modernes

A chaque époque ses mythes. Notre époque en a les siens. Comme ceux d'hier, nos mythes modernes peuvent s'évaporer. D'ailleurs c'est alors qu'ils prennent une valeur atemporelle c'est-à-dire de leçon pour le présent et l'avenir. L'intelligence du rapport entre modernisation et civilisation nous amène à parler d'une autre découverte que nous devons à la transition multiséculaire de la République Démocratique du Congo, à savoir, la fin des mythes économiques et idéologiques qui ont conduit à la colonisation et à l'exploitation de l'Afrique.

3.1.3.1. La fin des mythes économiques

Nos matières premières ne sont ni inépuisables ni insurpassables.

Par mythes économiques, nous entendons le fait que les connaissances limitées d'une certaine époque de la modernisation ont donné l'impression que le Congo était assis sur des richesses fabuleuses et inépuisables. Aujourd'hui, nous savons –malheureusement sans en tirer les conséquences qui s'imposent– que les ressources naturelles ayant conditionné le partage de l'Afrique ne sont ni inépuisables ni insurpassables. Sur les collines du Mayumbe, on aperçoit désormais des clairières entourant ou accompagnant la forêt primaire. De Kinshasa à Kwamouth en longeant le fleuve Congo, on n'aperçoit plus aucune essence de valeur pour la coupe des grumes. Il faut désormais s'éloigner d'environ dix kilomètres du fleuve pour commencer à apercevoir quelques arbres de qualité. Un vol à basse altitude entre Kinshasa et Gemena permet même au non initié à la coupe des bois de contempler les ravages de la déforestation subséquente à l'abattage du bois sur cet axe. A l'inverse, sur d'autres axes, la forêt vierge a repris ses droits sur d'immenses étendues de plantation d'hévéa voulues par le pouvoir colonial, quand l'hévéa n'est pas simplement devenu du bon bois de chauffage, bon aussi pour la fabrication des charbons de bois. Certaines de ces plantations n'étaient même pas exploitées que déjà on avait mieux trouvé ailleurs. Que faisons-nous alors, dans ce cas, de cette convenance externe qui nous reste entre les mains ? Combien de Congolais n'ont pas été fouettés, emprisonnés, combien n'ont pas payé jusqu'à leur propre vie pour ce travail qui s'est avérée inutile ? Valait-il la peine de perdre ainsi tant d'énergies si ce n'est que pour fabriquer de petits ballons en caoutchouc que les vaillants footballeurs aux nus pieds de nos villages dégonflent en peu de temps, avant d'avoir assouvi leur soif du sport roi ? Ce ne sont là que quelques exemples amusants pour montrer jusqu'où peut conduire l'effondrement des mythes économiques modernes. Nous savons aujourd'hui que nos forêts avec leurs essences aussi prestigieuses que variées, notre sous-sol avec sa panoplie de minerais, tout cela n'est pas éternel. Nous ne serons donc pas toujours dorlotés ni trompés ni dominés en raison de nos richesses. Ce mariage de raison cessera par l'épuisement des raisons de profit. Après que nous aurons été vidés de nos matières premières, nous ne serons toujours pas en mesure de nous procurer tous les produits que la modernisation nous aura appris à envier.

Il en est peut-être de même pour tout le mythe du développement.

3.1.3.2. D'un mythe à l'autre : les revers du « développement »

Les revers d'une terminologie ne permettent pas toujours de comprendre la philosophie ou la conception portée par le type d'action que l'on cherche à réaliser et les finalités à atteindre. Mais ils peuvent faire connaître l'idée que les destinataires et bénéficiaires se font de cette action. Dans ce cas, la capacité réceptive des destinataires peut constituer un indicateur pertinent des possibilités des actions initiées sous ce label. La précompréhension qui naît de la réceptivité de l'action est au final la seule compréhension qui compte puisqu'elle émane des véritables acteurs de la base. Ou bien elle confirme les définitions et les orientations des experts et concepteurs, ou bien elle apporte un cinglant démenti de la possibilité d'atteindre les finalités théoriques pompeusement consignées dans les théories de l'action et repris dans les énoncés des projets. Souvent, par manque de moyens pour renouveler les projets après une évaluation sincère ou par découragement des initiateurs des projets ou encore par refus des populations locales, on en reste à ces ratés. C'est ainsi que la compréhension retenue par les bénéficiaires devient en fait leur conception du développement. A cause de cela, notre conception du développement peut se réduire vraiment à du menu fretin du genre : avoir une belle robe, avoir des parents en ville (même s'ils n'ont ni maison ni plantation au village), être propriétaire ou enfant d'un propriétaire de parcelle à Kinshasa, manger régulièrement du poulet ou de la viande avec tomates, frites et mayonnaise, avoir un parent au gouvernement, au parlement ou dans une grosse entreprise, habiter Gombe ou un quartier huppé de Kinshasa, « avoir fait » l'Europe, l'Amérique ou l'Asie, vivre en Europe, avoir un appartement ou une villa en Europe, etc. Alors que, dans la culture kongo, il n'y a que le mort qui peut être définitivement déclaré « pauvre », aujourd'hui, dans les rues de Kinshasa, les habitants d'un même quartier sale et marécageux peuvent s'insulter d'être des pauvres : le bailleur dit de son locataire qu'il est « pauvre » parce que ce dernier n'a pas de parcelle ; à son tour le locataire d'appeler son bailleur pauvre parce que celui-ci n'a pas la possibilité ni les moyens de manger régulièrement de la viande !

Cette banale évocation souligne en réalité une situation très grave et donc compromettante pour notre perception générale du développement (pas celui des experts de la BM ou du FMI, ni celui du PAM, de la FAO ou du PNUD, ni encore celui des cabinets ministériels ou des ONG de développement ou des droits de l'homme). Nous avons « plafonné » notre conception du développement par rapport à des accessoires ou des besoins qui, en des périodes antérieures, étaient déjà des acquis sans être des preuves ou signes de développement. Quel enfant ou jeune de mon village aurait pu imaginer que manger un peu de viande est signe de développement et de richesse, quand nous rapportions du gibier de la forêt comme si c'était le paradis terrestre ou les dépôts de Joseph en Egypte ? Et, le minimum préalable pour qu'un jeune se marie n'était-il pas qu'il se soit déjà construit sa maison et ait déjà défriché un champ ? Enfin, comment est-ce que la prospérité et l'élévation de mon frère (de gros mots pour désigner en fait une petite promotion !) peuvent constituer la garantie de mon développement si la sagesse ancestrale avertissait le paresseux et le parasite en ces termes : « Ne te réjouis pas de la fortune de ton aîné » ?[255]

C'est donc là une conception absolument régressive du développement. Et qu'au terme de longues décennies d'assistance et d'aide au développement et même de coopération bilatérale ou multilatérale, on en soit réduit à cette conception, cela est directement la mise en cause non seulement du modèle de développement véhiculé par une certaine idée de la civilisation, mais aussi et plus fondamentalement la mise en cause de cette idée de la civilisation. Là aussi un mythe moderne vient de tomber.

Que donc le développement de la République Démocratique du Congo pose problème, cela est sans doute parmi les certitudes irréfutables de notre situation. Le fatalisme qui semble se confondre merveilleusement avec notre être et l'afro-pessimisme qui en résulterait ou que nous épousons si facilement nous portent à considérer cette situation en termes de régression ou de retour à la case de départ. Mais en réalité, c'est plus complexe que cela n'en donne l'air. Il y a certes des régressions évidentes, comme quand on pense à Kinshasa que le poisson le plus prisé du Congo c'est le chinchard, alors qu'il avait été plutôt le pauvre petit poisson des pauvres, à côté du capitaine ou du mboto ! Il y a régression lorsque disposer d'une machette pour ses travaux champêtres devient un luxe pour des villageois, alors que l'on avait connu les temps où cela ne constituait aucunement un signe de la richesse (des blancs) mais où c'est la possession d'un vélo, d'une machine à coudre ou d'une maison en matériaux durables qui incorporait dans le cercle très limité des riches villageois.

Mais, nous pouvons facilement reconnaître qu'il y a aussi des évolutions, notamment le fait de retrouver aujourd'hui des moteurs hors-bords

---

[255] Ce proverbe ekonda est un avertissement qui repousse tout désir de vivre en paresseux et derrière les membres de la famille, alors que la contribution de chacun est attendue pour construire le patrimoine familial, comme l'exprime le proverbe déjà évoqué plus haut : le clan te donne des enfants, mais il est plus responsable que tu aies aussi ton propre enfant pour enrichir le patrimoine familial commun.

dans les villages les plus reculés alors que même des missions catholiques et protestantes n'en avaient pas toujours pendant la colonisation. C'est aussi une évolution notable, même si on peut en rire, de constater que le nombre de routes asphaltées au Zaïre du Maréchal Mobutu dépassait largement celles laissées par la colonisation dont on entend plus aujourd'hui que des éloges de la part des nostalgiques aveuglés, ne jurant que par le retour des Blancs pour amorcer finalement, croit-on, le développement du Congo. Illusion !

Ce qui vient d'être dit a au moins le mérite de démontrer que si toute régression peut être une manifestation du sous-développement (ou du développement du sous-développement), toute évolution, par contre, ne peut être automatiquement considérée comme signe de développement. En disant cela, nous ne sommes pas dans une logique purement théorique ou de vocabulaire, comme celle qui a prévalu un temps au Zaïre de Mobutu pour opposer *développement* à *équipement*. Pendant les temps fastes de la Deuxième République, on aimait dire que le Zaïre n'était pas un pays sous-développé mais sous-équipé. Même si, du point de vue théorique et thématique, un tel discours est justifiable[256], il n'aura été en fait qu'une distraction tendant à brouiller les pistes par la rhétorique en s'éloignant autant que possible des véritables enjeux du développement. De telles échappatoires ne semblent pas définitivement évanouis ni ne sont l'apanage des seuls dirigeants congolais de tous les temps et de leur peuple. Leur persistance, c'est cela que nous appelons « mythe » et cela concerne tous les modèles de développement qu'on a prétendu nous offrir.

Si au moins la problématique du développement de la République Démocratique du Congo pouvait être présentée en dents de scie, c'est-à-dire avec des hauts et des bas, cela serait tout à fait compréhensible et pourrait même s'inscrire dans le cadre d'un schéma de développement à échelle variable. Il suffirait alors d'arrêter des stratégies de développement permettant de combler les crevasses en les alignant sur les pointes pour signer une première strate de développement ! Il faut plutôt avoir le courage d'avouer que les stratégies de développement concoctées pour le tiers-monde n'ont été en réalité que des mythes, qu'elles viennent de l'Occident ou qu'elles soient revendiquées par l'Afrique. Nous pourrions résumer cette considération du mythe commun du développement de l'Afrique avec la proposition suivante : ce n'est pas le fait de refuser l'aide étrangère qui développe et rend souveraine un pays pauvre ; mais ce n'est pas non plus le fait de l'accepter qui développe nécessairement. Les deux mouvements définissent notre être non en fonction

[256] Le développement est un processus dynamique et évolutif qu'on ne peut plafonner tandis que l'équipement se réfère à une situation de fait évaluable en fonction des moyens dont on dispose et cela en comparaison soit avec une situation antérieure soit avec d'autres (groupes, pays, continents).

de ce que nous sommes mais en fonction de l'être des autres et de ce qu'ils peuvent faire ou non.

Qu'en est-il alors des idéologies ?

3.1.3.3. La fin des idéologies ?

Les motivations de profit, qui constituent l'élément de stabilité de la modernisation, ont été appuyées ou facilitées par les idéologies. De l'aveu même de J. Habermas, la raison et la science sont devenues des instruments de domination et non d'épanouissement, dans la mesure où la science implique elle aussi des présupposées et des intérêts idéologiques[257]. Pourtant, même les mythes idéologiques sont en train de s'évaporer à l'œil nu. Idéologies religieuses, politiques, économiques, scientifiques, socioculturelles, anthropologico-philosophiques…, toutes y passent. Même si c'est seulement pour laisser la place à d'autres idéologies, ce qui est indéniable, c'est que celles qui ont appuyé l'exploitation de l'Afrique sont piétinées par leurs propres promoteurs.

Le christianisme. Du nord, il nous arrive de plus en plus comme un plat avarié, tant ses divergences internes frisent le ridicule. Surtout, il faut faire un gros effort pour ne pas le réduire à un simple service humanitaire. Au niveau local, la compromission des hommes d'église dans les turpitudes qui clouent à terre notre pays n'est plus à cacher : nous sommes passés d'une église des martyrs, persécutée à cause de la cohérence dans la vérité à une église complice et maltraitée pour lui faire payer sa traitrise. En passant du martyre à la traîtrise, l'église, toutes confessions et dénominations confondues, a fait une chute libre. Pour redorer son blason, elle est appelée à remonter une pente très raide. En vertu de sa nature véritable d'instrument du salut, cela n'est pas impossible. Mais, entretemps, un mythe est tombé. Et gare à qui a peu de foi, car il risque de la laisser au repos si ce n'est de la laisser au dépôt.

Les idéologies politiques et économiques. Après la chute du communisme, il n'y a pratiquement plus d'idéologies politiques. N'a-t-on pas décrété la fin de l'Histoire, même si ce qui est arrivé à la fin ce n'est pas ce que prétendent ceux qui s'enferment dans le libéralisme ou ceux qui ont honte de chanter le requiem du communisme. De fait, ce qui existe, c'est l'économie libérale. Ce n'est pas la Chine qui le démentirait, elle qui a apporté sa caution morale à ses entreprises privées pour soutenir les « cinq chantiers de la République Démocratique du Congo » à travers un type de troc très original qui n'a pas manqué de réveiller l'attention des institutions du Bretton Wood et de tous les « clubs » qui, en prolongement du pacte de Berlin 1885, continuent à faire du territoire de la République Démocratique du Congo un

---

[257] J. HABERMAS, *Technique et science comme « idéologie »*, Paris, Gallimard, 1968.

« no mans' land », tant qu'il y aura encore un m³ de bois, un lingot de cuivre, un carat de diamant, un kilo d'or ou de coltan ou de que sais-je encore. Mais l'économie libérale, ce n'est pas une idéologie et très probablement A. Smith ne s'y retrouverait plus s'il devait revenir aujourd'hui sur cette terre… Même si tout a commencé par les idéologies, aujourd'hui le profit est quelque chose de si concret mais aussi de si meurtrier qu'il n'est plus possible de le combattre par la seule voie des idéologies politiques en pleine homologation –en fait en pleine déconfiture– en ce temps de la mondialisation. C'est cela qui justifie la résistance du capitalisme et sa capacité de se muer d'une forme en une autre, quand bien même il ne s'agirait en réalité que de jouer les prolongations pour ne pas entonner son chant du cygne !

En tout cas, le système du marché semble avoir suffisamment montré ses limites, même si ses défenseurs occidentaux et leurs acolytes du tiers monde ne veulent pas lâcher du lest et s'entêtent à colmater les brèches à coup d'injections protectionnistes, comme si on devait en retourner à l'Etat-providence, alors que la mondialisation semble avoir définitivement brisé les frontières des Etats-nations, sans pour autant que les bénéfices s'en ressentent proportionnellement et encore moins équitablement partout. Il faut peut-être à tous le courage d'un J. Stiglitz, prix Nobel d'économie et ancien Vice-président de la Banque Mondiale, qui fit en 1999 ce réquisitoire marquant sa grande désillusion sur la mondialisation : « Aujourd'hui, la mondialisation, ça ne marche pas. Ça ne marche pas pour les pauvres du monde. Ça ne marche pas pour l'environnement. Ça ne marche pas pour l'économie du monde »[258].

Mais, ce qui est encore plus concret, c'est le fait que, de même qu'on ne peut pas imposer le profit par la seule idéologie, de même on ne peut pas non plus décréter le développement ou la reconstruction à coup de décrets ou à la faveur d'une campagne électorale. Sur cette question au moins, nous pouvons valablement utiliser l'expression : « Nous n'avons pas à réinventer la roue ! ». La Russie de B. Yeltsin en a fait les frais, elle qui a cru décréter le capitalisme à coup d'ordonnance. A ce propos, il faut que les Congolais cessent de penser que M. Gorbatchev n'a été qu'un vulgaire infiltré de la CIA dans le KGB et dans le soviet suprême ! Quand une gouvernance se donne comme objectif visible ou caché de fabriquer un peuple pauvre ou quand elle aboutit même involontairement à appauvrir son peuple, elle ne fait que construire le lit du libéralisme sauvage. Mais le contraire est aussi vrai : que tous les pays du monde deviennent capitalistes (riches), c'est aussi un mythe qui tombe car il n'obéit pas à la logique du profit. Pour faire du profit, il faut que quelqu'un paie ! Un vrai idéal ne peut programmer le malheur ni de soi-même ni des autres, mais il doit le prévenir justement en vue de l'éviter. Dans

[258] J. STIGLITZ, *La grande désillusion*, Paris, Fayard, 2002, p. 279. En novembre 1999, le professeur J. Stiglitz, ancien conseiller de Bill Clinton, a donné sa démission de son poste d'économiste en chef et vice-président de la Banque Mondiale.

la mesure où toutes nos idéologies patentées ont assez montré que, au lieu de prévenir la débâcle de la grande partie de l'humanité, elles l'ont plutôt suscitée, voire encouragée, elles n'étaient en réalité que des mythes. A l'heure de la mondialisation et si l'on veut véritablement que celle-ci soit quelque chose de vrai, il devrait être plus facile d'accepter cette vérité.

Il ne reste alors plus que la logique de *« l'homme vraiment homme »* qui, comme catégorie idéale construite à partir de l'ontologie négro-africaine, constitue la véritable identité de la personne[259]. Ce qui fait la valeur d'un homme (*muntu*) ne se dégage pas à partir d'une appréciation à résonnance économique ni d'une mesure additive, mais de ce qu'est l'homme dans sa consistance interne[260]. Ceci donne aussi un autre éclairage à l'appréciation qu'on est en droit de se faire de l'autre. C'est la logique de la culture et de la civilisation. Mais, aujourd'hui, l'homme ne sait plus qui il est. Nous avons en outre vu toute l'imposture d'une civilisation s'assimilant à la modernisation.

Alors, plus rien n'existe pour nous, hormis la possibilité de fermer une parenthèse : celle de notre modernisation avec ses convenances externes.

3.2. Le courage de l'avenir : fermer la parenthèse

La République Démocratique du Congo est à la croisée des chemins, entre un passé très instructif mais qui nous a appauvris, un présent calamiteux où il ne fait pas du tout bon vivre et un avenir plein d'incertitude, où rien ne garantit la réussite. Si donc le passé s'en est allé et qu'au présent la messe semble déjà dite, la seule brèche qui nous reste c'est de construire l'avenir. Par rapport à ce que le présent nous laisse comme chances de réussite, nous ne pouvons même pas les estimer au dixième de la petite orange. Pourtant, c'est ce moins d'un dixième qu'il faudra absolument réussir. Nous entrevoyons que la réussite est possible. Mais nous pensons que pour mieux capitaliser toutes les chances sans en laisser échapper aucune, nous devons prendre le courage de fermer la parenthèse d'une histoire qui, au lieu de faire de nous des acteurs en première ligne du processus de notre émergence, a plutôt fait de nous des otages inconscients, puis conscients et enfin consentants.

---

[259] Cf. J.-B. NSAMBI e Mbula, *Op. cit*, pp. 59-62.

[260] A en croire P. Valadier, la moralité aurait comme source l'expérience mercantile, c'est-à-dire la vie économique où les échanges des biens et des services s'apprécient selon la valeur des choses produites et commercialisées. Cf. P. VALADIER, *L'anarchie des valeurs…*, p. 23. Dans l'explication des contours du terme valeur, Valadier évoque la pensée de Nietzsche, Hobbes et Marx pour montrer comment, chez ces auteurs, l'appréciation d'un bien est une des sources de la moralité ou encore comment la valeur d'un homme est, comme toutes les autres choses, son prix. Cf. *Ibidem*, pp. 23-26. Dans un tel contexte, la valeur est conçue en fonction d'un échange extérieur des choses, comme une objectivation créatrice de sens, de signification et d'importance.

Pour y arriver, nous sommes invités à amender notre discours du passé et nos choix politiques concrets. Mais ceci n'est qu'un petit préalable qui appelle des efforts tous azimuts capables de nous faire oublier les rendez-vous manqués de notre histoire comme de celle des autres. Car le cap, c'est la construction de notre espace vitale et de notre être.

3.2.1. Pour un amendement du discours sur notre passé et de nos choix politiques

3.2.1.1. Il n'y aura pas de retour à un Congo qui n'a jamais existé

On reproche aux Noirs Africains de vouloir trop s'attacher à leur passé. L'expression *« Bankoko baloba »* (les ancêtres on dit) a une telle autorité qu'elle fait coudre la bouche à tous ceux qui voudraient mettre en discussion les prescriptions de la tradition ancestrale. Souvent, cet argument d'autorité rabat le caquet de manière plus incisive que n'y arrive à le faire une preuve scientifique des plus certaines. Quand donc l'Africain se décide de passer l'éponge sur le passé, cela doit être très sérieux pour qu'on s'amuse à l'accuser de vouloir oublier le passé, même si ce passé n'est ici que la somme des convenances qu'il subit depuis cinq siècles.

Encore moins devrait-on craindre que le vœu de fermer la parenthèse de cinq siècles de modernisation soit un retour à l'authenticité de l'époque ancienne. Une telle opération est pratiquement impossible parce que, en dehors des attitudes culturelles fondamentales qui font partie d'un horizon de sens difficilement déracinable, le Congolais moyen ne connaît surtout que l'histoire des cinq siècles de sa modernisation[261] et cela dans une version qui est loin d'être congolaise. On ne se trompera pas beaucoup si l'on devait penser la même chose des intellectuels. Nous connaissons mieux l'histoire de Vercingétorix ou celles des Mérovingiens et des Carolingiens que nous ne sommes capables de remontrer les migrations bantus ! Mais, retourner aux Empires et Royaumes d'avant la modernisation est aussi impossible parce que certains de ces ensembles se trouvaient déjà dans un état avancé de déstructuration ou de décomposition avant l'arrivée des Européens. Dans ce sens, l'hypothèse parfois avancée d'une nouvelle « Conférence de Berlin » pour refaire le partage de l'Afrique non plus selon les convenances colonialistes mais sur base des ensembles connus ou existants avant 1885, est non seulement irréaliste mais aussi inconsistante. Car, en dehors de ce qui vient d'être évoqué, il convient de faire remarquer aussi qu'il a existé une

---

[261] A telle enseigne que lorsqu'on dit aujourd'hui à un vieux villageois de la forêt équatoriale que le manioc n'est pas un produit authentiquement africain, mais il est originaire des régions tropicales d'Amérique, ou que le café vient de l'Arabie et ne se serait répandu en Afrique qu'au cours du 20e siècle, le bon vieillard risque de considérer de telles affirmations comme la preuve du déracinement des intellectuels qui ont été à l'école du Blanc !

dynamique évolutive de la formation des peuples et des royaumes. Ainsi, dans l'espace congolais, le Royaume Teke (9e siècle) aurait donné naissance au Royaume Kongo (13e-14e siècles) ; les royaumes Luba et Lunda se seraient formés par regroupement des chefferies à partir du 16e siècle et très certainement les Luba avant les Lunda, alors que les vestiges archéologiques attestent l'occupation de leur habitat déjà au 9e siècle ; l'empire Kuba ne semble attesté qu'à partir du 18e siècle et serait formé des peuplades en provenance des Yaka ou, autre version, par des envahisseurs apparentés aux Mongo de la forêt. Quoiqu'il en soit de la valeur historique de ces précisions[262], ce qui semble certain, c'est la formation progressive des royaumes et empires. Supposer que sans le coup de frein porté par le partage de l'Afrique, ce processus de décomposition, de consolidation des anciennes unités ou de formation de nouvelles se serait poursuivi, ne relève pas de la pure fantaisie. Aussi, pour que l'épineuse question de nationalité ne soit pas toujours la paume de discorde, le prétexte ou le poison qui menace la recherche de la construction de la Nation congolaise, on devrait considérer les frontières héritées de la colonisation comme s'intégrant dans le processus évolutif normal de la formation des ensembles étatiques, sauf évidence contraire (qui ne soit pas seulement d'ordre tribaliste ou ethniciste). La seule caractéristique du nouvel ordre est de s'être opéré selon les convenances externes et en court-circuitant le processus évolutif interne. Bien plus, à l'intérieur de ces « nouveaux espaces » (si on peut désigner ainsi les peuples qui partagent un même territoire devenu national depuis désormais plus d'un siècle), il se vérifie une véritable unité dans la diversité et une coexistence qui ne sont souvent remises en cause que pour des intérêts politiques et économiques égoïstes maladroitement maquillés en problèmes ou conflits tribaux ou ethniques.

Pareil processus de purification mémorielle concerne aussi notre perception de la colonisation.

3.2.1.2. Exorciser le discours sur le « péché originel » de la colonisation

Le seul critère pour fermer la parenthèse de la modernisation n'est pas la constatation d'un ordre colonial qui nous a embarqués dans des convenances externes que l'indépendance n'a pu corriger. Ce serait un refus aveugle même de tous les acquis indéniables de la transition, en s'appuyant sur la volonté de s'enfermer sur soi-même, ce que ne prêche en tout cas pas la tradition africaine la plus pure[263]. Il faut en outre que l'ordre des convenances externes donne la preuve de l'inadéquation de celles-ci pour le progrès interne.

[262] Nous renvoyons encore une fois aux études historiques qui font autorité, comme celles de J. Vansina, L. de Heusch, I. Ndaywel, etc.

[263] Comme le témoignent les pratiques et proverbes de solidarité supra claniques, les pactes ou alliances interethniques ainsi que les réseaux de relations commerciales antérieures à l'occupation coloniale.

Mais cela suppose aussi que nous ne réduisons pas les questions non résolues de la tradition (sur lesquelles se serait appuyée la modernisation) à une inadéquation due à la modernisation. Ainsi, nous ne pouvons pas prétendre que l'irruption de l'Occident sur notre trajectoire est la racine de tous nos maux, mais simplement que cette irruption est un fait et la manière dont elle s'est réalisée n'a pas été à notre avantage. Par conséquent, vouloir faire croire que sans cette irruption nous serions déjà développés est une projection purement déclamatoire. Ce qui n'est pas de la pure rhétorique, c'est le fait que, avec cette irruption, nous ne sommes pas devenus développés et que cette irruption a cessé d'être un fait externe puisque nous l'avons assumée en cautionnant, bon gré mal gré, notre extraversion. Nous sommes sortis de notre horizon sans nous approprier un autre. Bref, avec ou sans irruption dominatrice, nous sommes ce que nous sommes aujourd'hui. Et ce que nous sommes n'est pas si exaltant, pour ne pas dire que c'est une honte, non pas tant d'un point de vue de jugement de valeur (car nous ne sommes pas meilleurs que les autres mais fils de notre temps) que parce que la pauvreté que nous vivons n'est pas celle que A. Tevoedjre avait appelée « richesse des peuples »[264].

Voilà pourquoi il nous faut fermer la parenthèse ouverte depuis le 15e siècle, si nous voulons parvenir à quelques résultats significatifs en notre faveur. Tout au long de cette longue période que nous avons appelée « période de transition multiséculaire », des convictions exogènes et endogènes se sont développées et confirmées, qui plaident en faveur de ce nouveau départ de l'humanité. Mais la prise en compte de ces convictions dans un contexte mondial de prédation maladroitement habillé sous le couvert d'une certaine civilisation et de la modernisation n'en a pas permis une application efficiente. Du point de vue des avancées de la conscience universelle, il y a lieu de noter le postulat du premier article de la *Déclaration universelle des droits de l'homme* de l'Assemblée des Nations Unies en 1948 : « Tous les êtres humains naissent libres et égaux en dignité et en droits. Ils sont doués de raison et de conscience et doivent agir les uns envers les autres dans un esprit de fraternité ». L'affirmation de l'existence et de la protection des droits inhérents à la personne humaine est devenue une valeur internationalement reconnue au lendemain de la seconde guerre mondiale, au cours de laquelle les atrocités commises par le régime nazi ont révélé la faible conscience des États face à cette exigence d'universalité de la condition humaine. Certes, on peut toujours s'étonner qu'une telle conviction ne l'ait jamais emporté avant cette date, notamment en rapport avec les atrocités de la traite des Noirs et de la dépossession de l'Afrique au lendemain de l'Acte de Berlin de 1885. Car toutes les grandes Nations de cette époque étaient censées au moins connaître

---

[264] Cf. A. TEVOEDJRE, *Pauvreté richesse des peuples*, Paris, Les éditions ouvrières, 1978.

la *Magna Carta* du roi Jean sans terre d'Angleterre en 1215, la *Déclaration des droits* du Parlement du Royaume-Uni en 1689, la *Déclaration d'indépendance* des Etats-Unis de 1776 et les valeurs (énoncées dans un texte de portée universelle fondé sur les droits naturels, inaliénables et sacrés de l'homme et "sous les auspices de l'Etre suprême") de la *Déclaration des droits de l'homme et du citoyen* de l'Assemblée française de 1789 qui stipule dans son premier article : « Les hommes naissent et demeurent libres et égaux en droits ». De même, on doit davantage s'étonner que même après la *Déclaration universelle des droits de l'homme* adoptée par l'ONU en 1948 et qui impose à la communauté des nations de garantir l'existence des droits civils et politiques fondamentaux, complétés par l'affirmation des droits économiques et sociaux, qui en permettent l'exercice, le monde ait pu perpétuer des injustices intolérables de la colonisation, de l'impérialisme économique et du néocolonialisme. Mais puisqu'il est plus avantageux pour nous de considérer la moitié pleine du verre que de continuer à nous plaindre de la moitié vide (ou vidée), nous optons, en cette phase de notre histoire, pour la considération des avancées actuelles en matière de droits, des sciences, des techniques, de culture et même de religion comme des avancées vers l'humanité.

Du point de vue endogène, la transition multiséculaire nous a permis, d'apprendre, à nos dépens, qu'il n'y a pas de développement par imposition ni par procuration, et surtout qu'on ne peut pas construire le monde avec des inquiétudes mais en se déterminant une vision et en se donnant les moyens de la réaliser. En d'autres termes, il s'agit pour nous de retrouver notre horizon de signification en configurant la modernisation comme une étape de notre histoire (avec ses hauts et ses bas) et non comme le début de tout. Il nous faut pour cela une tournure mentale qui nous fasse faire une lecture constructive d'une époque de démolition. Dans ce sens, même l'acharnement de certains Congolais et Africains à considérer que si nous avons été dominés c'est parce que nous sommes dominables, au-delà du fait en soi positif de nous détourner de l'imaginaire qui nous porte spontanément à attribuer notre échec et notre débâcle à l'irruption du dominateur, même cette acharnement devient un discours endormant puisqu'incomplet. Car s'il peut être vrai que n'est dominé que celui qui est dominable, cela n'autorise pas du tout au dominateur doublé de civilisateur de dominer de n'importe quelle manière et pire, de dominer en prétendant civiliser. Là aussi, on en resterait toujours à une voie de lassitude. Avoir le courage de l'avenir signifie alors être disposé à changer les idées reçues et les lieux communs d'une histoire écrite et transmise dans sa version externe (nordique) et essentiellement pour la consommation externe.

En prenant conscience de l'impact des convenances externes sur l'évolution d'un pays comme la République Démocratique du Congo, nous pouvons comprendre le penchant d'un certain discours sur la colonisation, quand bien même il serait fait sous la bannière de l'objectivité historique.

Nous pouvons aussi nous rendre compte de l'incohérence de nos choix politiques quand bien même ils seraient commandés par la mise en pratique des droits de l'homme et l'exigence de la démocratie. Avec cet éclairage, il saute aux yeux que les distinctions très subtiles entre les types de colonie, de colonisation (systèmes coloniaux) ou de domination sont d'une importance secondaire. Qu'il s'agisse de colonies de commerce, de peuplement ou d'exploitation, qu'il s'agisse des colonies déversoirs ou réservoirs, stratégiques ou inavouées, qu'il s'agisse de colonies protégées ou incorporées, toutes ces distinctions ne changent rien sur la nature de l'opération qui reste une entreprise intéressée. Quelles que soient donc les motivations, la générosité et la sincérité de ceux qui s'y engagent, la colonisation a toujours été une opération payante. Elle demeure essentiellement l'établissement d'une domination économique, le politique, le culturel et même le scientifique n'ayant servi que de système et de moyen pour asseoir l'entreprise économique. Certes, à la fin du 19e siècle et notamment au moment de la Conférence de Berlin, le système colonial qui avait jusque-là été plutôt mercantiliste (avec la formation des grandes compagnies) se muera résolument vers un expansionnisme impérialiste de nature plus politique. La colonisation devenait un élément de prestige des grandes Nations. Aussi se laissent-elles prendre par le jeu de la concurrence : « La politique coloniale, a dit Jules Ferry en 1890, est une manifestation internationale des lois éternelles de la concurrence »[265]. Mais, devrait-on justement se demander, pourquoi une telle valorisation et de telles ambitions coloniales même de la part des grandes puissances qui se sont jusqu'alors illustrées par un sens élevé de nationalisme ? C'est que, en définitive, la poussée impérialiste tient pour des raisons économiques : l'Europe a besoin de produits pour ses industries mais aussi de marchés pour ses excédents et des placements bénéfiques pour ses capitaux[266]. Jules Ferry n'avait-il pas dit aussi : « Les colonies sont, pour les pays riches, un placement de capitaux des plus avantageux. »

Ceci ne porte pas préjudice ni ne méconnaît la dynamique propre au politique et au culturel, à savoir de réveiller ou de cultiver les ressorts proprement humains de l'inaliénable recherche de la liberté. De là l'équivocité de la situation africaine. D'une part et théoriquement, la jouissance des droits

---

[265] Jules Ferry (1832-1893) est un homme politique français qui prônait une doctrine coloniale de type raciste : les races supérieures ont un droit vis-à-vis des races inférieures, un droit qui est aussi un devoir de civiliser. L'idée du rayonnement de la France relève moins d'une justification morale – l'alibi de la mission civilisatrice de la France – que du désir de concurrencer la Grande-Bretagne et d'affirmer une présence active du pays dans le concert des nations, en Europe et au-delà.

[266] La constitution des grandes compagnies à charte au Congo sous l'œil de Léopold II a donné lieu à un grand mouvement des capitaux de toutes les grandes puissances de l'époque. Cf. P. JOYE & R. LEWIN, *Les trusts au Congo*, Bruxelles, Société Populaire d'Edition, 1961.

et des libertés est fondamentale à toute forme d'existence humaine puisqu'elle traduit la nature même de l'homme. C'est partant de ce ressort théorique que le peuple a toujours cherché à se réapproprier ses droits et libertés après leur confiscation. C'est le sens des indépendances politiques, des révolutions culturelles et des guerres dites de libération. D'autre part et pratiquement, cette inclination naturelle a été viciée par la prépondérance de l'économique depuis le 15e siècle. Si l'affirmation selon laquelle, à chaque époque, « la structure économique de la société détermine les formes politiques, les mœurs sociales et même la direction de la pensée » (Jean Jaurès) est insoutenable du point de vue de l'histoire globale dans la mesure où elle oublie que l'homme est une force pensante et agissante irréductible à une formule économique, elle parait absolument pertinente du point de vue de l'extraversion africaine. Car, tout ce que nous avons pu apprendre politiquement et culturellement a été lié à l'essor économique des autres. Même le contenu socioculturel de notre histoire ancienne s'interprète sur le fond de l'historiographie moderne d'empreinte économico-politique. Est-ce aussi pour cela que le triomphe de la mondialisation, qui correspond au triomphe du libéralisme a pour répondant au niveau africain la confusion sociopolitique et le marasme économique ? On peut être tenté de répondre par l'affirmative. Car ce que l'on avait proclamé comme étant la fin de l'Histoire avec la dédicace du grand temple des affaires au Wall Street, n'est pour nous que la consommation d'un processus d'exclusion initié au 15e siècle. Il s'agit d'un processus d'exclusion parce que basé sur la richesse économique en se servant du politique et du culturel. Or tout profit économique est essentiellement une appropriation (pour celui qui tire profit) et une privation (pour l'exclu ou le perdant).

Ce qui vient d'être dit rend plus compréhensible l'incohérence de nos choix politiques.

3.2.1.3. Reconnaître l'incohérence de nos choix politiques

On peut parfois avoir l'impression que l'Afrique récite les règles de la démocratie et de la bonne gouvernance comme les élèves de nos humanités latines récitant les *Bucoliques* de Virgile, avec des personnages, un cadre et même des thèmes d'emprunt sans s'en rendre compte. Le monde politique est pour nous comme le monde bucolique grec déplacé par Virgile dans l'espace de son Italie natale : l'imaginaire d'une existence paradisiaque ! Mais nous autres, nous ne nous rendons pas tellement compte que le badinage intemporel du poète prend corps sur une actualité sociale très brûlante.

Quel est, en effet, le sens de la démocratie pour un peuple qui, conduit hors de lui-même, ne réfléchit, quand il le peut, que « par lui, en lui et pour lui » ? Ou encore comment mettre en place un processus de démocratisation qui implique la jouissance des libertés fondamentales si, pour y parvenir, on doit s'assujettir en quémandant les moyens les plus élémentaires pour commencer ? C'est comme qui dirait : je veux bien la démocratie mais à condition que l'étranger m'en donne les moyens ! Mais il y a plus dramatique : comment la démocratie peut-elle être une injonction extérieure ? Depuis le fameux discours du Président François Mitterrand à La Baule du 20 juin 1990, conditionnant l'aide financière à la bonne gouvernance politique, il est devenu fréquent d'entendre des pays riches et de « leurs » institutions dites internationales des propos tels : « Nous sommes disposés à vous aider mais à condition que vous mettiez en place des institutions démocratiques ou un processus de démocratisation ». Ces attitudes des Africains comme des Pays développés montrent bien que la démocratie à l'africaine ou pour l'Afrique est viciée au-dedans comme au dehors. Elle est viciée au-dedans lorsque, au-delà du paysage bucolique d'emprunt que nous avons appris à réciter pour la consommation extérieure, nous exigeons des moyens des autres pour démocratiser chez nous. Le fait si honteux de sabler le champagne pour être parvenu au « point d'achèvement » en dit long : être heureux parce que l'on a fourni des efforts pour être classé parmi les pays pauvres très endettés devient un titre de gloire et non une humiliation ! Et il semble que c'est du réalisme politique ! Cela prouve que, inconsciemment ou consciemment, nous comprenons la démocratie et la bonne gouvernance comme des produits importés. La démocratie est viciée au dehors lorsque l'étranger nous l'exige avant de nous aider. Cela prouve que, consciemment, les pays riches du nord entendent nous dicter la règle de jeu et considèrent notre démocratie comme une démocratie de second rang. Il suffit de voir le traitement de faveur fait aujourd'hui aux pays de l'Europe de l'est, les nouveaux venus dans l'Union Européenne.

Pourtant, lorsque nous déclamons la démocratie, nous répétons bien qu'elle n'est ni une faveur ni une injonction mais elle découle de l'exigence de la vie en société dans l'accomplissement des devoirs et l'exercice responsable des droits et libertés. De toutes les façons, ce fait de demander toujours à l'autre de faire le premier pas renvoie aux calendes grecques la mise en marche du processus de démocratisation. C'est donc une fuite des uns et des autres devant leur responsabilité. Cela n'a rien de surprenant tant que nous continuons à vivre dans cette phase d'adéquation aux convenances externes. Malheureusement, à en faire les frais ce ne sont pas les étrangers ni les gouvernants, mais toujours la population congolaise.

Voilà pourquoi il faut carrément prendre le chemin de la construction du Congo.

3.2.2. Prolégomènes à la construction du Congo

Ou comment faire oublier les rendez-vous manqués avec l'histoire ?

Dans cette partie de notre réflexion, nous proposons une série de thématiques essentielles mais point limitatives ou exclusives, susceptibles de charpenter le nouveau panorama de notre société en cette phase de l'histoire où, quels que soient les déboires historiques évidentes ou simplement hypothétiques, nous devons prendre le courage de l'avenir, le seul capable d'honorer notre âge de maturité humaine et sociétale. L'examen complet d'un tel travail de construction du Congo mériterait d'avantage une démarche interdisciplinaire soutenue non seulement par un bagage historique, mais aussi par une connaissance humaine et sociale désormais éclatée et à notre portée grâce à une réelle quoiqu'embryonnaire démocratisation du savoir et au développement de la conscience nationale. Car, il faut aller au-delà de l'exercice plutôt facile de faire continuellement des diagnostics et l'inventaire de ce qui ne va pas. Dépasser le pessimisme ancré en nous est désormais la condition sine qua non pour construire, puisqu'on ne gagne rien à faire des évaluations qui n'aboutissent pas à des projections, à des élaborations et à des constructions.

A moins d'être irrémédiablement aveugles, nous ne pouvons pas ne pas constater que le vœu de Patrice Lumumba que l'Afrique écrive elle-même un jour sa propre histoire est en train de se réaliser, non plus comme une simple satisfaction intellectualiste ni comme une tentative de repli sur soi, mais dans l'assomption d'une Afrique aux dimensions d'un monde mondialisé. Ainsi, dans une tentative de sortir du fatalisme qui nous fait croire à tort que nous ne pouvons jamais nous en sortir (surtout pas tous seuls), nous proposons ici quelques pièces du puzzle reconstitué tout en invitant avec empressement les grands spécialistes et praticiens à mieux articuler ce que nous ne faisons que suggérer modestement mais non sans détermination, en attendant le jour où des Congolais et des Africains pourront dire, eux aussi, comme on l'entend déjà ailleurs, que l'impossible n'est pas congolais ni africain, sans arrivisme béat ni arrogance outrancière.

Pour cela, nous croyons en un ensemble de données fondamentales de l'esprit humain, qui façonnent indélébilement l'homme comme acteur de la société. Il s'agit notamment : du consensus moral et de la codification sociale, de la vertu et de la recherche du bien, de se libérer de la « mentalité fétichiste » et d'une conception individualiste du leadership pour promouvoir un autre type de personnalité (bomoto).

3.2.2.1. Un minimum de consensus moral et de codification sociale

En République Démocratique du Congo, la politique semble avoir verrouillé tout le champ d'action sociale sous le couvert d'une crise de légitimité et ce depuis les premières heures de l'indépendance du pays. Quand elle va mal –ce qui est ordinairement le cas- rien ne marche dans le pays. Cette réalité semble corroborer l'hypothèse d'une Afrique mal partie. Dans la mesure où ce mauvais départ apparait comme le produit des choix politiques au moment de l'indépendance, c'est à la politique qu'on fait désormais porter la responsabilité de la déconfiture sociale, culturelle, économique, infrastructurelle, énergétique et environnementale. On dirait donc : rien ne va bien parce que la politique va mal. Une formule est devenue populaire à Kinshasa et illustre bien ce rapport. On l'entend chaque fois qu'il y a un problème, même le plus banal, à régler : Que le gouvernement nous aide à trouver une solution à ce problème[267]. Ce qui fait croire presque mécaniquement à la majorité des gens que tout irait au mieux si la crise de légitimité politique était complètement réglée.

Il faut dénoncer cette présentation simpliste de la crise congolaise dont la multi-dimensionnalité n'est plus à démontrer. Cette vision risque de bloquer définitivement toute possibilité d'émergence du pays pour au moins deux raisons majeures. D'abord parce que cela fait porter plus d'attention à un domaine important, certes, mais qui peut être d'une légèreté et d'une frivolité déconcertantes quand il n'est pas orienté vers les réalités élémentaires mais fondamentales de la société. Dans la mesure où la politique est du domaine de l'opinion, ce danger est vite arrivé. La politique doit servir la vie, c'est sa vocation originaire, et non le contraire c'est-à-dire profiter des gens. Ensuite, en mettant la politique sur un piédestal, elle devient le meilleur moyen pour être bien et a tendance à s'attirer la crème de l'élite sans décourager les opportunistes indélicats. Dans un contexte de pauvreté générale, si la fonction politique devient le premier moyen pour s'enrichir (et non un moyen pour créer des conditions de vie meilleure pour tous, particulièrement pour la « *polis* »), il faut simplement mettre une croix sur le développement du pays et sur la démocratie comme système politique dans lequel le pouvoir émane du peuple. Tous les coups bas sont alors permis.

Cela signifie que, contrairement à ce qu'on aime faire croire aux gens, le contrepoids le plus salutaire à la politique, ce n'est ni l'alternance, ni le droit ni l'économie mais l'éthique. Voilà d'ailleurs pourquoi, et de manière universelle, il existe toujours un conflit latent entre politique et éthique. Mais, même dans les cas où on peut parler d'un « divorce » ou d'un antagonisme éclaté entre les deux, la règle non écrite la plus élémentaire veut qu'il y ait toujours un minimum de consensus moral[268].

---

[267] Ainsi, même pour enlever les immondices qu'on a soi-même entreposés devant sa parcelle, on fait appel au gouvernement !

[268] Depuis l'antiquité, c'est-à-dire dès que commence à naître une réflexion systématique sur le pouvoir, la politique et le gouvernement de la cité ou de la société (en sortant de ce que la fiction politique désigne sous le vocable de « l'état de la nature » par le moyen notamment d'un « contrat social »), il a toujours été reconnu l'importance de ce « consensus », même implicite, entrevu par Héraclite (4e siècle av. J.-C.) comme « une sagesse commune qui pénètre l'univers entier ». C'est de ce consensus que nait l'exigence d'un droit naturel, c'est-à-dire d'un ensemble de principes immuables et universels permettant de régir la société, principes issus de la « nature humaine » et antérieurs au droit positif et même à la morale, que celle-ci soit considérée comme un

Si, en République Démocratique du Congo, ce conflit est en acte depuis la naissance de l'Etat congolais et perceptible dans le désordre originel de la *congolisation*, on peut dire qu'il éclate au grand jour et de façon thématique lors du conflit entre l'Eglise et l'Etat congolais. Ce conflit n'a pas concerné directement la volonté de l'Eglise de défendre ce qu'on appellerait « ses valeurs » (ce qui est à Dieu) par rapport aux valeurs d'un Etat laïc (ce qui est à César). Le fond de ce conflit, qui nous autorise à illustrer plus largement un conflit entre la politique et l'éthique, est apparu après la systématisation de l'hybridité du mode de gestion politique de la Deuxième République. L'expression « politique hybride » n'apparait qu'avec le *Mémorandum des Evêques du Zaïre au Chef de l'Etat* du 9 mars 1990. Mais la dénonciation de l'immoralité publique par l'épiscopat catholique congolais est déjà claire dans la lettre pastorale *Tous solidaires et responsables* du 25 février 1977[269].

L'allure plutôt politique que l'on donna à ce conflit en le réduisant à un conflit entre l'Eglise et l'Etat ne fut en réalité qu'un trompe-l'œil. En ces années d'unanimisme politique consécutif à une épuration politique et à la réduction au silence de toute velléité d'opposition qualifiée péremptoirement de subversion et d'atteinte à la sécurité de l'Etat, en l'absence d'une réelle prise de conscience de la « société civile », notamment les associations de défenses des droits de l'homme, l'Eglise était à elle seule le porte-étendard et la gardienne des valeurs de civilisation et de la morale tout court. Contrairement à ce qui arrive dans d'autres nations du monde où les gouvernements se portent garants de la défense d'une « morale laïque » prétendument dynamique et même nouvelle par rapport à la morale religieuse taxée d'ancienne ou de dépassée, en République Démocratique du Congo, l'Etat n'avait pratiquement pas d'alternative morale, à moins que l'on considère telle la tristement célèbre « animation politique ». D'ailleurs, c'est à cause de cela que l'Etat est même apparu comme le principal facteur de l'immoralité et le promoteur des antivaleurs. C'est autour de cette action de réveil moral de l'Eglise catholique que vont se greffer progressivement des initiatives des politiciens et des associations de la société civile. Il faut reconnaître à l'Association des Moralistes Zaïrois (AMOZA) d'avoir été la

---

ensemble de règles de bonne conduite (sens commun) ou comme le fruit de la « mauvaise conscience » (sens de F. Nietzche).

[269] CEZ, *Tous solidaires et responsables devant l'immoralité publique* (25 février 1977), Kinshasa, Editions du Secrétariat Général de l'épiscopat du Zaïre, 1977. Cf. aussi ID., *Appel au redressement de la Nation, Déclaration des Evêques du Zaïre*, 1er juillet 1978, Kinshasa, Editions du Secrétariat Général de l'Episcopat, 1978. C'est notamment dans cette déclaration que les évêques décortiquent « le mal zaïrois » en en présentant les causes structurelles et morales, sans oublier la part de responsabilité des puissances étrangères. Voir aussi ID. *Notre foi en l'homme, image de Dieu, Déclaration du Comité permanent de l'Episcopat du Zaïre*, 23 juin 1981, Kinshasa, Editions du Secrétariat Général de la CEZ, 1981.

première à préconiser la construction d'un Etat congolais ayant comme fondement les valeurs morales[270].

Dans un monde hétéroclite et pluraliste quant aux conceptions de la morale, on ne peut que s'étonner de la facilité avec laquelle la CNS (et depuis lors toutes les grandes rencontres ou concertations politiques congolaises) a adopté ce principe fondamental de bâtir un Etat congolais sur des valeurs morales ou le principe de la primauté de l'éthique en politique. En effet, après la CNS avec sa Commission d'Ethique[271], le Dialogue Intercongolais est allé jusqu'à créer parmi les institutions d'appui à la démocratie une Commission d'Ethique (et de Lutte contre la Corruption). La facilité avec laquelle cela était obtenu contraste, malheureusement, avec les résultats quasi nuls de cette commission qui aura été, de l'avis de plus d'un observateur, l'une des institutions citoyennes à n'avoir pas bien travaillé durant la dernière phase de la transition politique congolaise (2003-2006) ! Au-delà de ces résultats, c'est plus profondément la preuve que même les assemblées qui avaient exigé ce travail ne comprenaient pas bien ce qu'elles voulaient. On se trouvait donc devant une nécessité éthique sans trop savoir ce que cela impliquait, particulièrement dans le domaine politique. Et de fait, si on avait un tant soit peu compris les enjeux éthiques, on se serait certainement embourbé sur les débats actuels autour de la question éthique dans un monde proclamant ostensiblement un pluralisme éthique et même un relativisme moral. C'est la meilleure preuve que la nécessité de la morale dépasse et précède toute discussion sur l'éthique.

Tant comme simple fait de socialisation que comme art ou manière de gouverner l'Etat, la politique ne peut renoncer aux principes éthiques sans se détruire elle-même. Cependant, les seuls principes éthiques ne font pas encore la politique, de la même manière que le fait de paraître comme un homme vertueux ne constitue pas encore la preuve d'être un bon citoyen. Il y a peu, on pouvait se risquer à considérer qu'il n'y a pas un débat de principe entre éthique et politique, mais que c'est l'agencement des finalités et des moyens qui prêtait sa particularité à la politique. Ainsi, pour départager la bonne politique de la mauvaise, on ne fait pas recours à la conformité à des critères moraux mais à l'adéquation entre l'objectif visé et l'effet obtenu : c'est le succès qui légitime l'action politique astreinte à une obligation des résultats. Mais, sauf à considérer la quête du pouvoir comme une inclination naturelle de l'homme et, partant, à livrer une lutte sans merci pour s'accaparer les biens

[270] Cf. *Morale et Société zaïroise. Actes de la première rencontre des moralistes zaïrois*, du 1er au 4 novembre 1978, Kinshasa, Ed. AMOZA, 1988.

[271] La CNS a même voulu symboliquement que le consensus établi de refonder l'Etat congolais sur les principes moraux soit la première décision officielle parmi la multitude des décisions issues de la conclusion des travaux des différentes commissions. Cf. Aussi *Conférence Nationale Souveraine. Contribution de l'AMOZA*, Kinshasa, Ed. AMOZA, 1991.

matériels et pour assujettir les autres (Hobbes), sans se soucier des préceptes moraux (Machiavel), il n'est pas possible de se comporter socialement et déjà individuellement sans un minimum de consensus moral. Même les anarchistes les plus radicaux dans leur filière hégélienne de la lutte de l'Homme contre toute forme d'aliénation (religion, Église, État, etc.) et les nihilistes qui mettent en cause toute valeur positive et rejettent tous les préceptes moraux, ne s'opposent pas en fait au bien mais plutôt à la prétention de tout type d'autorité à incarner le bien et à l'imposer de façon universelle[272].

Il existe cependant une profonde différence d'appréciation du possible fait de la négation ou du rejet de la morale entre nos pays sans véritable tradition politique et les pays dont les bases de l'organisation politique remontent pratiquement à l'antiquité. Cette différence se fonde sur l'appropriation de la codification morale. En effet, les fondations de la codification traditionnelle de nos ancêtres ayant été déclarées nulles et nous-mêmes ayant été contraints de croire à cette blague, nous avons suspendus notre salut dans l'appropriation d'une codification étrangère. Notre incapacité à la faire totalement nôtre lorsqu'il s'agit de gérer notre espace sociétal nous rend très vulnérables lorsque cette codification externe devient l'objet de contestation à partir de ses codificateurs occidentaux qui, pour le faire, utilisent presque « subconsciemment » leur propre substrat culturel qui est une partie d'eux-mêmes, dans le bien comme dans le mal. Ayant donc cassé notre vieille calebasse à vin de palme avant d'avoir maîtrisé l'usage du contenant de substitution nous imposé et surtout ayant oublié la technique de tirage du vieux vin de chez nous avant d'avoir apprécié le contenu de substitution, nous vaquons comme à vide au lieu où nos nouveaux maîtres, même en instance de contestation de leur propre développement, gardent leurs pieds fermement sur leur substrat culturel. Ainsi, au désarroi de la pauvreté s'ajoute plus profondément un désarroi intellectuel et moral qui nous rend davantage vulnérables et suggestibles. Et comme conséquence, nous avalons tout nouveau contenu culturel qui nous est proposé sans rien comprendre. Et quand nous devons nous justifier sur nos incohérences, nous maudissons nos traditions ou nous nous appuyons sur le contenu culturel autrui qui n'en donne aucune indication, simplement parce que cela leur est superfétatoire. Exemple : pourquoi devrait-on poser comme condition pour être enseignant

---

[272] Politiquement parlant, l'anarchisme n'est pas une simple promotion du désordre ni une incitation au désordre, mais une critique de l'emprise de l'Etat sur la vie des citoyens. Selon les anarchistes, en effet, les gouvernements sont fondés sur la violence et leur élimination permettrait aux hommes de donner libre cours à leur instinct de coopération et d'instaurer un ordre coopératif. D'où la proposition de Petr Alekseüvitch Kropotkine, théoricien anarchiste et réformateur russe, d'abolir toute forme de gouvernement en faveur d'une société (communiste, dans son entendement) fonctionnant uniquement sur le principe de l'entraide et de la coopération et non par le biais des institutions gouvernementales.

de savoir lire et écrire ? Cela va de soi, répondrait-on. De même, pourquoi une loi écrite devrait-elle formellement stipuler qu'à un certain niveau de responsabilité, l'expérience n'exclut ni ne remplace complètement un certain niveau de formation ? Ici aussi, cela parait comme une chose élémentaire dans certaines cultures. Ce qui ne semble pas être le cas chez nous. Et pour justifier un dérapage dans ce sens, on évoquera l'absence d'une telle disposition dans la loi écrite même des pays les plus démocratiques. A la différence que, ailleurs, cela est en fait devenu comme une loi inscrite au fond de la culture pendant que chez nous, nous soutenons des individus là où il est question de défendre des principes. Voilà pourquoi chez nous, nous en sommes encore à attendre en politique des « messies » et des « âmes bien nées » dont la valeur non seulement n'attend pas le nombre des années mais encore n'a point besoin de formation, de principes repérables ou de loi inscrite au fond de la culture. La conséquence la plus prévisible est que là où tout le monde peut tout, personne ne peut rien chez nous !

A vrai dire, l'enjeu éthique de la politique dans notre société marquée encore par l'apprentissage de la démocratie, ce n'est pas tellement ce débat vieux de plus de vingt-cinq siècles entre ceux qui, à la suite d'Antigone, revendiquent le droit de la conscience individuelle d'obéir à ce qu'elle croit être un bien supérieur (par rapport à ce que propose les lois de la cité) et ceux qui, par contre et comme Créon, opposent l'impératif de la raison d'Etat. En d'autres termes, l'enjeu éthique de la politique ne semble pas tourner chez nous autour d'une conception claire de la morale et de la politique. Ni d'une morale encline à étendre son empire sur toute activité humaine dont la politique[273]. Ni d'une politique qui, se soustrayant de la morale et en vue d'atteindre sa propre fin, utilise même des moyens reprouvés par la morale commune comme le mensonge, la ruse et la violence, auxquels moyens on ajouterait volontiers l'enrichissement illicite. On a plutôt l'impression que, chez nous, la politique se permet une indépendance libertaire pour les acteurs politiques et, à la longue, liberticide pour les citoyens. Et cela ne se ferait pas dans le but de réaliser les fins généralement reconnues à la politique par le consensus ou même dans les attributions légales, mais simplement parce que notre politique reste tributaire d'un « nœud gordien ». Selon N. Obotela, ce nœud gordien c'est le manque d'une volonté politique transcendant les pulsions ventrales, égoïstes et partisanes[274]. On serait tenté de dire que la

---

[273] On pourrait en dire autant de l'économie et de la sociologie nées, avec la politique, sous la bannière de ce que les premiers philosophes désignaient sous le vocable « Ethique » dans leur classification des « philosophies », c'est-à-dire du savoir : philosophie naturelle (les sciences), philosophie pratique (ou éthique) et philosophie première (ou la philosophie au sens actuel).

[274] N. OBOTELA Rashidi, « Pour la ''réinvention'' de la RDC et l'instauration d'un Nouvel Ordre Politique (NOP) par des actes fondateurs durables », in *Congo-Afrique*, 372 (2003), p. 92.

volonté politique est reconduite à ces « pulsions ventrales ». Ce qui rend floue la perception de la fin politique. Si, dans ce contexte, on en vient à s'inspirer d'une théorie politiquement plutôt bien encadrée de Machiavel, à savoir, « la fin justifie les moyens », il devient difficile même à un anarchiste pur-sang (si l'on en trouve encore en politique) de se retrouver. A moins alors de considérer que lorsque les défenseurs de la primauté de la politique (sur la morale) récusent le contrôle de l'éthique au nom du succès comme seul critère de légitimation de l'action politique astreinte à l'obligation des résultats, ils prôneraient en fait l'immoralité politique ! Mais, visiblement, on arrive là à une interprétation indue de ce vieux débat et une accusation préjudiciable à la finalité de la politique, de quelque tendance soit-elle.

En effet, aussi loin que l'on puisse remonter pour situer ce débat, il semble clair que ceux qui affirment le droit de la politique de s'affranchir du contrôle de l'éthique ne nient pas catégoriquement la nécessité de la morale. Si on en reste à la sphère du public, dont la politique se veut la plus haute expression, on constate que le responsable politique, déjà soumis dans le privé (c'est-à-dire en tant qu'homme) aux règles morales usuelles, n'est pas moins soumis à quelques principes élémentaires comme par exemple : tenir ses obligations envers l'Etat, ses administrés et ses concitoyens, respecter l'indépendance des différents pouvoirs (législatif, exécutif et judiciaire). Tout cela ressort d'un certain ordre éthique, lui-même tributaire d'une certaine équité. Or, la notion d'équité relève de la morale puisqu'elle est une vertu.

En République Démocratique du Congo par contre, il n'est pas rare que la politique se suspende elle-même de l'exécution des exigences qu'elle impose lourdement au commun des contribuables. Ainsi, quel que soit le régime en place, le plus grand débiteur insolvable de l'Etat c'est l'Etat lui-même en la personne de ses préposés. Ces derniers sont les plus grands solliciteurs des « pourcentages » sur des services pour lesquels ils sont censé être payés par l'Etat. Corruption, trafic d'influence, amalgame entre le privé et le public (au détriment du bien public et au nom de la raison d'Etat) sont autant d'antivaleurs en passe de constituer le « système politique » chez nous. Même l'opération « Tolérance zéro », qui peut être considérée comme une véritable requalification ou moralisation de la politique, devient un vulgaire règlement de compte lorsqu'il s'agit de traquer les « kuluna en cravates ». Et le fonctionnaire de l'Etat qui se distinguerait par l'honnêteté, comme le fit le président Joseph Kasa-Vubu, en restituant à l'Etat l'argent non utilisé de son allocation à l'échéance d'une mission, est pris simplement en dérision presque par tous. C'est cela qui rend la politique hautement attrayante, dans la mesure où elle devient, paradoxalement, l'instance où l'on peut faire tout ce qui est interdit par la morale et le droit sans être inquiété. Sous cet entendement totalitaire, le danger que court la République Démocratique du Congo en « institutionnalisant » l'opposition politique, c'est justement d'allonger la liste des incontournables vivant par-dessus le marché sous la protection de l'Etat, alors que du point de vue moral, cette institutionnalisation devait permettre l'éclosion de la démocratie et sécuriser la bonne gouvernance ! Or, René Rémond fait remarquer dans une évocation historique de l'indépendance de la politique sur la morale : « Que la revendication par le pouvoir d'Etat de sa pleine autonomie au regard de la morale n'exclue point qu'il reconnaisse l'existence d'un ordre éthique, c'est précisément la différence, capitale, entre les Etats traditionnels, qu'ils fussent monarchiques ou démocratiques, avec les régimes totalitaires du 20e siècle : ce qui rendait ces derniers irréductibles à toute autre expérience historique est précisément qu'ils abolissaient toute distinction entre la sphère privée et la politique, et que, d'autre part, ils ne reconnaissaient aucune valeur en dehors de l'ambition hégémonique du parti ou de l'Etat qu'ils accaparent »[275].

Quel intérêt aurions-nous à faire couver, sous cet aspect –sans tenir compte d'autres paramètres comme l'impact des ratés du libéralisme économique dans nos pays pauvres– un nouveau totalitarisme sur les cendres des dictatures et de la gabegie ? Quel apport positif offririons-nous ainsi à un monde en quête de nouveaux horizons politiques décomplexés après l'effondrement du communisme et à la suite de la crise économico-financière de ces débuts du troisième millénaire donnant les preuves d'un libéralisme déboussolé, si tout cela prend racine sur des velléités de récusation d'un consensus moral, si minime soit-il ?

Il n'est pas dit que nous trouverons au Congo ou en Afrique, des réponses suffisantes à ces questions, simplement en nous référant à la longue histoire politique occidentale. Bien au contraire, cette longue histoire est peinte dans un décor d'insubordination, d'autant plus que, même là, l'intrusion des Eglises dans le débat, a souvent exacerbé les opinions et détourné le problème en un débat sur la laïcité de l'Etat, au lieu que les citoyens et les politiques s'offrent à l'occasion de cette ingérence ecclésiastique, le moyen de réfléchir à fond sur une question qui n'est religieuse qu'incidemment, mais qui est fondamentalement une question philosophique : Comment faire de la vie publique une vie bonne, à l'avantage de tout citoyen ? Bien plus, si le concourt de la morale (et de la pratique de la religion) n'a pas nécessairement ni automatiquement engendré des hommes honnêtes et des Etats justes, il n'y a pas d'expérience ni donc d'assurance que le refus de la morale (et l'abandon de la religion) en produise. Ce que l'on peut déjà dire, à ce propos, c'est que ces omissions volontaires ou involontaires ont surtout aidé à agréer tout ce qui jadis était classé sous la rubrique de l'immoralité et même de la perversité. Pour autant, ce n'est pas cela qui contribue à résoudre la crise morale et à élever l'humanité, quête des hommes de tous les temps. On a par contre l'impression d'assister à la revanche des

---

[275] R. DEMOND, « Politique », in M. CANTO-SPERBER, *Dictionnaire d'éthique et de philosophie morale*, Paris, PUF, 1996, p. 1162.

vaincus d'hier, une espèce de renversement de la bourgeoisie (à laquelle on a parfois tenté malencontreusement d'attribuer la paternité de la morale) par le prolétariat (qui n'avait qu'à subir la volonté des puissants). Mais, comme fait de relief, il n'y aurait que le renversement des rôles… Ce qui semble sûr, c'est que cette situation contribue à assurer la bonne conscience à ceux qui ont pris la tournure historique d'ériger un nouveau consensus politique autour des intérêts et de s'approprier jusqu'au dernier des avantages des laissés-pour-compte à travers les règles d'un ordre politique et économique mondial injuste et basé sur la puissance : Conseil de sécurité, USA, UE, OMC, BM, FMI, etc., quitte à consentir quelques actions humanitaires à l'endroit des damnés de la terre. Ainsi, lorsqu'il s'agit de faire des profits, il faut mondialiser et c'est toujours les plus forts qui en profitent. Mais lorsqu'il s'agit de faire bénéficier à tous des avantages de la communauté internationale, on s'en tient à la portion congrue !

Pourtant, nul ne saurait nier le rôle hautement salutaire joué par la morale dans l'avènement de la démocratie des temps modernes. Car, plus que dans l'Antiquité et au Moyen-âge, la démocratie moderne a pris corps sur la reconnaissance des droits qui sont l'expression juridique des principes moraux : la *Déclaration des Droits* au Royaume-Uni (1689), la *Déclaration d'Indépendance* des USA (1776), la *Déclaration des droits de l'homme et du citoyen* en France (1789) et la *Déclaration universelle des droits de l'homme* de l'ONU (1948). C'est sur la base de cet arsenal juridique « moralement motivé » que s'est construite une nouvelle conscience qui a même la prétention d'être mondiale. A cette nouvelle conscience mondiale semble s'être pliée, parfois en rechignant, même une institution comme l'Eglise catholique qui, des siècles durant, s'arrogeait elle-même et au nom de sa nature singulière, le rôle de conscience du monde (*Mater et Magistra*), sans oublier le fait qu'elle aussi y aura contribué à sa manière[276]. Si l'Afrique, et bien d'autres peuples d'Asie et d'Amérique n'ont pas participé directement à l'écriture de cette page historique et si, pour le cas de l'Afrique, la *Charte africaine des droits de l'homme et des peuples* (1981) et les différentes constitutions nationales ne semblent pas toujours prendre la valeur de textes fondateurs d'une conscience africaine ou nationale, on ne peut pas nier que le fondement moral reste visible dans la valeur donnée aux expériences ayant conduit ces différents peuples au refus de l'arbitraire, notamment la colonisation, les dictatures et l'impérialisme économique.

Dès lors, comment justifier que, profitant de cet échafaudage de la nouvelle conscience mondiale péniblement acquise et qui a fait atteindre aux

---

[276] Qu'on se rappelle par exemple les prises de position du pape Paul VI adjurant les Nations Unies en 1965 de mettre hors la loi la guerre ou celle du pape Jean-Paul II qualifiant la guerre comme une « aventure sans retour » et affichant son opposition à la guerre du Golfe en 1990.

valeurs humanistes le plus haut degré de visibilité jamais atteint dans l'histoire collective du monde, comment donc justifier que des personnes, des politiques, des courants de pensée et même des institutions se liguent pour y faire percher des antivaleurs laborieusement extirpées et écartées tout au long de la construction du nouvel édifice ? Et, l'arme utilisée pour ce travail de sape de la nouvelle civilisation universelle de l'amour toujours en construction, c'est la tolérance. Pourtant, la tolérance c'est justement la vertu que les constructeurs de la nouvelle civilisation ont utilisée comme moyen pacifique pour éviter que soient exclus de la société tous ceux qui en étaient bannis. Mais une fois les bannis tolérés, ils se mettent à bannir ceux qui les ont tolérés ! La langue expressive de nos villages connaît des proverbes pour dénoncer cette lâcheté triomphante que l'intellectualisme qualifie sous le vocable globalisant de « relativisme moral » dans une dernière tentative d'habiller ou de justifier l'anarchie des valeurs. Dans la langue des Ntomba, on connaît le proverbe : « Celui qui a protégé le chien à la traversée de la rivière a été ensuite mordu par le même chien une fois sur la terre ferme » (*Pendia mbwa liamba, akite o mokonda aokolamata*). Les Ekonda disent : « Il a nettoyé le front du singe ramassé dans la boue, et le signe s'est enfui par la suite » (*Akole nkema elongi*). En lingala, il y a l'expression : « Celui qui a pitié est pris pour un imbécile » (*Ngolu, bolema !*).

Le degré de rationalité que semble avoir atteint l'humanité en ce début du troisième millénaire ne constitue nullement l'apothéose de sa sagesse pour qu'on se permette, par voie de fait, d'établir déjà une phase de déclin identifiable à un retour catastrophique à l'état de nature. Bien plus, les victoires de la rationalité et de la scientificité semblent s'être déroulées comme dans la logique de tolérance de la parabole évangélique du « bon grain et de l'ivraie »[277]. En effet, d'un certain point de vue d'observation, les progrès foudroyants de la connaissance, obtenus pour le bien de l'humanité, n'ont de pair que la multiplication presqu'à l'infini de la capacité de nuisance de l'homme ! Et ce n'est pas la conquête des autres planètes qui en limiterait les dégâts puisque, scientifiquement parlant, rien n'empêcherait l'homme d'y exporter aussi son agressivité et sa capacité destructrice. Alors, il ne resterait plus que la peur pour guérir de la folie meurtrière du progrès. Rien n'est moins évident qu'une telle théorie de l'acceptation du consensus moral. Aussi, l'approche préventive de l'éthique est-elle préférable à une approche curative. Même alors, on ne sortirait que difficilement de la logique de la peur : l'exigence de « faire le bien » ou tout au moins de le vouloir ne doit pas naître de la peur de tomber dans le mal (si on ne fait pas le bien). Au contraire, il faut considérer que c'est le propre de l'homme en sa qualité d'homme de vouloir, de chercher et de faire le bien. Nous sommes nés pour le bien, le meilleur et l'excellence. Si la vocation de l'homme vraiment homme était

[277] Evangile selon saint Matthieu, chapitre 13, versets 24 à 30.

simplement de tout faire pour éviter le mal, il pourrait facilement s'accommoder à ce dernier lorsqu'il fait l'expérience quotidienne de la dureté de la vie. Et par un jeu de transfert des significations, le « commode » (la pratique) deviendrait vite le « conforme » (la norme). Voilà pourquoi dans nos villes et villages, on a appris à se contenter de ce que l'on est ou de ce que l'on a. Une des réponses régulièrement entendues au « losako », cette vénérable salutation des Mongo, c'est : *« Ndjale la ngauko »* c'est-à-dire je me contente d'être (sous-entendu paumé) comme je suis là ! Mais, au fond, ces attitudes indiquent une concession (acceptée malgré tout) et non le fait d'avoir atteint un résultat optimal recherché.

Maintenant, revenons de ces considérations générales corroborées par ce qui reste de vivace dans nos traditions, pour considérer l'état de la culture en République Démocratique du Congo. Il est caractérisé notamment par l'éclatement de la codification traditionnelle au lendemain de l'irruption dominatrice, la non maîtrise des codifications importées et un éclectisme tendant à gober de préférence le paraître (facile) dans un monde aussi éclaté. Nous pouvons vite nous rendre compte que toute tentative d'évitement d'un consensus moral pour quelque raison que ce soit nous serait beaucoup plus nuisible et fatal qu'il ne l'est dans le monde hier civilisé, aujourd'hui développé. En effet, malgré ses avatars évidents, l'ancien monde civilisé semble avoir bâti cette civilisation en effritement (ou ce progrès en contestation) sur un socle moral résistant. Les nombreuses tentatives internes de déracinement et de contestation ne réussissent pas à l'éroder complètement. Mais les victimes, cette fois-ci consentantes se trouvent chez nous en République Démocratique du Congo ou en Afrique. Quoiqu'il en soit, le troisième millénaire ne se payera pas le luxe de nous attendre dans notre embourbement. La politique de la chaise vide ne payera pas ! Un absent ne mérite pas d'être appelé Grand frère, dit un proverbe congolais.

Mais le consensus moral a besoin que nous soyons aussi des hommes de vertu.

3.2.2.2. La concurrence de la vertu

Plus qu'une confirmation du nécessaire ou d'une évidence, notre oui au consensus moral dans le contexte de la construction du Congo est en réalité une invitation à rivaliser d'ardeur dans la réalisation du bien. Cela nous conduit à approfondir notre vision d'une société que nous voulons tous meilleure. Parmi divers approfondissements possibles, il y a notamment la bataille à livrer contre une approche iconoclaste et de déconstruction de la société.

La société occidentale qui est devenue notre référence obligée a incontestablement apporté de grands remèdes aux graves crises sociopolitiques et économiques de notre temps. La structuration politico-administrative de la société a été cadrée en quelques régimes politiques devenus incontournables aujourd'hui et qui font l'objet d'études approfondies en sciences politiques et en sociologie. Cette situation semble déconseiller la République Démocratique du Congo à perdre son temps à vouloir réinventer la roue, du moins dans le domaine politique. Parmi les produits notables de cette « philosophie politique », il y a la mise en place des schémas économico-financiers qui ont fait leur preuve. L'échec du schéma communiste a sensiblement réduit la divagation idéologique, même si l'on s'accorde aujourd'hui à reconnaître que le système de l'économie du marché libre resté seul sur la sellette est loin de nous avoir rendu le monde plus humain. Car, d'un côté, les plus nobles aspirations et intuitions incarnées par le communisme n'ont pas toujours trouvé une meilleure prise en compte ; de l'autre, le libéralisme, de la même matrice philosophique et sociétale que son défunt concurrent, en devenant lui aussi et à sa manière totalitaire, est en train d'afficher ses incongruités malgré des réflexes de sauvegarde qui bloquent sa mise en cause radicale[278].

C'est peut-être aussi à cause de cela que les grands remèdes apportés par la société moderne semblent engendrer d'autres grands maux auxquels font face les pays développés, nos modèles patentés. Ces maux sont essentiellement d'ordre moral, voire éthique, si on s'en tient aux principes qui justifient, soutiennent ou simplement excusent et semblent « comprendre » la déconstruction. A ce nouveau tournant de l'histoire mondiale où la volonté apparente d'en finir avec la pauvreté et la misère[279] se conjugue chez nous avec l'envie de devenir comme ceux qui, apparemment, se seraient tirés d'affaire, la République Démocratique du Congo et l'Afrique sont attendues pour exprimer une voie qui permettrait de vérifier que « tout ne change pas en bloc », pour le dire comme G. Balandier[280], et même, que tout le bien ne change pas en mal. Voici donc un nouveau rendez-vous du donner et du recevoir. On pourrait dire, avec J.M. Ela mais à un niveau plus profond que celui de simples pratiques, que, « en dépit du prestige qu'imposent les modèles occidentaux, l'on cherche toujours à faire du neuf avec du vieux » et que « le déclin des valeurs traditionnelles n'est pas pour demain »[281]. Il est aussi notoire que, à chaque tournant d'époque, tant au niveau de la pensée qu'à celui

---

[278] Cf. M. SCOOYANS, *La dérive totalitaire du libéralisme*, Paris, Editions universitaires, 1991.

[279] Comme le déclamaient les Objectifs du millénaire pour le développement (OMD). L'engouement festif du grand jubilé de l'an 2000 a fait croire à l'ONU qu'il sera possible de les atteindre en 2015. Dix ans après, il a fallu déchanter et depuis 2015, on joue les prolongations avec les Objectifs du Développement durable (ODD).

[280] Cf. G. BALANDIER, *Sens et puissance,* Paris, PUF, 1979, p. 99.

[281] J.M. ELA, *Restituer l'histoire Promouvoir les Sciences Sociales en Afrique Noire*, Paris, L'Harmattan 1994, p. 22. Il est entendu que nous parlons des valeurs et non simplement des pratiques traditionnelles.

de la pratique, on ne peut faire l'économie de l'histoire, sous prétexte de parer au plus pressé. Car le nouveau, comme prolongement ou comme rupture de l'ancien, naît en général de l'évaluation de l'ancien, rectifiant au passage ce qui aurait été dénaturé du passé et qui a pu entraîner les déviations ou les dysfonctionnements que l'on déplore au présent, et améliorant ce qui est susceptible de faire avancer vers le meilleur.

Mais qu'est-ce qu'est le passé pour un Congolais des débuts du 21ᵉ siècle ? Il est toujours un bagage qui s'accroît au fil de l'éloignement du temps. Etant donné que, depuis cinq siècles, la République Démocratique du Congo a côtoyé la civilisation occidentale (avec ses valeurs, sa religion et son école), d'abord de façon intermittente et partielle, ensuite de façon permanente et globale, étant donné aussi que cela a inévitablement laissé des traces dans notre imaginaire, il ne peut être question, dans cet effort de référence à la vertu, de penser que les valeurs dont il est question ne sont qu'une simple réminiscence de notre « mythe de la caverne » que constituerait, en quelque sorte, notre référence actuelle à l'antériorité nègre de la civilisation pharaonique. Aujourd'hui, en effet, la religion chrétienne, la religion musulmane et bien d'autres valeurs de civilisation occidentales et d'ailleurs, sont devenues, en mal comme en bien, notre tradition. L'école c'est aussi notre valeur. Même la science et la technologie sont nos valeurs.

L'histoire de l'évolution des mœurs montre qu'il en a été des querelles morales ou religieuses comme de toute querelle de pensée. De même qu'une culture peut produire des systèmes de pensée antagonistes, de même aussi une culture (qui est le dévoilement pratique et évolutif d'une ontologie et même l'unique possibilité de vérification de cette ontologie[282]) peut historiquement générée une représentation antithétique des valeurs. Si, dans son essence, la valeur a un lien intrinsèque avec l'horizon de sens ontologique, dans sa représentation historique, elle peut bien s'en écarter. Ainsi, le mariage comme valeur peut se représenter dans sa forme monogamique ou dans sa forme polygamique. Mais dans les deux formes, il n'y en a qu'une qui se rapproche significativement du substrat ontologique de la valeur. Nous pouvons croire pour le cas du mariage que c'est la monogamie qui a prévalence sur la polygamie au niveau de l'horizon de sens premier. Pourtant, la codification sociologique voir juridique ne s'appuie pas nécessairement sur le sens prééminent puisqu'elle peut être le fruit soit d'un consensus, soit d'une imposition par la partie dominante, soit encore d'une longue pratique antérieure. La codification qui porte le poids du consensus général a beaucoup de chance de résister à l'usure du temps, tandis que celle qui porte les traces de l'imposition a tendance à disparaître avec la disparition ou l'éviction de l'agent reconnu comme promoteur de ladite codification.

---

[282] Cf. J.-B. NSAMBI e Mbula, *op. cit.*, p. 155.

A notre avis, la bataille engagée contre les valeurs de la civilisation chrétienne dans la société occidentale qui en a été le porte-étendard et ce au nom d'une nouvelle éthique ou simplement en vertu de la déconstruction, se situerait à ce point et non, comme on se plaît hypocritement à le dire tant dans l'Eglise que dans la société occidentale, en vertu du relativisme ambiant ainsi que des diverses conceptions de la liberté. Et de fait, les « nouvelles valeurs » que l'on cherche à accréditer sont en réalité d'anciens maux de la société occidentale, quand bien même on s'emploie à les bonifier et à les embellir par de nouvelles et subtiles appellations. Comment obtenir l'homologation d'un comportement qui, au moment de la codification juridico-sociale, a existé mais n'a jamais été reconnu comme une valeur ? Lorsqu'on s'inscrit dans la logique de la valeur comme réalité qui n'est pas de l'ordre de l'invention ou de la créativité humaine, il est difficile de le faire sans se prendre soi-même pour le « moteur immobile »[283]. Mais lorsqu'on considère la valeur comme une invention de la « morale des nobles » imposée par ressentiment, on arrive à s'octroyer cette licence. Deux techniques langagières peuvent être mises à profit pour une telle œuvre de déconstruction : la banalisation qui opère un nivellement vers le bas et l'ennoblissement ou l'homologation proprement dite.

La technique de banalisation consiste à vider de son sens profond la valeur défendue par une certaine morale ambiante en vue de rapprocher la réalité qu'elle représente à d'autres plus ou moins similaires. Mais le but poursuivi est que, par cette voie, les réalités similaires accèdent au même rang que la valeur banalisée. Lorsqu'à Kinshasa on dit : « Nous sommes tous les enfants des années 1900 », on pratique une généralisation grotesque et abusive qui refuse de reconnaître que sur un siècle, il y a au moins quatre générations qui se succèdent. Ce slogan réducteur est en réalité diffusé pour permettre de

---

[283] Une longue tradition s'inscrit, tant en Occident qu'en Afrique, dans cette logique. Il s'agit pour l'Occident par exemple de la longue tradition philosophique grecque consacrée à la recherche du Bien véritable ou de la bonne Vérité et cela tant chez les physiologues qui cherchaient les explications de la nature et ont ouvert la voie au « matérialisme » sous tous ces aspects que chez ceux qui accordaient la priorité à l'étude des formes ou idées immatérielles et ont ouvert la voie à « l'idéalisme ». Dans les deux cas, et cela même après la consécration de l'homme comme « la mesure de toute chose », il ne s'agissait pas de consacrer l'homme comme l'auteur de la valeur mais seulement peut-être comme le seul à s'en rendre compte par lui-même, par les autres, par la foi ou par l'observation de la nature. En Afrique noire, la tradition a toujours montré que la valeur que l'homme est appelé à reconnaître dépasse la contingence de l'homme pour que celui-ci en soit le créateur. Aussi l'attribuait-on toujours à ce qui rend le mieux son immutabilité dans cette culture, notamment l'interdit presqu'inexplicable, la parole inchangée des ancêtres, le merveilleux, etc. Au-delà des formes d'expressions concrètes pour rendre l'importance de la valeur et de la vertu, le but fondamental a toujours été que l'homme, pour devenir ce qu'il est censé être, doit s'employer à s'approprier la vertu, à la défendre et à la pérenniser.

dire : « Nous sommes tous égaux ». Et cette déclaration indue de l'égalité est une proposition médiane qui permet simplement de prétendre : « Personne ne peut faire peur à l'autre ni le tromper ». Par ce nivellement vers le bas, on s'autorise une suspension de tout jugement moral. L'objectif poursuivi n'est pas tant de refuser tout jugement moral que de permettre aux jeunes générations ou à ceux qui sont socialement en position d'infériorité de critiquer les plus adultes ou d'évacuer tout complexe vis-à-vis des puissants. La réaction nostalgique des « vieux » en tant que détenteurs de la morale, c'est de dire : « la nouvelle génération a des oreilles qui dépassent la tête »[284] pour parler de l'insubordination des enfants aux parents ou du manque général de respect envers les autorités et les plénipotentiaires. Ce qui aboutit à un monde sans repères c'est-à-dire où chacun peut se fabriquer ses repères.

On pourrait donner plusieurs exemples pour illustrer cette banalisation réductrice. A propos du mariage, lorsqu'on privilégie de parler d'union, de pacte ou de partenariat, cela n'affecte pas directement le vrai mariage, celui qui a toujours et partout été reconnu, à savoir l'union d'un homme avec une femme, formellement reconnue par la société. Mais on cherche par là à élever d'autres types d'unions (union libre, concubinage, copinage, union de fait *« yaka tovanda »*, relations homosexuelles, etc.) au rang reconnu au mariage par la loi et la morale et, partant, à les faire participer aux mêmes droits (coutumiers, civils ou religieux) rattachés à cette reconnaissance. Dans le domaine religieux, le recours de plus en plus courant à des appellations plaisantes et l'habitude d'appeler les serviteurs de Dieu et les choses liées au culte par des noms plus familiers ou affectifs, des abréviations, des acronymes ou des noms contractés[285], rendent moins lourde la perception de la fonction ou de la chose auxquelles se réfèrent des titres plus classiques et historiquement chargés comme « Monseigneur », « Révérend(e) », « Pasteur », « Monsieur l'Abbé », « Mon Père », etc. Mais, tout en démystifiant ces fonctions, le but n'est pas nécessairement d'afficher de l'irréligiosité ni de s'en moquer, c'est plutôt de permettre à plusieurs personnes (qui autrement se sentiraient trop éloignées de ce parcours) d'avoir accès à cette fonction pour prétendre, en fin de compte, aux mêmes dignités, égalités et droits, sans nécessairement répondre aux mêmes critères d'éligibilité et de légitimité consacrés dans cette filière.

Quand la technique de banalisation risque d'entamer sérieusement, voir durablement la perception positive ou exaltante qu'on croit s'approprier

[284] Comme l'a chanté l'artiste musicien congolais Frank Lassan : *« Mokili mokotambola... Génération ya sika matoyi eleka moto »* (le monde a changé… Et voici que la nouvelle génération s'est fait des oreilles qui dépassent la tête ».

[285] Comme « Pasta » (pour Pasteur), « Moto na Nzambe » (l'homme de Dieu), *Ya' l'Abbé, Ya' Sango, Ya' frère, Ya' masoeur* (pour Monsieur l'Abbé, Mon Père, Mon Frère ou Ma Sœur), ou NODASA (pour Notre Dame de la Sagesse, NODACO (pour Cathédrale Notre Dame du Congo), etc.

par ce chemin, on préfère passer directement à revendiquer le même niveau de la valeur. On « se donne de la valeur » qu'on n'a pas en fait. C'est ainsi qu'en vertu de cette technique d'ennoblissement, il y a trop de « présidents », de « PDG », de « Maîtres », de « Grands maîtres » ou encore de « Grands prêtres » qui courent les rues de nos villes congolaises. Quand partout ailleurs c'est la volonté, l'esprit d'initiative et l'entreprenariat qui poussent à prendre le risque et créer des institutions sociales ou des entités économiques viables (c'est-à-dire conformément à des critères préétablis), chez nous c'est plus le désir de paraître et d'être appelés « Chefs » ou « Patrons » qui pousse à commencer un groupe, même lorsque, en toute évidence, les critères, les moyens et les aptitudes ne suivent pas. Cela n'est pas sans rappeler le slogan *« Chance eloko mpamba »* et le code de la débrouillardise dont nous avons déjà fait allusion. Dans le domaine religieux, on voit chez nous de sympathiques « Pasta » devenir facilement des « Evêques », des « Bishops » et des « Archbishops », probablement pour se donner beaucoup plus de poids et de dignité en comparaison aux responsables des églises où ces titres font partie de leur tradition (et non de la bible).

En France, malgré sa reconnaissance par la loi, le PACS (pacte civil de solidarité), qui est une union libre de partenaires majeurs du même sexe ou de sexes opposés, se sent toujours inférieur à la dignité du mariage. Voilà pourquoi les homosexuels, l'une des catégories des personnes concernées par ce pacte, ont continué à courir derrière la reconnaissance officielle de leur « mariage ». Et ils sont arrivés à cet ennoblissement !

Enfin, la codification qui est consécutive à une longue tradition est souvent en souffrance avec la perte des repères ayant contribué à sa constitution. L'absence ou la perte des références ne la permettent plus de résister à la critique la plus simple, alors que les mémoires souffrent à refaire la trajectoire historique ayant conduit à la codification culturelle à partir d'une vision du monde propre. Ici réside notamment les fondements de la critique de la culture africaine. En effet, à la question générale sur le « pourquoi » des coutumes, la réponse tout aussi générale évoque la volonté des ancêtres : « parce que les ancêtres l'on dit » et la justification du bienfondé de ces « dits » ancestraux se ramène à des légendes dont on ne peut évidemment avoir aucune preuve, ou au recours à quelques faits merveilleux tirés par les cheveux. Si, dans la tradition, cette manière de justifier pouvait avoir force de loi ajoutant de la valeur à l'interdit et au fait merveilleux, elle est aujourd'hui considérée comme une fuite en avant et surtout une incapacité à justifier l'inexplicable. D'où le rejet des explications mythiques et l'abandon sans autre forme de procès des pratiques et valeurs que ces explications entendaient défendre ou protéger[286]. Ce qui, au final, valide l'approche iconoclaste des valeurs, donne un regain de rationalité aux prétentions de la déconstruction et bloque toute volonté à rivaliser à faire le bien (qui ne saurait simplement se réduire à ce que moi je veux et comme je le veux).

La sagesse africaine a averti un tel processus de glissement de sens et de déplacement de la valeur dans la fable de l'escargot revanchard[287]. N'ayant pu grimper sur « l'arbre de la reproduction » où s'étaient données rendez-vous toutes les femelles en gestation pour la période cruciale de l'éducation à la vie et de l'initiation à la responsabilité parentale, l'escargot s'est contenté de passer cette période initiatique au bas de l'arbre où s'accumulent les ordures. Au lieu de se faire aider pour monter lui aussi l'arbre de la reproduction et y avoir la joie de couver des enfants, il s'est recroquevillé et a plutôt couvé un sinistre projet de rancune dans le but de tourner la situation en sa faveur. Ainsi, au terme de l'initiation, alors que tous les animaux descendaient joyeux des hauteurs initiatiques, l'escargot (caché dans l'ordure résonnante et d'une voix méconnaissable) se mit à les enchanter en leur faisant croire qu'ils ont été piégés. Ses invectives menaçantes et sarcastiques semèrent de la pagaille et de la panique jusqu'au moment où la petite tortue, plus maligne et plus rusée mais s'étant laissé initier, vint à le démasquer, à la risée de tous. Le bon sens, la volonté de réussir et de s'approprier la vertu eurent raison de l'autarcie, de l'arrogance et du manque d'humilité.

Cette fable veut montrer qu'il est possible de chercher à faire passer le vrai et le bon pour de l'arnaque et de valider comme nouvelles valeurs nobles l'apathie, le manque de vitalité et le refus de se faire aider pour ne pas devoir rendre la pareille (par autarcie ou individualisme). Il s'agit de refuser de reconnaître ses propres limites et difficultés en se faisant passer au moins pour le plus perspicace et en faisant croire aux autres qu'ils tous été arnaqués et ont donc eu tort d'adhérer à des valeurs qui leur furent proposées voir imposées… La leçon de cette fable : ne pas se laisser prendre par les arnaqueurs et les marchands d'illusions. Malheureusement, il arrive encore aux hommes de notre temps de croire aux filouteries de ceux qui veulent à tout prix parvenir à leurs propres fins parce que se considérant eux-mêmes à tort comme incapables de bien. Et pour ne pas paraître persévérer dans l'erreur, ils décrètent d'être eux, plutôt que les autres, dans le vrai et le vertueux !

Ma réponse à l'iconoclasme de l'escargot et à cette tentative de déconstruction partira d'une autre source culturelle de l'Afrique profonde. Il ne s'agit plus d'une fable moralisante mais d'une tentative de thérapie visant

---

[286] Nous avions tenté la reconstitution du rapport dialectique entre ontologie et culture pour une meilleure compréhension de l'expérience morale négro-africaine dans notre étude J.-B. NSAMBI e Mbula, *op. cit.*, pp. 155-170.

[287] Dans cette fable ekonda, l'escargot au corps mou et à la sève gluante représente un personnage apathique et dépourvue de vitalité.

à guérir la société pour mieux guérir l'homme. La thérapie *d'Ilako* de Marie Sombe, alias Maria Nkoy[288].

Encadré 3. Petite histoire de Sombe Maria et la thérapie d'Ilako :

En 1929, en pleine période coloniale, la nommée Sombe Maria, fidèle catholique originaire du village d'Ikanga dans le territoire d'Ingende (province de l'Equateur), se rendit un mardi au champ. Là, en pleine forêt, elle vit des personnages bizarres, de taille courte. Elle essaya de les interroger mais ces personnes ne disaient mot. Elle se mit à cultiver son champ avec beaucoup d'angoisse et d'incertitude. Après un moment, ces personnes mystérieuses disparurent sans laisser de traces. Stupéfaite, la femme se sentit obligée de cesser son travail. Elle ramassa du bois de chauffage qu'elle mit dans son panier, cueillit les feuilles de manioc, comme à la fin de chaque partie de travail et prit le chemin de retour au village. Arrivée devant son habitation, elle n'était plus capable de faire descendre le panier collé de manière insolite à son dos. Tout le village accourut pour assister à l'événement. A cet état, Marie Sombe avait des hallucinations auditives : elle entendait des voix surnaturelles qui lui recommandaient de poser certains actes ou d'envoyer les gens cueillir certaines feuilles particulières. Ces voix lui ordonnèrent de demander aux gens d'agiter ces feuilles autour de son corps. C'est après cela que le panier se détacha de son dos et la femme, reprenant à moitié connaissance, le déposa sur le sol. Une fois entrée dans sa maison, Sombe Maria déclara que désormais elle s'appellerait « Maria Nkoy » et annonça l'interdit de se livrer aux travaux des champs le jour de mardi ainsi que d'autres interdits alimentaires ou sociaux. Ce fut l'origine de la journée des ancêtres dite « *Bentekwa* », une vénération qui n'avait plus de place dans la semaine occidentale de sept jours. C'est aussi l'origine et la systématisation du traitement de quelques troubles psychopathologiques dans la région concernée (les *elembe* et *nyondo*, les *bompoto*) et la formation des guérisseurs de ces maladies (les *bobangi*).

[288] Nous sommes redevables du travail non publié de l'anthropologue Jean-Baptiste Lokongo déjà cité. Nous le remercions pour nous avoir autorisé son exploitation. Cependant nous n'en assumons pas les conclusions ethnologiques et anthropologiques basées sur l'approche structuraliste de C. Lévi-Strauss, plus spécifiquement en ce qui concerne la capacité de cette thérapie à guérir ou à calmer les troubles psychiques et son application à toutes les cultures en vertu de la « neutralité culturelle » prônée par la déontologie ethno-psychiatrique. (Voir Encadré 3)

Cette redistribution de l'ordre social annonçait donc un nouveau départ, une nouvelle volonté de réussite (d'où l'attribution d'un nouveau nom à Sombe qui devint Nkoy, nom guerrier s'il en est) qui n'était pas une destruction de tout (d'où la conservation du prénom chrétien Maria) mais un réarmement spirituel et moral de tous. Car selon cette vision du monde, quand la société est en panne, il n'y a pas d'individu à se considérer comme indemne au point de rester le seul à aider le « commun des mortels » à remonter la pente (comme dans la figure grecque du « philosophe roi », seul apte à faire connaître aux autres la vérité et la vertu). A cause de cela, c'est la personne qui a reçu cette mission de restauration du bien qui se trouve elle-même le premier sujet des troubles psychiques et qui est appelée à monter les grades de la connaissance pour s'approprier, comme et avec tous les autres, le bien. La phase thérapeutique la plus visible est la constitution du traitement médico-psychiatrique de *l'Ilako* (conseil).

Mais, de toute cette thérapeutique de la construction de l'individu et de la société, la colonisation n'a retenu que l'aspect revendicatif et anticolonial. C'est ainsi que, comme d'autres fondateurs de mouvements messianiques (alors qu'il s'agissait ici d'une thérapie reconstructive), Maria Nkoy sera arrêtée et condamnée à la relégation à Mbandaka par la décision n° 24 du 26 novembre 1929 du Commissaire de district de l'Equateur, M. Wilsens. Cette mesure de relégation fut levée par la décision n° 21/60/55 du 27 juin 1955 du même administrateur. Mais la voyante ne put en fait quitter Mbandaka et y mourut en avril 1979. A notre connaissance, jusqu'au moment où l'anthropologue Lokongo a étudié ce cas d'un point de vue clinique (thérapie ethno-psychiatrique) et même jusqu'à présent, aucune étude historique ou sociopolitique ne s'est directement penché sur ce cas de figure très particulier.

La colonisation a donné lieu à un choc culturel dont les conséquences n'ont pas été qu'économiques. La coexistence entre deux cultures a donné lieu à des problèmes d'intégration et d'adaptation à la nouvelle donne, surtout de la part des peuples dominés. Ce choc, on le sait, a perturbé les anciennes structures socioculturelles. Des mouvements de résistance sont apparus de toute part, dont la plupart étaient d'empreinte magico-religieuse tout en assumant une dimension politique inévitable. Vu du point de vue du colonisateur, il est évident que c'est l'aspect politique (revendication souverainiste et perturbation de l'ordre publique de la part des autochtones) qui l'emportait. Cet aspect était aussi habillé, on le sait, sous le couvert de la mission civilisatrice qui fut assignée à la religion et à l'école des Blancs. Pour l'imaginaire du colonisé, cela ne pouvait que constituer un chambardement de l'ordre ancestral que les indigènes trouvaient évidemment meilleur. C'est donc tout naturellement que certains eurent le courage de lutter contre cette confusion et pour la défense de ce qu'ils considéraient comme leurs valeurs propres.

Si les mouvements les plus connus ont porté le manteau du messianisme chrétien, la réaction de Sombe Maria, plus tournée vers les valeurs ancestrales, a pris la forme d'une thérapie. Ceci est plus conforme à la vision globale que le muntu se fait de l'univers : un événement nouveau a bouleversé la société traditionnelle et tente de faire perdre des repères, il a engendré des troubles de tout genre ; il faut trouver des solutions adaptées et ce conformément au canon culturel bantu. Puisque le désordre qui apparaît reflète, dans cette culture, un trouble plus profond, la voie de la solution ne se trouve ni dans la validation du désordre apparent comme état normal avec lequel il faut compter, ni dans l'acharnement à lutter contre ce désordre dans l'intention de reconduire les choses comme à leur origine, c'est-à-dire comme les ancêtres l'auraient voulu. La validation du désordre est la piste de solution proposée par la déconstruction créatrice de « nouvelles valeurs » (même contraires au canon culturel accepté par tous). La croisade intégriste contre les « nouvelles valeurs » est la piste de solution du traditionalisme dont l'unique assurance est le maintien du statu quo alors que tout démontre que les temps ont changé ! La « voie nouvelle » proposée par la thérapie d'Ilako se refuse d'être une voie créatrice d'une « nouvelle morale » ou un pur « retour au passé ». C'est un exemple, sans doute limité et imparfait, de reconstitution méthodologique et d'approfondissement du rapport dialectique entre l'ontologie et la culture dans une tentative d'éviter que nos traditions vivantes n'apparaissent que comme le « baume qui couvre la médiocrité et parfois même l'immoralité de notre agir »[289] ou que nos propositions actuelles (de temps de crise) ne soient qu'une manière d'assurer à tous une bonne conscience, sans résoudre fondamentalement les questions posées. Par conséquent, le terme de la lutte pour la construction (d'une personne ou d'une société) ne porte pas avant tout sur les résultats (bons ou mauvais), puisque l'insistance sur ces derniers peut conduire à des attitudes figées d'arrogance vertueuse (qui se moque de ceux qui ne réussissent pas) ou de validation de la banalisation et d'ennoblissement (quand les perdants risquent de ne jamais sortir de l'incapacité qui leur a été définitivement reconnus par ceux qui auraient réussi). Ce terme se trouve dans la volonté de poursuivre le bien que j'ai atteint (toujours partiellement) ou que je n'ai pas (encore) atteint, sans que l'état (statut) détrône l'être (dynamique). C'est à ce prix que l'on ne saurait se priver de rivaliser d'ardeur pour bien construire.

[289] Cf. NGWEY Ngond'a ndenge, « Conditions théologales d'une contribution de la théologie morale africaine à l'élaboration d'un type de société », in *Théologie africaine. Bilan et Perspectives. Actes de la XVIIe Semaine théologique de Kinshasa, 2-8 avril 1989*, Kinshasa, FCK, 1989, p. 334.

Que peut nous apprendre la thérapie d'Ilako d'un point de vue de l'effort de construction positive de la personne et de la société ? Particulièrement le fait suivant : quand une personne dit qu'elle souffre, il ne faut jamais dire qu'elle n'a rien et encore moins prétendre que sa situation est simplement normale et à assumer telle qu'elle. C'est pratiquement ce que proposent les courants de la déconstruction et de l'anarchisme des valeurs. Il importe même d'étudier le lien entre la guérison possible et l'imaginaire, puisque l'imagination peut être une cause de maladie ou constituer une source de guérison[290]. Ce niveau « individuel » peut être renforcé par le niveau social. En effet, l'idéal social et les besoins fonctionnels de l'individu peuvent se trouver en contradiction. Ceci est vrai tant dans les systèmes traditionnels où le collectif a beaucoup d'emprise sur l'individu, que dans les systèmes modernes où l'individu tente de s'émanciper de l'emprise sociale au nom du relativisme et du subjectivisme, même habillés aux couleurs de la recherche de la liberté et des droits. Dans tous les cas, il n'est pas toujours facile d'atteindre l'idéal (modèle) social et encore moins de s'en détacher complètement. De l'une ou de l'autre façon, l'individu est exposé à des troubles psychiques dues à la transgression des normes sociales ou, plus exactement, à la conscience de la transgression et même au refus d'assumer cette transgression. Pour la sociologie, ces sanctions sont considérées comme des sanctions morales (négatives)[291]. Si le droit pénal dispose le plus souvent des sanctions physiques, les causes des sanctions morales dépendent, quant à elles, d'une structure sociale, sauf peut-être le cas de quelques pays africains où, semble-t-il, les phénomènes paranormaux sont susceptibles d'être pris en compte par le droit pénal. Généralement, ce n'est pas en priorité le fait d'être un mâle qui agrège automatiquement dans la liste des « législateurs » de ces sanctions morales. Ceci permet de tempérer une explication trop phallocrate des interdits dans la culture africaine où l'on entend souvent dire que les hommes se sont souvent taillés la part du lion en libellant des interdits dont les femmes et les enfants sont les plus grandes victimes[292]. Les vrais législateurs sont en fait les mânes et protecteurs des communautés humaines, dont les volontés sont communiquées aux vivants-sur-terre par l'intermédiaire de ceux et celles qui les représentent en vertu de la hiérarchie des êtres dans la chaîne communionnelle négro-africaine. Il s'agit ordinairement des porte-paroles ou responsables des clans et des familles et extraordinairement des

---

[290] Cf. G. STERN, *Les conflits de la vie, causes de maladies*, Paris, Payot, 1955, p. 14.

[291] Cf. G. ROCHER, *Introduction à la sociologie générale*, Paris, Ed. H.M.H., 1968, p. 59.

[292] En ce qui nous concerne ici, au moins, cette perception gratuite ne se justifie pas car, si nous voulons considérer que ce sont les vivants-sur-terre qui seraient les législateurs de ces sanctions morales, ils se retrouvent autant du côté des femmes (comme Kimpa Vita, Maria Nkoy…) que du côté des hommes (comme Simon Kimbangu, Mwana Lesa…), pour ne parler que des figures du messianisme congolais en temps de refondation de la culture africaine qu'étaient censé être les périodes de domination de l'ordre colonial depuis le 15e siècle.

personnages en état de transse due à des troubles psychiques de divers ordres[293]. Sur le plan des significations profondes de la valeur, la reconnaissance de la vertu à conquérir comme une instance supra-structurelle ou réalité extra-psychique intériorisée par la société, sans être une réalité biologiquement transmissible, ne relève pas de la supercherie. C'est un peu comme l'attribution de la loi suprême à Dieu ou à une force absolue comme auteur matériel. Cela signifie simplement l'indisponibilité de la vertu comme objet de manipulation des consciences ou des intelligences humaines. Cette indisponibilité signifie que le mieux que l'homme puisse faire c'est de chercher à réaliser ce que le bien et la vertu lui proposent et qui est vraiment à sa portée. Se battre pour détrôner la vertu ou pour supplanter la valeur au nom de quelque attitude arrogante ou pour éviter tout remords, cela devient simplement une distraction de mauvais goût. L'entêtement à s'en accommoder ne peut se solder que par un blocage de l'émergence de la personne et de l'édification de la société. Nous sommes là devant un paradigme général.

Si cela est vrai pour tout le monde, la situation de crise que traverse la République Démocratique du Congo ne nous autorise pas une telle distraction, puisqu'en réalité nous vivons déjà dans un contexte de déconstruction depuis cinq siècles. Dans un tel contexte, parler de reconstruction semble même un euphémisme puisqu'en réalité tout est à construire. Et si une affirmation du genre « ce pays ne marchera jamais » (*mboka oyo ekobonga te*) ne sort que furtivement et comme une expression du subconscient de l'hypocrisie des autorités, la population qui ne s'encombre point d'euphémisme dit carrément : « ils n'ont qu'à vendre ce pays ! » (*bateka kaka mboka yango*). Dommage que ce coup de gueule risque d'être interprété par les autorités comme une ratification de leur destin machiavélique de faire main basse sur le pays, alors qu'il s'agit d'un cri de détresse doublé d'un désaveu cinglant des élites occupées à s'empoigner pour le partage du gâteau de leur survie. Si le ridicule pouvait tuer ! Dans un tel contexte, si le dépoussiérage des ruines de nos fondations se fait sous le label de l'iconoclasme et de la déconstruction, le résultat risque d'être plus fatal que l'attentisme et le désir empreint de jalousie qui nous étreignent. D'où la nécessité incontournable de rivaliser à faire le bien.

Nous n'avons pas d'autres choix, dans un tel contexte, que de faire le bien, au lieu de nous contenter du « moindre mal » qui nous guette toujours.

---

[293] Au sens sociologique, les troubles psychiques sont des comportements qui sortent de la condition « normale » de l'homme, définie par les règles de la société. Selon cet entendement, elles peuvent affectées des malades (c'est-à-dire des personnes en état de possession démoniaque) comme des « spirituels » (c'est-à-dire des hommes religieux en état d'extase). C'est dans ce sens que même les prophètes peuvent être considérés comme des déviants.

3.2.2.3. Privilégier la recherche du bien en limitant le recours au « moindre mal »

Dans notre société, le refus de la morale (d'une certaine morale) et même la volonté de suspendre toute quête de la vertu, alors que tout le monde veut le bonheur et à tout prix, ne sont pas dus à une idéologie révisionniste[294]. Cela semble essentiellement dicté par l'expérience quotidienne du mal et des difficultés de la vie. On annonce de manière répétitive qu'on va finalement voir le bout du tunnel, on se félicite d'avoir atteint le fameux point d'achèvement, on glose sur l'assainissement du cadre macro-économique, on affiche même un air de fierté à propos de la croissance forte du Congo en un moment où la crise financière internationale donne du fil à retordre aux grandes puissances… mais c'est la souffrance du Congolais qui se vérifie au quotidien comme une continuelle descente aux enfers. La réalité de cette souffrance est en train de forger une nouvelle et dangereuse perception du mal qu'on aurait tort d'attribuer péremptoirement au christianisme reçu ou même à la culture africaine traditionnelle. En effet, si la tradition dans ses multiples et contradictoires explications des difficultés de la vie, pouvait encore tabler sur la distinction entre le bien et le mal, le Congolais contemporain semble plutôt acculé à choisir entre le mal et le moindre mal. Il y a donc à craindre que, à la longue, le bien du commun des citoyens se réduise au moindre mal ou, pire, que même le mal le plus pernicieux soit assimilé à un moindre mal et par la suite au bien. Quand des parents appauvris jugent que, pour avoir dépensé plus d'argent qu'ils n'en disposent en vue de scolariser leurs enfants, ces derniers ne devraient plus pour rien au monde doubler de classe, on est dans la logique du moindre mal. Quand, sous prétexte de respecter la Constitution qui garantit la gratuité de l'enseignement primaire dans les établissements publics (article 43), le gouvernement se contente de supprimer les frais scolaires et les tristement célèbres frais de motivation dans les écoles primaires sans afficher clairement la volonté de plafonner le salaires des enseignants au moins au niveau de ce que prévoyaient le fameux « accord de Mbudi » d'il y a une dizaine d'années, il y a vraiment de quoi paniquer car on ne saurait trouver plus forte expression d'accommodement avec le moindre mal dans le secteur si sensible de l'éducation. Quand les parents sont contraints de se contenter, malgré eux, d'attendre la fille qui fait le trottoir pour espérer obtenir de quoi se mettre sous la dent, quand des jeunes filles honorablement qualifiées doivent payer de leur propre corps pour espérer obtenir un emploi précaire, etc., même les grands maux de la société sont alors réduits au rang excusable d'un moindre mal.

Si maintenant on en vient à considérer la perception du mal dans la culture africaine pour la comparer avec l'érosion du sens du mal qui se profile

[294] Au sens politique plus large de remise en cause des principes d'une doctrine politique de départ.

aujourd'hui à travers l'homologation du moindre mal, il faut être de mauvaise foi pour ne pas dédouaner cette culture d'un défaut qui, dans ces formes-là, ne lui est ni congénital ni consécutif[295] mais, à la rigueur des expressions, fait de la poursuite du bien le plus élémentaire une chose impossible. Or, dit-on, à l'impossible, nul n'est tenu. S'il en est ainsi du bien le plus élémentaire, qu'en serait-il alors de la recherche de l'excellence ? Une notion vide ou carrément un non-être !

Il est vrai que le mal intervient dans l'explication du monde et de bien d'autres expériences humaines, mais presque jamais pour se justifier lui-même. La tradition ne s'arrête pas à expliquer le mal tel qu'il est mais le met toujours en rapport avec l'agir de l'homme, soit que ce dernier le perçoive, soit qu'il le fasse. L'objectivation du mal permet de le conjurer ou de s'y résigner. Dans la conjuration comme dans la résignation, il n'est pas question de chercher à accorder une valeur positive au mal lui-même mais seulement de s'en servir en vue d'un bien éventuel. Ainsi, dans notre horizon culturel, l'expérience du mal et les difficultés de la vie, même cruellement ressenties, n'altèrent pas la volonté de réalisation et la recherche du bien.

Deux contextes de paupérisation anthropologique et matérielle ont conduit à la mise à l'écart de la conscience culpabilisante et à l'exonération de toute responsabilité morale devant le mal envahissant. Il s'agit de la réception du christianisme (à travers la culture qu'il véhicule) et de l'impact du contexte actuel de pauvreté. Soumis à une forte humiliation par leurs dominateurs et civilisateurs à qui tout ou presque réussissait, les peuples « assis dans les ténèbres de la mort », convertis ou restés païens, ont développé une forte culpabilité même lorsqu'ils ont réalisé que leurs dominateurs étaient, eux aussi, capables de faire du mal. Le retournement se fait moyennant un raisonnement simpliste : si les hommes crédités bons arrivent aussi à faire de grosses bêtises, de quoi pourraient bien être capables les Africains crédités d'un haut coefficient de bestialité ? De l'excuse ou de la justification des faiblesses et erreurs de l'Africain à la mise à l'écart de la conscience de la faute, le pas est vite franchi. Il l'est encore davantage en contexte de pauvreté et de misère lorsque l'on réalise que même les riches sont malhonnêtes. Pourquoi un pauvre devrait-il alors se préoccuper de l'honnêteté si cela ne peut lui permettre de vivre. On atteint ainsi le fond de la perte du sens de la faute et l'exonération de toute conscience de la faute. Ce qui donne libre cours à l'appréciation positive du moindre mal, dans la mesure où celui-ci pourrait paraître comme l'unique possibilité d'atteindre le bonheur et de vivre absolument. Nous avons vu que ce « moindre mal » peut englober à la fois la petite faute anodine et la sottise la plus abjecte.

---

[295] Pour une analyse pertinente de l'expérience africaine du mal, cf. J.-B. NSAMBI e Mbula, *op. cit.*, pp. 101-119.

Cependant, à considérer de plus près, il se remarque à l'évidence que cette perte du sens de la faute est en réalité un désengagement (à faire le bien) de la personne contrainte à satisfaire les impondérables du « vivre à tout prix » et non comme telle une caractéristique de la nature de la personne. Elle ne consacre pas une sorte de bipolarisation manichéenne des forces ou un dualisme donnant les mêmes égards au bien comme au mal, pourvu que par l'un ou par l'autre l'homme tire son bonheur. C'est une espèce d'opportunisme qui risque de s'éterniser à mesure que l'homme s'enlise dans le mal, la souffrance et le sous-développement. Malheureusement, un tel enlisement entraînant l'option pour le mal ou le moindre mal n'a jamais fourni la preuve d'une capacité de conquérir durablement le bien. Ce n'est donc en réalité qu'une fuite en avant et non une véritable et adéquate solution au dilemme du mal développement. La réduction de la faute morale en une simple invention de la conscience culpabilisante et l'homologation consécutive du moindre mal comme un possible bien ne font pas disparaître la réalité de la faute ou plutôt celle du bien, dans la mesure où c'est la persistance du bien qui dévoile l'incohérence du mal.

Puisque, malgré la forte présence de la pauvreté et du mal dans notre société, les gens ne se contentent pas de voir dans le mal une fatalité insurmontable mais essaient toujours de le contourner pour atteindre le bien, même si, pour y arriver, ils se trouvent contraints à choisir parfois de mauvaises voies, nous devrions reconnaître que le recours au moindre mal par la mise à l'écart du sens de la faute ne fait pas ordinairement partie de la structure profonde de la personne. Cela explique peut-être une situation d'immédiateté qu'on devrait se refuser de porter au niveau d'un principe directif ou normatif. En d'autres termes, on peut « comprendre » que, à un certain moment, des personnes se servent du mal pour espérer évoluer, mais on ne devrait jamais le « justifier » et encore moins en faire la voie royale pour surmonter l'adversité, la misère et le mal développement. Car le désordre dans le désordre n'engendre jamais de l'ordre mais peut aider à prendre conscience de la nécessité de privilégier la recherche du bien. Cela signifie aussi qu'il y a la nécessité de connaître le bien et d'apprendre à le faire, l'homme vraiment homme ne pouvant se contenter de la notion du bien inscrite au fond de sa conscience.

D'où l'impérieuse nécessité du changement des mentalités. Parmi celles-ci, nous revenons sur ce que nous appelons la « mentalité fétichiste ».

3.2.2.4. Se libérer de la mentalité fétichiste

La construction d'un nouveau Congo passe inévitablement par un changement de mentalité. Cela a été, à maintes reprises, rappelé aux Congolais par des voix très autorisées dans l'éducation aux bonnes mœurs. Des campagnes d'une certaine envergure ont eu lieu, au moins dans la capitale congolaise, même si elles n'ont souvent eu pour effet durable que quelques slogans. Ce changement implique un engagement personnel et communautaire. Déjà au niveau personnel, l'apport des autres peut être sollicité, à condition que ces derniers aient l'intention de faire sortir du mal celui qui s'engage et non de chercher à l'acculer et à le stigmatiser. Justement, les campagnes de changement de mentalité s'apparentent chez nous à des stigmatisations dont le seul objectif serait de nous convaincre nous-mêmes que nous ne pouvons pratiquement rien de bon et que nous serions réduits à telle tare ou telle autre. Et, à le dire, c'est nous-mêmes, Congolais, comme si nous étions pris dans un mépris de ce que nous sommes à cause de ce que nous n'avons pas. La stigmatisation ne produit en général aucune vraie volonté de changement. Peut-être produit-elle la peur et sans doute la recherche des voies et moyens de mieux dissimuler le mal à la place de l'abandonner et de l'éradiquer. En cette époque d'inversion des valeurs et de relativisme moral, la stigmatisation –qui est en général le fait du groupe sur l'individu– peut conduire la personne stigmatisée à chercher à défendre aussi ses « droits » qui ne sont en réalité que des « antivaleurs ». Et par le jeu des croisements opportunistes, les intérêts de ceux qui se sentent stigmatisés et la complicité de ceux qui seraient dans la même situation mais pas encore rattrapés par la stigmatisation, on peut assister à la naissance de droits antithétiques c'est-à-dire contraires au fondement même du droit.

Du coup, on découvre que, aujourd'hui, le droit positif peut s'opposer aux valeurs qui en sont le fondement. C'est déjà le cas dans certains pays où les prostituées et leurs proxénètes ont des associations légalement reconnues qui luttent pour leur droit de vendre ou de faire vendre leurs corps comme de simples objets de plaisir. C'est aussi cela qui a conduit certains Etats à légaliser les unions homosexuelles comme de véritables « mariages ». Probablement ne reste-t-il que les assassins à faire reconnaître eux aussi leur droit de tuer, puisque déjà des législations reconnaissent le droit à l'avortement souvent enveloppé dans des expressions propres comme « interruption volontaire de la grossesse » ou encore mieux « paternité-maternité responsable » et « naissance désirable ». On pourrait allonger la liste de ces exemples et dans les domaines les plus variés. Ainsi la stigmatisation, la dénonciation dans le seul but de nuire et la condamnation gratuite ne conduisent pas toujours à la « purification de l'espèce ». Depuis le temps que de bonnes volontés se sont exclamées, non sans raison d'ailleurs, que l'Afrique est mal partie, cela n'a guère donné le « Go » définitif. Sinon, nous ne nous retrouverions pas, plus de cinquante ans après les indépendances, toujours à la case du non départ.

L'Afrique connait aujourd'hui beaucoup de cas de stigmatisation. Mais la compassion qui en naît ne sert pas toujours les intérêts des déshérités et cela pas toujours à cause de l'incompétence et de l'irrationalité des Africains. Ainsi, avant même d'avoir stabilisé substantiellement la situation des PVS (Personnes vivant avec le Sida), d'autres PVS se sont fortement développées, plus reluisantes, évidemment au détriment des véritables PVS. Ce sont les « Personnes vivant grâce au Sida ». Les misères des uns font le bonheur des autres et ce n'est pas ce temps du tout économique ou du plein marché libre qui le démentirait de sitôt.

Si les efforts du passé nous ont proposé des voies de sortie de crise, aujourd'hui, notre prise de conscience de la situation aurait dû nous introduire sur la voie d'un changement communautaire de mentalité, c'est-à-dire une démarche qui conduit les pauvres que nous sommes à nous donner mutuellement la main dans un effort de compréhension mutuelle et dans l'acceptation d'une correction qui redonne de la dignité, car, ce n'est pas parce qu'on est pauvre qu'on cesse d'être homme ! Cependant, à cette sollicitude de la communauté doit répondre la décision du pauvre de ne plus se laisser volontairement entraîner dans les voies de complicité de la misère. Malheureusement, quand il s'agit de faire accepter aux accusateurs leur rôle dans le débâcle des stigmatisés, ils se rétractent derrière des considérations qu'ils ont eux-mêmes inventer pour se faire bonne conscience, quand ils ne se mettent pas simplement à opposer viscéralement ceux que la pauvreté et la misère auraient dû plutôt encourager à s'unir : ventre creux n'a point d'oreilles !

Et nous voilà de nouveau en train de nous empoigner entre nous, en faisant prévaloir même des prérogatives régaliennes. Il n'y a rien de si révoltant que d'entendre un pauvre crier à un autre pauvre qu'il peut lui faire beaucoup de mal et ce pour une situation dont ils sont, tous les deux, des victimes. C'est le désastre que créent notre pédantisme et notre malignité quand nous insistons sur la condamnation des pauvres sans défense, les humiliant publiquement alors que nous aurions nous-mêmes des choses plus graves à nous reprocher que celles stigmatisées chez les autres.

Il existe, certes, une espèce de consolation à se rendre compte qu'on n'est pas seul à commettre des gaffes et que c'est tout le monde qui peut tomber ! Dans nos langues, bien des expressions évoquent cette excuse qui finalement n'est qu'une échappatoire ou un faux fuyant : au lieu de s'amender, on couvre son mal en portant au premier plan les erreurs vraies ou simplement possibles des autres. Ainsi, entend-on dire par exemple : « Tout bois allumé produit de la fumée »[296] ou « Il est normal qu'un homme se fasse quelque fois huer »[297]. Mais, s'il est vrai que tout bois sur lequel on met du feu produit de

[296] Proverbe ekonda qu'on emploie pour montrer qu'il est inutile de vouloir qu'une catégorie donnée de personnes fasse autre chose que ce qu'on connait d'elle. Ainsi les hommes se servent de ce proverbe pour dire que toutes les femmes ont des défauts (inutile donc de vouloir en trouve une meilleure que les autres).

[297] Proverbe ntomba. Les hommes pris en flagrant délit de quelque conduite répréhensible se serve de ce proverbe pour se justifier et relativiser (ou même annuler) le poids moral de leur faute pourtant réelle.

la fumée, faut-il pour cela s'interdire d'allumer le foyer ou au contraire accepter d'abîmer les yeux en restant dans de la fumée toxique ? De même, si quelqu'un se fait réprimander pour avoir mal agi, devrait-il pour autant continuer à agir mal simplement parce que c'est normal de se faire conspuer ? Non, évidemment !

Si donc l'homme mérite des égards malgré ses erreurs et ses fautes, ce n'est pas parce qu'il faut regarder ses actions inconsidérées sans gravité. Il y a une énorme différence entre le fait de dire à quelqu'un que ses idées ou actions sont mauvaises et la volonté de le condamner. Lorsque nous condamnons, nous ne laissons souvent pas de marge pour l'amendement et la reprise. Nous restons donc dans le registre de la stigmatisation et sans doute aussi aimerions-nous nous positionner utilement.

Souvent, dans notre folie meurtrière de vouloir surclasser nos frères et sœurs et de nous montrer les meilleurs, nous nous précipitons hypocritement à les salir, n'ayant retenu d'eux que les mauvais côtés, non pas tellement parce que nous serions les meilleurs mais plutôt parce que nous ne savons voir que le mal. Nous avons souvent appris à ne voir en nos frères et sœurs que de mauvaises choses ; mais en réalité c'est souvent le reflet du mal qui nous habite nous-mêmes.

Il y a là comme une marque distinctive (mais pas exclusive) des Congolais. Il semble difficile de savoir d'où cela vient mais en tout cas ce n'est pas le propre des Congolais d'être constamment fiers de leurs propres frères et sœurs, même et surtout quand ils font du bien. Quand il s'agit de détruire nos frères et sœurs ou de les livrer à la potence, nous sommes souvent aux premières loges, comme les pharisiens trainant la femme adultère à la lapidation ou comme Judas Iscariote livrant Jésus. Mais quand il s'agit de défendre nos frères et sœurs et de protéger les intérêts de tous, les bonnes volontés se font rares. Et quand elles se présentent, elles sont directement mises en cause par d'autres Congolais. Nous sommes souvent très critiques vis-à-vis des nôtres (ce qui n'est pas mauvais) mais très complaisants vis-à-vis des externes (ce qui n'est pas nécessairement méritoire). En réalité, cela traduit une attitude des gens qui souffrent d'un complexe d'infériorité. D'où cette conviction gratuite et fausse, à notre avis, qu'un Congolais ne peut jamais rouler pour lui-même ni pour son milieu mais toujours pour des lointains, quitte à en récolter des miettes au passage, même si cela doit se faire au détriment de l'intérêt supérieur de la nation !

On dirait qu'à tous les niveaux et en tout point de vue, les Congolais se contenteraient d'être des porteurs et des coursiers. C'est bien possible ! Dans le monde, toutes les personnes et même les peuples ne développent pas les mêmes aptitudes : il y en a qui sont forts dans le commerce et les affaires ; d'autres s'illustrent dans la diplomatie et les négociations, d'autres dans les renseignements et la guerre, d'autres dans les voyages et la recherche, d'autres dans l'agriculture et l'élevage, d'autres encore dans les services et l'organisation, etc. Nous, notre qualité serait peut-être d'être des « commissionnaires » ou plutôt des garçons de course et des garçons de confiance, toujours au service dévoué des autres (et de préférence des étrangers). Soit ! Même alors, les sages ancêtres ont constaté que « celui qui accompagne le féticheur a au moins le petit bonheur de se nourrir des pattes des poulets offerts à l'illustre hôte »[298]. Mais quels sont ces « pattes de poulet », c'est-à-dire ces miettes que nous apportons à la République Démocratique du Congo, après avoir servi les autres avec la richesse nationale ? Quelle est notre contribution à l'effort général de construction du pays ? Et comment le ferions-nous si, au moment où des bonnes volontés congolaises s'apprêtent à contribuer, d'autres s'arrangent à les contrarier dans le seul but de nuire ? Et si, après avoir réussi à neutraliser l'effort des premiers, ces derniers rêvent de devenir, chacun en ce qui le concerne, le seul coq à chanter sur le toit, ils trouveront d'autres à leur renvoyer l'ascenseur de la destruction. Le musicien poète Lutumba Simaro n'avait-il pas chanté : *« Boma ngai, naboma yo, tobomana »* (Tue-moi, je te tue et c'en est fini de nous tous) ?

En nous livrant à cette guerre fratricide pour notre perdition, nous le faisons comme si nous étions seuls dans les arènes de la compétition en ce temps de mondialisation. Est-il possible d'imaginer que pour un pays dont la population est aujourd'hui estimée à 70 ou 80 millions d'habitants, il y ait 11 à 30 candidats déclarés à l'élection présidentielle, c'est-à-dire bien plus qu'aux Etats-Unis avec plus de 300 millions d'habitants ou qu'en Inde avec plus d'un milliard d'habitants ? Et quand les autres s'aperçoivent de notre capacité de nous détruire à longueur des journées, ils comprennent qu'ils peuvent nous divertir en fomentant ou en encourageant des conflits ethniques ou tribaux, le temps de se servir copieusement avec notre richesse et peut-être sans notre aide qui nous permettait de gagner des miettes de commission ne servant qu'à nous détruire. Si la situation dégénère, comme il faut s'y attendre, la communauté internationale stigmatisera encore notre incapacité chronique de nous prendre nous-mêmes en charge. Elle prétendra que la démocratie n'est pas faite pour nous et se déclarera prêtre à nous accompagner mais en réalité pour son plus grand profit. Mais le sorcier, ce faiseur du bonheur des autres, est parmi nous alors que le peuple congolais reste le grand et éternel perdant !

C'est ce que nous appelons « avoir une mentalité fétichiste », en opposition à l'esprit prométhéen que l'on reconnaît volontiers à l'homme

[298] Proverbe ekonda. Le moindre des plats qu'on puisse présenter à un hôte de marque dans nos villages, c'est un poulet. Et ceux qui l'accompagnent sont généralement traités de la même manière puisqu'ils mangent généralement ce qu'on lui offre. Il arrive donc qu'ils soient mieux servis que dans leurs propres maisons (où on ne tue pas un poulet chaque soir).

blanc. L'esprit prométhéen consiste en la volonté de réussir, voire d'être toujours le premier en faisant l'effort de dépasser les autres. Il porte à l'émulation, l'émulation porte à la production et la production amène le progrès. Quant à la mentalité fétichiste, au-delà des aspects folkloriques et de l'usage ou non des fétiches, elle consiste en la volonté de réussir non pas en faisant mieux que les autres mais en cherchant à les écraser pour se maintenir seul au sommet, comme le seul coq qui chante sur le toit ; ou encore en tirant les autres vers le bas pour les éliminer et s'approprier leurs forces. Ce faisant, il n'y a ni émulation, ni production ; au mieux il y a l'accaparement, mais au pire la destruction et de toutes les façons la régression. Et cela arrive indépendamment du niveau d'instruction ou d'intelligence que l'on peut reconnaître à une personne ou à un peuple !

Pour mieux comprendre la nécessité de se libérer de cette « mentalité fétichiste », il n'est pas inutile de préciser ici le sens que nous relevons dans le fétichisme pour passer d'une pratique (qui peut avoir ses points forts et ses faiblesses) à une mentalité (qui peut se détacher de la pratique strictement dite du fétichisme et donner lieu à un esprit)[299].

Contrairement à ce que l'on présente ordinairement, la symbolique fétichiste n'est pas un ordre contemplatif de la simple gestion de la nature. Ce serait plutôt là le propre du totémisme qui établit un rapport naturel entre l'homme et les créatures. Dans ce sens, le totémisme n'implique pas nécessairement une discipline antérieure à son établissement car on le trouve généralement comme tel dans la société. Il induit toujours des exigences de contemplation[300]. La symbolique fétichiste, elle, est déjà un ordre culturel. L'esprit humain applique, pour l'élaboration du fétiche, la logique de la captation des forces omniprésentes dans la nature, les destinant à différentes finalités sociales. L'ordre fétichiste est donc une réorientation (redistribution) des forces naturelles captées par l'homme. C'est un ordre actif et créatif aux effets défensifs (thérapeutiques) et offensifs (action sur la cause du mal) : on fabrique les fétiches à partir de ce que l'on trouve dans la nature[301].

En ce sens, le fétichisme exige une discipline antérieure à la captation de ces forces. C'est donc aussi une technique qui suppose une science ou du

---

299 Nous suivrons ici très librement notre analyse dans J.-B. NSAMBI e Mbula, *op. cit.*, pp. 86-91.

300 C'est pour cela que les ethnologues et sociologues voient dans le totémisme une religion. Cf. Cf. E. DURKHEIM, *Les formes élémentaires de la vie religieuse. Le système totémique en Australie*, 7e édition, Paris, PUF, 1985, pp. 211-222.

301 Cf. MULAGO Gwa Cikala, *La religion traditionnelle des Bantu et leur vision du monde*, Kinshasa, FTCK, 1980, pp. 12-13 ; BUAKASA Tulu Kia Mpansu, *L'impensé du discours. « Kindoki » et « nkisi » en pays Kongo du Zaïre*, Kinshasa, FTCK, 1980, p. 18.

moins une connaissance. C'est le lieu d'un *procès* de transformation[302]. G. Balandier le situe parmi les institutions de communication des connaissances et des savoirs, au même titre que l'éducation[303]. C'est pour cela que l'accès même limité à la science moderne ne garantit pas, ipso facto, la disparition des pratiques fétichistes. De même, on ne s'étonnera pas que, dans l'exercice de son métier, le féticheur s'en remette à Dieu. Si le fétichisme comme système de connaissance procède d'une dynamique épistémologique, pourquoi n'a-t-il pas conduit au progrès les sociétés négro-africaines qui le pratiquent ?[304]

Cette interrogation relèverait directement plutôt de la méthode des sciences. Pour tenter d'y répondre, il faut avant tout préciser ce qui, dans la pratique d'une connaissance, ne peut être sacrifié sans par le fait même porter atteinte au système de connaissance lui-même. C'est le respect des lois. Pour le fétichisme, c'est le respect des lois de la nature. C'est pour cela que le fétichisme s'appuie sur la religion, bien qu'il ne la respecte pas à fond à cause de la diversité d'intérêts et d'intentions. La science par contre s'appuie sur ses propres lois, les seules qui soient vraiment impératives, toutes les autres lois (naturelles, religieuses, morales, sociales, étatiques, etc.) n'étant que des prétextes qui peuvent soit renforcer soit freiner la motivation de la recherche.

Essayons à présent d'explorer le mobile de la symbolique fétichiste dans son rapport avec l'homme. Ce rapport révèle qu'il y a quelque chose, que l'homme qui s'initie aux pratiques fétichistes ou celui qui les exerce veut atteindre. Il y a donc un objectif, c'est-à-dire un progrès, un développement que le féticheur entend poursuivre. Cependant, compte tenu de sa nature, ce processus ne peut mettre en cause les lois de la nature. Il comporte ainsi de l'intérieur une limite qui contraint le féticheur à opérer dans le cadre commun qui est soit la défense de ses propres intérêts, soit l'accaparement des intérêts ou de la force de l'autre : que je devienne riche comme celui-là, grand chasseur, danseur, vedette, enseignant, politicien, homme d'affaires, chef religieux comme l'autre ou plus que lui.... Ainsi, rien ne s'invente vraiment, sauf les moyens pour arriver à la fin escomptée[305]. On évolue dans un circuit

---

302 BUAKASA Tulu Kia Mpansu, *op. cit.*, p. 227.

303 G. BALANDIER, *La vie quotidienne au Royaume de Kongo du XVe au XVIIe siècle*, Paris, Hachette, 1965, p. 251.

304 On dit que lors de sa participation à la phase finale de la Coupe du monde de football en 1976 en Allemagne, le Zaïre avait conduit une forte délégation de joueurs (les léopards) et d'officiels, mais aussi de féticheurs les plus réputés. Cela n'a pas empêché que l'équipe nationale soit débarquée dès le premier tour de la compétition avec un bilan pas du tout élogieux de zéro but marqué et 14 buts encaissés en trois matches dont 9 en un seul (contre la Yougoslavie).

305 Les fétiches varient selon les milieux et les époques. La gamme des moyens (matériaux constitutifs) va de simples produits de la nature (la terre, l'eau, les feuilles d'arbre, le bois sacré...) à des produits de transformation (une boisson, un mets, du papier, un stylo, une boîte métallique...) et même à des produits immatériels (des rites, des esprits). Aujourd'hui, les marabouts utilisent le téléphone et surfent sur internet.

fermé, espèce de vases communicants, où le bien-être ne progresse pas mais semble passer d'une main à une autre. C'est le « système Koweit »[306]. Il n'y a ni création, ni production, il y a peut-être appropriation et reproduction[307].

A force de chercher à se prendre et reprendre les mêmes forces, le bien-être ne progresse pas mais finit pas tarir comme de l'eau bouillonnant dans une marmite au feu : en s'évaporant sous l'effet de la chaleur, l'eau ne se renouvelle pas dans la marmite mais sèche. Et en fin de compte, la « lutte » (pour s'approprier les forces et les biens des autres) devient purement théorique : des personnes « se recherchent » à coup de moyens pour occuper une place qui ne permet même pas de récupérer ce qu'elles ont perdu pour y accéder. Un tel est réputé grand féticheur dans sa région, mais il n'a même pas une maison enviable comparable à celle de celui qui le craint. Il s'est investi pour trouver les moyens de présider à un processus limité de par sa nature. Ce n'est pas que le féticheur est pauvre dans ce monde pour être riche dans « son » monde mystique invisible. Une telle explication relève plutôt d'une confusion entrainant un glissement vers la sorcellerie.

Ainsi, sur le plan neutre de ce « quelque chose à atteindre », le progrès ne se vérifie pas, mais au contraire la régression et l'usure. La régression apparaît encore plus évidente si l'on retrouve le plan moral où tout semble catastrophique, déconnecté et contraire aux valeurs promues par la même société, dont les plus significatives sont l'homme et le sens de la vie. On retrouve ici la contradiction possible entre la pratique d'une société et l'essence de sa culture. C'est cela qui produit, au-delà des faits et de la réalité bien évidente du fétichisme, une mentalité fétichiste où il n'est plus tellement question d'utiliser ou de ne pas utiliser les fétiches, mais de se mouvoir selon une logique ou un système de pensée rappelant le mode opératoire du fétichisme.

---

306 On appelle « marchés Koweit » à Kinshasa, les petits marchés où l'on ne vend pratiquement que des articles de seconde main : habits, mobiliers, appareils ménagers vendus à vil prix pour subvenir à une urgence (de la nourriture, des soins de santé, frais de scolarité, une taxe, une amande, payer une commission ou un pot-de-vin, etc.) et des objets volés que l'on a hâte d'écouler. Il s'agit surtout des objets utilisés localement et non des « occasions d'Europe » ou des « Guangzhou » (occasions de Chine) qui ont en général une côte élevée par rapport aux articles vendus aux marchés Koweit mais inférieure par rapport aux produits originaux vendus dans les magasins et grandes surfaces.

307 Sur l'importance de la reproduction dans la culture africaine, voir J.M. ELA, *Afrique. L'irruption des pauvres. Sociétés contre Ingérence, Pouvoir et Argent*, Paris, L'Harmattan, 1994, pp. 63-115. Ela s'arrête surtout à la « reproduction de l'espèce » (famille, enfants, jeunes...) pour marquer l'absence du caractère « productif » et créatif qui est le propre de l'économie moderne. Notre lecture de la reproduction s'étend sur tout le paysage socioculturel.

Dans le contexte actuel de nos sociétés, où l'intégration d'autres paramètres d'évaluation de la nature provoque le chambardement de l'ordre traditionnel, la persistance de la mentalité fétichiste telle que décrite ci-haut, plonge et aggrave les termes de l'enjeu éthique en rendant plus fortes les contradictions existentielles et plus évidente l'impossibilité d'atteindre les objectifs poursuivis à travers les moyens choisis[308]. Nous pouvons donc affirmer qu'il y a conflit entre la mentalité fétichiste et la volonté de réalisation de la personne que ce système prétend poursuivre. Une des expressions de ce conflit, c'est l'individualisme collectif des sociétés africaines sous-développées. On peut le décrire comme étant la volonté d'un chacun d'utiliser les autres pour se valoriser soi-même : mes enfants deviennent mes champs où je vais me ravitailler sans cesse, souvent au détriment de leur propre avancement ; les biens de mon frère sont avant tout mes biens et non ceux de ses enfants et de son épouse ; je marie ma fille pour mon honneur et mon bien, peu importe son bonheur et celui de son foyer ; dans le cas de besoin, je sacrifie un membre de ma famille pour que moi je vive mieux, etc. Il est évident que cela est en contradiction flagrante avec l'esprit communautaire décrit comme valeur fondamentale caractérisant l'identité du muntu[309], en vertu de laquelle valeur je me considère comme personne grâce à la présence des autres et je peux aller jusqu'à perdre ma vie pour que la communauté vive, de même qu'elle peut, à son tour, tout offrir pour me faire vivre. Les sous-produits ultérieurs de cet individualisme collectif sont notamment les tueries barbares et rituelles, les luttes fratricides, les haines tribales ou ethniques, le désir de régner sans partage sur ses propres frères et sœurs ou de vivre sur le dos des autres. Autant de dysfonctionnements pratiques et d'inconséquences culturelles dont il faut se débarrasser en se libérant de la mentalité fétichiste, sans compromettre ou renier pour cela l'essentiel de notre culture de la vie. Cette question revêt un enjeu politique évident et éclaire bien de nos choix politiques compromettants.

Comme est aussi tout importante la question du type de leadership à implémenter.

3.2.2.5. Se départir d'une conception trop individualiste du leadership

Que l'on accepte la justification biblique de la socialisation, faisant de l'exigence du vivre ensemble une volonté divine, que l'on juge la figure du philosophe roi (Platon) ou du Prince autocratique et despote (Hobbes et

---

[308] Une pareille lecture est faite par les moralistes congolais dans l'analyse de la pertinence de la référence aux valeurs dans les choix économiques de notre société. Cf. NYEME Tese & NGWEY Ngond'a Ndenge, « Choix économiques et références aux valeurs », in *RAT* XI, 22 (1987), p. 203.

[309] Cf. MATUNGULU Otene, *Etre avec. Heurts et lueurs d'une communion. Une spiritualité bantu de l'Etre-avec*, 2e éd. revue et augmentée, Lubumbashi, Ed. Saint Paul Afrique, 1981, p. 13.

Machiavel) comme la mieux adaptée pour diriger la cité, que l'on admette la présomption d'innocence de l'état de nature en opposition aux inégalités et méfaits de la socialisation (Rousseau) ou enfin que l'on s'aligne sur la défense des multiples facettes de la démocratie actuelle avec la souveraineté primaire exercée par le peuple, ce qui semble constant dans toute la réflexion sur les types de société et de gouvernement, c'est le fait que la gestion de la cité dessine un rapport incontournable entre l'individu et le groupe, que ce rapport soit perçu comme bon ou mauvais ou encore problématique[310].

Encadré 4. Religiosité, culture et gestion de la cité

La religiosité envahissante dans nos rues pousse pratiquement les chrétiens et les fidèles des autres religions, déçus par le comportement des responsables politiques, à exiger ni plus ni moins qu'une intervention historique de Dieu lui-même dans les arènes du pouvoir politique. Dans ce sens, non seulement la politique est considérée comme un terrain approprié au service chrétien, mais aussi le gouvernement est perçu comme une organisation établie par Dieu et responsable vis-à-vis de lui. C'est notamment la perspective du livre de J. REDEKOP, *Politique soumise à Dieu*, Kinshasa, Editions Mukanda, 2007.

De même, le constat de l'échec des tentatives de la démocratisation (faisant apparaître la démocratie comme un désordre institutionnalisé) fait penser à plus d'une personne et pas seulement dans le petit peuple, à l'opportunité, même pour un temps limité, du retour à la « chicotte » et aux « corvées », sous la conduite d'un chef autoritaire, espèce de dictateur à la romaine, pour mettre aux pas les indisciplinés allergiques à l'ordre. En RDC, d'aucuns ont même vu (avant de déchanter) avec L.-D. Kabila l'avènement d'un tel régime où le Souverain a le monopole de l'usage légal du pouvoir coercitif et où la liberté de l'individu est réduite aux seuls espaces où la loi reste muette (« le silence de la loi »).

On sait aussi que face à l'amateurisme et à l'incapacité des dirigeants de conduire le pays, certains prétendants ont utilisé comme raison principale de leur descente dans la compétition le fait d'être comptable parmi l'élite

[310] L'évocation de ces figures historiquement cataloguées dans la très ancienne réflexion sur l'opportunité ou non de la gestion de la cité n'est pas ici purement prosaïque ni à des fins d'habillage intellectualiste. En effet, nous pouvons les trouver, avec des variables contextuelles dans la conception qui se dégage de la pratique du leadership dans notre société actuelle (Voir Encadré 4).

intellectuelle la plus représentative, c'est-à-dire une espèce de philosophe-roi, le seul capable d'amener le peuple à réfléchir sur son vrai destin, à se défaire de ses vagues appréhensions du réel pour sortir de la misère et relever le défi du progrès.
Enfin, dans l'énumération des causes réelles ou supposées de notre débâcle, certaines conjectures s'attardent à présenter la culture africaine comme notre véritable goulot d'étranglement. Si certaines de ces causes ne sont en réalité que l'entérinement ou le prolongement des réductions qui ont façonné la compréhension que l'on a de l'être africain depuis le 15e siècle, d'autres par contre se rattacheraient à la conception rousseauiste du pouvoir applicable à l'Afrique : à l'état de nature, l'Africain a les mêmes chances de réussite que n'importe quel homme dans le monde, mais sa culture, à moins de s'occidentaliser, est d'une inefficacité légendaire : *« moto moindo akobonga te »*, l'homme noir ne réussira jamais ! C'est la fameuse question des archétypes ou choix métaphysiques inopérants.
Comme on peut s'en rendre compte, il y a bien de la matière pour nos sociologues, politologues et autres chercheurs pour décrypter les idées reçues et les opinions en acte afin de proposer non pas tellement des standards de gouvernance mais plutôt des espaces réalistes d'un leadership africain, sans se complaire au mimétisme ni se fourvoyer dans un excès de créativité aussi alambiqué que stérile.

Si, en simplifiant, on peut dire que c'est généralement un individu ou un groupe d'individus qui gouverne au nom de toute la collectivité, l'enjeu du pouvoir est essentiellement un problème qui concerne les hommes et non ce qu'ils possèdent ou ne possèdent pas puisque c'est l'homme qui se donne les moyens de son action et non le contraire. Nous l'avons vu plus haut avec le dicton « Il n'y a de meilleur dans la cité que les hommes »[311]. Ce sont les hommes qu'il faut organiser pour garantir leurs droits individuels et collectifs, politiques (civiques) et économiques, sociaux et culturels, ainsi que pour les

[311] Ce dicton semble prévenir la tentative de déterminer la valeur d'un homme et d'une société par ce que l'homme ou la société possèderaient (richesse matérielle). Même s'il n'est pas juste de croire que la recherche de l'aisance et de la richesse est étrangère à la culture africaine, ce n'est pourtant pas la richesse qui qualifie en priorité les rapports sociaux. Par contre, dans le but de renforcer les rapports sociaux, chaque membre de la communauté est invité à être un producteur non pas d'abord pour lui-même mais pour contribuer à l'accroissement du patrimoine communautaire. C'est ainsi que dans la culture mongo, l'expression de noblesse *« Bokulaka »* ne devrait pas se traduire par « le riche ». Cette traduction n'est pas inexacte mais porterait à faire la confusion avec la conception essentiellement économique dans la société moderne. Le *Bokulaka* ou Notable est une personne à qui la collectivité voue un respect particulier (= considération et estime) pour plusieurs raisons même en dehors de la richesse matérielle.

motiver à l'accomplissement de leurs devoirs d'hommes et de citoyens. C'est en tenant compte de cela qu'il faut organiser l'exercice du pouvoir.

Comprise de cette manière, l'organisation, comme moyen de fonder le pouvoir de l'Etat, ne veut pas d'abord dire l'établissement d'un organigramme ou d'une hiérarchie qui en sont plutôt une des exigences logiques et une des conséquences pratiques. Toute organisation sociale suppose la décision des individus d'aliéner leur souveraineté native[312] qui ne peut pas s'épanouir harmonieusement à l'état de nature, compte tenu de certains facteurs potentiellement nuisibles dont la volonté de puissance et/ou de domination, l'agressivité et les conflits d'intérêts individuels, alors qu'elle a tout à gagner en se déployant comme volontés unies pour le bien[313]. C'est là le véritable sens de la liberté qui ne peut se concevoir authentiquement que comme liberté de ou pour faire le bien. C'est pour faire advenir cette liberté pour le bien ou cet épanouissement des personnes et des communautés que la collectivité se choisit, selon des modes appropriés, des responsables ou des leaders qu'elle investit d'un pouvoir, appartenant en propre à l'ensemble des citoyens lorsqu'il s'agit d'un Etat ou à l'ensemble des membres lorsqu'il s'agit d'un groupe. Le leader investi n'a donc en réalité qu'un pouvoir délégué appartenant en propre au souverain primaire[314]. Aujourd'hui, en démocratie, pour assurer plus de visibilité à cette primauté de la souveraineté des citoyens, et prévenir toute dérive autocratique, on associe aux procédures de représentation (c'est-à-dire l'exercice du pouvoir politique par les représentants élus au suffrage populaire par les citoyens et responsables devant eux) des actes de participation directe (notamment le référendum).

Il s'ensuit que, avant d'être une notion de droit, le pouvoir, le leadership et les notions qui leur sont connexes sont des exigences logiques et morales de la socialité et de la rationalité politique. C'est cette socialité et cette rationalité qui dictent logiquement et moralement les formulations juridiques et politiques du leadership, mais pas le contraire. Il s'ensuit aussi que le leadership politique participe d'une exigence morale fondamentale : on ne

---

[312] Les déclarations des droits de l'homme rendent cette notion de souveraineté native dans la formule désormais classique : « Tous les êtres humains naissent libres et égaux en dignité et en droits » (art. 1er de la *Déclaration Universelle des Droits de l'homme* (DUDH) du 10 décembre 1948). Nous laissons de côté dans cette réflexion l'aspect individualiste que certains semblent trouver dans la présentation des droits de l'homme. Cf. J. ETIENNE, « Les droits de l'homme sont-ils d'inspiration individualiste ? », in *RTL* 29 (1998), pp. 297-306.

[313] C'est pour cela que la DUDH complète cette première affirmation générale en disant que les êtres humains, « doués de raison et de conscience », « doivent agir les uns envers les autres dans un esprit de fraternité ».

[314] C'est ainsi que la *Déclaration des Droits de l'homme et du Citoyen* du 26 août 1789 dit en son article 3 : « Le principe de toute souveraineté réside essentiellement dans la Nation. Nul corps, nul individu ne peut exercer d'autorité qui n'en émane expressément ».

peut « recevoir » le pouvoir et s'en servir comme on veut. La confiance du peuple se joue sur la possibilité de vérifier que l'exercice du pouvoir est en adéquation avec les aspirations les plus profondes et les plus conformes à la « liberté pour le bien » de la personne et de la collectivité.

A ce sujet, les attitudes des citoyens et celles des leaders méritent d'être attentivement suivies, étudiées et évaluées pour permettre un fructueux exercice du leadership.

Dans le contexte congolais, on peut dire que le peuple ne pose pas trop de problème. On a un peuple plutôt bon, qui fait confiance, même à l'excès, à ses dirigeants. Il est possible que cette attitude passive et plutôt bonasse du peuple soit aussi le prix d'une habitude de désordre répréhensible et d'un refus de se conformer aux normes établies. Le peuple couvrirait ses lacunes (et parfois son ignorance du droit et des règles du jeu social) en tolérant les dérapages de l'autorité. Si celle-ci n'a pas, de son côté, le sens du devoir bien fait, elle pourrait en profiter jusqu'à en abuser. D'où cette impression que l'on a de peur et d'insécurité plutôt que de confiance et de sécurité vis-à-vis de ce qui touche à l'autorité. Si on met de côté ce constat déplorable, plus pratique qu'intentionnel, le rapport avec l'autorité s'exprime dans un langage symbolique emprunté à la composition familiale. Dans ce langage, le pays (la terre) est comparé à la mère des enfants, l'autorité (le chef) à l'époux de la mère et les citoyens aux enfants (de la mère). D'où la maxime : « L'époux de votre mère est par le fait même votre père »[315]. Contrairement à la classe

[315] Cette formule est éclairante pour comprendre la vision profonde que l'on se fait de l'autorité, une vision symbolique au niveau théorique fondamentale et démocratique (qui accepte l'alternance) au niveau pratique du fonctionnement. Si le pays est comparé à la mère des enfants et non pas à une simple nourrice, c'est parce qu'il constitue l'élément le plus stable et le plus significatif de l'Etat. C'est le rapport au pays qui confère la citoyenneté à chaque citoyen. Toute procédure de reconnaissance ou d'attribution de la nationalité (naturalisation) doit tenir compte de ce rapport. Les citoyens sont comparés aux enfants de la mère parce que la chose la plus évidente est qu'un enfant appartienne à la femme qui l'a porté en son sein et mis au monde (pour une culture codifiée bien avant l'apparition des « mères-porteuses »). Au chef est reconnu la qualité d'époux de la mère des enfants et partant, père des enfants de son épouse non pas tant parce qu'il n'aurait pas donné ou ne saurait pas donner des enfants à la mère qu'en vertu de la mission-responsabilité qu'on attend de lui, à savoir, aimer profondément le pays dont il assume la direction pour une période déterminée (prévue d'ailleurs par les lois du pays) et faire tout ce qui est de son pouvoir pour réaliser le bien de sa population (comme les lois du pays le prévoient et l'exigent). Le chef n'est donc pas au sens propre le propriétaire du pays et tous ceux qui lui sont proches ne sont pas les « enfants du propriétaire » (*« bana ya nkolo lopango »*) parce que enfants ou hommes du chef, mais plutôt parce que enfants de la mère patrie. Le chef est le garant des intérêts du pays et si ceux qui lui sont proches (comme lui-même d'ailleurs) peuvent se dire enfants du propriétaire, c'est, comme pour tout citoyen du pays, en vertu de leur rapport personnel avec la mère des enfants, c'est-à-dire le pays. Toute tentative de tricherie en la matière serait un acte de haute trahison, non seulement à

politique, le peuple ne s'éternise pas dans les antagonismes politiques. Cela permet de penser qu'il comprend mieux ce que les politiciens refusent souvent de croire, à savoir, que l'exercice du pouvoir doit être fait pour le plus grand bien de tous (et non seulement pour ceux qui ont choisi tel chef) et que l'on ne s'oppose pas au pouvoir par principe (c'est-à-dire de manière automatique et sans considérer la situation concrète) ni simplement par habitude (c'est-à-dire de manière irréfléchie et parce qu'on veut dire ou faire le contraire des autres), mais pour permettre de mieux faire marcher la chose publique. Cependant, si on n'ajoute à cela le poids de la tradition[316] et de la religion[317], on risque d'être déboussolé par le hiatus entre les attentes conscientes et critiques de la population et son excessive et rapide allégeance à toute autorité. Ce qu'il faut en retenir, c'est que les ovations et grandes liesses à l'occasion du passage d'un leader ne traduisent pas nécessairement la reconnaissance de la personne pour ce qu'elle aurait déjà fait de bien à l'endroit du peuple (approbation de son action). Il peut s'agir d'une normale déférence à l'autorité, quand cela n'est pas le fruit de la propagande coercitive. Aussi faut-

---

cause des prescrits des lois, mais déjà conformément aux exigences logiques et morales de la rationalité politique. D'ailleurs une telle posture indiquerait que le prétendant n'aime pas le pays et ses citoyens et chercherait plutôt à faire mains basse sur les intérêts du pays, au détriment de la valorisation de la « liberté pour le bien » de la population. Quoiqu'il en soit, le critère principal pour prétendre à l'exercice du leadership n'est pas d'abord d'être l'enfant du propriétaire, même si cela doit signifier effectivement être enfant du pays. Ceci n'est qu'un des garde-fous mis par la loi (comme il peut y en avoir d'autres qui relèvent simplement du bon sens) pour maximiser les possibilités que les prétendants à cet office soient des gens qui aiment profondément le pays et s'investiront pour le bien non pas de leurs proches et de leurs chapelles mais de toute la population. A la rigueur des expressions et si cela n'était pas un prescrit de la loi, on pourrait même imaginer un cas de figure où un prétendant à la magistrature suprême ne répond pas au critère de « l'enfant du propriétaire » mais aime profondément le pays pour lequel il veut donner sa vie et travailler à la promotion du bien-être des enfants de l'épouse qu'il s'est choisi par amour et non par profit. En présentant ce cas de figure improbable, notre intention pédagogique est d'aider à hiérarchiser les critères d'éligibilité et non à faire considérer la République Démocratique du Congo comme un pays où tout peut réussir à n'importe qui, pourvu qu'il soit audacieux et chançard. Le faire peut ouvrir encore plus grande la porte aux convenances externes. Nous l'avons assez appris !

316 Dans nos traditions, le chef doit être respecté parce qu'il est autorité, même si concrètement il ne fait rien pour ses sujets. Pire, le sabotage de l'autorité établie, même s'il n'est qu'un vilain ennemi du peuple, peut porter la malédiction à l'ensemble de ses sujets.

317 Notre pratique de la religion a tendance à enfermer la compréhension du leadership dans des formules de validation de fait comme : « Toute autorité vient de Dieu » ou « Rendez à César ce qui est à César », et cela sans tenir compte des conditions concrètes d'accès au pouvoir ou d'exercice du pouvoir. C'est la conviction gratuite que tout accès au pouvoir est une bénédiction pour l'heureux promu. Par ailleurs, il existe encore aujourd'hui une tendance plus ou moins forte à la sacralisation, voire à la déification du Chef.

il savoir gré à la population qui offrirait, quand elle n'est pas trop instrumentalisée par la propagande et les intérêts de la classe politique, une preuve de tolérance politique : accepter l'autre dans son rôle officiel quand bien même on ne partagerait pas avec lui les mêmes opinions et qu'on récuserait sa manière d'agir et, tout en lui vouant le respect requis, être prêt à le sanctionner négativement s'il le faut et selon les règles de jeu démocratique afin d'ouvrir l'alternance. Ainsi, cet attachement qui se renouvelle dispose généralement le peuple à travailler avec « tout mari de la mère des enfants » légitimement arrivé au pouvoir.

Il en va tout autrement des leaders qui chercheraient plutôt à tirer profit de cette déférence et de cette tolérance politique du peuple, qu'ils confondent avec de la naïveté. Mais, puisque la notion du leadership est aujourd'hui parmi les plus étudiées, analysées et promues même en contexte congolais et cela pas seulement s'agissant du pouvoir politique, nous nous contenterons, dans les limites de cette incise indicative, de parler d'un aspect important qui lie le leadership non pas occasionnellement mais essentiellement à la promotion de la collectivité et, partant à celle des individus qui forment la collectivité. Il s'agit de la primauté du bien général sur le bien particulier du leader et de l'insertion du leadership dans la vision communautaire de la vie.

La déférence du peuple à l'égard de ses dirigeants ne permet pas d'imaginer un tant soit peu que le peuple puisse souhaiter ou tolérer que son chef croupisse dans la misère pendant qu'il dépense toute son énergie à chercher et trouver des solutions adéquates pour le bien de ceux qui l'ont choisi et lui ont délégué leur souveraineté native. Dans nos familles congolaises, nous faisons tous les jours l'expérience que c'est au chef de famille qu'est généralement réservé le meilleur morceau de viande quand les autres membres de la famille se contentent d'un petit morceau de poisson ordinaire ou d'un peu de *« mpondu »* (feuilles de manioc) ou simplement d'un peu de *« matembele »* (feuilles de patate douce). Dans nos villages, les têtes des poulets, des chèvres, des moutons et même des bœufs ne tombent qu'à quelques rares et exceptionnelles occasions. Mais quand un chef est dans les parages, elles tombent toujours, peu importe le prix à payer par la population pauvre pour honorer son hôte de marque.

Outre l'honneur de bien servir son chef, cette sollicitude tient en réalité de la conviction que, en étant hors de besoins, le chef disposera de tout son temps, son énergie, son intelligence et des moyens mis à sa disposition pour chercher le bien général de la population. Il ne faudrait pas que la promptitude à servir le chef, à la place de le libérer de toute nécessité, devienne un prétexte pour que ce dernier fasse plus attention à ses propres besoins, même les plus extravagants et superficiels, compromettant par le fait même la réalisation de sa mission-responsabilité primordiale, à savoir, la recherche du bien général et de ce qui est essentiel pour la vie de ses concitoyens.

Or, dans notre contexte où la décadence de la vie des citoyens est la note la plus accentuée de l'action des pouvoirs publics, ce qui semble le plus évolutif c'est l'augmentation des dotations des autorités. Aux sacrifices constamment exigés aux populations ne correspond pas une volonté ou préoccupation visible des autorités de les sortir définitivement du marasme, sauf peut-être en quelques actions sporadiques et spectaculaires, souvent faites pour la consommation extérieure ou à l'approche des échéances électorales. Lorsque le peuple est clochardisé, sous payé et même pas du tout payé, avec dans des cas extrêmes des retards de payement de plus de deux cents mois, pulvérisant tous les records imaginables en la matière, pendant que le gouvernement continue à engager des dépenses dites de souveraineté mais qui sont plutôt des dépenses de prestige tout à l'avantage des autorités, il se construit dans l'imaginaire collectif l'idée que l'Etat a beaucoup d'argent mais pas pour le bien du peuple. Cette perception se confirme lorsqu'on constate un engouement peu ordinaire à briguer des postes politiques tant par des personnes apparemment bien assises économiquement que par celles qui pensent sortir de la pauvreté par cette voie royale. Dans une situation normale, cela ne créerait pas un scandale, puisque l'ambition politique vient moins de ce que l'on a ou l'on veut avoir pour soi-même que de l'idée que l'on se fait du bien général, de la volonté qu'on exprime quant à ce et des moyens que l'on se donne pour l'atteindre. Cela n'est l'apanage ni des seuls riches ni des pauvres mais relève de la responsabilité éthique de toute personne qui se découvre la noble vocation de s'investir pour le bien général, même au prix des sacrifices personnels. Par contre, dans un contexte d'appauvrissement généralisé, cette motivation économique personnelle de l'engagement politique renforce la conviction de la permanence de l'Etat-providence, non plus au profit de tous les citoyens mais des seuls dirigeants.

C'est ce qu'il faut comprendre quand on entend dans nos rues : *« Politike eza' na mbongo »* (la politique fait des riches). Comment ne pas être tenté de le croire si, à titre illustratif, à l'approche des échéances électorales, certains candidats potentiels se découvrent subitement la vocation de mécènes ou de philanthropes à travers de petites initiatives ponctuelles mais médiatisées à outrance ?[318] D'autres n'ayant plus aucune idée précise de la situation dans leur milieu d'origine où ils n'ont ni maison, ni plantation, ni activité ordinaire de promotion sociale, remuent ciel et terre pour rompre avec

---

[318] Notamment par la production des pages spéciales dans les télévisions, radios et journaux pour montrer une distribution occasionnelle de nourriture dans un home de vieillard ou d'outils de travail et d'intrants valant de soutien aux Initiatives Locales de Développement.

leur identité de *« ticket ebunga »*[319] pour descendre finalement dans leur territoire d'origine, à la recherche d'un vote qui en feraient des honorables députés, sans doute avec l'intention, une fois élus, de s'octroyer des émoluments consistants (par rapport à leur voisin de rue) et moins de lutter pour l'instauration d'un barème salarial soutenable pour tous. Peut-être croient-ils que leurs émoluments et autres avantages suffisent pour à la fois récupérer ce qu'ils ont investi dans la campagne électorale, se taper un standing princier et rencontrer les préoccupations de leurs naïfs électeurs à qui ils auront promis monts et merveilles !

Puisque, logiquement, tous les citoyens ne peuvent accéder au même moment à ce leadership qui paye bien son homme mais renvoie le souverain primaire les mains vides, il se crée dans la tête des citoyens et contribuables une volonté de se désengager à soutenir l'action du gouvernement notamment en payant sans contrainte policière les impôts, taxes et autres redevances fiscales, à l'idée que ceux-ci tomberaient inévitablement entre les mains des prédateurs politiquement organisés. On se trouve alors dans l'impasse où l'Etat et le contribuable se renverraient la balle : l'Etat attend du contribuable ce qui lui permettrait de s'occuper du bien-être des citoyens alors que le contribuable désiste pour ne pas enrichir les poches des autorités tout en exigeant à l'Etat de s'occuper convenablement de tous les citoyens. Si une telle impasse devait se prolonger, cela ne peut l'être qu'en défaveur du simple citoyen. Car les gouvernants, gagnés à un leadership individualiste, trouvent toujours moyen de se servir copieusement dans les caisses dites vides du trésor public. Cela peut se traduire par l'aggravation de la dette publique et la détérioration des conditions de travail et de vie des citoyens. Devant cet état de choses, les politiciens se remettront en scelle et paraîtront comme les sauveurs de l'humanité, comme si tout le pays est appelé à vivre de leurs poches pleines : *« Toz'olia te »* (nous n'avons rien à manger), entend-on à longueur des journées au passage des grosses cylindrées de tous les *« apesa atala te »* (qui donnent sans compter). On stigmatisera bien sûr la fainéantise des populations, fainéantise attribuée à tort au communautarisme africain qui fabriquerait des parasites vivant aux dépens des autres. Mais on n'oubliera de se demander par quelle astuce quelques individus, fussent-ils président de la république, présidents des chambres des représentants, premier ministre,

[319] Les contraintes budgétaires, plus que l'inconscience, ont rendu beaucoup de personnes venues de l'intérieur du pays (pour étudier ou chercher la vie à Kinshasa) incapables de se payer un voyage retour dans leur milieu d'origine. Ce sont justement les *« ticket ebunga »*, comme on l'avait déjà chanté depuis la belle époque de l'indépendance : *« Ticket ebunga, ticket ebunga, nakoki kozonga mboka te o, ticket ebunga... Nakomi pauvre, nakomi pauvre... »* (N'ayant pas la possibilité de me payer le voyage retour, je ne peux plus rentrer chez moi au village... Je suis devenu pauvre...)

parlementaires, ministres ou PDG d'entreprises étatiques, peuvent prétendre faire vivre tout un pays avec leurs propres moyens[320].

Ce cercle vicieux est le produit d'une conception individualiste du leadership et la preuve d'un manque de civisme. Il ne peut être démantelé que par une volonté politique qui ne se réduit pas en une litanie d'intentions pieuses et démagogiques. Or, la volonté politique, avant d'être une catégorie politique, est une question éthique. Nous n'entendons pas le mettre en exergue ici. Nous aimerions plutôt comprendre le problème d'éthique politique qui sous-tend ce manque de volonté politique ou la limite dangereusement au point de réduire l'engagement politique à la recherche d'un leadership affaibli et corrompu par des préoccupations de positionnement personnel et maladroit. C'est en fait un problème fondamental d'éthique politique et même de morale tout court, qui a des applications dépassant le seul cadre restreint du leadership. Nous voulons l'évoquer sous l'angle du poids de la morale de situation (de nécessité présente) et de l'utilitarisme.

La conception individualiste du leadership naît de la nécessité dans un contexte des ventres creux qui n'ont point d'oreilles. En l'adoptant, on a peut-être la volonté (toute innocente) de résoudre un problème immédiat dans les strictes limites de la conjoncture. Mais on peut s'apercevoir qu'il n'y a pas de garantie que le résultat ainsi obtenu permette de dépasser le blocage qui a provoqué le recours à ce raccourci. Au contraire, cette solution intérimaire valable pour une conjoncture bien déterminée a tendance à se prolonger même au-delà de la conjoncture. La prétendue éthique situationnelle devient, par le jeu de l'habitude et de la facilité, l'éthique propre d'un milieu donné. Cela est encore plus vrai dans le cas où la situation de crise qui a suscité cette solution intérimaire ne se résout pas. Alors, au lieu de penser à corriger les solutions mises en place, on a plutôt tendance à prolonger les solutions qui se sont avérées inadéquates et improductives sur le plan global. Et, à chercher à les prolonger, ce sont justement ceux qui auraient émergé, individuellement ou en groupe très sélectif, grâce à ces solutions intérimaires. Viennent s'ajouter à cette catégorie de chanceux ceux qui envient cette émergence, oubliant ou ne se rendant pas compte que cette réussite n'a été possible pour ceux-là que grâce à la création des inégalités. Cette manie engendre inévitablement de l'opportunisme et rejoint, curieusement, ce qui semble être devenu une des

[320] C'est si vrai que le langage populaire, pour rigoler d'une personne qui prétend tout faire, dit carrément : *« Okomi nde Kabila ? »* (Traduisez : Pour qui te prends-tu, toi ? es-tu Kabila ?), comme on a pu attendre auparavant : *« Yo kaka Mobutu ko ! »* (Tu crois être si riche et puissant comme Mobutu !) . En d'autres termes, la fonction politique ne correspond plus à un service rendu à la population, elle devient la marque de la richesse : personne, croit-on alors, ne peut être plus riche qu'un président de la République !

caractéristiques de l'économie libérale, à savoir : toute accumulation des richesses a pour répondant ou est tributaire de l'aggravation de la pauvreté.

En République Démocratique du Congo, les preuves de la dégénérescence provenant de la persévérance opportuniste dans des choix occasionnels sont multiples. Nous nous contenterons ici de deux ou trois exemples très suggestifs.

Vers la fin de la Deuxième République et pour les besoins de sa cause (le soutien à son pouvoir vacillant), le président Mobutu a favorisé la création des sectes et églises indépendantes pour, entre autres, contrecarrer la superpuissance de l'Eglise catholique qui s'était prononcée non pas en faveur de l'opposition mais de la volonté de changement affichée par le peuple. Bien que la suite ait démontré que toutes ces sectes et églises ne l'auront pas suivi, les protagonistes qui ont fait de bonnes affaires dans ces églises-boutiques à la recherche d'un Dieu « secouriste » ont fait des émules[321]. Ceux-ci ont continué, à leur tour, à faire de bonnes affaires, sans que les nombreux adeptes pris dans le jeu et au piège d'un bonheur facile ne se rendent compte du changement substantiel de leur vie. La misère quant à elle continue de plus belle, mais désormais était née une espèce de « nouvelle valeur ». Partie pour donner une réponse conjoncturelle, cette « valeur » semble s'être fortement installée dans le panorama de la vie congolaise alors que le bonheur immédiat qu'on entendait cueillir se fait toujours attendre.

Il en est de même à propos de l'éducation. En effet, pour éviter des années blanches interminables et sauver l'avenir des milliers d'enfants, avenir hypothéqué par un enseignement au rabais dû au manque de motivation d'un corps enseignant impayé et socialement ridiculisé, des responsables de l'Eglise catholique ont soutenu comme alternative la prise en charge des enseignants par les parents à travers le système du payement des frais de motivation. Aujourd'hui, soit presque vingt-cinq ans par après, ce système provisoire est devenu une véritable institution reconnue par les gouvernements successifs qui, non seulement l'ont repris dans des circulaires sur l'enseignement, mais en profiteraient aussi. Le système éducatif congolais, quant à lui, ne semble pas du tout s'être relevé. Bien au contraire, la très volontariste perspective de la campagne « Ecole catholique debout » a dégénérée en un mercantilisme scolaire et même académique dont les grands bénéficiaires ne sont ni les élèves et étudiants, ni leurs parents et la nation,

[321] On les appelle à Kinshasa des églises « ligablo » (en comparaison aux petites boutiques ou maisons de commerce qui permettent aux Kinois de se débrouiller pour vivre). Dans ces ligablo, on prêche un Dieu « quado » qui sert le temps où l'on en a besoin, un peu comme le chauffeur va chez le réparateur des pneus juste le temps de réparer un pneu de la voiture dégonflé ou pour un quelconque dépannage rapide. Voir la chanson de l'Abbé Cola Lubambu : *Nzambe ya solo, azali Nzambe ya quado te, oyo tokolukaka soki pneu etoboki*...

mais les bienheureux promoteurs d'écoles, d'universités et instituts supérieurs. Dans quelques grandes villes du pays, les écoles privées sont devenues aujourd'hui de très performantes entreprises, à la différence que cette performance se dit en termes de recettes financières et non d'atteinte des objectifs éducationnels, malgré les 100% de réussite aux examens d'Etat et les très solennelles et somptueuses collations de grades académiques. Au moment où le gouvernement remet en selle l'école gratuite au niveau de l'enseignement de base pour respecter la Constitution du pays, à la grande joie des parents et des enfants, une grosse polémique s'enfle. Elle met en balance le refus catégorique de ceux qui, moins nombreux, ont tiré profit de cette solution conjoncturelle non pas en terme de rendement scolaire mais de plus-value salariale (les enseignants) ou financiers (les promoteurs d'écoles).

Enfin et pour en retourner plus directement à la politique, illustrons l'incidence de cette conception du leadership dans ce que nous avons appelé plus haut la grande tricherie électorale en 2006. Nous rappelons que cette tricherie a consisté d'abord à faire voter non pas sur base d'un fichier électoral établi en bonne et due forme à la suite d'un recensement de la population mais sur base d'inscription aux rôles électoraux, et ensuite à intervertir l'ordre des scrutins pour commencer par les élections présidentielle et législative (niveau national). Cela se fait dans un contexte culturel de déférence naturelle à l'autorité établie. Une fois élue, l'autorité nationale (ici le président de la république) s'offre sans trop de peines les échelons subalternes. Cette tricherie semble avoir donné des idées à tous les acteurs politiques, ceux du pouvoir comme ceux de l'opposition. En effet, personne ne semble avoir tenu compte des ratés de l'élection advenue pour exiger que le pays se donne, dans les cinq années de la nouvelle législation, les moyens de constituer un fichier électoral selon les règles. Bien plus, les bénéficiaires du système consacré par la loi électorale en 2006 ont réédité plus facilement leur exploit en 2011, tout en s'efforçant de reprendre du poil à la bête après un actif de gestion qui n'aura pas été que positif. En effet, non seulement on a proposé en 2011 de maintenir la même irrégularité de forme (commencer par l'élection présidentielle) mais on a radicalisé le processus en modifiant la loi électorale afin de ramener l'élection présidentielle à un seul tour. Ce qui peut être suicidaire en cette période d'apprentissage démocratique, car si un candidat gagnait au premier tour par une majorité absolue, cela donnerait directement à croire, à tort ou à raison, à une fraude à grande échelle. Si, par contre le gagnant au scrutin unique l'emportait avec une simple majorité relative, cette victoire moins nette ne crédibiliserait pas son pouvoir et les institutions qui en seraient issues. Dans tous les cas, cette approche du leadership construite sur fond de tricherie ne fait qu'enfoncer les portes déjà trop ouvertes de la contestation et de la crise de légitimité en République Démocratique du Congo. Le problème s'aggrave lorsque, comme il est désormais facile de se le représenter, on va chercher à profiter de ces solutions opportunistes pour imposer la loi de cette éthique politique situationnelle en théorisant ce qui est en fait un déficit de démocratie en un réalisme politique maladroit, au nom duquel les politiciens continueront à tirer la couverture de leur côté aux dépens de la souffrance exponentielle du peuple. Cette descente aux enfers pourra continuer même lorsqu'on atteindra le cap d'un pays émergent. Car, dans l'ordre de l'économie libérale, rien ne garantit que l'atteinte du niveau de pays émergent signifie par le fait même la fin de la descente aux enfers des populations pauvres, le hiatus entre l'économique et le social étant ce qu'il y a de plus constant. Les situations en Afrique du Sud, au Brésil ou en Inde sont suffisamment éloquentes ! Pour le cas de la République Démocratique du Congo, un rapport du FMI de l'année 2015 parle de 82% de la population congolaise vivant sous le seuil du niveau de pauvreté alors que le pays a enregistré des performances au niveau de sa croissance économique.

Voilà jusqu'où peut conduire la morale de situation et l'utilitarisme au service de la politique et de n'importe quel domaine de l'action sociale. Elle aboutit au renforcement des positions singulières, à la place de développer une politique qui construit de bas en haut et non seulement par le haut. Ce qui ne peut d'ailleurs pas aller et conduit d'impasses en cercles vicieux. Et les grands perdants, ce seront toujours les petits et les populations. Que donc les circonstances particulières puissent contribuer à qualifier les actes, à comprendre les compromissions, à les excuser et parfois à les tolérer, cela fait partie de la réalité de la vie des hommes, réalité qui n'est jamais linéaire mais souvent remplie de méandres. De là à conclure que ces méandres de la vie doivent définitivement qualifier la nature et les objectifs des actions concoctées par les dirigeants, c'est annuler toute chance des plus faibles de prétendre à la dignité. Ce qui permet d'affirmer sans risque d'exagérer qu'en République Démocratique du Congo on ne résout pas les problèmes (en les transformant en défis et en mettant en place des stratégies de sortie de crise) mais on s'adapte au mal (en trouvant des solutions de substitution pour persévérer dans le mal et faire comme si le mal était devenu un bien). Il y a de quoi perdre son latin !

Pour éviter ce désappointement en matière de gestion du leadership, plusieurs voies nos exclusives mais convergentes peuvent être scrutées. Puisque nous ne prétendons dans notre réflexion à aucune exhaustivité ni d'analyse ni de proposition des solutions, nous voulons explorer la voie qui rentre dans le cadre de consolidation du leadership dans le contexte d'une vision communautaire de la vie.

La vision négro-africaine du monde se caractérise par l'unité de vie, la participation et la communion. C'est elle qui justifie que l'esprit communautaire est une valeur fondamentale, non pas comme simple conséquence de la socialisation, ni de la capacité d'entrer en relation avec autrui, mais comme une communion faisant de la personne un « être-avec », c'est-à-dire un être proprement soi-même dans la communion avec toute la nature et tout le cosmos. Si, dans l'immédiateté de l'expérience de vie, c'est la famille qui est l'institution de base rendant visible cet esprit communautaire, au sens profond et non moins réel, la famille négro-africaine déborde la réalité tribale et ethnique, et même la communion humaine, pour se déployer comme une communion cosmique et totalité de l'histoire. La cohésion qu'il faut toujours rechercher pour rendre visible cette communion tient d'une mission spécifique, à savoir, la croissance de la vie. Cela se réalise concrètement par la pratique de la solidarité. Sur tous les plans, donc, la grande mission de la communauté humaine pour réussir la croissance de la vie ne peut être entreprise, selon toutes les exigences requises, que par la pratique de la solidarité.

Sur le plan politique, cette exigence de solidarité dans l'exercice du leadership prend un relief qui ne saurait par conséquent être qu'un leadership de communion. Mais avant toute chose et conformément aux exigences de la vision négro-africaine du monde, le détenteur du leadership ou de toute portion d'autorité est invité à partager la conviction de la primauté de la société sur l'individu. Si cela est vrai pour tous les membres de la société, il l'est encore plus pour le chef. Son investiture présidée par les représentants du peuple le dispose entièrement au service de toute la collectivité et non plus de sa propre famille biologique ni de ses intérêts privés. Chez les Kuba, ce détachement de la famille biologique est concrètement signifié par le mariage du candidat à l'investiture avec une de ses cousines. En brisant cet interdit d'inceste, le chef choisi fait éclater le lien trop étroit qui en faisait un membre exclusif de sa famille directe et se dispose à traiter tous ses sujets avec la même bienveillance. Dans le contexte d'une civilisation de l'oralité où les symboles jouent aussi un rôle de validation de la vision du monde, cet exemple du rite d'investiture du Mwami des Kuba joue en fait le rôle de garant ou socle de la gouvernance, rôle qui ne devrait pas être difficile à transférer aujourd'hui, dans le contexte de l'adoption de la civilisation écrite, aux textes légaux sur l'organisation du pouvoir. Aussi devrait-il facilement consacrer la communion et la participation comme fondement de la gouvernance et l'obligation (constitutionnelle) du chef de les promouvoir avec plus de force que ne le faisaient paroles et rites dans notre tradition.

En d'autres termes, la compréhension et la conviction que le leader se fait de son rôle doivent être vraiment éloignés d'une vision « déifiante et mystifiante » c'est-à-dire d'une montée acrobatique et presque miraculeuse d'un demi dieu atteignant par ses propres forces ou à l'aide des forces occultes les cimes les plus redoutables qui le rendent éternel. L'accès au leadership ne doit donc pas être perçu comme une réussite sociale personnelle du leader, si par réussite on entend l'acquisition d'un bien-être personnel. Cette vision doit plutôt être « ascensionnelle », c'est-à-dire qui élève le niveau de vie de ceux qui ont délégué au leader leur souveraineté native et dont le leader a désormais la responsabilité. Aussi la réussite d'un leader ne peut être comparable à la joie d'un riche additionnant maisons et propriétés, rendant florissantes ses entreprises et célébrant l'augmentation de ses avoirs bancaires ainsi que de son chiffre d'affaires. Cette réussite se lit en termes de relèvement du niveau et des conditions de vie de ses pairs, mais aussi de mise en place d'un mécanisme assurant la continuité de la croissance même après lui.

Si le leader comprend son rôle, il comprendra aussi que dans l'accomplissement de ce rôle, il n'est pas seul. Sa personnalité est en réalité un corps de personnes. Dans le proverbe ekonda « le Chef qui n'a pas de pieds a le pouvoir suspendu sur un pilier de sa maison », le terme « pieds » désigne les collaborateurs du chef : ceux qui le transportent dans ses déplacements officiels, mais aussi ceux qui lui tiennent au courant de tout dans son territoire comme au dehors et avec qui il analyse les événements en vue du bien de ses sujets, et enfin ceux par qui il fait connaître ses volontés et ses ordres. Donc, le pouvoir[322] n'existe réellement que grâce à la participation de la communauté. Sans cette participation, il est simplement « suspendu » (c'est-à-dire inopérant) au lieu d'être « porté » (c'est-à-dire réellement en acte). C'est ce que signifie symboliquement l'accrochage de la plaque médaillée sur la couronne du chef au moment où il est porté par ses « pieds » : l'essence du pouvoir pour le bien de tous est d'être partagé.

Cela permet de dire que le partage du pouvoir n'est pas une concession du chef en faveur de ses collaborateurs potentiels, concession qui se ferait soit par la contrainte légale (comme en cas de cohabitation), soit par la volonté personnelle du chef magnanime et longanime. Mais il en va ainsi de par la nature même du pouvoir. L'aspect coercitif n'est en réalité qu'une traduction plus ou moins opportune de la valeur ici rendue par le symbole (collaboration dans la gestion du pouvoir)[323]. Bien plus, il s'agit d'un partage des responsabilités et non d'un partage du gâteau entre le chef et « ses pieds ». S'il faut parler en termes partage du gâteau, cela se rapporterait au bien général que le peuple tout entier est en droit d'attendre de l'action du chef et de « ses pieds ».

Certes, tout travailleur mérite un salaire. Voilà pourquoi personne n'accepterait qu'un chef meure de faim ou manque du plus que nécessaire, même en cas de grave pénurie ou de grande crise. Que celui qui travaille ait droit à une part, ce n'est que logique et justice faite dans une culture où, en principe, même ceux qui ne peuvent travailler (notamment les vieux et les

---

[322] Symbolisé par la médaille (plaque métallique brillante), *lopandja*, accrochée au-devant de la couronne du Chef traditionnel ekonda.

[323] En d'autres termes, si on peut trouver caduques les symboles du pouvoir et les types de coercition qui le signifie, l'esprit humain devrait trouver les moyens d'actualiser significativement la valeur en cause.

malades, et même les fainéants et les parasites) sont l'objet de l'attention de la collectivité. Mais que la récompense faite aux « pieds du chef » soit meilleure, ce n'est point un droit exigible, c'est une sorte d'excroissance ou d'avantage découlant de la déférence au chef.

On en sort avec une belle leçon d'équité et de justice distributive dans la répartition des quotes-parts entre la hiérarchie, l'administration et le citoyen ordinaire. La justice distributive suppose que soit vérifiable le fruit ou résultat d'un travail qui a impliqué tout le monde et que l'on doit distribuer équitablement à tout le monde. Mais il ne faudrait pas que ce « gâteau n'appartenant exclusivement à personne » passe pour le bien qu'un « ramasseur » s'approprierait au détriment de tous. En vertu de la déférence au chef, le peuple ne s'attend même pas à une distributivité au centime près. Cependant, le fait que les « pieds du chef » reçoivent les pattes du poulet du chef signifie que l'administration et, par extension, tous les corps constitués participent de la quote-part du chef qu'il devrait se partager. L'autre quotité revient au commun des citoyens pour qui le chef et ses « pieds » travaillent. Dans nos systèmes, on a l'impression que non seulement la hiérarchie et l'administration reçoivent deux quotes-parts distinctes et se taillent la part du lion, mais aussi que c'est seulement après s'être copieusement servies qu'elles pensent au peuple. Puisque nous sommes généralement à cours de moyens, il arrive fréquemment des ruptures de stocks avant que les petits fonctionnaires soient servis. C'est alors qu'on leur demande de consentir des sacrifices et d'être des patriotes. On ne peut alors s'étonner que, pour prévenir ces fallacieux prétextes de bienséance, les fonctionnaires et le peuple d'en bas semblent avoir pris l'habitude de se servir avant la quantification de leur quote-part (qui n'arrivera peut-être pas ou qui est de toutes les façons insignifiante), en prétextant que l'homme vit là où il travaille, comme si c'était là une vérité morale[324].

Cette approche revisitée du leadership africain que nous proposons permet de recueillir en amont les fondements de la gestion des personnes, à savoir, l'unité de vie, la participation et la communion, traduisibles en

[324] Dicton lingala : *« Moto abikaka esika asalaka »*. La proposition « l'homme vit là où il travaille » contient un glissement dangereux de sens par rapport à la forme originelle : « l'homme vit de son travail » (*Moto abikaka na mosala mwa ye »*). En effet, si l'expression « l'homme vit de son travail » est un principe motivant qui illustre la nécessité vitale du travail (autres formes motivantes en lingala : *« Mosala ezali lobiko »*, le travail c'est la vie et *« Mosala ezali tata, mama »*, le travail est comme ton père et ta mère), la proposition « l'homme vit là où il travaille » est un énoncé justificatif en situation de crise, qui contribue à exonérer la conscience. Ainsi, à défaut de vivre de ce qu'on gagne honnêtement par son travail, on se contente de vivre avec tout ce que l'on pourrait glaner dans son milieu de travail, même sans tenir compte de la qualité morale des moyens que l'on utilise pour se servir (par exemple : le vol, l'usurpation…).

objectifs par l'homme dans sa mission d'entretenir la vie. En aval, elle dévoile les fondements d'une justice sociale distributive en vertu de laquelle le sort du commun des citoyens ne sera jamais fixé en fonction des miettes que laisseraient les oligarques et les hiérarques, disons simplement les politiciens. Et la répartition se fera avec d'autant plus d'entrain que le débat et la confrontation en vue de réaliser le bien général sont inscrits en lettres d'or dans structure sociopolitique du peuple (avec toutes ses composantes) et du leadership (le chef avec toute son administration, les « pieds du chef »). Car, contrairement aux idées reçues, l'unanimisme et l'unilatéralisme ne sont pas des caractéristiques d'une gestion du pouvoir typiquement africain (ce sont des déviations possibles), pendant que le vrai consensus ne repose pas sur des personnes ni sur la cooptation des opinions sélectives et minoritaires, mais sur une rigoureuse référence aux principes à partir de la vision du monde[325].

Une juste compréhension du leadership africain fait donc entrevoir l'adaptabilité des systèmes politiques en vigueur et même la possibilité de soutenir l'alternance, afin de toujours mieux s'approcher de l'idéal de la communauté. C'est au nom de cette adaptabilité et de cette possibilité d'alternance que le détenteur du courant vital (le pouvoir) acceptera de s'effacer lorsqu'il s'avère qu'il n'est pas ou plus capable de conduire la communauté conformément aux caractéristiques fondamentales de la vie, aux objectifs et à la mission qu'on lui a assignés. Dans certains cas, puisque le chef représente la force vitale invincible à qui on doit toujours faire déférence de par son investiture, si sa mort semble être comme une dépossession de cette force pouvant entraîner un déséquilibre dans la poursuite de la mission de vitalisation de la communauté, son entourage était chargé de l'achever, de le tuer. Il s'agit en réalité de lui « reprendre symboliquement le souffle de la vie » au cas où il devenait incapable de la transmettre dans un rite conventionnel de remise et reprise des insignes du pouvoir avant qu'il ne l'emporte avec lui dans l'outre-tombe[326]. Et, en vue d'une succession ou d'une

---

325 Cf. E. NYAMBAL, *Afrique : quels changements après la faillite ?*, Ivry-sur-Seine, Editions Nouvelles du Sud, 1994, p. 20.

326 C'était notamment le cas dans la culture des Ekonda. Si le chef ou le notable agonisant n'avait plus la force de parler pour bénir et transmettre à son successeur le panier magique (le *mbango* ou le *lokoto*) du clan reçu des ancêtres ainsi que les symboles de la force, de la richesse et du travail du clan, la tradition prévoyait de lui « reprendre symboliquement le souffle ». Il ne s'agit pas à proprement parler de mettre fin à la vie du Chef ou du notable, ni d'alléger ses souffrances en le tuant (euthanasie), mais de récupérer la vie du clan ou de la famille que son autorité représente. Cf. N. VAN EVERBROECK, *op. cit.*, pp. 133 et 267. Ce n'est pas que nous recommandions l'élimination même physique de ceux qui feraient perdre au peuple la possibilité de tendre vers la pleine réalisation de son destinée. Sur le plan de la matérialité, c'est évidemment une pratique et une solution aujourd'hui surannées. Mais la philosophie de la culture qui entrevoyait cette solution exprime plutôt la nécessité vitale de ne jamais donner lieu à l'extinction du souffle de vie de la communauté et de s'y prendre

alternance fructueuse, la communauté avait la tâche de construire la personnalité de ceux à qui pouvaient échoir la responsabilité de conduire la communauté. C'est dire que le leadership ne s'obtient pas par génération spontanée. S'il est vrai qu'on devient forgeron en forgeant, ce que l'on attend d'un leader ce n'est pas seulement de faire le leader mais d'être un bon leader, quitte à se perfectionner dans l'exercice du leadership. Pour cela, il faut certes avoir des dispositions et des aptitudes, mais celles-ci ne rendent pas du tout vaines la préparation et la formation. Et toute cette démarche éminemment communautaire se fait dans « le respect de l'homme en tant que personne et personnalité, avec ses droits, libertés fondamentales et biens privés au lieu d'être un système sociopolitique coercitif »[327].

Il est donc souhaitable que chaque membre de la communauté, prenant conscience de son rôle irremplaçable, apporte sa contribution pour que la synergie crée l'union. Cette union peut naître de deux façons qui ne sont pas interchangeables ni par rapport aux motivations ni par rapport aux conséquences éventuelles : par conquête ou soumission et par vraie union des forces.

La première façon est une méthode de conquête ou de soumission : le leader ou la personne prétendue tel s'impose sur un groupe en gestation ou sur une communauté en recomposition. Il y imprime sa marque soit en imposant ses vues qui deviennent en quelque sorte des options du groupe, soit en fédérant les vues et les intérêts du groupe. Cette optique peut effectivement porter à une union défendable par les membres du groupe. Mais on ne devrait pas s'étonner que dans ce cas, le leadership apparaisse comme l'instance de mise en application de la volonté du leader considéré alors comme l'homme à tout faire et pratiquement le propriétaire du groupe. Dans un contexte de recomposition des communautés, après le chambardement de l'ordre traditionnel, et pour marier la communauté avec une nouvelle économie politique née de la transmutation de l'ordre colonial au lendemain des indépendances politiques africaines, les pays africains ont souvent reproduit de telles figures. Et leur disparition ou éviction a souvent entraîné la désintégration de l'ordre politique qu'elles incarnaient. Il ne s'agit ni plus ni moins que d'un leadership individualiste pour le fonctionnement duquel le leader apparaît à la fois comme le législateur, le gouvernant, et le juge, jusqu'à

à temps pour qu'elle continue de manière ininterrompue à faire respirer la société. Aujourd'hui, des voies démocratiques et respectueuses de la dignité de toute personne peuvent se charger d'organiser cela, toujours en vue du bien général de la population et non, comme c'est souvent le cas en Afrique, dans l'intérêt des hiérarques et oligarques souvent sous la coupole protectrice des convenances externes.

[327] MBOLOKALA Imbuli, *La thérapeutique philosophique : mythe ou réalité?*, Kinshasa, FCK, 1996, p. 89.

se faire même la seule opinion non seulement valable mais aussi autorisée et admissible :

- Comme législateur, il y a la tentative régulière de cogner les lois – même la loi fondamentale– selon les goûts du leader et parfois pour accommoder la coexistence entre deux leaders ;
- Comme gouvernant : il s'agit souvent d'un pouvoir fort et centralisé, faisant de tous les associés ou affiliés de simples répétiteurs-arrangeurs des ordres et désidératas du leader ;
- Comme juge : il s'agit de l'insistance sur la figure surannée du Président comme « Magistrat Suprême », lui-même au-dessus de la loi ;
- L'unicité de l'opinion se traduit notamment par le musellement de la presse et des oppositions.

La République Démocratique du Congo a particulièrement connu cette période des Présidents fondateurs et Guides suprêmes, des leaders maximo, des soldats du peuple, sauveurs de la patrie et pacificateurs. Dans ce contexte, l'exercice du pouvoir rime avec les individualités. Et si le désir d'un pouvoir fort correspond à la promotion de la conception individualiste du leadership, nous savons déjà quel peut être à terme le résultat pour la vie de la nation. Ce ne sera pas certainement la promotion de la synergie qui crée l'union.

La deuxième méthode de créer l'union est celle d'une véritable union des forces. Il ne s'agit pas ici d'un individu puissant qui s'agrège les membres du groupe pour en faire une force, mais de la conjugaison des forces en présence pour en faire une union. Dans ce contexte, chaque membre de la communauté est à considérer comme une force sur laquelle on peut compter. A défaut d'un repérage facile de ces forces, le rôle du leader consiste à promouvoir des forces qui vont renforcer l'union, de peur que la faiblesse de certains membres ne tire l'union vers le bas. Il y a un double travail en perspective pour le leader : faire confiance et promouvoir des individualités qui se reconnaissent dans la cause de la communauté. Cette vision corporative du leadership est susceptible d'intégrer l'esprit communautaire africain. Car ici, l'individu n'apparaît pas comme une monade obligée de composer avec la collectivité pour mieux garantir son propre épanouissement, même si cela peut parfois entraîner l'épanouissement de la collectivité dont il peut, malheureusement, dirions-nous, se défaire sans compromettre son propre épanouissement. En effet, lorsque le processus de socialisation est fait pour le bien d'un individu, ce dernier peut toujours s'en défaire s'il croit possible de trouver une autre voie pour arriver à se construire. Par contre, lorsque tout est fait pour le bien de la collectivité et que chaque individu est motivé quant à ce, cela ne peut qu'entraîner l'épanouissement de tous et de chacun, sans que cela signifie nécessairement un nivellement vers le bas de la collectivité.

Aujourd'hui, cependant, après les déboires des cinquante premières années des indépendances africaines et la remise en question du processus de modernisation par des faits sans précédent au sein même du monde occidental qui l'a longtemps promu comme un processus de rentabilisation économique, le nouveau leadership à envisager pour l'Afrique (et pour le monde en général) doit pratiquement inventer l'avenir sans trop se greffer sur des modèles qui se sont avérés inopérants pour nous ou qui ont conduit le monde à l'impasse actuelle. S'agissant du contexte africain, le cheminement vers le développement s'est focalisé sur un concept en contradiction avec le modèle de développement qui nous était proposé dans notre envie de copier la modernité occidentale. En effet, fort de son identité multiséculaire et parce que déjà sortie de la phase historique du sous-développement avant même de se lancer à la conquête des mondes, l'Europe a cadré sa modernité dans un processus de libération de l'individu de la morale de la société pour soutenir avec Hobbes que tout dans l'homme est mû par l'égoïsme (*selfishness*) ou, plus subtilement, pour professer avec B. Mandeville qu'il faut un habile maniement pour changer les vices privés en bienfaits publics[328]. Curieusement, quand l'Afrique indépendante entame sa modernisation, ce qui fait la force de ses revendications c'est son identité culturelle, alors que, avec la traite négrière et la saignée de la colonisation, elle n'a pu entamer le processus de dépassement de la phase du sous-développement dans la même compréhension qu'en avait l'Occident. Nous ne voulons pas par-là insinuer que l'Afrique a mal fait de vouloir retrouver son identité culturelle. Mais il aurait fallu alors aux leaders africains plus de perspicacité pour se rendre compte que, en ce moment-là déjà, leurs maîtres à penser occidentaux avaient pratiquement fini de formater dans leur système économico-politique le processus de la désintoxication morale, en cours depuis le 17e siècle, de cette morale qui était la base de leur identité culturelle. Ainsi, en voulant à la fois retrouver leur identité et se lancer dans le développement de l'Afrique, ils voulaient en réalité une chose et son contraire. Cela ne pouvait que conduire au mal développement.

Aujourd'hui, ce créneau paraît même de plus en plus volatile. En effet, si hier il suffisait d'être indépendant pour intégrer l'OUA, l'indépendance politique faisant du pays une « force » dans le concert des Nations africaines, aujourd'hui cela ne semble avoir plus rien à apporter à la consolidation de

---

[328] Cf. B. MANDEVILLE, *La fable des abeilles, ou les Fripons devenus honnêtes*, (1740), Paris, Vrin, 1991, p. 382. Le génial précurseur d'A. Smith, fondateur de l'économie politique et du libéralisme de soutenir : « Un pays puissant ne peut subsister sans les vices qui n'en demeurent pas moins des vices ». ID. *An Enquiry into the Origin of Honour and the usefulness of Christianity in War*, (1732), Londres, 1971.

l'UA ou en tout cas très peu de chose. Bien plus, et la crise aidant, les pays africains ont du mal à s'affirmer comme Etats dignes pour que la crédibilité des Etats singuliers renforce celle de l'Union. De son côté, l'UA n'a pas non plus la possibilité de renforcer les capacités des Etats singuliers. Ce qui est sûr dans ce contexte, c'est que la faiblesse des Etats singuliers affaiblit davantage l'Union qui se contenterait d'un rôle protocolaire et de syndicat pour la défense des intérêts des leaders africains (ici les Chefs d'Etat) et non de promouvoir un leadership nouveau.

Le temps semble pourtant mûr pour que l'Afrique assume sa destinée. Car, en étant parvenu à consacrer le libéralisme comme la seule gouvernance économique possible et l'économie comme la seule culture possible, l'Occident semble aujourd'hui avoir atteint le faîte de sa montée. Il ne semble plus se mouvoir que d'arrangement en compromis sans proposition réformiste substantielle. Bien plus, après avoir élevé le vice au rang de la vertu politique, il est compréhensible que l'Occident n'ait pas envie de se dédouaner en prétendant qu'il s'est trompé ; en foi de quoi il s'engage résolument dans la compromission. Une nouvelle gouvernance politique et économique ne naîtra probablement plus de l'Occident dans les premiers temps de ce nouveau millénaire, après des loyaux services qu'il a rendu à l'humanité. Pour autant, ce n'est pas la fin du prométhéisme car il n'est pas une culture mais un esprit pouvant embrasser toute culture. L'Afrique pourrait-elle être désormais capable de prendre le relais pour le bien de l'humanité ? Elle dispose en tout cas de deux atouts qui la rendent compétitive à ce challenge du leadership. D'un point de vue apparemment négatif, elle n'a jamais réussi à domestiquer comme il se devait la vision du développement ou de la modernité qu'on lui avait imposée et tout ce qui en elle a résisté à cette culture envahissante n'est pas nécessairement mauvais. C'est notamment le cas de l'esprit communautaire et de la culture de la vie. D'un point de vue positif, elle est parvenue à domestiquer la culture occidentale au point d'en faire une partie d'elle-même. C'est au moins la garantie que, avec l'Afrique, tout le substrat culturel occidental ne risque pas de se perdre comme il en a été le cas pour elle-même à partir du 15e siècle. L'Afrique demeure donc une terre d'ouverture pour le bien de l'humanité. Cependant, sur cette question de la succession de l'Occident en phase de décroissance sur le leadership mondial, le continent asiatique semble avoir marqué des points incontestables là où l'Afrique ne fait que maquer les pas. Mais, le monde va-t-il se reformer pour qu'advienne enfin la civilisation planétaire de l'amour ou est-ce simplement le pouvoir de tutelle qui va changer de main ?

Enfin, la mondialisation est devenue un phénomène incontournable mais elle souffre d'un manque de visage humain, visage que ne saurait aujourd'hui lui donner la culture occidentale qui a pratiquement réduit l'homme à un jouisseur d'un bonheur économique, alors qu'il est plutôt la valeur irremplaçable parmi les créatures.

Avec toutes ces élucubrations, nous semblons curieusement rejoindre les prédictions de plus d'un prophète affirmant que l'Afrique, et même particulièrement la République Démocratique du Congo, est désormais la terre choisie par Dieu pour libérer l'humanité de toutes les servilités en acte en ces débuts du 3e millénaire. Pourquoi pas, si cela peut être une façon de galvaniser les consciences africaines et congolaises, en vue de croire que rien n'est encore complètement perdu mais que tout peut encore être joué, non seulement pour nous-mêmes mais aussi pour toute l'humanité. Et en cela, ce n'est pas le nombre qui compte, ni les préjugés d'hier et de toujours, il faut de la volonté et de la détermination pour sauver le monde et nous avec, tout en ménageant les moyens de notre action. Mais, à condition de ne pas croire que cela se fera comme par une baguette magique ou plutôt par une baguette miraculeuse ! Car, ce qui est sûr, c'est que les choses doivent changer en mieux dans le monde si l'on ne veut pas précipiter la fin de l'Histoire. Ce qui est peut-être sûr, c'est que l'Occident a fait son temps comme toute œuvre atteignant son apothéose. Ce qui est probablement possible, c'est que l'Afrique puisse prétendre, elle aussi, à ce rôle. Mais en réalité, ce qui est très sûr, c'est que si quelque chose doit changer dans ce monde, il ne le sera pas par des extraterrestres mais toujours par des hommes et femmes de ce monde mondialisé et ce seront toujours les hommes et les femmes de ce monde à s'avertir de la nécessité du renouveau et à s'employer à convertir cette espérance en une réalité concrète, peu importe la couleur de leur peau, le continent ou le pays de leur provenance. L'Afrique peut y postuler, non pas tellement parce que ce serait son tour mais parce qu'elle possède l'assurance d'une alternative de gestion qui, bien revisitée, se démarque d'une conception individualiste du leadership dont elle contourne le jeu agressif. Cette alternative s'inspire plutôt d'un mécanisme d'agencement d'un corps, le monde comme village planétaire, et d'un atout de civilisation propre à l'homme vraiment homme, la civilisation de l'universel et de l'amour, son credo étant : guérir toute la société pour mieux guérir tout l'homme, selon la vision de l'oubliée Sombe Marie, alias Maria Nkoy.

Tous les éléments effleurés ici guident vers une personnalité atypique, que nous désignons avec le terme lingala « bomoto ».

3.2.2.6. *« Bomoto »* ou la personnalité par-delà le droit et le devoir

Le légitime combat pour la liberté et la dignité de l'homme a fait naître une grande sensibilité pour la défense des droits de l'homme. Malheureusement, cela s'est souvent fait au détriment de la promotion des devoirs à accomplir. Les devoirs ayant été perçus en contexte de domination comme des corvées obligatoires à exécuter par les dominés, la quête de la liberté a pris les contours d'une libération des contraintes du travail. C'est comme si pour être libre, il ne fallait pas du tout travailler et la personnalité de quelqu'un se gagnait à force de ne rien faire. Depuis, nous avons appris à nos dépens que cela n'était absolument pas vrai. Mais, la demande aujourd'hui pour réaliser la construction de la République Démocratique du Congo dépasse de loin l'équilibre précaire, bien que nécessaire, entre les droits et les devoirs, pour postuler un rapport constitutif avec la perfection ou la perfectibilité de la personne comme la notion de « *Bomoto* » le laisse entrevoir.

En effet, dans le parler congolais ordinaire et pour des raisons évidentes de l'expérience courante qui montre que les bien nantis ne sont pas nécessairement les meilleurs, la notion française de personnalité se rapporte plus à ce que l'homme est devenu à la suite de l'acquisition de ce qui en réalité correspond à des attributs de la personnalité intégrale. La notion lingala de « *Bomoto* » rend par contre ce qui fait l'homme, ce qui le constitue ou, négativement, ce sans quoi on ne peut être considéré comme un vrai homme. Le point de rencontre des deux notions, qui crée une certaine égalité ou correspondance des deux, c'est la qualification. S'il est normal que ce qui est constitutif qualifie la personne, il s'avère aussi qu'un attribut peut la qualifier. Mais, en réalité, un attribut ne qualifie que dans la mesure où il postule que ce que l'homme est devenu suggère au moins que ce dernier se comporte conformément à ce qui fait l'homme, car, dit une expression française, « noblesse oblige ». C'est justement là une vision qui ne semble plus tout à fait correspondre à l'entendement que l'on se fait aujourd'hui de la personnalité. Car, lorsque la personnalité est liée à un attribut, l'arriviste croit que le fait d'être en possession de cet attribut de la personnalité confirme qu'il n'a plus à chercher à s'épanouir. Au contraire, il considère que, puisqu'il est devenu une personnalité, tout ce qu'il est constitue les attributs de la personnalité et peut par conséquent être valorisé. Des concepts bien kinois tels que « nouveau riche », « nouveau gouvernant » ou « les choses d'aujourd'hui » (*« Makambo ya mikol'oyo*) participent quelque peu de cette valorisation (c'est-à-dire de la création pratique ou homologation de nouvelles valeurs). Même si on met de côté la part importante de la nostalgie du « toujours bon vieux temps », on ne peut ne pas remarquer que, aujourd'hui, la noblesse n'oblige plus : le fait de se conformer à un certain savoir-vivre devient même un comportement hypocrite. Mais le fait d'avoir été trouvé en possession de certains attributs jadis liés à la noblesse permet de décréter valeureux même ce qui ne le serait pas par rapport au savoir-vivre en vigueur, pourvu que cela soit conforme non à la noblesse d'hier mais à la manière d'être du nouveau riche, du nouveau gouvernant ou conforme aux choses d'aujourd'hui. C'est par l'entremise de cette espèce d'homologation que s'opère la falsification de l'identité et de la personnalité.

Si la consistance valorisante de l'identité de la personne ne provenait que de l'observance ou non des coutumes et lois des institutions (traditionnelles, religieuses ou étatiques), on pouvait concéder aux

« nouveaux » (riches, gouvernants…) d'inventer des nouveaux repères éthiques plus adaptés dans un contexte où tout a changé. Ce serait peut-être cela la « nouvelle morale ». On en resterait avec un portrait de la dignité de la personne qui ne répondrait qu'à un code social et pratique ainsi qu'à une morale purement utilitaire. Et ce serait alors retomber dans les présupposés de ce qu'on a appelé une « morale négro-africaine sans péché », c'est-à-dire à l'obscurcissement du sens de la faute, recevant désormais un quitus mondial au nom du refus d'une culpabilisation aliénante[329].

J'ai pu montrer ailleurs[330] que la qualification de la personne et son identification comme « homme par excellence » ou « homme vraiment homme » ne procèdent pas avant tout d'une catégorie appréciative, c'est-à-dire d'un jugement moral à partir du seul code social. Elle procède plutôt d'une catégorie idéale, c'est-à-dire d'un jugement qualitatif en référence à l'intériorité de la personne, avant même de se référer à un code social en vigueur. C'est une « apostrophe intérieure qui indique le fondement de la responsabilité morale » : « C'est dans ce sens qu'il s'agit d'une '*catégorie idéale*'. Les catégories de jugement peuvent manquer parce que l'homme n'est pas toujours vertueux, ni de manière absolue, ni en comparaison à d'autres. De même, l'homme peut aliéner sa dignité d'homme à cause d'une situation de richesse ou de pauvreté, de négation de soi ou de mépris par l'autre. Mais malgré cela, la référence à l'intériorité rendue par l'expression '*l'homme vraiment homme*' (*bont'on'onto*) reste toujours présente. Parfois, elle est la seule possibilité d'en appeler aux devoirs et à la dignité. C'est donc la catégorie morale par excellence (non plus au sens de 'ce qui permet de juger' mais de 'ce qui fait l'homme') »[331]. Ce qui garantit ce référentiel de stabilité, irréductible au pôle pratique de la culture, et qui permet à ce qui change de prendre le sens de continuité ou de renouvellement, c'est la vérité (toujours à connaître) dans son lien avec l'élan de réalisation de la personne[332].

Aujourd'hui, cependant, la recherche de l'excellence de la personnalité peut éprouver un obstacle majeur au niveau du rapport avec la vérité dans la tentative de réalisation de la personne dans sa dimension productive, subordonnant l'ordre naturel des fonctions biologiques et automatiques à l'ordre humain. Ainsi, notre rapport par trop contemplatif aux

---

329 Cf. J.-C. FROELICH, *Nouveaux dieux d'Afrique*, Paris, Ed. de l'Orante, 1969, pp. 37-52 ; TSHIAMALENGA NTUMBA, « La philosophie de la faute dans la tradition luba », in *Péché, pénitence et réconciliation. Actes de la IXe Semaine théologique de Kinshasa*, Kinshasa, FTCK, 1974, repris dans *CRA* VIII, 16 (1974), pp. 167-187 ; BUMBAKINI EKWALAMA, « La nature de la faute morale en culture négro-africaine. Etude analytique et critique », in *USAWA*, 2 (1987), pp. 63-70.

330 Cf. J.-B. NSAMBI e Mbula, *op. cit,* pp.59-62.

331 *Idem*, p. 61.

332 Cf. *Ibidem*, pp. 125-127.

choses (par essence transformables) est souvent qualifié d'inertie (passivité), voire d'ineptie (idiotie), en même temps qu'il devient l'occasion de fustiger nos choix dits inopérants : ce que je considère, selon mon étalon des valeurs, comme étant un point manquant dans la culture de ma personnalité devient ce qui me désavoue dans un autre système de valeurs, surtout quand ce dernier peut justifier des preuves d'efficacité et d'efficience. Quand, en Afrique, quelqu'un, conscient de la nécessité de repenser sa vie ou celle de son groupe, veut se donner un temps de recul pour mieux s'engager, conformément à une règle de conduite[333], un autre peut en profiter pour s'interposer et occuper la place considérée alors comme vacante ou désertée et ce en vertu d'un autre principe de vie non moins sensé[334]. Tout au long de cette réflexion, nous avons suffisamment rendu compte des désastres causés à la République Démocratique du Congo par son absence dans tous les grands rendez-vous qui ont consacré la perception qu'on en a aujourd'hui ou par sa distraction au moment des négociations capitales[335].

Pire, quand on s'est ainsi arrangé pour prendre une place à tort déclarée vacante ou désertée, tout un mécanisme de complicité est mis en branle pour ne plus jamais concéder au propriétaire exproprié la possibilité de jouir de tous ses droits les plus légitimes. De toutes les façons, on s'arrangera pour ne les lui concéder que le plus tardivement possible, à moins qu'on veuille démontrer que le propriétaire n'est même plus capable d'assumer ce qui n'est pas un simple privilège mais un droit inaliénable. Dans le cas du Congo, on en est venu même à suggérer le plus sérieusement possible qu'il négocie avec ses voisins la manière d'exploiter non pas des richesses qui leur sont communes de par leur situation en zones frontalières (ce qui est tout à fait normal), mais même les richesses qu'il ne devrait se disputer avec personne puisque lui appartenant en propre[336]. On ne peut insinuer de telles choses que pour une nation ou une personne dépourvue de personnalité et à la merci des convenances externes. C'est le proverbe du panier plein de merveilles porté

---

[333] En se justifiant, par exemple avec la maxime ntomba « Le repli stratégique n'est pas synonyme de peur ».

[334] Rendu notamment par l'expression : « Les absents ont toujours tort » ou par : « Qui manque à l'appel perd sa préséance ».

[335] Et, même si on n'en fait pas toujours grand cas, la série semble plutôt continuer si l'on se rend compte du peu de résultat que le pays engrange par exemple dans les négociations sur les questions d'environnement (les Sommets sur la Terre). Pire, le pays est presque absent dans les négociations sur l'usage des eaux de son fleuve à débit stable ou les potentialités énergétiques du barrage d'Inga, etc., alors qu'il dispose, en ces matières et domaines, des atouts majeurs pour faire entendre très haut sa voix et tirer de grosses dividendes, commerciales, économico-financières, politiques et stratégiques pour son développement.

[336] Le discours du président français, Nicolas Sarkozy, aux députés et sénateurs de la RDC réunis en congrès à l'occasion de son passage éclair en 2009 à Kinshasa allait dans ce sens.

par un imbécile qui ne se rend pas du tout compte de ce dont on l'exproprie tout au long de son trajet ! Que lui restera-t-il une fois arrivé à destination ?

Plus grave, cette juxtaposition conflictuelle des principes qu'il faudrait plutôt ordonner et programmer de façon logique, sème du désordre. A son tour, ce désordre empêche la recherche de l'excellence et la poursuite de ce qui fait l'homme (*Bomoto*) et, toute proportion gardée, ce qui fait une nation ! Elle nous ferait contenter d'un arrêt pour admirer ce que des circonstances souvent opportunistes auraient fait de nous. Cela n'est pas sans rappeler cette image très pittoresque de la « vendeuse de canne à sucre » (*moteki ya koko*) qui devient, sans trop comprendre comment, une grande personne, mais sans que cela entraîne une évolution significative et substantielle de la fonction et du statut de tous les vendeurs de cannes à sucre, nous voulons dire de toutes les personnes qui se débrouillent et tire le diable par la queue, pas toujours par leur propre faute. Au pays des miracles, les fainéants sont rois, et malheur à qui ose réfléchir…

En d'autres termes, nous constatons que nous sommes des personnages et même des personnalités sans avoir jamais assez travaillé notre être pour devenir ce que nous prétendons désormais être. L'image que nous offrons de nous-mêmes devient quelque chose de si ponctuel mais aussi de si érosif qu'il ne résiste pas aux temps et aux intempéries. Cela signifie aussi que notre temps ne produit plus de modèles, alors que la construction de la personnalité se sert aussi des modèles performants.

D'où l'urgence de revenir à une typologie plus constructive de la personnalité, au lieu de s'attacher à détruire. On attribue ce double rôle antithétique aux termites qui, en tant que insectes vivant en société, ressemblent quelque peu aux hommes : une qualité de bâtisseurs d'un monde (la termitière) où chaque termite trouve sa place sans devoir l'arracher à un compagnon ni envier ce dernier, et un devoir de se nourrir du bois qu'il ronge en profondeur en ne se laissant apercevoir que quand il aura vidé le fond du bois.

Le *Bomoto*, ce qui fait l'homme, se dit des bâtisseurs travaillant ensemble à la mise en forme d'un idéal qu'ils n'assimilent pas à leur nature plutôt faible et limitée, ni à leurs rêves plutôt extravagants, mais dont ils poursuivent inlassablement la construction comme entre rêve et réalité. Et quand ils parviennent à leur objectif, ils s'en étonnent comme s'ils n'y avaient jamais cru, en même temps qu'ils jugent qu'il y a moyen de faire plus et mieux, ouvrant ainsi le chemin de l'avenir. Voilà pourquoi celui qui atteint ce qui fait l'homme, si tant est qu'il y arrive ou s'en rapproche, n'a jamais l'air d'un vulgaire arriviste et n'a pas peur de disparaître. La seule peur qui pourrait l'habiter est que l'après lui soit un déluge. Aussi prépare-t-il l'avenir avec le même entrain qu'il s'investit à construire le présent. Par contre l'arriviste, c'est-à-dire celui qui serait devenu une personnalité sans l'avoir vraiment construite, se fige dans le personnage qu'il est devenu et, par crainte de le perdre, il entreprend de démolir systématiquement même ce qu'il n'a pas construit. Il chercherait ainsi à faire craindre le déluge de l'après lui pour que dans l'aujourd'hui, on l'adule et on le trouve toujours comme la personne irremplaçable. Mais quoiqu'on fasse, la fin de l'arriviste, comme d'ailleurs celle de n'importe qui, arrivera toujours. A la différence que la fin de l'arriviste sera inéluctablement un déluge, au mieux un retour à la case de départ tandis que celle de celui qui a rempli les conditions constitutives du *Bomoto* est généralement assumée par une relève dûment préparée. C'est à croire que l'arrivisme a encore un bel avenir au pays des convenances externes car ici il ne faut compter que sur la chance alors que pour un pays qui se veut en construction, il est conseillé de minimiser la chance et le hasard et de construire les hommes qu'il faut par la recherche de la perfection. Jean de La Fontaine l'exprime merveilleusement en mettant sur les lèvres du Laboureur ce beau testament : « Travaillez, prenez de la peine, c'est le fond qui manque le moins. (…) Creusez, fouillez, bêchez ; ne laissez nulle place où la main ne passe et repasse ». Evidemment cela crée de l'angoisse que l'arriviste cherche à juguler en comptant sur la « chance ». La véritable quête de la personnalité assume laborieusement cette angoisse existentielle en travaillant pour atteindre voire dépasser de nobles objectifs.

Pourtant, là ne s'arrête pas l'angoisse du *Bomoto*.

En notre époque d'affirmation des libertés et des droits, les révolutions humanistes et technoscientifiques ont fait gagner à l'homme une authenticité que l'hypocrisie d'un certain vécu de la longue tradition morale et religieuse a eu de la peine à dévoiler. Cette requête positive de l'homme d'aujourd'hui s'exprime en termes de volonté de « sortir du fossé qui sépare ce qu'on fait de ce que l'on croit »[337]. C'est ainsi que, au lieu de continuer à soutenir l'insupportable anomalie de croire une chose et de réaliser constamment son contraire, certains prennent la mesure apparemment authentique de moduler la personnalité non plus par rapport à des idéaux de perfection et à des finalités hypothétiques, mais par rapport à la réalité vérifiable et aux comportements concrets. D'où l'alignement de ce que l'on croit sur ce que l'on fait réellement ou encore, en gardant une marge à l'espérance, sur ce que l'on prétend rationnellement et expérimentalement pouvoir faire. Ce n'est pas à fortiori une négation de la perfection, mais au moins ainsi on ne s'encombre pas de formules sibyllines à la saint Paul : « Je ne comprends pas mes propres actes : je ne fais pas ce que je voudrais, et je fais ce que je déteste »[338].

---

[337] Cf. J.-B. NSAMBI e Mbula, *op. cit*, p. 127.

[338] Lettre de Saint Paul aux Romains, chapitre 7, verset 15.

Au-delà de la confusion qu'on crée ainsi entre l'acceptation de soi et la pleine réalisation de la personne, cette interprétation soit disant libératrice de la condition humaine (traumatisée) risque de déboucher, en contexte africain de pauvreté anthropologique, non pas sur un nouveau statu quo comme celui qu'on reproche à la tradition africaine dont l'immutabilité serait la cause du sous-développement[339], mais sur un blocage de l'énergie perfectible. Associé au fatalisme et au mimétisme, un tel blocage de la personnalité ne peut que conduire le génie africain à disparaître en cette époque de mutations planétaires, alors même que la culture dominante (et adulée par nous) ne sait plus se cacher son épuisement, tout en refusant d'abdiquer, renforcée en cela par l'inexistence de propositions alternatives pouvant venir notamment de l'Afrique dont l'une des qualités – et non des moindres – est l'amour de la vie.

C'est la raison pour laquelle il est urgent de se défaire de cette impasse mentale, d'exorciser ce repli psychologique qui fait que, chaque fois qu'il s'engage dans un processus de remise en question, l'Africain en sort plus dépaysé. Embarqué dans une noble entreprise de « décolonisation mentale » depuis l'indépendance, l'Africain en sort, comble de l'ironie et de la contradiction, avec la ferme conviction que le mieux pour lui serait encore d'être comme ses maîtres et donc d'être recolonisé. Cela se dit aujourd'hui de plusieurs façons sans devoir évoquer les vocables trop classés de colonisation ou d'impérialisme ! Quoiqu'il en soit, cela offre aux maîtres du monde le loisir non pas de coopter l'Africain au niveau où ils sont devenus, peu importe qu'ils soient eux aussi en crise, mais de le maintenir là où ils voudraient qu'il soit : une minable et pitoyable personne, seulement digne de commisération. Et des Africains pourraient s'en contenter, les Congolais certainement : « Je me contente d'être (paumé) comme je suis là[340]. Peut-être iraient-ils jusqu'à s'en féliciter en se justifiant au nom d'une nécessité utilitaire : « Un 'tiens' vaut mieux que deux 'tu l'auras' » !

C'est là tout l'enjeu de la « crise du muntu » qui est essentiellement une crise du *« Bomoto »*, c'est-dire de ce qui fait l'homme, indépendamment du personnage qu'il est, de la personnalité qu'il peut devenir ou qu'on veut en faire. Pour une telle entreprise de requalification de la personne, aucune volonté de parer au plus pressé ne devrait arrêter ou suspendre la recherche de la perfection de l'homme vraiment homme, quand bien même le contexte mondial actuel de crise et d'anarchie plaiderait pour une telle suspension. Et

[339] Cf. J.P. NGOUPANE, *Racines historiques et culturelles de la crise africaine*, Cotonou, AD Editions & Abidjan, Ed. du Pharaon, 1994. Nous considérons, quant à nous, une telle analyse plutôt superficielle et de conditionnement extraverti, même si le fait en cause (la crise et le développement du sous-développement) est tout à fait évident.

[340] Nous l'avons vu plus haut. Généralement, le sens de cette réponse à la salutation losako des Mongo est plutôt péjoratif et fataliste. On entend aussi en lingala : *« Nyonso malamu »* (Tout va bien) quand visiblement tout va mal.

pour une excellence vite ramassée. Certes, l'excellence est un objectif réalisable, même seulement nominalement. Mas la perfection se positionne comme une visée libératrice d'énergie, non pas une visée irréalisable ou impossible mais toujours à chercher, à la manière de Diogène cherchant « un homme » avec sa lanterne en pleine journée. Quand on vise la perfection, on peut bien atteindre l'excellence sans s'en contenter. Mais quand on refuse de croire en la perfection, il y a beaucoup de chance qu'on demeure dans la médiocrité contagieuse… comme l'escargot au pied de l'arbre de l'initiation…

La conjugaison des acquis de la longue transition congolaise et de tous les efforts visant à fermer ce qui nous est apparu comme une parenthèse en vue de construire le Congo de nos vœux nous dévoile que ce vrai changement attendu, a un prix.

3.3. Le prix du changement

Pour le troisième millénaire, nous aurions besoin des idées novatrices qui changent le monde. Mais, il est peut-être prétentieux de croire que ces idées viendraient de l'Afrique. On pourrait toujours objecter que l'Afrique n'a jamais démontré qu'elle est capable de tels exploits planétaires, du moins depuis qu'elle a été découverte et qu'elle est entrée, un peu malgré elle, dans la modernisation, c'est-à-dire depuis qu'elle a été incorporée dans l'histoire des autres. Ainsi, l'objectif, le projet ou encore le cadre très emballant de la « révolution de la modernité » peut revêtir, en République Démocratique du Congo, cette marque de mimétisme et de suivisme dans la mesure où, tout en refusant le discours d'être à la remorque de ceux qui cherchent toujours à nous imposer leurs points de vue et leur volonté, nous n'atteignons jamais le stade honorable d'être des contributeurs à la nouvelle modernité (alors que le monde qui compte vit déjà l'ère de la postmodernité). Nous nous contentons, à travers un saupoudrage souvent spontané et maladroit, de nous aligner au niveau de l'émergence à atteindre en suivant le chemin parcouru et dicté par les grands. Voilà pourquoi dans la propagande qui vise à étaler nos perfections, nous raffolons de dire que nos réalisations spectaculaires sont alignées au niveau des « standards internationaux ». C'est que nous en sommes toujours au niveau des suiveurs et non des protagonistes capables d'exploits planétaires. Alors peut-être nous suffirait-il d'avoir des idées qui changent nos propres idées reçues et des attitudes qui modifient notre perception de l'histoire.

Nous avons reconnu que, du 15e siècle au 20e siècle, il existe en République Démocratique du Congo une unité substantielle que résume la notion de modernisation. Nous avons démontré que cette modernisation n'a été qu'une période de transition. Nous avons enfin formulé le postulat que le Congo gagnerait à fermer cette parenthèse de la modernisation. Il nous faut maintenant nous demander si nous avons les moyens pour faire ce saut qualitatif dans le vide. Si oui, le Congo a-t-il le courage de ses moyens ?

Nous devons pour cela savoir ce que nous voulons, ce qui nous maque vraiment et comment dépasser la crise du regard qui ne nous a que trop longtemps fait perdre nos références et nos repères propres.

3.3.1. Que voulons-nous ?

En finir avec l'auto-flagellation et la victimisation.

Par conviction ou par envie, le Congo veut certainement quelque chose : être un peuple responsable, un peuple qui sait se prendre en charge, soit comme le font les autres peuples du monde dit développé, soit simplement parce que c'est cela la marque de l'humanité. Les indépendances africaines avaient suscité beaucoup d'espoir. Cela est tout à fait normal, comme il était aussi normal que l'Afrique se libère du carcan de la colonisation. En effet, aucune domination de l'homme par l'homme n'est justifiable, même si c'est dans le but de faire du dominé un homme à part entière, selon l'entendement du dominateur. Les hommes seraient-ils à court d'idées pour percevoir qu'il y a moyen de rendre la dignité à ceux que l'on croit inférieurs ou qui se croient tels sans devoir les dominer et les mettre sous tutelle ? Non. L'homme a fait tellement de prouesses pour qu'on le croie incapable d'un tel effort de raisonnement. Si malgré tout il agit ainsi, c'est parce qu'il y a un profit à tirer. Notre conviction est que celui qui croit élever l'autre en commençant par le dominer n'a pas du tout l'intention de l'élever. On ne peut donc qu'être d'accord que le Congo et toute l'Afrique aient repris leur droit d'existence inaliénable comme ensemble de pays indépendants. Penser le contraire à cette étape non suspecte de notre évolution serait simplement anachronique.

Puis arriva ce qui est arrivé, même si cela n'était pas inéluctable : l'Afrique est mal partie ! Mais s'est-on posé la question de savoir de quel quai il fallait faire partir l'Afrique ? Voulait-on la faire partir d'un quai où passerait un train qui ne s'arrêterait pas pour l'attendre ? Ou bien l'Afrique avait-elle vraiment besoin de prendre un train alors que ce qu'elle savait faire, ce n'est même pas d'aller à cheval mais de marcher avec ses propres jambes ? Le développement, c'est le train qu'on voulait faire prendre à l'Afrique. Qui le voulait ? C'est la question à laquelle il faut prendre le courage de répondre aujourd'hui. Il ne s'agit pas de chercher à condamner, ni de regretter un état de fait. C'est simplement parce qu'on ne peut aller de l'avant en se bandant les yeux pour ne pas voir la réalité.

Voilà pourquoi il faut aussi en finir avec la chasse à la sorcière noire et avec la fausse exaltation du dieu blanc.

Pour le cas du Congo Belge, on devrait cesser de croire que c'est la Belgique qui aurait voulu lui faire prendre un train qui passait sans s'arrêter.

Cette affirmation se situe au niveau macro-dimensionnel. Elle ne met aucunement en doute la sincérité de plus d'un Belge qui ont fait de ce pays leur seconde patrie où non seulement ils ont beaucoup fait mais surtout sont devenus Congolais avec les Congolais, même si, font remarquer les Ekonda avec leur esprit d'observation, un Blanc n'oublie jamais l'Europe. Nous ne devrions pas imputer à la Belgique un grief qui n'a jamais été sa motivation en concédant l'indépendance que les Congolais eux-mêmes avaient souhaitée immédiate et totale. Malgré et au-delà de toutes les clauses civilisatrices, la colonisation fut une « affaire ». La Belgique au Congo, c'était pour faire ses affaires. Or, dit-on, les affaires, ce sont les affaires. Si, comme dit la chanson, en amour il n'y a pas de calcul, dans les affaires, il en faut bien ! Que donc les Belges nous aient introduits dans les convenances externes, cela ne devrait pas trop étonner. C'est le contraire qui aurait été plus surprenant. Mais que, après la liberté retrouvée, les Congolais aient justement voulu continuer dans la logique des convenances externes, non seulement parce qu'ils n'avaient pas d'autres choix mais surtout parce que cela jouait à l'avantage de quelques-uns, voilà ce qui est inadmissible.

Voilà comment nous avons cru faire prendre à notre pays, la République Démocratique du Congo, le train du développement. Et comme si cela n'était pas suffisant pour présager le retard avec lequel nous arriverions à la gare d'embarquement, nous avons fait jouer les émotions au lieu de nous imposer le goût du calcul. Car, comme la colonisation, le développement est aussi une affaire. Si donc ce qui ne change pas c'est une vision du monde centrée sur les convenances externes à l'Afrique mais internes au monde dit développé, il semble illusoire de croire que les choses changeront par un coup de la bonne volonté du monde développé. L'ordre international est encore dicté par la manière de voir des choses des grandes puissances. Peut-être en sera-t-il toujours ainsi, quand bien même pourraient changer les puissances et leur ordre protocolaire. Si une certaine condescendance ou une compassion – appelons cela aussi un certain humanisme– peut justifier un regain de bienveillance pour les damnés de la terre, cela ne se fait pas –et ne se fera pas– contre le progrès des grandes puissances. N'avons-nous pas appris à répéter, nous aussi : « On n'arrête pas le progrès » ? Et cela n'est pas un pur slogan ; au contraire, font remarquer les critiques de la société de consommation, « la criminalisation du progrès est une histoire vielle et stérile ». Les tiers-mondistes devraient donc cesser de rêver. C'est donc à nous-mêmes Congolais de nous armer de beaucoup de volonté pour nous défaire des convenances externes sans que cela puisse apparaître comme un refus du progrès.

Hier, la « philosophie de l'authenticité » du mobutisme avait sans doute péché par excès de personnalisation et de concentration des intérêts autour d'un homme, le « guide clairvoyant ». Mais ce qu'elle disait quant à la volonté de se prendre en charge reste vrai : être nous-mêmes et non ce que les autres voudraient que nous soyons. Aujourd'hui, cependant, nous devrions même minimiser le fait récurant que d'autres chercheraient à cogner notre identité en fonction de leurs intérêts à eux. Cela fait malheureusement partie de la loi du plus fort, de laquelle on ne peut se départir dans ce monde de compétition sauvage et anarchique où le profit est la règle tandis que la charité est l'exception. Et pourquoi continuer même à croire que les autres veulent faire de nous ce qu'ils sont (ou plutôt faire de nous ce qu'ils veulent que nous soyons) ? Nous risquons simplement de prêter de mauvaises intentions à ceux qui veulent seulement être eux-mêmes, parfois à nos dépens. Il nous faut laisser tomber cette volonté chronique de référence aux autres (nos dominateurs ou ceux qui nous surpassent) comme à des dieux qui tantôt nous flagellent, tantôt nous prennent en pitié et quelque fois nous soutiennent et nous récompensent. Il en va de la reconnaissance, même par les autres, de ce que nous voulons être.

Pour arriver à ce tournant de l'histoire, force nous est de constater qu'il y a bien quelque chose qui nous manque.

3.3.2. Ce qui nous manque : des références et des repères propres

Ce qui nous manque, ce n'est, curieusement, ni de l'argent, ni de la technique, ni de l'intelligence, ni de la ténacité. Aujourd'hui, alors que nous gaspillons notre argent dans des dépenses dites de souveraineté et que nous nous entretuons, d'autres font de l'argent sur le compte de notre vague souveraineté et sur le dos de nos malheurs et s'emparent utilement des moyens dont nous disposons. La technique est un patrimoine universel depuis les grandes prouesses de l'Egypte pharaonique. Elle ne nous est donc pas en principe inaccessible. Quant à l'intelligence et à la ténacité, il semble que les Africains et les Noirs commis au service des pays développés ainsi que ceux qui, à cause des aléas de l'histoire, sont devenus des citoyens à part entière de ces pays s'en tirent souvent bien[341]. Ce qui nous manque, ce n'est pas une

[341] En marge de la victoire de l'équipe de France à la coupe du monde de 1998, un lecteur de la revue *Jeune Afrique* avait fait cette réflexion : « … l'équipe de France, championne du monde de football 1998, est certainement celle qui renfermait plus d'éléments humains d'origine différente. A part Barthez (ndlr : qui est d'origine basque) et Blanc, les vedettes les plus productives, les plus remarquables, celles qui ont le plus contribué à cette magnifique victoire du pays des 'droits de l'homme' sont avant tout d'ailleurs. Ces vedettes qui ont plus que justifié les espoirs placés en elles, sont d'abord d'Afrique ou descendants d'esclaves rejetés dans l'outre-mer français. Encore plus remarquable : même les Brésiliens, ces éternels favoris, ont évolué avec des joueurs les plus chers du monde, dont les origines sont encore visiblement de chez nous. Cette coupe du monde, simple jeu s'il en est un, aux implications néanmoins énormes, est certainement le reflet de ce que nous sommes, nous Africains : des maîtres incapables de nos destins. Mais, Dieu m'est témoin, 'enfermez-nous' dans un cadre directeur rigide, que nous n'avons pas la latitude de contrôler, et nous voilà les meilleurs en tout. Comme en politique, comme en économie, nous avons besoin de

population dynamique, car s'il en était ainsi, nous n'aurions jamais été vendus pour travailler au développement des Amériques ! On ne peut pas non plus dire que l'Afrique en général et le Congo en particulier sont surpeuplés. Nos populations ne sont pas ces éternels fainéants et bons enfants que la littérature coloniale a toujours peints pour justifier le dressage inhumain qu'on employait au Congo. Depuis des décennies, l'Afrique a formé bon gré, mal malgré, une masse de techniciens et de technocrates qui ne désirent pas mieux que prouver de quoi ils sont capables.

Ce qui nous manque, ce sont des classes de référence, non pas au sens de classes sociales avec l'émergence d'une minorité de riches et d'une masse de pauvres, comme nous le vivons déjà, mais des classes d'hommes dont la diversification des rôles sociaux oriente vers la construction de la chose commune. Chez nous, tout le monde fait tout ou voudrait tout faire. Mais, comment peut-on faire sans savoir ce qu'il y a à faire ? Dans la phase actuelle de déstructuration du système de société, phase qui caractérise la modernisation africaine, le manque de penseurs est probablement la tare la plus suicidaire pour une réelle prise en compte du destin d'un peuple. Nous pouvons le comprendre à travers l'évocation de trois secteurs vitaux de la vie congolaise : la politique, l'économie et la religion. Après la déstructuration du système global de l'Afrique traditionnelle et à la suite de l'envahissement d'un système étranger dont nous ne maîtrisons pas les ressorts, le Congo n'a pas encore mis en place un système social cohérent qui réponde à sa physionomie dans le monde de notre temps.

Nous partirons de la compréhension la plus simple de la politique comme art de gouverner. Comment gouverner une société sans un projet de société alternatif ? La maquette systématique d'un projet de société ne vient

---

cette 'chicotte' entre les mains d'un 'maître' d'une autre couleur pour espérer poursuivre une quelconque ambition jusqu'à une victoire aussi retentissante que celle de l'équipe de France du 12 juillet. » Lettre signée K.F., « En passant par d'autres », in *Jeune Afrique*, n° 1959 du 28 juillet au 30 août 1998, p. 113. Bien que le raisonnement reconnaisse la qualité professionnelle des Africains, il consacre néanmoins la logique des convenances externes, qui serait ainsi la seule voie de sortie pour l'Afrique. Ce qui paraît gratuit et en tous les cas n'est pas prouvé puisqu'un exploit avec le concours des Africains ne sera jamais considéré comme une victoire des Africains, tout comme une victoire obtenue par d'autres en faveur des Africains ne sera jamais appréciée comme une réussite des Africains. On est bien loin de ce que croyait pouvoir démontrer Lumumba lorsqu'il affirmait le jour de l'indépendance du Congo : « Nous allons montrer au monde ce que peut faire l'homme noir quand il travaille dans la liberté ». Il semble que, selon ce raisonnement, l'Africain ne peut travailler que lorsqu'il est « enfermé » et « sous la chicotte » d'un « maître d'une autre couleur ». L'allusion à l'esclavage et à la colonisation est plus qu'évidente. Comme il est évident aussi que ni l'un ni l'autre n'a enrichi l'Afrique mais bien le maître venu d'ailleurs, qui enferme et qui chicotte. La victoire de la France multicolore n'est pas aussi une victoire africaine ; elle reste une victoire 100% française !

pas des seuls acteurs politiques, c'est-à-dire des politiciens et des partis politiques. La contribution de ces derniers ne peut être éloquente que dans la mesure où ils essaient de concilier les philosophies politiques avec ce qu'ils croient être, à tort ou à raison, les aspirations profondes des membres de la société. L'alternative politique est justement le fruit de la vérification ou non des adéquations (ou inadéquations) de la matérialisation d'un projet de société par une classe politique donnée. Or, où sont les philosophes politiques et les politologues congolais qui cherchent de proposer la matrice conceptuelle d'un projet de société en tenant compte de la tradition, de la conception de la vie et de la situation actuelle de l'Afrique, de manière à donner aux politiques et aux partis politiques la matière brute de leur action ? Où sont les observateurs de la société dont le seul profit est de décrire avec objectivité l'état réel de la société de manière à permettre aux penseurs d'approfondir leur matrice systématique et aux acteurs de réajuster le tir ? Nous n'avons que des membres des partis politiques, des ministres, des députés. Tout le monde veut être homme d'Etat. Mais pourquoi alors, si ce n'est que parce que la politique représente un gagne-pain honorable dans nos pays de misère. De la sorte, on fait de la politique un instrument du génocide social.

Sans projet de société et sans politique, il n'y a pas d'alternative économique. Les études historiques nous montrent que la structure économique de nos sociétés traditionnelles reposait sur leur vision du monde. Nous savons aussi que les bases de la structure économique des pays dits développés sont à retrouver dans la philosophie libérale et même dans la philosophie occidentale tout court, comme vision du monde. Le Congo de nos jours, déraciné de ses traditions et en carence de la vraie modernité, n'a pas de politique économique. Nous ne pouvons pas dire qu'aujourd'hui nous vivons comme à l'âge de la cueillette. Et, même cet âge dit primitif fonctionnait suivant une vision du monde. Aujourd'hui, l'économie informelle est la seule véritable force économique de chez nous et se présente comme une alternative à la carence de politique économique globale. Mais l'insertion des populations congolaises dans le réseau intense que constitue la réalité sociopolitique de l'Etat et l'incontournable mouvement de la mondialisation qui nous étreint montrent la légèreté de cette reconversion à l'informel. Si on peut accepter la reconversion à l'informelle comme une solution d'urgence, à la longue, elle ne peut être que cruelle pour les pays pauvres dans la mesure où elle ouvre vite à un libéralisme sauvage. Dans notre situation présente, nous ne pourrons jamais tenir devant l'emprise des multinationales. Le libéralisme sauvage dans un contexte de pauvreté est synonyme de prédation, de loi du plus fort. C'est l'assassinat d'un peuple. Plus que d'hommes d'affaires et de femmes commerçantes, nous avons besoin d'économistes qui ne soient pas de simples *Havard Boys* ni de simples copieurs des recettes *made in Europe*. Pour le dire autrement, les hommes d'affaires ne peuvent rien pour le bien-être général sans la prospection des économistes branchés sur une philosophie politique et un projet de société propres au Congo et à l'Afrique évoluant aujourd'hui dans un monde pluriel. Ce n'est qu'ainsi qu'il sera possible de briser la « sainte alliance » qui s'est formée chez nous entre la politique et le monde des affaires, deux classes qui normalement devraient toujours se surveiller, pour le grand profit de la population. C'est dans ce schéma qu'il est possible d'apprécier le rôle d'un secteur informel qui ne devienne la loi de la jungle. Mais chez nous, tout le monde veut devenir « PDG », du paysan à l'artiste, du fonctionnaire au Président de la République. Et le syndicat devient dans un tel contexte un pur masque à la solde de la sainte alliance entre politiciens et hommes d'affaires (lesquels sont souvent les mêmes). Rien d'étonnant qu'il y ait au Congo une société civile du pouvoir et une autre de l'opposition !

Il serait simpliste de croire que ces idées s'inspirent platement du modèle de réussite des pays du nord. En réalité, c'est parce que nous n'avons pas de modèle politique et de système sociopolitique alternatif que toute velléité d'assomption des paramètres économiques du marché ne peut que se mesurer au modèle en vigueur. Ce modèle extérieur, nous ne l'avons pas bien assimilé et nous ne le saurons peut-être jamais, étant donné qu'il n'intègre pas nos préoccupations mais nous maintient solidement dans les convenances externes. Tout aussi simpliste serait l'idée de vouloir refaire le modèle économique traditionnel, puisque la période de la modernisation africaine a donné naissance à un type de société indéfinissable par rapport à la tradition africaine mais aussi inadéquat par rapport au modèle dominant[342]. Dans ce contexte, tout retour en arrière est illusoire, tout comme la permanence dans le type actuel de société sans forme n'offre aucune perspective de réussite. *Nous sommes condamnés à aller de l'avant. C'est notre unique alternative mais c'est surtout là notre chance !* C'est justement cela qui nous fait dire de manière répétitive qu'il faut absolument fermer la parenthèse de la transition.

---

[342] Dans la culture ekonda, une telle société indéfinissable pourrait s'appeler « *epalina* » (sans nom) ou *« engelengele »* (sans forme définie). Normalement, se retrouver dans une telle situation oblige à travailler pour parvenir à une position définie et identifiable qui permette soit de s'aligner au niveau commun ou reconnu, soit, pourquoi pas, de s'élever à un niveau supérieur mais toujours reconnaissable comme forme humainement (ou culturellement) acceptable. Il arrive pourtant que cette « forme sans forme » (ou forme sans nom) devienne un nom propre, comme si on voulait par-là consacrer ou définir l'indéfinissable ! Est-ce cela qui semble arriver au Congo lorsqu'on s'évertue à trouver une identification à des processus non seulement inqualifiables mais qui sont aussi des voies sans issues ? La capacité que nous avons aujourd'hui au Congo de nous adapter au mal au lieu de chercher à le déraciner est inouïe et mériterait un approfondissement sociologique. Dans le contexte culturel ekonda d'où nous tirons cette analogie, il n'en était pas ainsi. Le processus de nomination s'insère dans le cadre de la *nomination conjurative* : en donnant à quelqu'un ou à quelque chose le nom de ce qui ne mérite pas d'être nommé, on cherche à conjurer ou à exorciser la condition inacceptable qui crée cette forme sans forme. Cette nomination devient par conséquent un engagement à dépasser la condition actuelle inacceptable et à éradiquer le mal.

Mais cela ne signifie pas du tout qu'il faut faire n'importe quoi pour sortir de cette impasse.

Dans le domaine religieux – en nous référant plus directement au christianisme qui est la religion la plus répandue au Congo – la même inadéquation quant à l'émergence des penseurs est perceptible. Ici aussi, la course au profit est de plus en plus engagée notamment à travers la spiritualité (évasive) de la prospérité. Mais, sans nier la conviction très chrétienne que Dieu est toujours à l'œuvre, il est clair que ce n'est pas en rachetant tous les sites industriels victimes des pillages ou des faillites, ni en occupant toutes les parcelles des quartiers populaires pour en faire des églises qu'on crée automatiquement cette prospérité. On ne peut pas ne pas remarquer une course aux fonctions, aux titres et au pouvoir. Ici aussi, on a à faire à des fondateurs sans que soit toujours clair le système sur lequel se construisent ces fondations. Parfois on se demande même quel est le profil proprement spirituel de ces associations (églises, sectes, assemblées, ministères, etc.). La législation du pays a même cru utile d'exiger aux fondations en quête de reconnaissance officielle d'avoir dans le corps constitutif (la représentation légale) des personnes pouvant justifier de diplômes d'études théologiques. Quand les convictions spirituelles ne font pas perdre aux gens la nécessité de savoir ce qu'elles entreprennent, cette condition est tout à fait compréhensible, bien qu'en matière de fondation religieuse (ou d'idées, tout court), l'inspiration n'est pas nécessairement liée à la connaissance théorique des éléments d'une foi (ou d'une idéologie). Mais que signifie une telle disposition juridique quand on ne sait pas ce qu'on fait ou, pire, quand la nature et la finalité objectives de ce que l'on fait concrètement ne correspondent pas à l'intention que l'on a en le faisant ? Aussi en arrive-t-on à embaucher des spécialistes au mépris de toute rigueur doctrinale (quand il y a une doctrine cohérente explicable !) ou s'acharne-t-on à conquérir tant bien que mal des titres académiques en disciplines théologiques dans l'intention de se conformer à la législation, la fin justifiant les moyens. Le plus grand danger, c'est l'escroquerie spirituelle ou religieuse, une perversion aux antipodes de la valeur même de la vraie foi qui implique toujours une adhésion responsable. Il s'agit d'escroquerie et non de simple erreur dans la mesure où tout est fait dans l'intention de nuire. Que de milliers d'âmes se perdre simplement parce qu'un individu a voulu faire des affaires mais au nom du vrai Dieu !

Même les églises de longue tradition, doctrinalement et institutionnellement bien installées, ne sont pas exemptes de cette mentalité déviationniste. Cela n'a d'égal que la propension aux titres devenus trop vides à force d'être pompeux : on veut devenir prêtre ou pasteur à tout prix. Et prêtres et pasteurs se sentent tous l'attirance à l'épiscopat et le manifestent, mais pour quelle type d'église ? pour quel mobile ? pour quel service ? A croire que l'église serait atteinte aussi de la maladie de la culture moderne anarchiste, relativiste et sans tabous ! Les églises réformées, de tradition plutôt démocratique dans leur hiérarchie (synodale), semblent redécouvrir les vertus de la hiérarchie inamovible et de droit divin de l'Eglise catholique (avec l'accent sur la dignité épiscopale). Est-ce un signe de rapprochement doctrinal et ecclésiologique ou plus vraisemblablement la constitution d'un « front commun traditionnaliste » contre le « front commun de réveil » qui tisse sa consistance non pas en convertissant les païens mais en détournant des chrétiens affaiblis par la misère et gagnés par la spiritualité de la prospérité. Il pourrait y avoir des raisons théologiques ou ecclésiologiques pour justifier cet état de chose, même si nous pouvons nous permettre d'en douter. Mais, du point de vue de la nécessité sentie de sortir de la logique des convenances externes, cette situation nous maintient dans une des tares monstrueuses et pour nous héréditaires de la modernisation : la transmission non seulement des valeurs de la culture occidentale mais même de ses antivaleurs, dans la mesure où tout cela faisait son affaire ! Si, hier, nous avons gobé cela sans broncher et en vertu du vieil adage latin *« cuius regio, illius religio »*, pouvons-vous aujourd'hui continuer à asseoir cette tare, même en transposant la nature de cette « guerre de religions » entre un front commun des églises traditionnelles d'origine occidentale (qui se sont pourtant bien africanisées) et un front commun des églises de réveil d'origine congolaise (dont on n'ignore pas non plus les attaches américaines ?

Du point de vue de l'Eglise catholique, la plus représentative de toutes, on a assisté un temps à l'ouverture d'une voie de sortie des convenances externes que le seul fait d'appartenir à une église universelle (c'est ce que signifie à l'origine la dénomination « église catholique ») ne justifie pas. Nous avons connu dans l'Eglise catholique du Congo un temps de production de penseurs au service des pasteurs et des fidèles, sous l'impulsion des pasteurs profondément chrétiens et vraiment africains de la trempe du Cardinal Joseph-Albert Malula. Ce fut le glorieux temps de la *Théologie africaine*, de la *Philosophie africaine* et du *Centre des Religions africaines*. La Faculté de Théologie Catholique de Kinshasa, aujourd'hui Université Catholique du Congo, était le creuset de cette pensée. Un temps de grandes innovations théologiques, ecclésiales et pastorales, temps aussi d'un salutaire dialogue entre la hiérarchie locale et les théologiens et philosophes, pour le plus grand bien du peuple de Dieu qui est au Congo. Cet *âge d'or* coïncida si heureusement avec la célébration du centenaire de la deuxième évangélisation du pays. C'est une preuve d'assomption d'un double passé (de l'Afrique de nos ancêtres et du christianisme reçu avec la colonisation) pour le vécu dans l'aujourd'hui performatif du christianisme africain. Cela a conduit les responsables de l'Eglise catholique congolaise à entrer dans le deuxième centenaire de la seconde évangélisation avec la perspective d'une évangélisation en profondeur. Il faut reconnaître que cela n'a pas été sans difficulté tant vis-à-vis des convenances externes (de Rome) que vis-à-vis de l'ordre établi au Congo (le Zaïre de Mobutu). Certes, on peut toujours discuter sur la valeur de ce qui a alors été produit comme éléments d'un christianisme vraiment africain[343]. Mais, quelles que soient les limites, on doit reconnaître un acquis indéniable : la volonté de sortir, en tant qu'église locale, des convenances d'un christianisme trop étranger et l'élaboration d'un système de références propres sans être ni autonomiste, ni acéphale et encore moins schismatique. Mais ce temps si proche semble aujourd'hui si lointain et l'église, sans avoir abdiqué à sa mission évangélisatrice dans un Congo troublé, semble connaître une espèce de revirement d'une option fondamentale qui aurait l'unique tort d'être proprement africaine.

Bref, ici aussi, tout est à revoir. Personne de vraiment censé ne pense à enlever aux églises leurs fonctions prophétique, charismatique et sociale. On peut même dire que si ces fonctions venaient à s'affadir ou à s'éteindre, il faudra les réinventer. Mais on ne pourra le faire en faisant l'économie de la réflexion. Ici aussi, nous avons besoins de penseurs. Mais ici aussi, ce n'est pas à n'importe quel prix !

Tout compte fait, politiquement, économiquement, spirituellement, sociologiquement et dans presque tous les domaines, ce qui semble évident, c'est le manque d'une classe d'hommes, non pas tellement d'homme-orchestre mais des concepteurs d'un nouveau système de vie dans la diversification des rôles sociaux en vue de la construction de la chose commune. Ce n'est donc pas tellement d'un manque de moyens que nous souffririons. Si celui-ci est réel, il l'est comme conséquence logique d'un manque de méthode et de conception d'un système d'encrage qui nous fasse sortir des logiques d'emprunt (et que nous ne nous sommes jamais sérieusement appropriés), sans nous condamner à un retour en arrière par ailleurs matériellement impossible.

A ce manquement vient s'ajouter une désorientation d'ordre éthique dans un contexte macro-dimensionnel où la crise morale a laissé libre cours à l'anarchie des valeurs et où les raisons morales n'ont plus de valeur en elles-mêmes si ce n'est pour des raisons éminemment politiques ou économiques. Cette désorientation n'est pas tellement dans le fait qu'un jugement moral négatif nous est affublé dans notre situation d'enlisement. Ce qui serait d'ailleurs une bonne chose et devrait être de plus en plus recherché si l'on s'accorde à comprendre le développement comme étant avant tout un problème de l'homme. Ce qui nous désoriente, c'est le fait que ce jugement

---

343 Il s'agit notamment de quelques concepts théologiques dont celui de l'Eglise-famille qui a connu sa consécration au premier synode africain de 1994, du rite zaïrois de la messe, de la pastorale des communautés ecclésiales de base (CEB), des ministères laïcs avec la figure phare du *Mokambi* ou responsable laïc de la paroisse, de la promotion humaine par l'action des centres de développement, de l'action prophétique de l'épiscopat qui a soutenu et accompagné le peuple dans la recherche d'une gestion saine de la chose publique, etc.

moral nous est appliqué là où il n'est pas requis comme préalable mais où par contre est urgente une évaluation systématique des causes de notre misère et de notre sous-développement. Plus exactement, lorsque nous analysons les causes de notre pauvreté et arrivons à repérer les vraies origines du développement du sous-développement, nous les traduisons facilement en mal moral. Et cela semble tout à fait normal d'autant plus que l'empreinte civilisatrice des convenances externes nous a habitués à une telle opération : nous convaincre de notre incurabilité morale c'est aussi nous renforcer dans la conviction que nous ne pouvons rien. Nous avons, en effet, appris que la civilisation occidentale n'est pas simplement efficace et productive mais elle est aussi meilleure. Par conséquent, il est facile d'en déduire que si nous ne sommes pas productifs et si nous manquons d'efficacité, c'est parce que nous sommes mauvais. Dans les termes de la religion chrétienne telle que nous l'avons reçue, cela signifie être intrinsèquement mauvais ou radicalement pécheurs. Ce n'est pas pour rien que l'on a pu douter de la possibilité du salut pour les nègres. Si cependant, pour des raisons d'intérêt, d'honneur et pour faciliter la domination, il est compréhensible (mais non acceptable) que d'autres se soient acharnés à nous maintenir dans cette réduction absurde de notre être, il est par contre incompréhensible, inacceptable et injustifiable que nous l'avalisions nous-mêmes. La conséquence la plus grave de ce conditionnement moral, ce n'est pas cette forme de conviction vérifiable chez des Congolais, selon laquelle les erreurs et les fautes des autres sont de toujours des peccadilles par rapport à l'énormité de nos fautes. Ce qui est terrible c'est que nous arrivions à croire que faire le bien n'est pas à notre portée et que nous légitimions ainsi tous nos égarements.

Aujourd'hui, la rupture advenue entre civilisation et modernisation, réduisant celle-ci à celle-là au détriment d'une judicieuse appréciation des valeurs, comme nous l'avons montré plus haut, démontre l'absurdité de ce raisonnement et l'irrationalité du jugement qui en découlerait. En effet, bien qu'ayant cessé d'être une référence éthique, la civilisation occidentale réduite à la modernité ne continue pas moins d'être efficace. Par ricochet, si elle tente de se débarrasser de la morale, tout ce qu'elle peut produire, c'est ériger son efficacité en source de moralité. Cette abjecte auto-proclamation de l'efficacité comme source de moralité (qui autorise tous les coups bas et consacre la loi de la jungle) est, par absurde, la confirmation de l'inévitabilité de la morale.

L'on comprend bien qu'il ne s'agit pas de nous vider à notre tour des valeurs morales, pour autant qu'il nous en reste encore dans notre course effrénée à copier, dans le bien comme dans le mal, le modèle gagnant, et cela soit disant parce nous aurions enfin découvert que nos maîtres et civilisateurs nous auraient trompé en nous imposant une vision moralisante de la société de laquelle ils se désengagent aujourd'hui. Il ne s'agit pas non plus de réduire la moralité à l'efficacité des résultats que nous n'avons pas encore. Mais, de la même manière que nous avons souvent été capables de repérer les bêtises des autres sans nous approprier leurs prouesses, il s'agit aujourd'hui de nous rendre compte que le jugement moral ne peut être opposable comme unique critère d'évaluation des performances sociétales, surtout qu'il est le plus souvent de type privatiste et moins structurel ou social. En d'autres termes, ce n'est pas parce que nous sommes mauvais que nous ne réussissons pas à décoller et nous n'y arriverons pas par le simple fait d'être bons. Le jugement moral, même et surtout élargi à la morale sociale, doit demeurer un critère propulsif et/ou rectificatif de la tension créatrice d'une communauté qui se présente essentiellement comme communauté d'hommes. Il ne devrait donc en aucun cas étouffer ou anéantir la tension créatrice. C'est cet aspect qui nous intéresse particulièrement dans cette réflexion et qui motive notre pressant appel à tourner une page de l'histoire qui a vécu, en en tirant, bon an, mal an, le maximum d'enseignements.

Et l'un des non moindres de ces enseignements, c'est notamment le dépassement de la crise du regard qui a longtemps terni, voire bloqué notre marche.

3.3.3. Dépasser la crise du regard

Il est donc temps d'en finir avec le regard archéologique tout en réélaborant au mieux le concept de regard dynamique. Personne de vraiment sérieux ne saurait succomber aujourd'hui aux arguments pseudo-scientifiques qui ont prétendu notamment que l'Afrique noire n'avait pas d'histoire et que la colonisation n'était, au pire, qu'une heureuse faute (*felix culpa*) adamique qui aura permis à l'Afrique d'exister. Ce n'était là qu'un argumentaire construit pour soutenir la domination coloniale. On ne peut que s'étonner que des figures de proue de l'orthodoxie scientifique, de l'envergure du célèbre philosophe allemand G.W.F. Hegel, se soient laissé aller à cette conception saugrenue qui, si elle n'est plus justifiable comme donnée scientifique, demeure encore comptable parmi les idées reçues qui ont la vie longue. La débâcle des cinquante premières années des indépendances africaines contribue aussi à les justifier. Mais, depuis les démonstrations savantes et magistrales de Cheik Anta Diop[344], le mythe du nègre sans histoire ne résiste plus à la vérité et à la réalité. Résumant la question, J. M. Ela écrit : « Un fait est acquis : loin d'être en marge du progrès des lumières, l'Afrique est le lieu

[344] Cf. C.A. DIOP, *Antériorité des civilisations nègres : mythe ou vérité historique ?*, Paris, Présence Africaine, 1967. Dans ses recherches, le professeur C.A. Diop a démontré que la révolution scientifique, dans l'antiquité, se situe en Egypte, non en Grèce, et que ce sont les Egyptiens qui sont en réalité les créateurs de la mentalité scientifique qui fait la fierté et la force de l'Occident moderne. Cf. aussi C.A. DIOP, *Civilisation ou Barbarie*, Paris, Présence Africaine, 1981.

où la raison est née »[345]. Cette vérité aurait en fait dû être reconnue et proclamée au moins depuis qu'il a été reconnu que l'Afrique est le berceau de l'humanité, puisque la raison est l'amie de l'homme et l'homme est la maison de la raison. L'homme tout court et pas l'homme de tel peuple. Mais à condition que des hommes et/ou des peuples veuillent bien s'en servir non seulement efficacement mais aussi en vue du bien. Ce qui n'est pas toujours évident.

Pour autant, L.S. Senghor n'avait pas complètement tort en disant dans une formule devenue célèbre : « La raison est hellène, l'émotion est nègre ». Il serait simpliste de voir en cette expression la preuve d'un mimétisme qui s'accommoderait avec le métissage culturel prôné par l'académicien[346]. De toutes les façons, dans l'optique d'une civilisation de l'universel, il n'y aurait rien de mal à vouloir faire aussi sienne la pratique du bien que l'on observe chez l'autre, non pas dans l'intention de nuire à cet autre mais tout au moins de s'élever à son niveau. Mais en fait, des pleures de la maison d'esclaves de l'île de Gorée aux chansons des esclaves nègres dans les plantations des Amériques, du Blues au Reggae de la génération consciente, de la danse royale des Zoulous au « *Djalelo* » des Zaïrois, des mélodies enchantées du Gospel à l'expressivité des mouvements du réveil religieux en Afrique, on ne peut pas ne pas constater la permanence et l'actualité de l'émotivité. Cette charge émotive se résume dans cette phrase d'un autre fils d'Afrique : « Heureux le peuple qui chante et qui danse ». C'est que l'intelligence et l'ingéniosité des Africains semblent plus éloquentes et expressives dans l'émotivité. Et ce n'est pas en République Démocratique du Congo que cela pourrait être démenti.

Ni Senghor (par intuition) ni C.A. Diop (par déduction) n'auraient donc eu tort de soutenir ces avis pour le moins contradictoires rendant compte de deux périodes différentes de l'histoire africaine : l'actuelle de l'Afrique avec ses déboires et l'ancienne qui aurait formaté l'esprit scientifique. Si les deux opinions sont vraies, qu'est-ce qui se serait donc passé entre temps pour que s'opère ce revirement catastrophique qui aura justement conduit à donner de la culture négro-africaine une perception de société non seulement archaïque ou primitive mais aussi et surtout statique, figée et résistant au changement ?

---

345 J.-M. ELA, *Restituer l'histoire aux sociétés africaines. Promouvoir les Sciences Sociales en Afrique Noire*, Paris, L'Harmattan 1994, pp. 19-20.

346 Senghor s'en serait d'ailleurs défendu : « Le nègre n'est pas dénué de raison, comme on a voulu me le faire dire. Mais sa raison n'est pas discursive ; elle est synthétique. Elle n'est pas antagoniste ; elle est sympathique. C'est un autre mode de connaissance ». L.S. SENGHOR, cité in *L'Avenir. Revue des jeunes*, n° 35, janvier-mars 2002, p. 17.

C'est justement ce qu'il faut comprendre aujourd'hui pour permettre à l'Afrique d'assumer son histoire et de reprendre en main sa destinée dans un monde qui se mondialise.

Il parait, et c'est cela que nous essayons de comprendre dans cette réflexion, que les sociétés africaines porteuses de leur historicité propre et donc porteuses aussi d'un dynamisme de croissance (c'est-à-dire ouvertes au développement) ont été durablement court-circuitées dans un mouvement de remise et reprise coïncidant avec une volonté dominatrice en acte au moment où l'Afrique, ironie du sort, entamait une phase descendante de son histoire. Les effets ne peuvent alors qu'être bénéfiques pour les dominateurs et dévastateurs pour les dominés. Ce serait dans ce contexte que la rationalité ou mieux la domestication de la raison devint hellène après avoir été nègre d'origine. Et par l'entrecroisement de l'idéologie dominatrice, celui qui domestique et s'approprie la raison s'en déclare aussi le seul propriétaire-détenteur. La meilleure façon de le faire, c'est d'exclure le dépossédé de l'histoire et de le convaincre d'être effectivement exclu. Du point de vue africain, ceci n'est pas avant tout un problème racial, mais un phénomène de domination tout court.

Quand l'Egypte pharaonique accueillit les bandes des groupes qui constitueront après l'Exode le peuple d'Israël, ce dernier a beaucoup appris du génie de la civilisation pharaonique de l'Egypte. On sait aujourd'hui que cette Egypte pharaonique était nègre. Moïse lui-même, le fondateur d'Israël (après Yahvé, bien sûr, pour respecter la culture juive) a même grandi dans la cours de Pharaon. Après avoir beaucoup appris en Egypte, le départ d'Israël fut le début de la formation d'une « grande Nation » mais ne constitua pas automatiquement le déclin de l'Egypte pharaonique[347].

Par contre, le déclin de l'Egypte pharaonique contribua à l'essor d'une nouvelle civilisation, la civilisation hellénique, berceau de la civilisation occidentale. Cette dernière, à son tour, fut dominée par la civilisation arabe. Mais à la manière de la senteur du vin de palme dans la calebasse, chaque civilisation dominante n'évacue jamais définitivement celle qui l'a précédée ni ne fond complètement les éléments de celle-ci dans sa propre synthèse. Aujourd'hui, l'on sait que certains éléments non moins importants de la civilisation occidentale ont pu être sauvegardés et même véhiculés grâce à la culture arabe. C'est notamment le cas à propos du patrimoine de la philosophie

---

[347] D'un point de vue plus historique que spirituel, il semble que la fuite des Juifs de l'Egypte pour gagner la Terre promise, a eu lieu alors que l'Egypte du Pharaon Ramsès II (v. 1279-1212 av. J.-C.) était envahie par les « peuples de la mer », venus du côté de l'Asie Mineure et de la Grèce. Et de fait, c'est après la mort de Ramsès III (v. 1184-1153 av. J.-C.) que commence le déclin du Nouvel Empire. L'ancien Empire égyptien va connaitre plusieurs siècles de domination étrangère. C'est sans doute l'origine de l'émergence de la civilisation grecque à partir du 7e siècle av. J.-C.

aristotélicienne. En effet, ce sont les commentaires approfondis des œuvres d'Aristote par le savant arabe Averroès (Ibn Ruchd 1126-1198) traduits en latin et en hébreu qui ont exercé une influence considérable sur la philosophie européenne médiévale et même sur la philosophie juive du Moyen-âge. On peut faire le rapprochement de plusieurs civilisations et observer ce jeu d'influence réciproque qui peut être enrichissant comme aussi nuisible, mais en tous les cas donne naissance à une nouvelle civilisation ou tout au moins à une nouvelle culture.

Quand vint la rencontre de la civilisation occidentale, héritière, par la tradition judéo-chrétienne et par la tradition gréco-romaine, de la civilisation nègre de l'Egypte pharaonique, il se passa quelque chose de curieux et même, pourrait-on dire, de fatal. L'Afrique noire, héritière elle aussi de la sagesse de la civilisation de l'Egypte pharaonique comme substrat propre de sa culture, s'est vue éconduite du rang des civilisations. Quand son statut d'homme et d'homme raisonnable n'était pas mis en cause, elle se voyait réduite au rang de peuples animistes et des charlatans.

L'évocation de l'Afrique dans la « pensée mondiale » advient aujourd'hui encore moins dans la construction discursive et méthodologique qui scelle le corps des énoncés en gestation que dans les modes d'application du « déjà constitué ». Il est très rare que le discours centriste, qui est celui du nord de la planète, rétablisse la périphérie dans ses droits pour ce qui est des questions touchant l'humanité tout entière. Et il n'est pas seulement question de savoir « qui a fait quoi ? », puisque même des Africains ou des « Afros » sont à l'origine de quelques inventions qui ont marqué le développement de la science et de la technologie dans le panorama scientifique moderne. La place de l'Afrique dans le panorama mondial est soit dans l'oubli (comme une portion de la réalité ne valant pas la peine de constituer les bases de la réflexion mondiale ou d'y être insérée), soit, quand elle y figure, dans ce qui ne va pas (comme une portion de l'humanité qui mérite commisération et qui est objet de la charité). L'Afrique est rarement prise pour ce qu'elle est, tant par les autres (ce qui pourrait encore se justifier dans un monde compétitif où on ne doit pas toujours se faire des cadeaux) que par ses propres fils (ce qui ne semble avoir aucune justification sensée). Cela est vrai dans le domaine religieux comme dans le socio-politico-économique.

Bien qu'elle paraisse revendicative, cette observation dit plutôt assez de l'esprit du temps : sur la balance de la mondialisation, tant par elle-même que pour son intérêt, l'Afrique ne vaut pas grand-chose, sauf peut-être à être une matière première (dont la valeur dépend de l'appréciation des autres) et un champ de tir. Et les premiers à y croire, ce sont les Africains !

Que le regard des autres nous cloue à la léthargie et à l'impossibilité de nous affranchir, nous pourrions à la rigueur le comprendre puisque le monde des humains reste le plus cruel. Il faut toujours et autant que possible rester prudent pour qu'on ne tombe pas au piège horrible des loups voraces ou à celui flatteur de la souris qui mord tout en soufflant. Mais, le plus grave, c'est lorsque toute cette orchestration de notre exclusion arrive à nous faire douter de nous-mêmes. Et il y a de quoi. En effet, les séismes culturels conjugués aux cataclysmes naturels du continent noir ont la triste réputation de nous révéler, à chaque étape de notre évolution, comme des personnes et des peuples qui doivent chaque fois tout recommencer. Parfois nous ne nous rendons pas compte que nous avions déjà fait des pas significatifs et même des pas de géant. C'est sur le fond de cette perte de mémoire historique que viennent se greffer de malicieuses propositions extérieures dont les réussites –que nous ne saurions même pas évaluer par manque de références, de méthodes ainsi que d'outils appropriés d'évaluation- deviennent la justification de notre ignorance. Ce qui nous place sur un schéma où la réussite relève de l'anormal tandis que l'échec est ce qu'il y a de normal. Ainsi, quand ailleurs les frontières de l'impossible se réduisent jusqu'à leur plus simple expression, chez nous ce sont les limites du possible qui s'amenuisent jusqu'à se fondre avec l'impossible.

Dans un tel contexte, il devient même douteux de croire en notre capacité de « repli stratégique et de résistance devant l'irruption de certains modèles étrangers »[348]. Et, un tel doute n'est même plus le signe que nous pensons et donc que nous sommes. Car, lorsque nous nous accrochons à notre passé, ce n'est point nécessairement parce que nous le trouvons bon, mais peut-être simplement parce que c'est ce que nous aurions de sûr. A cause de cela, nous avons développé en République Démocratique du Congo une extraordinaire capacité de nous adapter au mal alors que la réalité du mal devrait nous amener plutôt à négocier des voies de sortie de crise en tendant vers le bien. Et, lorsqu'il nous arrive de faire le saut vers l'inconnu, c'est par pur suivisme puisque nous succombons même là où nous avons vu nos prédécesseurs tomber, sans que leur chute nous pousse à aménager d'autres voies de sortie.

Si donc les modes de pensée dans le monde nient systématiquement, évitent volontairement, ou oublient méthodiquement l'évocation de l'expérience négro-africaine[349], il est dangereux de se livrer à une pure

---

[348] J.-M. ELA, *Restituer l'histoire aux sociétés africaines. Promouvoir les Sciences Sociales en Afrique Noire*, Paris, L'Harmattan 1994, p. 21.

[349] Cela ne devrait pas étonner outre mesure, car souvent l'Afrique est absente au moment de la définition des enjeux mondiaux. En réalité, cela ne justifie que partiellement l'état des choses, car les plus grandes défaites de l'ONU en Afrique ces dernières années n'ont-elles pas eu lieu alors que l'Afrique présidait aux destinées de cette organisation mondiale ? Cependant, même alors, la main qui oriente effectivement la machine mondiale n'est pas absente. La mise à l'écart de l'égyptien Boutros Boutros-Ghali de la tête de l'ONU, bien que remplacé par un autre africain, le ghanéen Kofi Annan, demeure emblématique : reconnu par tous comme ayant de l'entregent, le diplomate

transposition d'un savoir (conceptuel et technique) qui d'une façon ou d'une autre, nie ou suspecte notre identité, notre être.

Que faut-il faire ? Il y aurait plusieurs voies de sortie. J'essaie de les résumer en trois possibilités.

Premièrement, nous pouvons essayer d'assumer l'autre en faisant prévaloir notre antériorité mythico-scientifique. Après avoir été longtemps considérée comme berceau de l'humanité, l'Afrique pourrait se prévaloir aujourd'hui de « l'antériorité pharaonique de la civilisation nègre ». Comme l'affirme l'historien J. Ki-Zerbo : « L'Afrique a été le théâtre principal de l'émergence de l'homme en tant qu'espèce royale sur la planète ainsi que de l'émergence d'une société politique »[350]. Ainsi, ce que les autres sont devenus est le développement de ce qui vient de nous. Outre le sursaut d'honneur que ce réflexe donne à la race humiliée, il y a là, à n'en pas douter, les bases d'une valorisation de la culture négro-africaine dans ce qu'elle a été mais aussi dans ce qu'elle continue à être. Cela ne peut que donner du tonus à certaines idéologies africaines, politiques ou religieuses[351].

égyptien s'est rendu impopulaire auprès de certains poids lourds du Conseil de sécurité en raison de son franc-parler et son indépendance d'esprit. C'est pour cela qu'un veto fut opposé pour sa réélection.

[350] J. KI-ZERBO, « De la nature brute à une humanité libérée », in ID. (dir.), *Histoire générale de l'Afrique*, vol. 1. *Méthodologie et préhistoire*, Paris, Jeune Afrique/Stock/Unesco, 1980, p. 771.

[351] En politique, l'idéologie du recours à l'authenticité de Mobutu, les mouvements « Bundu dia Kongo » de Ne Mwanda Nsemi et « Baindo balamuka » du Vénérable Nkusu, pourraient bien s'inscrire, toute proportion gardée, dans cette perspective. En religion, l'évocation de plus en plus soutenue du retour au Dieu des ancêtres par l'église des Noirs et autres groupes, le Kimbanguisme dans sa version officielle actuelle selon laquelle la trinité ne serait rien d'autre que les trois fils de Simon Kimbangu… peuvent être situés aussi sur cette voie. Quand bien même, pour certains de ces mouvements religieux ou églises, il y aurait un syncrétisme à peine voilée et au-delà de leurs divergences bien réelles, la base qui les rattache à « l'antériorité pharaonique de la civilisation nègre » est la même : nous n'avons rien à envier aux autres civilisations car c'est nous qui sommes à la base de tout et c'est de chez nous que tout doit désormais partir. Dans *Christ d'Afrique*, Kä Mana montre comment les égyptologues africains, brisant avec la version occidentale de l'égyptologie et l'impérialisme théologique occidental, ont réussi à mettre en place une pensée christologique à la lumière de l'Egypte pharaonique. Des titres comme *Les cosmo-théologies philosophiques de l'Egypte antique* de G. Bilolo renverraient à cette nouvelle intelligence. Cf. KÄ MANA, *Christ d'Afrique. Enjeux éthique de la foi chrétienne en Jésus-Christ*, Paris, Karthala, 1994, pp. 63-79. Tout en confessant notre connaissance lacunaire de cette orientation théologique, nous pouvons néanmoins avertir d'un certain revirement par rapport à l'intuition originelle de C.A. Diop. En effet, les théologiens égyptologues africains se démènent à réécrire la philosophie et la théologie africaines à partir de l'unité culturelle du monde négro-africain. Mais, à notre avis, l'intuition de C.A. Diop va au-delà de la seule unité culturelle nègre (qui demeure,

La deuxième voie serait d'assumer complètement l'image que la pensée mondiale donne de nous, c'est-à-dire disparaître dans notre identité (qui ne nous aurait d'ailleurs donné rien de satisfaisant sinon que la misère et le mépris de tous, pourrions-nous dire). Cela peut se faire tout bêtement et par suivisme : épouser le mode de paraître de l'autre sans poser de questions. C'est la quête de plus d'un négro-africain hanté par l'aventure de l'Europe. On peut le faire aussi en mettant purement entre parenthèses la problématique de la culture négro-africaine et prétendre ne tenir compte que de l'expérience actuelle de crise. Dans cette perspective, la tâche actuelle de la réflexion africaine n'est pas nécessairement la réhabilitation de notre culture torpillée ou l'africanisation, mais la proposition des perspectives qui donneront des réponses à la profonde crise qui frappe l'Afrique.

Mais, on peut se demander si la recherche des perspectives qui donnent des réponses actuelles à la crise africaine s'oppose, en principe et de fait, à la volonté de réhabilitation de la culture négro-africaine. Ce qui ne trompe pas, c'est que la destruction de la culture négro-africaine a historiquement contribué à ouvrir la voie à toutes sortes d'expropriation de l'Africain[352]. Dans ce contexte, vouloir la libération de l'Afrique en négligeant cette composante qui a été à la base de la déstructuration du continent, sous prétexte de parer au plus pressé, compromet la finalité même de la libération.

Il est aussi possible d'assumer « intelligemment » l'image que les autres veulent que nous ayons de nous-mêmes, en corroborant subtilement les très vieilles et non moins dépassées théories ethnologiques du retard d'évolution de certains peuples ou les thèses révisionnistes qui, dans leur version tropicale, prétendent que l'Afrique gagnerait plutôt à être

---

toutefois, un des aspects les plus importants structuré par le pionnier sénégalais). Cf. J.-C. BAHOKEN, « Universalité de la pensée africaine philosophique. L'apport de l'Egypte », in *Présence Africaine* 149-150 (1989), pp. 41-50. Cette intuition porte à vérifier que l'esprit scientifique reconnu à tort ou à raison propre à la civilisation occidentale, est originairement une invention de la civilisation pharaonique. En prolongeant cette observation, nous pouvons dire que pour l'égyptologue sénégalais, rien de ce qui semble revenir à la civilisation occidentale en termes de rationalité et de scientificité n'est « en principe » constitutivement étranger et moins encore contraire à la culture négro-africaine. De toutes les façons, face à ce qui se vérifie aujourd'hui comme une incapacité congénitale de l'Afrique à s'approprier l'esprit scientifique, il n'y aurait alors comme réponse que la nostalgie d'une richesse paternelle devenue étrangère et même antipathique aux authentiques héritiers, comme nous l'a déjà chanté Maître Ipoli Bayolo du Bobongo d'Ikongo (Ekonda) : L'héritage de notre Père a été pillé et emporté par les autres...

[352] Le comble de l'ironie, c'est que des objets de la culture africaine ornent aujourd'hui les musées de ceux qui les ont jadis déclarés sans valeur artistique et culturelle et nous les faisaient brûler ou haïr.

recolonisée[353]. Beaucoup d'Africains en sont là, faisant prévaloir une infériorité qui semble leur coller à la peau et à l'esprit[354]. Dans ce contexte, l'appropriation de ce qui fait la force de la civilisation dominatrice devient l'arme la plus efficace à la fois contre le dominateur et contre nous-mêmes (c'est-à-dire, contre ce que nous avons été jusque-là), notamment, pour démystifier « l'enchantement lyrique de la négritude »[355].

Enfin, comme troisième voie, on a la possibilité de rendre compte de l'expérience négro-africaine telle que vécue aujourd'hui, dans ses hauts et dans ses bas, mais aussi à la lumière d'une motivation à la fois spirituelle et rationnelle. Etre prêts à rendre compte des raisons de notre espérance au moment où aucune espérance ne semble verdoyer à l'horizon. Il n'a jamais été facile de croire profondément. Et, quand cela devient si facile pour le commun des mortels, il y a beaucoup de chances que l'on soit sur la mauvaise voie.

Cette perspective, qui peut paraître banale et simpliste, est en réalité difficile et exige du courage. Dans notre volonté frénétique de restauration de l'Afrique, nous ne devons pas croire que la quête du bien aujourd'hui est ou devrait être absolument différente de celle d'hier. L'échec ou l'impasse de l'Africain, pour autant que l'on s'accorde à le déclarer, s'il peut remettre en cause les méthodes utilisées pour atteindre le but, ne rend pas vain le mobile et les intentions droites de ce que l'on peut qualifier de « combat pour une Afrique adulte ».

Ce qui est certainement sûr, c'est que le fait de ne pas prendre en compte certaines interrogations d'hier n'est pas neutre dans l'impasse actuelle de l'Afrique. Cela est encore plus vrai lorsque les enjeux du développement portent à une remise à l'heure de la pendule sociale négro-africaine.

L'Afrique va-t-elle mourir ?[356] Cette question dit bien l'angoisse de tout un continent. Mourir est toujours une possibilité à la portée de ce qui vit. Mais rien ne justifie que ce qui meurt est a priori inutile. C'est pourtant ce que l'on voudrait nous faire croire et qui suscite la crise du regard. Si donc ce qui meurt ou semble mourir n'est pas nécessairement inutile, celui qui est averti d'une quelconque légitimité de la vie, ne peut que s'investir à sa défense, surtout lorsqu'il s'agit de la vie humaine.

---

[353] Cf. C. MONGA, *Le mythe de la gestion africaine*, cité par E. MATOKO, *L'Afrique par les Africains. Utopie ou Révolution?*, Paris, L'Harmattan, 1996, p. 212.

[354] Cf. J.P. NGOUPANDE, *Racines historiques et culturelles de la crise africaine*, Abidjan, AD Edition & Cotonou, Editions du Pharaon, 1994 ; T. DIAKITÉ, *L'Afrique malade d'elle-même*, Paris, Karthala, 1986.

[355] Cf. KÄ MANA, *Théologie africaine pour temps de crise. Christianisme et reconstruction de l'Afrique*, Paris, Karthala, 1993, p. 29.

[356] KÄ MANA, *L'Afrique va-t-elle mourir ? Bousculer l'imaginaire africain. Essai d'éthique politique*, Paris, Cerf, 1991.

Les faits ont donné raison à nos ancêtres qui, sans avoir étudié les théories du développement, nous apprirent qu'un champ dont le brulis est confié à un quelconque passant ne sera jamais prêt pour les semailles. Ce n'est point le correspondant local de l'expression « on est mieux servi que par soi-même ». C'est une invitation à la prise de responsabilité et à l'engagement dans un contexte où tout le monde doit se mettre au travail en vue de la réussite générale. D'où donc la nécessité de dépasser des prismes qui, au lieu de nous apporter du tonus, ne font que décourager.

C'est que le développement de l'Afrique semble suspendu entre des idéologies (ou mieux dit entre des idées reçues), des complaintes et des commisérations, sans jamais percer l'abcès réel ou imaginaire construit par des regards supérieurs et méprisants, plaintifs et revendicatifs, ou encore compréhensifs et encourageants. Il n'y a pas que des idéologies de la domination, qu'elles soient colonialistes ou néocolonialistes, au rang desquelles est en train de se greffer un certain discours sur l'inéluctabilité de la mondialisation au relent totalitaire d'un parti unique mondial. Il y a aussi des idéologies africanistes, un peu trop préoccupées de prouver aux négateurs de notre identité africaine que nous valons, nous aussi, même si c'est au titre de matières premières ou d'imitateurs de la modernité globalisante. Il y a aussi notre complainte de l'aînée que l'on a dépossédée de son droit d'aînesse par les aléas de l'histoire comme victimologie. Il y a enfin la compréhension et l'encouragement de ceux qui reconnaissent que « les Africains ont été, et sont toujours, ces prisonniers qui ont colonisé une région particulièrement hostile au nom de toute la race humaine. En cela réside leur principale contribution à l'histoire. C'est pourquoi, ils méritent qu'on les admire, qu'on les soutienne et qu'on les étudie avec soin ». D'autant plus que « la souffrance représente un aspect central de l'expérience africaine, qu'elle résulte de l'âpre lutte avec la nature ou de la cruauté des hommes »[357].

Le résultat de toutes ces manières de regarder, c'est de conduire le continent noir dans un cul-de-sac, un processus de non développement en vertu duquel le mieux que l'on puisse faire, c'est soit d'aller en Europe soit de faire comme si on était en Europe. Les compliments du Gouverneur de la ville de Kinshasa au Président Joseph Kabila à la veille de la grande fête du cinquantenaire de l'indépendance de la République Démocratique du Congo résument bien cette mentalité. En effet, à l'occasion de l'inauguration de la splendide statue de Joseph Kasa-Vubu à la Place Kimpwanza à Kinshasa[358] et pour quelques travaux de modernisation de la ville de Kinshasa, le gouverneur s'est fait le porte-parole des habitants de sa ville-province en disant au

---

[357] J. ILIFFE, *Op.cit*, pp. 11 et 15.

[358] Premier Président de la RDC de 1960 à 1965, Joseph Kasa-Vubu (1913-1969) fut aussi le premier bourgmestre congolais de la commune qui porte aujourd'hui son nom et où est érigé le monument en son honneur inauguré le 29 juin 2010.

président dans la langue kinoise : *« Okweisi mikili na Kin »* (Vous avez rendu Kinshasa belle comme une ville de l'Europe)[359]. Cela signifie qu'il n'y a pratiquement d'alternative pour le développement de l'Afrique que de devenir comme « *Mikili* ». Le comble, c'est que tout cela se pense, se dit et se fait pratiquement sans la moindre considération de la nécessité d'une remise en question qui se fait jour au-dedans même de la modernité. Cette remise en question entrevoit que le futur du développement ne peut plus se penser dans l'optique de ce qui se fait encore au sein de la modernité et qui a conduit à des impasses culturelles, financières, technologiques et environnementales consécutives aux ratés que, curieusement ou contradictoirement, l'unilatéralisme d'une civilisation qui se veut pourtant gagnante ne sait plus se cacher ni mater. Serions-nous si bêtes pour continuer à concevoir notre développement sur un modèle démodé, alors même que ses protagonistes patentés tardent à imposer une alternative ? Ainsi, alors que le monde compte beaucoup sur notre forêt tropicale pour son équilibre géophysique, faudra-t-il que nous l'éventrions complètement sous prétexte de combler notre retard infrastructurel ? Au regard des dégâts colossaux provoqués par des marées noires, fruit de la gourmandise énergétique des grandes puissances et alors qu'elles-mêmes se lancent dans la promotion des énergies renouvelables et non polluantes, devrions-nous pousser la désinvolture à l'extrême en nous ruant aujourd'hui vers l'or noir et autres matières premières qui sont déjà chez nous les vrais nerfs des guerres répétitives habilement maquillées en dégénérescence des conflits ethniques pour notre propre perte ? Le temps n'est-il pas venu pour comprendre finalement que certains acquis de la modernité pour lesquels nous nous battons et envions la stature des pays développés ne sont pas si importants comme on nous l'a fait avaler dans notre volonté de brûler les étapes pour rattraper le train du développement ?

---

[359] La traduction littérale plus expressive serait : « Vous avez fait descendre l'Europe à Kinshasa ». L'image vaut bien son pesant d'or pour rendre toute une conception de la modernisation dans la mentalité : il ne s'agit pas du tout de « détrôner » l'Europe au profit de Kinshasa (c'est sans doute une typologie hors de l'imaginaire commun du Kinois et du Congolais) mais d'une « copie certifiée conforme ». Et, selon ce regard, la condition pour que le Congo soit développé est probablement qu'il soit une copie conforme à l'originale qui est ailleurs. Pour ce faire, il n'y a que des hommes venus d'ailleurs qui peuvent y arriver. Et de fait, beaucoup de ces œuvres de modernisation sont entre les mains des étrangers : la statue du président Kasa-Vubu dont il est question ici vient de la Corée du Sud. Dans l'imaginaire kinois ou congolais, le concept « Mikili » a pris désormais une extension plus large que l'Europe pour englober tous les pays modernisés, de l'Europe aux Amériques en passant par les pays développés de l'Asie. Même l'Afrique du Sud est en train de devenir aussi un pan du Mikili pour les habitants de Kinshasa, l'ancien « Mputu Bayindu » (Europe des Noirs) de l'époque coloniale ! Et si l'exemple vient d'en haut, les communes de Kinshasa se disputent âprement aujourd'hui d'être qui Paris, qui New York, Londres, Dallas, Nice, Monaco ou de que sais-je encore de belles cités du monde. Demain, il y aura peut-être aussi un Jo'bourg et un Kigali en pleine Kin l'envieuse…

Heureux pourtant qui, comme nos ancêtres l'avaient sagement expérimenté, ayant constaté le devancier profondément enfoncé dans un marécage, s'emploiera à trouver un autre chemin plus fiable pour inventer son avenir et peut-être aussi celui des autres. Avons-nous encore le droit de demander la permission de qui que ce soit pour le faire, tout en étant conscients que, depuis les temps immémoriaux de la diversification de l'espèce humaine, les hommes ont toujours évolué en s'inspirant aussi bien des réussites que des échecs des autres ? La course à l'hégémonie est suicidaire au lieu où la volonté de réussir et d'être, soi-même, porte souvent en première ligne. Le prométhéisme n'est pas la finalité de l'existence mais le fait de s'employer à faire le bien libère la créativité, le goût du risque calculé ou même suprême, et place au rang des sauveurs de l'humanité. Et, en cette matière, comme en bien d'autres, il n'est point de peuple prédestiné. Il n'y a que des Epiméthée, c'est-à-dire, « ceux qui ne voient qu'après coup » (et qui sont obligés d'ouvrir la boîte de Pandore et de déverser toutes les misères) et des Prométhée, c'est-à-dire, des prévoyants (toujours capables de contenir les misères, même si c'est à leurs dépens). Car, plus que la volonté d'un progrès à tout prix et surtout mieux que de vouloir se faire un dieu, c'est la foi en l'humanité et la révolte contre la fatalité qui sont le propre et le meilleur de l'homme vraiment homme.

Conclusion

Si certaines expressions n'étaient pas trop chargées du poids de l'histoire et de ce fait devenues aussi mythiques et spécifiques que délicates et dangereuses quant à leur réutilisation en d'autres contextes, je serais tenté de dire qu'une vraie révolution congolaise n'a pas encore eu lieu. Avec un optimiste réaliste, nous aimerions dire qu'une telle révolution est peut-être en cours, mais probablement pas dans le sens qu'auraient voulu lui imprimer les différentes étapes de notre histoire depuis cinq siècles : une occupation brutale et humiliante, une décolonisation non préparée et mal négociée, une prise de pouvoir par la force, des guerres de libération ou d'agression aux contours imprécis, une démocratisation imposée et aux goûts des dirigeants, une partitocratie de la faim et surtout une expectative complexée.

En paraphrasant Louis-Adolphe Thiers (1797-1977) dans son *Histoire de la Révolution française*, nous pouvons dire pour le cas de la République Démocratique du Congo : Cinq siècles entiers de colonisation ont contribué à dévoiler les abus et à les pousser à l'excès ; soixante années d'indépendance ont contribué à exciter la révolte, à aguerrir les masses dépossédées et à assagir les esprits. Enfin, diverses calamités naturelles et un concours fortuit d'événements dans le contexte mondial nous amène à la conscience qu'il est temps de fermer la parenthèse de la « modernisation » du Congo qui s'écoule depuis la « découverte » du Congo jusqu'à nos jours, pour passer à autre chose de plus constructif. Désormais compris comme une longue transition, ce temps ainsi bien circonscrit devrait nous permettre de retrouver notre passer tout entière pour envisager autrement notre avenir. L'homme ne devant pas s'installer indéfiniment dans le mal, on peut bien différer la réalisation de ce relèvement mais son accomplissement sera tôt ou tard infaillible. Si on n'est ainsi averti, il n'est donc plus nécessaire d'en différer interminablement la réalisation, au risque de faire croire à ceux qui continuent de parler du monde comme de leur patrimoine exclusif que nous, nous dormons ou, pire, nous sommes distraits.

Pour autant, la *révolution congolaise* doit-elle ou devra-t-elle suivre à la lettre l'évolution historique des mouvements d'émancipation attestés il y a plus de deux siècles, avec leurs avantages et leurs limites, à savoir la conformité de l'évolution politique aux lois historiques, l'inexorabilité de la violence révolutionnaire, la nécessité de la dictature… ? En d'autres termes, l'histoire d'une période si mouvementée devra-t-elle se clore avec l'exclusion du peuple, le seul au nom duquel on déclare pourtant agir ? C'est comme si l'histoire, celle des autres et la nôtre, n'était faite que pour être contée et non pour apprendre. N'oublions cependant pas que ce qui nous est spécifique mais paradoxalement étranger, c'est que, contrairement aux grandes révolutions reconnues comme telles dans l'histoire, où des siècles d'abus n'ont été à vrai dire que des problèmes de cuisine intérieure, notre tourmente a assumé dès les origines la dimension d'une convenance externe, soit parce qu'elle était le résultat d'une époque de domination étrangère, soit parce que, même quand il s'est agi de la domination des Congolais par des Congolais (ou par ceux qui passaient pour des Congolais), c'était toujours en vertu des paramètres qui ne sont pas les nôtres. Tout ce travail n'a fait que le démontrer, parfois de manière répétitive, mais sans monotonie et surtout de façon définitivement convaincante.

Les temps des révolutions sont paradoxalement des temps favorables pour la construction des Nations. Cependant, quand un peuple ou une nation, même en construction, se révolte contre un pouvoir d'occupation, on ne devrait vraiment pas parler de révolution. C'est une chose très normale qu'une société donnée cherche à s'organiser suivant ses propres options et orientations. La vraie révolution est toujours interne, c'est-à-dire quand les intérêts de la majorité et le sens logique des options majeures d'une société sont mis à l'écart par une minorité à la faveur de la gestion d'un pouvoir de fait. Alors, si on a réussi à coudre les bouches des hommes et des femmes, même les pierres et les arbres se mettront à crier...

Quelle serait, selon cette loi de l'histoire, notre situation en République Démocratique du Congo et en Afrique ? Est-ce la très normale situation de vouloir organiser notre société vis-à-vis d'une occupation externe ? Ou est-ce la situation révolutionnaire où les pierres doivent crier contre l'oppression des frères par le frère ? A la vérité ni l'une ni l'autre. Peut-être les deux à la fois ! D'une part parce que nous ne sommes plus à l'époque de la revendication des indépendances pour continuer à accuser les envahisseurs étrangers. D'autre part, rien ne nous assure que le plat avarié qui semble sortir de notre cuisine intérieure est un pur produit de nos minorités bourgeoises au pouvoir qui continuent à confirmer leur possession du pouvoir grâce au soutien de Paris, Bruxelles et Washington et désormais de leurs suppôts africains. Si nous y ajoutons le fait que tout cela se passe aujourd'hui dans le contexte incontournable de mondialisation, nous nous rendons alors compte que notre situation actuelle est spécifique et irréductible au schéma connu des révolutions. Ce qui nous semble plutôt normal, comme devrait être normale aussi la conscience que l'histoire ne se répète pas. Pourtant, à l'heure de l'imagerie parfaite et des velléités du clonage humain, où les copies et les reproductions se confondent parfaitement avec les originaux, il est facile de céder à cette tentation de croire à la reproductivité de l'histoire dans le temps et dans l'espace.

Une chose paraît évidente : du 15e siècle à nos jours, il n'y a pas, du point de vue congolais (mais aussi africain, croyons-nous), une ligne de démarcation nette et suffisante comme celle facilement observable avec la période qui précède la « découverte du Congo ». Si cela était suffisant pour délimiter les périodes de l'histoire congolaise, nous y verrions une unité composite qui a pour caractéristique la modernisation du Congo et pour effet le développement du sous-développement, dû à la poursuite des convenances externes. Puisque cette version de l'histoire congolaise n'a pas joué et ne joue toujours pas en notre faveur, du moment que nous en prenons conscience et pour peu que nous soyons responsables, nous ne pouvons que travailler pour la fermeture d'une parenthèse qui n'a que trop duré dans le temps et qui semble encore davantage perdurer dans les esprits.

Un proverbe dit : « Reculer devant un obstacle ne signifie pas nécessairement avoir peur ». Par la volonté des autres ou par notre propre faute, le temps de la modernisation du Congo a été pour nous un temps de recul. Puisque ce recul n'a pas été stratégique à la manière de celui dont parle la sagesse ntomba, il n'a pu être que catastrophique ! Il n'y a pas de honte à le dire. Maintenant que les Congolais sont à même de s'en rendre compte et de décortiquer les tenants et les aboutissants de cette débâcle, mieux que nous ne l'avons fait dans cet essai, il nous coûte de convertir cet échec (ce problème) en un défi et d'élaborer des stratégies de sortie définitive de la crise multiséculaire du muntu.

Ce qui ne change pas depuis cinq siècles, c'est l'extraversion de notre mode de vie et cela non pas sur des accessoires mais sur des questions capitales, peu importe aujourd'hui de savoir par qui ou de qui proviennent ces convenances externes (par notre propre faute ou par celle des occupants). Convertir ce problème en un défi, c'est fermer ce qui n'aura finalement été qu'une trop longue parenthèse en travaillant désormais sur la base de nos propres convenances dans un monde éclaté et mondialisé. La stratégie, c'est opérer une révolution sur nous-mêmes, sans trop nous arrêter sur « comment l'Occident a sous-développé l'Afrique » ni sur « comment l'Orient est en train de prendre le relai pour sous développer l'Afrique ». Cela signifie que nous prenons conscience que désormais le point de mire et d'orgue est le passage en première ligne, non pas tellement pour détrôner les autres –ne nous faisons pas d'illusion– mais pour poursuivre notre chemin en fonction de nos convenances et d'une vision renouvelée de notre réalité. Ce sera aussi notre contribution pour un monde vraiment mondialisé, qui ne devrait plus continuer à souffrir de l'absence caractéristique de l'Afrique dans le débat et l'action pour construire le présent et inventer le futur, parce que réduite et se complaisant à être une matière première pour le reste du monde. C'est du moins notre souhait et il est de l'ordre du possible. Car, après tout, les Africains et les Congolais doivent parier que le troisième millénaire sera aussi le leur, à condition de s'y mettre dès à présent.

Puisque, en toute évidence, il ne sera pas encore facile d'être le Congo même après la voie ouverte par cette réflexion, notre stratégie d'élucidation n'est donc qu'à ses débuts.

Bibliographie

AGAZZI, E., *Le bien, le mal et la science. La dimension éthique de l'entreprise techno-scientifique*, Paris, PUF, 1996.

AMIN, S., *Le Développement inégal. Essai sur les formations sociales du capitalisme périphérique*, Paris, Les Éditions de Minuit, 1973.

ANDREANY, T. & VAKALOULIS, M. (dir.), *Refaire la Politique*, Paris, Syllepse, 2002.

ARENDT, H., *La condition de l'homme moderne* (1961), Paris, Calmann-Lévy, 1983.

AXELSON, S., *Culture Confrontation in the Lower Congo*, Gummesons, 1970

BAHOKEN, J.-C., « Universalité de la pensée africaine philosophique. L'apport de l'Egypte », in *Présence Africaine* 149-150 (1989), pp. 41-50.

BALANDIER, G., *La vie quotidienne au Royaume de Kongo du XVe au XVIIe siècle*, Paris, Hachette, 1965.

BIMWENYI Kweshi, O., *Discours théologique négro-africain. Problèmes de fondements*, Paris, Présence Africaine, 1981.

BOISSONNADE, E., *Le mal zaïrois*, Paris, Hermé, 1990.

BONTINCK, F., « Le padrão de l'embouchure du Zaïre. Histoire et signification », in *Cultures au Zaïre et en Afrique*, 2 (1973) pp. 3-31.

———, *Aux origines de l'État Indépendant du Congo*, Louvain, Éditions Nauwelaerts, 1966.

BRAECKMAN, C. et autres, *Kabila prend le pouvoir*, Bruxelles, Editions GRIP, 1998.

———, *L'enjeu congolais. L'Afrique centrale après Mobutu*, Paris, Librairie Arthème Fayard, 1999.

BRUHAT, J., "Colonisation", in *Encyclopaedia Universalis*, Mérignac, CD-Rom Universalis, 1997.

BUAKASA Tulu Kia Mpansu, *L'impensé du discours. « Kindoki » et « nkisi » en pays Kongo du Zaïre*, Kinshasa, FTCK, 1980.

BUMBAKINI Ekwalama, « La nature de la faute morale en culture négro-africaine. Etude analytique et critique », in *USAWA*, 2 (1987), pp. 63-70.

BUSUGUTSALA Gandayi Gabudisa, *Politiques éducatives au Congo-Zaïre. De Léopold II à Mobutu*, Paris-Montréal, L'Harmattan, 1997.

C.I.CI.BA., *Les peuples bantu. Migrations, expansions et identité culturelle*, Paris, L'Harmattan, 1989.

Conférence Nationale Souveraine. Contribution de l'AMOZA, Kinshasa, Ed. AMOZA, 1991.

CORNET, J., « Autour de l'histoire du Shaba », in *Zaïre-Afrique*, 150 (1980), pp. 609-616.

CUVELIER, J., *L'ancien Royaume du Congo*, Bruges, Desclée de Brower, 1946.
DA SILVA, R., *Portuguese Colonization in Sixteen Century. A study of the Royal Ordinances*, Johannesburg, 1959.
de VILLERS, G., *Zaïre. La transition manquée 1990-1997*, Paris, L'Harmattan, 1997.
De VOS, P., *La décolonisation : les événements du Congo de 1959 à 1967*, Bruxelles, ABC, 1975.
DELUMEAU, J., *La civilisation de la renaissance*, Paris, Arthaud, 1984.
DIAKITÉ, T., *L'Afrique malade d'elle-même*, Paris, Karthala, 1986.
DIOP, C.A., *Antériorité des civilisations nègres : mythe ou vérité historique ?*, Paris, Présence Africaine, 1967.
———, *Civilisation ou Barbarie*, Paris, Présence Africaine, 1981.
DUMONT René, *L'Afrique noire est mal partie*, Paris, Seuil, 1962.
DURKHEIM, E., *Les formes élémentaires de la vie religieuse. Le système totémique en Australie*, 7e édition, Paris, PUF, 1985.
Eglise et Société. Le discours socio-politique de l'Eglise catholique du Congo (1956-1998). Tome 1 : *Textes de la Conférence Episcopale*, Textes rassemblés et présentés par Léon de Saint Moulin s.j. et Roger Gaise N'Ganzi o.p., Kinshasa, Facultés Catholiques de Kinshasa, 1998.
EISA, *Manuel de formation des médiateurs en conflits électoraux*, Kinshasa, EISA, 2004.
EKWA bis Isal, M., « Lignes d'action du nouveau système éducatif au Zaïre. Rapport final des Etats Généraux de l'Education », in *Zaïre-Afrique*, 304 (1996), pp. 141-160.
———, « Quel devenir pour l'école zaïroise », in *Zaïre-Afrique*, 277 (1993), pp. 399-416.
ELA J.M., *Afrique. L'irruption des pauvres. Sociétés contre Ingérence, Pouvoir et Argent*, Paris, L'Harmattan, 1994.
———, *Innovations sociales et renaissance de l'Afrique noire. Les défis du « monde d'en-bas »*, Paris-Montréal, L'Harmattan, 1998.
———, *Restituer l'histoire aux sociétés africaines. Promouvoir les Sciences Sociales en Afrique Noire*, Paris, L'Harmattan 1994.
ETOUNGA Mangouelle D., *L'Afrique a-t-elle besoin d'un programme d'ajustement culturel?*, Paris, Editions Nouvelles du Sud, 1993.
FROELICH, J.-C., *Nouveaux dieux d'Afrique*, Paris, Ed. de l'Orante, 1969.
FUKUYAMA, F., *La fin de l'Histoire et le dernier homme*, Paris, Flammarion, 1992.
GILLON, L., *Servir en vérité*, Louvain-la-Neuve, Duculot, 1988.
GREENBERG, J. H., « Linguistic Evidence regarding Bantu origins », in *Journal of Africa History*, XII, 1972.
HABERMAS, J., *Technique et science comme « idéologie »*, Paris, Gallimard, 1968.

HEINZ, G. & DONNAY, H., *Lumumba Patrice, les cinquante derniers jours de sa vie*, Bruxelles, CRISP, 1966.

HIERNAUX, J., « Bantu Expansion. The evidence from physical and anthropological confronted with linguistic and archeology evidence », in *Journal of Africa History*, IX, 4, 1968.

ILIFFE, J., *Les Africains. Histoire d'un continent*, Paris, Aubier-Flammarion, 1997.

IYANDZA Lopoloko, J., *Bobongo, Danse renommée des Ekonda*, Tervuren, MRAC, 1961.

JOYE, P., & LEWIN, R., *Les trusts au Congo*, Bruxelles, Société Populaire d'Edition, 1961.

K.F., « En passant par d'autres », in *Jeune Afrique*, n° 1959 du 28 juillet au 30 août 1998, p. 113.

KÄ MANA, *L'Afrique va-t-elle mourir ? Bousculer l'imaginaire africain. Essai d'éthique politique*, Paris, Cerf, 1991.

———, *Théologie africaine pour temps de crise. Christianisme et reconstruction de l'Afrique*, Paris, Karthala, 1993.

———, *Christ d'Afrique. Enjeux éthique de la foi chrétienne en Jésus-Christ*, Paris, Karthala, 1994

KABOU A., *Et si l'Afrique refusait le développement?*, Paris L'Harmattan, 1991.

KALB, M., *The Congo cables. The cold war in Africa: from Eisenhower to Kennedy*, New York, 1982.

KENNES, E., « Le secteur minier au Congo : 'Déconnexion' et descente aux enfers », in F. REYNTJENS & S. MARYSSE, *L'Afrique des Grands Lacs. Annuaire 1999-2000*, Paris, L'Harmattan, 2000.

KITA Kyakenge, *Colonisation et enseignement. Cas du Congo avant 1960*, Bukavu, CERUKI, 1982.

KI-ZERBO, J., (dir.), *Histoire générale de l'Afrique. I. Méthodologie et préhistoire africaine*, Édition abrégée, Paris, Présence Africaine / Edicef / Unesco, 1986.

———, « La tradition orale en tant que source pour l'histoire africaine », *in La tradition orale. Problématique et méthodes des sources de l'histoire africaine*, Paris, UNESCO, 1972, pp. 96-112.

LADRIERE, J., « Cybernétique (Signification) », in *Encyclopaedia Universalis*, Mérignac, CD-Rom Universalis, 1997.

———, *Les enjeux de la rationalité. Le défi de la science et de la technologie aux cultures*, Paris, Aubier-Montaigne/Unesco, 1977.

LEJEUNE, E., *L.D. Kabila, militant nationaliste congolais*, Bruxelles, Gamma Press, 1997.

LENGELLE, M., « Esclave », in *Encyclopaedia Universalis*, Mérignac, CD-Rom Universalis, 1997.

LOKONGO Lombewo, *Ilako : Essaie d'analyse d'une thérapie traditionnelle en société Ekonda et Ntomba de Bikoro*, Mémoire de licence en Anthropologie, (Inédit), Lubumbashi, UNAZA, 1981.

M'BOKOLO Elikia, *L'Afrique au XXe siècle. Le continent convoité*, Paris/Montréal, Etudes vivantes 1980.

———, *L'Afrique moderne*, Paris, ACCT/Présence Africaine, 1988.

———, *La Dispersion des Bantou. L'Afrique australe du XVIe au XVIIe siècle,* Paris, Pensée Africaine, 1989.

MABIKA Kalanda, *La remise en question, base de la décolonisation mentale*, Bruxelles, Ed. Remarques africaines, 1967.

MAHN-LOT, M., *La découverte de l'Amérique*, Paris, Flammarion, 1970.

MALULA, J.-A., « L'âme noire face à l'Occident », conférence donnée au Congrès de l'humanisme chrétien, le 28 mai 1958. Texte repris dans J.-A. MALULA (Card.), *L'Evêque africain aujourd'hui et demain*, Kinshasa, 1979, pp. 42-63.

MANDEVILLE, B., *An Enquiry into the Origin of Honour and the usefulness of Christianity in War*, (1732), Londres, 1971.

MANDEVILLE, B., *La fable des abeilles, ou les Fripons devenus honnêtes*, (1740), Paris, Vrin, 1991.

MARTENS, L., *Kabila et la révolution congolaise,* Bruxelles, Editions Epo, 2002.

MATOKO, E., *L'Afrique par les Africains. Utopie ou Révolution?*, Paris, L'Harmattan, 1996.

MATUNGULU Otene, *Etre avec. Heurts et lueurs d'une communion. Une spiritualité bantu de l'Etre-avec*, 2e éd. revue et augmentée, Lubumbashi, Ed. Saint Paul Afrique, 1981.

MBOLOKALA Imbuli, *La thérapeutique philosophique : mythe ou réalité?*, Kinshasa, FCK, 1996.

MOLINGA Nganda mo Lotanda, *L'épopée d'yeli i Mpaha. Histoire des Ntomba de Bikoro au Zaïre*, Kinshasa, Centre de Vulgarisation agricole, 1988.

MONHEIM, F., *Mobutu, l'homme seul*, Bruxelles, Éditions Actuelles, 1962.

———, *Mobutu, le point de départ*, Paris, Didier-Hatier, 1985.

MONSENGWO Pasinya, L., *Discours de clôture de la Conférence Nationale Souveraine*, Kinshasa, 6 mars 1992.

MONSMAN, G., « Conception chrétienne de la colonisation », in *Grands Lacs*, 3/147, 1951, p. 35.

———, « L'enseignement aux indigènes tel que la conçoivent les missionnaires catholiques », in *Cahier de l'Institut de Sociologie Solvay*, 1, 1951, pp. 49-59.

Morale et Société zaïroise. Actes de la première rencontre des moralistes zaïrois, du 1er au 4 novembre 1978, Kinshasa, Ed. AMOZA, 1988.

MOREL, E.D., *King Leopold's rule in Africa*, New York, Funk and Wagnalls Company, 1905.

———, *The Congo – A Report of the Commission of Inquiry Appointed by the Congo Free State Government*, G.P. Putnam's Sons, 1906.

———, *The Congo Crown Domain*, London, The Congo Reform Association, 1907

———, *The red rubber*, New York, Nassau Print, 1906.

MUDIMBE, V.Y (dir.), *La dépendance de l'Afrique et les moyens d'y remédier. Actes de la 4e session du congrès international des études africaines, Kinshasa 12-16 décembre 1978*, Paris, Ed. Berger-Levrault, 1980.

———, *L'odeur du Père. Essai sur les limites de la science et de la vie en Afrique noire*, Paris, Présence Africaine, 1982.

MUKENDI, G. & KASONGA, B., *Kabila. Le retour du Congo*, Bruxelles, Quorum, 1997.

MULAGO Gwa Cikala M., *La religion traditionnelle des Bantu et leur vision du monde*, Kinshasa, FTCK, 1980.

MWENE Batende, *Mouvements messianiques et protestation sociale*, Kinshasa, 1982.

NDAYWEL è Nziem, I., *Histoire générale du Congo. De l'héritage ancien à la République démocratique*, Paris-Bruxelles, Duculot/Afrique Editions-Agence de la francophonie, 1998.

NEWBURY, C., *The Cohesion of Oppression ; Clientship and Ethnicity in Rwanda, 1860-1960*, New York, Columbia University Press, 1988.

NGANDU N'kashama, *Eglises nouvelles et mouvements religieux*, Paris, L'Harmattan, 1990.

NGBANDA Nzambo-ko-Atumba, H., *Crimes organisés en Afrique centrale. Révélations sur les réseaux rwandais et occidentaux*, Editions Duboiris 2004.

———, *Afrique : démocratie piégée*, Condé-sur-Noireau (France), Equilibres aujourd'hui, 1994.

NGOUPANE, J.P., *Racines historiques et culturelles de la crise africaine*, Cotonou, AD Editions & Abidjan, Ed. du Pharaon, 1994.

NGWEY Ngond'a ndenge, « Conditions théologales d'une contribution de la théologie morale africaine à l'élaboration d'un type de société », in *Théologie africaine. Bilan et Perspectives. Actes de la XVIIe Semaine théologique de Kinshasa, 2-8 avril 1989*, Kinshasa, FCK, 1989.

NSAMBI e Mbula Bokulaka, J.-B., *La conscience morale comme fondement de la dignité humaine dans la société congolaise, Approche contextuelle et élucidative de l'ethos négro-africain*, Thèse de doctorat en Théologie morale, Rome, Académie Alphonsienne, 2000.

———, « Pour une présence effective de l'Eglise dans les structures d'orientation et de décision du continent africain », in *RASM* V, 8 (1998), pp. 177-195.

NTUMBA Luaba Lumu, « Le projet de Constitution de la République fédérale du Zaïre », in *Zaïre-Afrique*, 319(1996), pp. 537-567.

NYAMBAL, E., *Afrique : quels changements après la faillite ?* Ivry-sur-Seine, Editions Nouvelles du Sud, 1994.

NYEME Tese & NGWEY Ngond'a Ndenge, « Choix économiques et références aux valeurs », in *RAT* XI, 22 (1987), p. 203.

OBOTELA Rashidi, N., « Pour la ''réinvention'' de la RDC et l'instauration d'un Nouvel Ordre Politique (NOP) par des actes fondateurs durables », in *Congo-Afrique*, 372 (2003), p. 92.

OLIVIER, R. & FAGAN, B.M. (dir.), *The Cambridge History of Africa*, vol. II, Cambridge, University Press, 1978.

ONANA, C., *Europe, crimes et censures au Congo. Les documents qui accusent*, Editions Duboiris 2012.

PEETERS, Marguerite A. et Paul L., *La nouvelle éthique mondiale : défis pour l'Eglise*, Kinshasa, Médiaspaul, 2007.

Plan Directeur de Développement de la zone de Bikoro (PDDB), Bikoro-Kinshasa, 1996.

« Postulatum pro nigris Africae centralis », in *Acta et Decreta Sacrorum Conciliorum recentiorum*, Collectio Lacensis, T. VII, Herder, Fribourg-en-Brisgeau, 1890, p. 905.

Problèmes de l'enseignement supérieur et de développement en Afrique centrale. Mélanges offerts à G. Malengreau, Paris, 1975

REDEKOP, J., *Politique soumise à Dieu*, Kinshasa, Editions Mukanda, 2007.

REYNTJENS, F., *La guerre des Grands Lacs. Alliances mouvantes et conflits extraterritoriaux en Afrique centrale*, Paris, L'Harmattan, 1999.

ROCHER, G., *Introduction à la sociologie générale*, Paris, Ed. H.M.H., 1968.

RODNEY, W., *How Europe underdeveloped Africa?*, Washington D:C., Howard University Press, 1970.

ROUSSEL, J., *Déontologie coloniale. Consignes de vie et d'action pour l'élite des Blancs et l'élite des Noirs*, Louvain, Éditions Universitas, 1949.

SCHATZBERG, M.G., *The dialectics of oppression in Zaïre*, Indianapolis, First Midland Book Edition, 1991.

SCOOYANS, M., *La dérive totalitaire du libéralisme*, Paris, Editions universitaires, 1991.

SINDA, M., *Le messianisme congolais et ses incidences politiques*, Paris, Payot, 1972.

STERN, G., *Les conflits de la vie, causes de maladies*, Paris, Payot, 1955.

STIGLITZ, J., *La grande désillusion*, Paris, Fayard, 2002.

TEBAKABE Alomo, D., *La dynamique morale pour la reconstruction d'une société en crise. Une étude d'éthique sociale sur la RDC (1990-2000) en dialogue avec la pensée philosophico-politique de Hannah Arendt et la Doctrine sociale de l'Eglise*, Rome, Academia alphonsiana, 2003.

TEVOEDJRE, A. *Pauvreté richesse des peuples*, Paris, Les éditions ouvrières, 1978.

TOUGAS, D., « Les transnationales à l'assaut du Zaïre comme du Congo », in *Info-Zaïre*, numéro spécial, 127 (1997), pp. 1-8.
TSHIAMALENGA Ntumba, « La philosophie de la faute dans la tradition luba », in *Péché, pénitence et réconciliation. Actes de la IXe Semaine théologique de Kinshasa*, Kinshasa, FTCK, 1974, repris dans *CRA* VIII, 16 (1974), pp. 167-187.
VALADIER, P., *L'anarchie des valeurs. Le relativisme est-il fatal ?*, Paris, Albin Michel, 1997.
VAN DEN BOSSCHE, J., *Pré-Zaïre*, Bruxelles, Éditions Le Cri, 1986.
VAN EVERBROECK, N., *Ekond'e Mputela. Histoire, croyances, organisation clanique politique, sociale et familiale des Ekonda et de leurs Bato'a*, Tervuren, MRAC, 1974.
VAN LIERDE, J., « Patrice Lumumba, leader et ami », in *Présence Africaine*, 1961, pp. 112-119.
VANDERLINDEN, J., *La République du Zaïre,* Paris, Berger-Levrault, 1975.
VANGROENWEGHE, D., *Bobongo, la grande fête des Ekonda (Zaïre)*, Berlin, Reimer, 1988.
———, *Du sang sur les lianes. Léopold II et son Congo*, Bruxelles, Didier Hatier, 1986.
———, *La mort, le deuil et les festivités Bobongo et Iyaya à l'occasion de la clôture du deuil chez les Baoto et Batwa des Ekonda (Zaïre),* 2vol., Leuven, s.é., 1976.
VANSINA, J., *The Children of Wool: a History of the Kuba peoples*, Madison, University of Wisconsin Press, 1978.
———, *The Kingdoms of Savana*, University of Wiscosin Press, 1965.
WEIL, E., *La philosophie morale*, Paris, Vrin, 1969.
WILLAME, J.-C., *Patrice Lumumba. La crise congolaise revisitée*, Paris, Karthala, 1990.
———, *Zaïre, l'épopée d'Inga. Chronique d'une prédation industrielle*, Paris, L'Harmattan, 1986.
ZAHIR Farès, *Afrique et démocratie. Espoir et illusions*, Paris, L'Harmattan, 1992.
ZALA L. N'kanza, *Les origines sociales du sous-développement politique au Congo-Belge. De Padroado à la Loi Fondamentale*, Kinshasa, Presses Universitaires du Zaïre, 1985.
ZIADY, H., « Grands chantiers. Effet boule de neige ? », (dossier Sénégal), in de *Jeune Afrique/l'Intelligent*, n° 2136 (2001), pp. 53-54.

Table des matières

Structures éditoriales du groupe L'Harmattan

L'Harmattan Italie
Via degli Artisti, 15
10124 Torino
harmattan.italia@gmail.com

L'Harmattan Hongrie
Kossuth l. u. 14-16.
1053 Budapest
harmattan@harmattan.hu

L'Harmattan Sénégal
10 VDN en face Mermoz
BP 45034 Dakar-Fann
senharmattan@gmail.com

L'Harmattan Cameroun
TSINGA/FECAFOOT
BP 11486 Yaoundé
inkoukam@gmail.com

L'Harmattan Burkina Faso
Achille Somé – tengnule@hotmail.fr

L'Harmattan Guinée
Almamya, rue KA 028 OKB Agency
BP 3470 Conakry
harmattanguinee@yahoo.fr

L'Harmattan RDC
185, avenue Nyangwe
Commune de Lingwala – Kinshasa
matangilamusadila@yahoo.fr

L'Harmattan Congo
67, boulevard Denis-Sassou-N'Guesso
BP 2874 Brazzaville
harmattan.congo@yahoo.fr

L'Harmattan Mali
ACI 2000 - Immeuble Mgr Jean Marie Cisse
Bureau 10
BP 145 Bamako-Mali
mali@harmattan.fr

L'Harmattan Togo
Djidjole – Lomé
Maison Amela
face EPP BATOME
ddamela@aol.com

L'Harmattan Côte d'Ivoire
Résidence Karl – Cité des Arts
Abidjan-Cocody
03 BP 1588 Abidjan
espace_harmattan.ci@hotmail.fr

Nos librairies en France

Librairie internationale
16, rue des Écoles
75005 Paris
librairie.internationale@harmattan.fr
01 40 46 79 11
www.librairieharmattan.com

Librairie des savoirs
21, rue des Écoles
75005 Paris
librairie.sh@harmattan.fr
01 46 34 13 71
www.librairieharmattansh.com

Librairie Le Lucernaire
53, rue Notre-Dame-des-Champs
75006 Paris
librairie@lucernaire.fr
01 42 22 67 13

www.ingramcontent.com/pod-product-compliance
Lightning Source LLC
LaVergne TN
LVHW011452061026
849535LV00001BA/1059